U0330132

第八卷

冯契文集

智慧的探索

增订版

冯 契○著

华东师范大学出版社

书房小憩（1987 年）

1 八十华诞，左起华东师范大学原校长刘佛年、冯契与夫人
  赵芳瑛（1994 年 11 月）
2 八十华诞祝寿会上（1994 年 11 月 18 日）

左起华东师范大学原副校长郭豫适、成中英、冯契、王元化（1987 年）

出访香港中文大学作学术讲座（1992 年）

1 《智慧的探索》初版书影

2 冯契手稿（1978 年）

提　要

　　本书是作者"文革"以后发表的论文、发言稿、序跋的汇集。全书以智慧学为中心,各篇都围绕知识与智慧的关系而展开。从内容看,收入的这些文章大致可以分为以下几个方面:(一)对知识与智慧关系的理论探讨;(二)关于逻辑与方法论的问题;(三)关于价值论和自由学说以及伦理学、美学问题;(四)会通古今与比较中西。全书的逻辑结构为:以智慧的探索为主干,以"化理论为方法"(方法论)和"化理论为德性"(价值论)为其两翼,并通过会通古今和比较中西以达到新的哲理境界。尽管文章侧重点不同(有的着重于一般理论层面的论述,有的主要通过哲学史的总结以展开智慧的探讨),但它们之间又有着内在的理论联系。本书可以看作是《智慧说》的外篇。

Summary

This volume is a collection of the author's articles and speeches (including prefaces written for others' books) published after the Cultural Revolution. As a record of the author's effort to develop a theory of wisdom, the book includes the following four groups of articles: theoretical inquiries into the relation between knowledge and wisdom; of logic and methodology; of axiology and the theory human freedom (including those of ethics and aesthetics); comparative studies between ancient and modern Chinese philosophies and between Chinese and Western philosophies. Structurally the book is composed of three parts: its main body is a discussion of wisdom in general, and its two wings are discussions of (according to a now-famous saying of the author) how to turn the theory (of the wisdom) into methods (methodology) and how to turn the theory into virtues (axiology), with a view to reach a new philosophical sphere (*jing jie*) through comprehending the ancient and the modern, and combining the Chinese with the Western. Though each of these essays has its emphasis (some of them are exposition of general principles of a theory of wisdom and some are studies of the history approaching to the theory of wisdom), they as whole have inherent theoretical connections among themselves. This volume can therefore be considered as readings supplementary to the author's *Three Discourses on Wisdom*.

目　录

THE QUEST FOR WISDOM
Contents

作者弁言

这些年来，我除了主持几项集体研究项目之外，个人研究工作主要是两项：一是哲学史研究，出版了《中国古代哲学的逻辑发展》和《中国近代哲学的革命进程》两种著作，对自先秦直至1949年止的中国哲学的发展轨迹作了粗线条的描绘；二是哲学理论问题的研究，对我自40年代开始便一直关心着的知识与智慧的关系问题，从广义认识论、方法论、价值论等角度作了探讨，写了《认识世界和认识自己》、《逻辑思维的辩证法》和《人的自由和真善美》三本书稿，合称为《智慧说三篇》。

我原来打算待《智慧说三篇》书稿整理完成以后，再把历年来发表的单篇文章选编成一本《智慧说外篇》以为补充。但前者的整理工作尚需时日，后者便也没有动手。今年以来，哲学系的许多同事和研究生多次敦促我提早编出文集，同时，华东师大出版社也热心支持。我难以拒绝大家的一片好意。于是就把"三篇"的整理工作暂时搁起，在青年同志帮助下，把"文革"以后十多年来写的论文、发言稿、序跋等汇集起来，从中选出49篇，加上《智慧说三篇》的"导论"①，共约三十余万字，编为一集，即以"导论"的题目《智慧的探索》作为书名。

编选文章，当然得有个标准。我为自己规定的选录标准是两条：每篇文章要有自己的真切的见解，而决非人云亦云，此其一；全书以智慧学说为中心，各篇同我对知识与智慧的关系问题的探索有着直接或间接的联系，此其二。所收诸篇，按写作和发表的先后次序编排，时间跨度达 15 年（1979 至 1994）。回顾这十多年来的思想历程，虽自觉基本观点具有一贯性，但随着时间的推移，我在某些具体论点和看法上前后也有变化，特别是在摆脱"左"的教条的束缚方面，自觉有点长进；而对若干理论问题的探讨，也有所加深。不过，我认为不应该用今天的眼光去修改昨天的文章，只要在发表的当时是出自真诚而有亲切体会的见解，我宁愿让它保留原来的面貌，以保存历史的真实性。所以，对本书所收各篇，在内容上一概不作实质性的修改。有几篇彼此颇多重复之外，有些发言稿显得冗长、啰嗦，这些缺点也没有加以纠正。只有个别文字表达不确切或引用资料有错讹（其中包括对爱因斯坦的一封信的翻译和解释，见本书第 163 页注释）作了订正。

哲学理论问题的探索和哲学史研究是有区别的，但两者又互相联系着。这本文集是作为《智慧说》的"外篇"来编辑的，侧重在探讨哲学理论问题，而其中许多篇却显然是从哲学史中总结出来的。作为"外篇"，我根据《智慧说》的框架另拟了一个"分类目录"，附在后面，供读者参考。这"分类"决不能说是严格的，因为

---

① 在编辑《冯契文集》时，"导论"回到了它应处的位置——《智慧说三篇》卷首。见《冯契文集》第 1 卷。

各篇内容往往互有交叉。不过我主观希望,读者从这个目录可以看到,这本集子以"智慧的探索"为中心,以"化理论为方法"(方法论)和"化理论为德性"(价值论)为其两翼,并求会通"古今"和比较"中西"而达到新的哲理境界,所以各篇之间存在着这样那样的联系,而并非散沙一盘。

　　本书之所以能顺利出版,要感谢华东师范大学出版社的大力支持。在编选、付印过程中,得到本校哲学系和哲学研究所许多同志的关怀和帮助,杨国荣、高瑞泉、崔宜明、郁振华、李似珍等同志承担了复印、核对资料、加注释、编索引等许多具体工作。在此,对上述同志致以深切的谢意!

1994 年 7 月

对历史上的哲学思想要具体分析 *

在中国哲学史领域拨乱反正，肃清林彪、"四人帮"的流毒。克服极左路线的影响，还有许多工作要做。为什么"四人帮"能够借"评法批儒"的旗号，篡改中国哲学史来为他们阴谋篡党夺权制造舆论？这同我们还未能真正运用马列主义的观点、方法来建立科学的中国哲学史有关。解放以后，中国哲学史的研究取得了很大成绩，但不能否认，极左路线对这一领域的干扰、破坏是严重的，至今还有许多条条框框束缚着我们的头脑。在这以前出版的某些著作中，由于极左思潮的影响，阶级分析成了贴标签，唯物主义和唯心主义的斗争成了简单的模式，这类现象显然是违背马克思主义关于"具体地分析具体情况"的要求的。我们一定要解放思想，冲破禁区，打碎这些条条框框，力求如实地对历史上的哲学思想进行具体的分析。

这里就如何对历史上的哲学思想进行具体分析谈两点意见。

第一点，关于阶级分析。哲学是自然科学和社会科学的概括和总结，阶级斗争、生产斗争和科学实验是哲学的源泉，我们应该

---

* 本文是作者在中国哲学史讨论会和中国哲学史学会成立大会上的发言稿（会议于1979年10月在太原市举行），原发表于《哲学研究》1979年第11期。

以阶级斗争理论作为分析历史上哲学思想的指导线索，同时也必须考察自然科学即生产斗争知识的发展，把两者结合起来，这是研究哲学思想的历史演变的普遍根据。一个哲学家参加社会实践往往是多方面的，不只是参加阶级斗争或政治活动，他还研究科学、整理文献，或者还从事教育工作和文艺创作等。只注意政治态度而不考察科学研究等方面，就不能全面地说明哲学家的思想是怎样从社会实践中产生的。

同时，阶级分析也不能简单化。不同时代有不同的阶级矛盾，反映到意识形态领域，就有不同的政治思想斗争，正是各个时代的重大的政治思想斗争，制约着哲学斗争。例如，在先秦时期的"古今、礼法之争"，近代民主主义革命时期的"古今、中西之争"，确实是制约着哲学斗争的时代中心问题。在革命的时代，阶级斗争决定哲学斗争，而哲学革命又转过来作了政治变革的前导，这种相互作用是非常明显的。但就在这样的时代，也不能忽略科学和哲学的联系。墨家、荀子的朴素唯物主义形态是同古代的自然科学密切联系着的，严复的机械唯物论倾向和进化论思想是建立在近代西方自然科学基础上的。至于自秦汉至鸦片战争前的长时期里，农民阶级反对地主阶级的斗争表现为农民要求平等、平均的思想同封建等级观念的对立，这固然也是两种世界观的斗争，但是由于历史条件的限制，农民阶级不能建立科学的哲学体系，唯物主义和唯心主义的斗争主要是在地主阶级内部进行的。但是，在地主阶级内部当然不可能有反对封建主义的政治斗争，所以用地主阶级的革新派反对顽固派，或中小地主反对大地主来解释哲学斗争，是缺乏说服力的。其实，当时推动哲学前进的,首先是物质生产和自然科学的进步,如王充、范缜、王夫之等人都很关心物质生产,注意吸取当时自然科学的成就,所以在自然观和认识论上能坚持唯物主义,反对宗教神学和唯心主义。当然,由于这些哲学家大多属于地主阶级的中下层,因而对大地主阶级的统治和土地兼并有所不满,这是促使他们敢于面对现实而倾向唯物主义的一个重要条件。但这种不满通常不可能发展到反对封建主义的地步。相反,在他们身上,我们常常看到封建地主阶级立场和唯物主义思想的矛盾。政治思想斗争和科学反对迷信的斗争是推动着哲学前进的两条腿,这两条腿立在同一个基础上,两者都来源于社会实践,我们不能偏废。

第二点,关于唯心主义的评价问题。唯心主义是谬误的思想体系,是宗教的精致化,这是不容怀疑的。但理论上有错误不等于政治上一定反动。唯心主义者也有可能是当时的进步思想家,如李贽。就理论而言,哲学史上的唯心主义者,有许多人虽自夸建立体系,其实不过拾人牙慧,人云亦云而已。对于这些人,完全可以藐视。问题在于那些对哲学和民族文化的发展确曾起过重大影响的唯心主义哲学体系,我们决不可以采取粗暴态度,把它们一棍子打死。正是这些曾在一定历史条件下起重大影响的唯心主义体系,包含着人类认识的必要环节,是哲学史工作者决不能忽视的。

哲学史最集中地体现了人类认识的发展史。那末,怎样来把握作为认识史的哲学史呢? 一方面,从哲学和其他科学、其他意识形态具有共同的普遍的根据来说,我们必须考察政治思想斗争和科学反对迷信的斗争如何制约着哲学的发展。另一方面,哲学发展还有其特殊的根据，以及自己的历史。作为社会分工的一个特定领域，每一个时代的哲学都有其先驱者传下来的思想资料作为出发点和进一步改造的前提。墨子继孔子之后而又批判了孔子，黑格尔继康德之后而又批判了康德，哲学史表现为互相对立的哲学体系更迭的历史，而这个历史归根到底是以哲学根本问题为轴心而展开的辩证运动。把上述两个方面的考察结合起来，我们就能把握哲学的历史发展的根据。哲学史可以说是根源于社会实践的主要围绕思维和存在关系问题而展开的认识的矛盾运动，而这个矛盾运动的环节就是人类认识的必要环节。

列宁说过，人类认识世界的过程是活生生的、多方面的（方面数目永远增加着的）辩证的运动。把这辩证过程的某一环节、特征片面地夸大，把认识曲线的一个片段变成直线，都可能发展成唯心主义的哲学体系。如片面夸大经验，可以发展为经验论的唯心主义；片面夸大理性，可以发展为唯理论的唯心主义。割裂相对和绝对，割裂客观规律和主观能动性，都可以导致形而上学和唯心主义。而唯心主义既经形成体系，统治阶级就会把它巩固下来，以之作为麻痹人民的工具。用这样的观点来考察历史上有重大影响的唯心主义哲学体系，我们就可以对它们进行具体分析：既批判它们的唯心主义谬误，又揭露出其中包含着的认识的环节。这样的唯心主义体系不是没有根基的，它们是人类的活生生的认识之树上生长出来的不结实的花朵。

一个人的优点和他的缺点往往互有联系，譬如说，有才能就容易骄傲，思维敏捷就容易轻率地下结论等。一个哲学体系所包含的积极因素也往往和它的谬误互有联系。例如，孔子尊重理性,这是认识史的一个重要环节。"不语怪力乱神",是理智的态度;他提出"知之为知之,不知为不知,是知也"等认识论命题,也是合理的见解。但是他又以为理智的目标在"知天命",并构造出一个唯心主义天命论的哲学体系。老子提出"反者道之动",第一个提出否定的范畴,这是辩证法发展史上的一个重要环节。但他的辩证法是半途而废的,他从"物极必反"的原理得出了"弱者道之用"、"保此道者不欲盈"的消极结论,并把"无为"、"无名"绝对化而导致了唯心主义。这些例子说明,对历史上有重大影响的唯心主义哲学体系,必须进行具体分析,才能扬弃它的唯心主义体系,而指明其作为认识的必要环节的意义,从而在批判中吸取其积极成果与教训。积极成果,当然是重要的。理论的教训,对我们今天提高识别能力和克服唯心主义,也具有借鉴作用。

如何具体分析历史上的哲学思想,当然还有其他方面的问题,这里就不谈了。

对庄子的相对主义作一点分析[*]

严北溟同志在《应对庄子重新评价》^①一文中指出："在我国古代思想史上,庄子是个了不起的人物。如何辩证地、历史地对庄子作正确的评价,是个很重要的问题。"他回顾 60 年代初关于庄子哲学的讨论,痛斥当时某些人污染学术争鸣的民主空气的恶棍作风。他说:"目前提出对庄子重新评价,不仅在哲学史方法论上涉及如何准确运用历史唯物主义的问题,更有着彻底清除哲学界极左路线流毒的深刻的现实意义。"

严先生提出了一个重要问题,我很有同感。虽然他文章中某些论点,我不敢苟同,但那都是属于"学术争鸣"范围的问题。他主张给庄子"平反",清除在庄子哲学讨论中的极左路线的流毒,我是完全赞同的。而且我认为,现在提倡读点《庄子》,对培养百家争鸣的学风是有帮助的。

本文不拟对庄子作全面的评价,而只是想从认识论和逻辑学的角度对庄子的相对主义作一点分析。庄子哲学是一种相对主义或具有相对主义倾向的理论,是为多数哲学史家所承认的。但是我们认为,决不能把"相对主义"当作"帽子"、"棍子",采取一棍子打死的手法,武断地下结论说:"庄子的哲学原则、结论,无一不是错误的。"列宁说过:"辩证法,正如黑格尔早已说明的那样,包含着相对主义、否定、怀疑论的因素,可是它并不归结为相对主义。马克思和恩格斯的唯物主义辩证法无疑地包含着相对主义,可是它并不归结为相对主义,这就是说,它不是在否定客观真理的意义上,而是在我们的知识向客观真理接近的界限受历史条件制约的意义上,承认我们一切知识的相对性。"①列宁讲得很清楚,对哲学史上的相对主义(指作为人类认识发展的必要环节的相对主义,而不是指人云亦云、拾人牙慧的货色),应采取两点论的态度,既要看到相对主义在承认一切知识的相对性上有其合理因素,正是这点合理因素被包含在辩证法里面;也要看到若以相对主义作为认识论的基础,便不可避免地导致唯心主义。这就是我们在讨论庄子哲学时的基本观点,对此不应作片面的理解。极左路线的流毒,就表现在根本否认了列宁所说的"辩证法无疑地包含着相对主义"的论断。

用相对主义反对独断论

在哲学史上,相对主义通常是作为独断论的对立面而出现的。在庄子之前或与庄子同时的哲学家,如孔子、墨子、管子、商鞅、孟子等,大多有独断论的倾向。庄子哲学正因为它是相对主

---

① 列宁:《唯物主义和经验批判主义》,《列宁全集》第 18 卷,人民出版社 1988 年版,第 138 页。

义,能够把人们从"独断的迷梦"中唤醒过来(我在这里借用了康德称道休谟的话),所以就构成了哲学发展的一个必要环节。

在百家争鸣的时代,如何对待百家的各种学说,是个很重要的问题。孟子反对杨、墨,说:"杨氏为我,是无君也;墨氏兼爱,是无父也。无父无君,是禽兽也。"(《孟子·滕文公下》)这样谩骂,当然是独断论的态度。商鞅提出"壹教",主张用行政手段禁止各派学说,实行"燔诗书而明法令"(《韩非子·和氏》),这不但是独断论,而且是君主专制主义。庄子则用相对主义反对独断论,走到了另一极端。他以为诸子百家"彼亦一是非,此亦一是非",他们之间的是非是无法辩明的,所以"圣人和之以是非,而休乎天钧"。(《庄子·齐物论》)就是说,不如采取和稀泥、齐是非的态度,让诸子百家各得其所而趋于自然均衡(天均)。这种无是无非的主张当然是错误的。

不过,当庄子在用相对主义反对独断论和论证无是无非的时候,还提出了一个很重要的问题,即:为什么会产生"此亦一是非,彼亦一是非"的现象? 庄子在《齐物论》中说:"未成乎心,而有是非,是今日适越而昔至也,是以无有为有。"就是说,是非生于"成心"。如果说没有成心而有是非,那就同"今日适越而昔至"的话一样,是不可能的。庄子所谓成心,就是主观主义。他以为一切是非的差别都产生于"成心",这并不对。因为有没有成心而符合客观标准的是非。但他这话包含着一个重要思想,就是要求克服主观片面的观点。庄子对人们的观点进行了分析,他在《秋水》中区别三种观点:"以道观之,物无贵贱。以物观之,自贵而相贱。以俗观之,贵贱不在己。"最要不得的是以俗观之,以为贵贱的原因不在己,是由皇帝、上帝或金钱决定的。其次是以物观之。儒墨各家都自以为是，以自己的学说为终极真理，别人讲的都不对，就像小鸟在蓬蒿之间自得其乐，不能了解大鹏一样。他们的观点都"囿于物"，都受自己存在条件的限制，所以是"以物观之"。"以俗观之"和"以物观之"虽有差别，但都是"师其成心"而有是非。真正从道的观点来看，就见到物无贵贱，就能破除一切束缚，齐是非、齐彼此、齐物我、齐生死。这种相对主义的"以道观之"当然也是片面的观点，即片面强调了"万物一齐"。不过这一理论在要求破除"以俗观之"和"以物观之"方面有其合理因素。

那末独断论者的主观片面观点即"成心"又是怎么来的呢？庄子说："井蛙不可以语于海者，拘于虚也；夏虫不可以语于冰者，笃于时也；曲士不可以语于道者，束于教也。"（《庄子·秋水》）曲士就是有主观片面观点的人。庄子以为，诸子百家都同井蛙、夏虫一样，受了空间（虚）、时间（时）条件的限制和所受的教育的束缚，因此认识上蔽于一曲，有片面性。他在这里实际上是说，人们有观点的差异是环境和教育造成的。而要认识大道，把握全面的真理，就必须首先打破"一曲"之蔽。河伯（河神）原来以为"天下之美为尽在己"，到了北海，看见无边无际的海洋，才知自己的渺小，觉得过去的自满自大真是贻笑大方，因此感叹不已。海若（海神）便说："今尔出于崖涘，观于大海，乃知尔丑，尔将可与语大理矣。"（同上注）庄子不止一次讲"小大之辩"，就在于通过小和大的比较、有限和无限的比较，以克服主观片面性。

由于庄子注重观点的分析批判，所以他不同于独断论者和专制主义者，他对诸子百家采取了比较合理的宽容态度，这特别表现在《天下篇》中。《天下篇》可以说是中国历史上第一篇哲学史论文，它提出了一种哲学史观，把诸子百家的形成看作是"道术将为天下裂"的过程。本来是统一的没有分化的道术，后来分化为百家之学。庄子说："天下大乱，贤圣不明，道德不一，天下多得一察焉以自好。譬如耳目鼻口，皆有所明，不能相通，犹百家众技也，皆有所长，时有所用。虽然，不该不遍，一曲之士也。"（《庄子·天下》）他以为诸子百家都是"得一察焉以自好"，只察见一个片面，便自夸为"不可加"的终极真理，所以他们都是"一曲之士"。但是庄子同时又肯定，百家众技就像人身的五官一样，各有所长，时有所用，所以不能采取独断论的态度，把它们都一笔抹煞、甚至一律禁绝。《天下篇》在评论墨翟、禽滑釐，宋钘、尹文，彭蒙、田骈、慎到等学派时，都进行了尖锐批评，同时又说"古之道术有在于是者"，分别对它们有所肯定。例如，他批评墨学是"乱之上也，治之下也"，却又说："虽然，墨子真天下之好也"；他批评慎到之道"非生人之行，而至死人之理"，却又说："虽然，概乎皆尝有闻者也。"庄子对诸子百家所作的批评和肯定，不见得都是正确的，他也有自己的主观片面性。不过这种宽容态度是可取的，它为辩证法所赞同。辩证法本来是在论辩、论战中产生的，它要求辩论者放弃自以为是的态度，在论辩中要力求客观地考虑各方面的意见，要善于对不同观点进行分析批判（包括马克思主义的阶级分析），从而引导出比较正确比较全面的结论。这就是辩证论者的宽容态度。

在庄子之前，宋钘、尹文已提出"别宥"；在庄子之后，荀子又提倡"解蔽"。庄子关于反对"成心"和批评"一曲"的思想，可以说是上承宋、尹而下启荀子。荀子《解蔽》一开头便说："凡人之患，蔽于一曲而暗于大理",用的就是庄子的语言。不过荀子的《解蔽》有比较多的辩证法思想,它包含着相对主义因素,而并不归结为相对主义。这正好说明,庄子的相对主义是哲学向辩证法发展过程中的一个必要环节。

对逻辑思维提出责难

相对主义在哲学史上的作用,不但在于它能打破形而上学独断论的束缚,而且在于它给人们提出了许多有启发性的问题。《庄子》一书之所以引人入胜,一个重要原因就是它提出了各式各样的疑问、责难,能启发人们开动脑筋,进行思考和探索。

从认识论来说,独断论可以是经验论的,也可以是唯理论的。墨子对人的感性经验抱有非常天真的信赖,以为耳闻目见的就是"有",无人看见听见的就是"无"。孟子则对人的理性思维抱有非常坚定的信赖,说"是非之心,人皆有之"(《孟子·告子上》),以为理性本身具有天赋观念,人生来就能判断是非。不论是哪种形式的独断论,庄子都表示反对。他以为感觉和理性都不足以信赖。他说,人喜欢吃牛羊肉,鹿喜欢吃草,蜈蚣喜欢吃蛇,乌鸦喜欢吃老鼠。毛嫱、丽姬,人人说她们美,但鱼见了就下沉,鸟见了就高飞,麋鹿见了就奔逃。人和这些动物到底是谁的感觉正确,谁知道"正味"、"正色"呢?感觉经验是相对的,理论思维更是如此。庄子说:"仁义之端,是非之途,樊然淆乱,吾恶能知其辩?"(《庄子·齐物论》)他以为正确和错误是没有客观标准的。两个人意见分歧,发生辩论,这两个人和第三者都不能判断谁是谁非。这些当然是相对主义的诡辩，是错误的；然而提出了疑问，却促使人们去思考、探索，所以决不能说是毫无意义的。

在庄子提出的很多富有启发性的问题中，我想挑出一个来谈谈："言"和"意"能否把握"道"？也就是逻辑思维能否把握宇宙发展法则。这实际上是辩证逻辑的根本问题，它首先是由《老子·第一章》提出来的，不过老子说得很简单。庄子是个诗人，他最善于形象思维，所以很容易发现逻辑思维的不足之处。他从多方面对逻辑思维提出责难，主要的责难有三个：

第一个责难，庄子认为抽象的名言不能把握具体事物。他说："道未始有封，言未始有常"（《庄子·齐物论》)，道不能分割，而人的概念、语言总是进行抽象，把具体事物分割开来把握，一经分割，就有了界限，就不是整体了，所以抽象概念无法表达具体的道。庄子写了"轮扁斫（斫）轮"的寓言，说："斫（斫）轮徐则甘而不固，疾则苦而不入，不徐不疾，得之于手，而应于心，口不能言，有数存焉于其间，……"（《庄子·天道》)这种不快不慢、得心应手的具体的斫（斫）轮技巧，是无法用言语说明的，父亲也无法讲给儿子听。技巧（数）不可以言传，道更是如此。

第二个责难，庄子以为概念是静止的，无法表达变化。他说："夫言非吹也，言者有言；其所言者，特未定也。"（《庄子·齐物论》)言和吹风不同，言必有对象，有"所待"。"夫知有所待而后当，其所待者，特未定也。"（《庄子·大宗师》)人的认识只有与对象符合才是正确的，但对象是不确定的，瞬息万变的，所以要用概念来表达事物是不可能的。"鸡鸣狗吠，是人之所知。虽有大知，不能以言读其所自化，又不能以意其所将为。"（《庄子·则阳》)像鸡鸣狗吠这类普通的事物是人人知道的,但最有智慧的人也讲不清它从哪里来,也不知下一步将怎样发展,所以意和言都不能反映事物。因为概念反映事物总要求有一一对应的相对静止关系,而变化是绝对的,才说是"什么",这个什么已经变了。庄子常把道比做音乐,称之为"天籁"、"天乐"、"至乐"。宇宙就像"大块噫气"的一首交响乐,它消息盈虚,若骤若驰,"无动而不变,无时而不移","一虚一满,不位乎其形"(《庄子·秋水》)。万物无时无刻不在变移,从不停留在一定的状态。对于这样的"天籁",庄子以为是无法用概念表达的。

　　第三个责难,他以为有限的概念不能表达无限。庄子说:"无形者,数之所不能分也;不可围者,数之所不能穷也。可以言论者,物之粗也;可以意致者,物之精也。言之所不能论,意之所不能察致者,不期精粗焉。"(《庄子·秋水》)道是无形的,无形即不能用数量分解、表达;不可围指无限,无限就是没有数量可以穷尽,所以道是不能用语言表达,也不能用概念把握的。道是大全,是世界的全体,是"一"。"既已为一矣,且得有言乎?""既已谓之一矣,且得无言乎?"(《庄子·齐物论》)如果用"一"之言来表达"一"(对象),就有名言与对象的对立,于是就又需要用"二"来表示这个对立,"一与言为二,二与一为三"(同上注),如此下去,无穷尽递进,说明要用语言来表达道是不可能的。庄子认为:"吾生也有涯,而知也无涯。以有涯随无涯,殆已。已而为知者,殆而已矣。"(《庄子·养生主》)以有限的生命追求无限的知识是不可能达到的。用有限去把握无限就造成"迷乱而不能自得"。

　　总之,庄子尖锐地提出了人的概念、名言能否把握宇宙整体及其发展规律的问题，揭露出逻辑思维中的抽象与具体、静止与运动、有限与无限的矛盾。他由此得出怀疑论和不可知论的结论，当然是错误的。但他提出了问题，揭露了矛盾，却也是了不起的贡献。有问题、有矛盾，才能推动思维发展，后来的哲学家们决不能回避庄子提出来的问题。

用寓言、重言和卮言讲哲理

不过，我们也可以反过来责问庄子：果真如你所说，名言、概念无法把握道，那末，岂非哲学不可能有了吗？为什么你还要写那么多哲学著作呢？庄子也有他的回答：我"以卮言为曼衍，以重言为真，以寓言为广"（《庄子·天下》），这不是一般的语言，而是"谬悠之说，荒唐之言，无端崖之辞"（《庄子·天下》）。但不论怎么说，荒唐之言也是言，他实际上也是在用名言表达道。

庄子是语言艺术的大师。这是研究庄子必须把握的特点。他说："寓言十九，重言十七。"（《庄子·寓言》）用寓言给人讲哲学道理，十之九能被人信，借重古人的话，十之七能被人信。这其实也就是说，用诗来表达哲理，把哲学思想体现于艺术形象，就容易为人所接受。《庄子》一书包含着许多脍炙人口的寓言故事，如"北冥有鱼"、"大块噫气"、"轮扁斫轮"、"河伯与海若对话"等等都是。以《养生主》的"庖丁解牛"为例，庄子用十分生动的语言形容庖丁解牛时的一举一动："手之所触，肩之所倚，足之所履，膝之所踦，砉然响然，奏刀騞然，莫不中音，合于桑林之舞，乃中经首之会。"就是说，他的熟练技巧已完全合乎舞蹈与音乐的节奏，他的劳动就是艺术。而庖丁之所以能做到这点,那是因为经过长期实践,他已深刻认识牛的生理结构,所以能"依乎天理","因其固然","恢恢乎其于游刃必有余地矣"。在这里,哲学思想(人的自由就在于主观精神与客观规律相一致)不再是抽象概念,而是灌注于具体生动的形象之中,成了艺术理想,表现为诗的意境了。庄子用诗的语言讲哲理,对后世有深远影响。但哲学毕竟不能满足于诗的语言,它要求以理论思维的方式掌握世界,需要概括科学的成就,进行严密的逻辑论证。

在庄子那里,更重要的是"卮言"。他说:"卮言日出,和以天倪"(《庄子·寓言》),卮是酒杯,满了就溢出来,空了又可装。满与不满是随酒变化的。以此来比喻,卮言就是如郭象所说:"因物随变,唯彼之从。"①人家怎么说,我就相应跟着怎么说。"付之与物,而就用其言,则彼此是非居然自齐。"②利用人家的话来达到齐是非、均彼我,这就叫"和以天倪"(天倪即自然的平衡)。

"卮言"究竟是什么语言呢?《秋水》中说:"以差观之,因其所大而大之,则万物莫不大;因其所小而小之,则万物莫不小。知天地之为稊米也,知毫末之为丘山也,则差数睹矣。以功观之,因其所有而有之,则万物莫不有;因其所无而无之,则万物莫不无。知东西之相反,而不可以相无,则功分定矣。以趣观之,因其所然而然之,则万物莫不然;因其所非而非之,则万物莫不非。知尧桀之自然而相非,则趣操睹矣。"这里说的以差观之、以功观之、以趣观之,三者都是以道观之,但用了三个范畴。首先,"差",即各类事

---

① 郭庆藩撰,王孝鱼点校:《庄子集释》,中华书局 2004 年第 2 版,第 947 页。
② 同上书,第 950 页。

物之间的差别。一般都认为天地大、稊米小，丘山大、毫末小。即用其言，如郭象的注解所说："所大者足也，所小者无余也"。那末稊米、毫末也都足于其性，可称为大；天地、丘山也都无余，可称为小。这样就可把天地与稊米、毫末与丘山看作平等的，没有大和小的差别了。其次，"功"，即事物的功能、作用。作用无非两方面：一、自为（自己运动），二、相因（互相依赖、互相作用）。如从每一事物都是自为来说，别的事物都对它无作用；如从彼此相因来看，则所有别的事物都对它有作用。一般都认为东与西相反，互不影响。庄子说"东西相反而不可相无"，说明万物之间无作用而又有作用。第三，"趣"，即活动的旨趣、趣向。讲到有意识、有旨趣的活动，一般都认为可判别为是与非、然与否，而是非、然否的界限是不可逾越的。庄子以为，万物莫不自贵而相贱，大家都断定自己正确而又彼此相非，尧和桀都自以为是而指斥对方不是，所以是非、然否没有绝对界限，可以说万物莫不然，万物莫不非。在庄子书中，充满着这种相对主义的论辩，这就是他所谓"以卮言为曼衍"。

对庄子的"卮言"，我们应怎样评价呢？这样的语言能把握宇宙发展法则吗？辩证唯物主义已经阐明，物质的运动、变化是绝对的，而具体事物又各有其相对的静止状态，客观现实是绝对运动与相对静止的统一。从逻辑思维说，人的概念要反映对象，必须和对象有一一对应关系，因而有相对静止的状态。但将概念的稳定状态绝对化，就要走到形而上学。为了把握宇宙发展规律，概念必须是经过琢磨的、灵活的、生动的、对立统一的。列宁说："概念的全面的、普遍的灵活性，达到了对立面同一的灵活性，——这就是问题的实质所在。这种灵活性，如果加以主观的应用＝折衷主义与诡辩。客观地应用的灵活性，即反映物质过程的全面性及其统一的灵活性，就是辩证法，就是世界的永恒发展的正确反映。"①庄子要求把握世界的永恒运动，要求概念的全面的灵活性。他"以卮言为曼衍"，像上面所说的那样的论辩，概念确是流动的、灵活的，但问题在于庄子是主观地运用了这种灵活性。辩证法要求客观地具体分析，不能抽象地谈概念间的转化，不能只是在概念中打转。因此庄子虽然有一定道理，但片面强调灵活性，就成了主观主义、相对主义。庄子没能解决绝对与相对的关系。他反对静止地孤立地看问题，强调运动、变化是绝对的，但走到另一极端，否定了事物的质的规定性。他反对了独断论，但导致否认概念有质的规定性，否认了概念与对象的一一对应关系，这样，人们之间要交流思想和表达意见就不可能了。庄子强调了认识的相对性，否认人能够把握绝对真理，因此否认人能够把握客观真理，由此导致主观唯心论。这里包含着深刻的理论教训，正好说明"不懂得唯物主义辩证法，就必然会从相对主义走到哲学唯心主义"。吸取这个教训是重要的。

但同时也应看到，庄子给我们揭露了逻辑思维的矛盾，这在哲学史上是一个重要贡献。辩者惠施、公孙龙等人通过"坚白同异之辩"对这种矛盾又作了进一步考察。当然，庄子和辩者只是揭露了矛盾，却不知道矛盾是客观事物与逻辑思维的固有本质，

---

① 列宁：《黑格尔〈逻辑学〉一书摘要》，《列宁全集》第 55 卷，人民出版社 1990 年版，第 91页。这里保留了冯契引用的 1959 年版《列宁全集》第 38 卷第 112 页的引文。新版将其译作"概念的全面的、普遍的灵活性，达到了对立面同一的灵活性，——这就是实质所在。主观地运用的这种灵活性＝折中主义与诡辩"。——增订版编者

所以还不是真正揭示出客观内在的辩证法。然而正是经过庄子和辩者的发展环节之后，《墨经》和荀子才有可能在批判前人的基础上，建立形式逻辑体系和提出辩证逻辑原理。所以，庄子的相对主义在哲学的辩证发展中有其重要地位。

研究辩证逻辑的途径与方法[*]

一

一切具体科学都要应用逻辑，都可以说是以逻辑作为方法论基础的。但逻辑学的研究却不能从它本身之外去找方法。逻辑学的对象是思维形式及其规律，对思维形式进行研究、考察，也即是对思维进行思维，即黑格尔所谓"反思"。人们通过概念、判断、推理等思维形式来把握客观世界。概念用语言来表达。为了交流思想和如实反映对象，"词"必须有确定含义，概念必须和客观对象有对应关系。从这个意义上说，概念有其相对静止状态，逻辑思维必须遵守同一律。对思维的相对静止状态进行"反思"，撇开内容把思维形式抽象出来进行考察，就有形式逻辑的科学。但为了把握客观世界的变化法则，概念又必须是经过琢磨的、灵活的、能动的、在对立中统一的。对思维的辩证运动进行"反思"，密切结合认识的辩证法和客观现实的辩证法来考察思维形式的辩证法，这就有辩证逻辑的科学。辩证逻辑要求把握思维由于内在

---

* 本文原载《辩证逻辑研究》，上海人民出版社 1981 年版。

的矛盾本性而引起的必然的运动。黑格尔由此陷入了幻觉，把客观实在看作是自我运动的思维的产物，以为概念外在化就是事物的本质，这是头脚倒置的世界观。从唯物主义出发来研究辩证逻辑，那就要坚持：物存在于我们之外，当头脑以理论思维的方式掌握世界时，客观实在始终在头脑之外保持着它的独立性。因此，从方法论说，一定要从实际出发，在对理论思维进行"反思"时，一定要把概念看作实在的反映，把思维看作是对直观和表象加工成概念的过程，也就是说，不能离开客观现实和对它的认识过程来孤立地考察概念的自我运动。对思维按其固有本性的发展过程进行"反思"时，一定要把它作为客观辩证法的反映和认识史的总结来考察。没有由认识史提供的、来源于客观现实的思想资料，头脑就无从加工。

当然，首先要掌握武器，才能对思想资料进行加工。这就要学习和研究马克思主义的辩证逻辑。在马克思主义经典著作中，有直接论述辩证逻辑的，如《自然辩证法》、《哲学笔记》；有运用辩证逻辑来研究具体科学的，如《资本论》、《论持久战》。我们要完整地、准确地来把握马克思主义的辩证逻辑体系，并且要破除迷信，解放思想，以实践为检验真理的唯一标准，吸取历史教训，发展逻辑科学。

其次，要把逻辑作为认识史的总结、总计来研究。这就需要掌握人类认识史的资料。它主要包括两个方面：一是人类作为总体的逻辑思维发展史，体现在哲学史、科学史和逻辑学史中；二是人作为个体的逻辑思维发展史，首先是儿童智力发展史，心理学、教育学、语言学等也提供了丰富的资料。就像生物学既要研究物种进化，又要研究个体发育一样，我们研究认识论和逻辑，也要把上述两方面联系起来进行概括。

第三，要把逻辑作为客观辩证法的反映来考察，那就需要掌握现代科学的资料。如果说，在马克思、恩格斯的时代，自然科学已经达到辩证思维的阶段，那末在一百年后的今天，无疑又大大前进了。每个科学家在科学上有重大突破时，总是在方法论上也有所贡献，现代科学已为辩证逻辑提供了非常丰富的思想资料，包括数理逻辑提出的许多逻辑问题，有待于哲学家和逻辑学家去作探索、概括。国际上研究和讨论科学的哲学、逻辑学和方法论很热烈，正可说明这种趋势。

总之，在我们面前有着非常丰富的思想资料，问题在于如何进行加工，如何运用马克思主义的辩证逻辑来总结认识发展史与现代科学所提供的逻辑成就。辩证逻辑的方法最基本是两点，即荀子说的"辨合"与"符验"，每一步都是分析与综合相结合，每一步都用事实来检验。详细点说，就是列宁在《哲学笔记》中讲了的《资本论》的逻辑。从实际存在的最基本的原始的关系出发，例如《资本论》从商品开始，把它当做社会关系进行分析。"两种分析：演绎的和归纳的，——逻辑的和历史的（价值形式）。在这里，在每一步分析中，都用事实即用实践来进行检验。"①就是说，分析与综合相结合，具体分析、具体情况是方法论的核心，而归纳与演绎的统一，逻辑方法与历史方法的统一，则是其组成部分，唯物主

---

① 参见列宁：《黑格尔〈逻辑学〉一书摘要》，《列宁全集》第 55 卷，第 291 页。这里保留了冯契引用的 1959 年版《列宁全集》第 38 卷第 357 页的引文。新版将其译作"两重分析……都用事实即用实践来检验"。——增订版编者

还要求每一步分析都用事实来检验。这是辩证逻辑的方法论的基本原理，也是我们对认识史和现代科学为逻辑研究提供的思想资料进行加工时的根本方法。

二

我们要运用马克思主义的辩证逻辑的方法来对哲学史、科学史、逻辑史所提供的思想资料进行考察，但不能把马克思主义的辩证逻辑作为模式去套。辩证方法要求按照事物的本来面目来了解它，不附加任何外来的主观成分。辩证逻辑作为思维方法，固然是运用概念、范畴来规范对象，亦即以客观对象之道，还治客观对象之身，但方法无非是要求思维客观地考察对象的自己运动，让对象无阻碍地活动。现在我们的考察对象（"反思"的对象）就是逻辑思维本身。我们用辩证逻辑方法来概括人类认识史的成果，无非是要客观地考察人类思维本身的矛盾运动，从而来把握它的逻辑。人类的认识史包括许多方面，而哲学史最集中地体现了人类的逻辑思维发展史。哲学史是根源于社会实践的主要围绕思维和存在关系问题而展开的认识的矛盾运动。思维和存在的关系是哲学根本问题，主客观的对立是人类认识的最基本的原始的关系。我们的考察就以此为出发点。

现在我们把中国哲学史作为一个典型。运用辩证逻辑方法来考察这个特殊典型，又从这个典型分析中概括出辩证逻辑原理，这便是既演绎又归纳的分析。我们同时要作逻辑的与历史的分析：历史从那里开始，逻辑的考察也从那里开始。所谓历史的方法,就是要把握中国哲学发展的基本历史线索,看中国哲学在历史上是怎样发生的,根据是什么,又怎样发展的,经历了哪些阶段。而真正要把握基本的历史线索,就要对中国哲学史的本质的矛盾(即根据)进行具体分析,摆脱外在形式的干扰,去掉偶然的东西,对矛盾的各个环节都力求从其典型形态上进行考察,以把握其逻辑的联系。所以历史的方法和逻辑的方法应该是统一的。而用这样的方法来研究中国哲学史,就可看到中国哲学的发展表现为一系列的圆圈,表现为近似于螺旋形的曲线。思维和存在关系问题在不同时代取得不同形式。先秦哲学争论天人、名实关系问题,到荀子作了比较正确、比较全面的总结,可以说完成了一个圆圈。秦汉以后关于有无、理气、形神、心物等问题的争论,到王夫之作了比较正确、比较全面的总结,也可以说完成了一个圆圈。尔后,经过近代,中国人向西方寻求真理,最后找到马克思主义。马克思主义与中国革命实践(包括中国传统)相结合,就达到辩证唯物主义的发展阶段,将完成一个大圆圈。每当哲学发展达到总结阶段时,思维就进入辩证法领域。这时哲学家、逻辑学家对辩证思维的形式进行考察,提出辩证逻辑的一些原理。又因为一定时代人类思维是一个有机联系的整体,所以这时也一定有一些科学领域运用这些原理作为方法。或者倒过来说,这时一定有一些科学领域的方法达到辩证法阶段,可以从中概括出辩证逻辑原理。我以为,先秦哲学的总结阶段,《荀子》《易传》《月令》《内经》已具有辩证逻辑的雏形,到宋明,从沈括、张载到王夫之、黄宗羲,辩证逻辑又有了进一步比较大的发展。哲学(包括辩证逻辑)是螺旋形发展的,古代的辩证逻辑虽然幼稚,是一个胚胎,一个雏形，但具体而微，已经具有高级阶段的许多要素的萌芽。当然，不能把古代朴素的辩证逻辑和马克思主义的辩证逻辑混为一谈，既不能用后者作模式往古代硬套，也不能用前者作模式往现代硬套。不过我们可以运用归纳与演绎相结合、历史和逻辑相结合的方法来分析研究，我们应该站在高级阶段，运用马克思主义的辩证逻辑来回顾历史，同时又具体地对中国古代辩证逻辑作典型分析。这样结合起来，我们就能把辩证逻辑推向前进。

这里要着重谈谈研究中国古代辩证逻辑的重要意义。早在30年代就流行一种说法，即认为中国以往的哲学家，其兴趣为伦理的，而非逻辑的，重视立德、立功，而轻视立言。因此中国哲学在理论的阐明与逻辑论证方面，较之欧洲人与印度人大有逊色，而这是同中国文化的弱点分不开的。据说，中国人在文学、艺术、道德、政治方面确有突出成就，唯独在科学上缺乏贡献。因此影响到哲学，便表现为重人事而轻自然，长于伦理而忽视逻辑。这一种说法至今也还有影响。粗粗一看，颇有道理，因为重人生，确是中国哲学的特点，而中国人在形式逻辑上的成就，除《墨经》外，确实也不及印度与西方。但是，李约瑟研究了中国科学技术史，以无可辩驳的资料证明，在明代以前，中国科学技术在世界上一直居于领先地位。那末怎么能说中国哲学不重视逻辑呢？中国古代有那么多科学发现和创造，是用什么逻辑、什么方法搞出来的？这是值得我们认真研究的问题。李约瑟在他的《中国科学技术史》中探讨了中国科学思想的哲学基础。他的许多论点是富有启发而又可以争论的，我很赞同他的这样一个论点："当希腊人和印度人很早就仔细地考虑形式逻辑的时候，中国人则一直倾向于发展辩证逻辑。"①我认为,这话包括了对上述问题的答复。很可惜,我们对中国古代辩证逻辑研究得太少了。这项研究对中国哲学史、逻辑史和科学史都无疑具有重要意义,对发展马克思主义的辩证逻辑也是很重要的。黑格尔、马克思的辩证逻辑本来是从西方哲学史、逻辑史中发展出来的,在与中国哲学史、逻辑史的传统汇合之后,辩证逻辑必将取得新的发展。

当然,我们也可以拿西方哲学史、逻辑史作典型,也可以选择某一门科学史作典型。而在对人类作为总体的逻辑思维发展史进行考察时,也需要密切联系人作为个体的逻辑思维的发展过程。

三

我们还要运用马克思主义的辩证逻辑的方法来概括现代科学为逻辑研究提供的思想资料。像《资本论》、《论持久战》这样的著作,运用辩证逻辑于一个具体科学领域,对科学作出了创造性贡献,同时也发展了辩证逻辑。现在是否也能这样作? 是否可以通过对某一门科学的典型研究,来概括现代科学的逻辑成就,以推进辩证逻辑? 这是一个有待解决的问题。哲学、逻辑和各门科学,都只有达到一定的发展阶段,才能进行全面的批判总结。例如,关于资本主义的政治经济学,在马克思之前经历了由具体到抽象的长期发展,到马克思达到由抽象上升到具体的阶段,才能进行辩证的总结。而关于社会主义的政治经济学,目前大概还是

---

① 李约瑟著,《中国科学技术史》翻译小组译:《中国科学技术史》第 3 卷,科学出版社 1978 年版,第 337 页。

处于由具体到抽象的阶段,经济学家把一个个范畴抽象出来,形成不同的学说,有的可能掺杂有形而上学观点。它是否即将达到可以进行全面的批判总结的阶段? 这个问题要由经济学家来解答。就生物学的发展来说,达尔文进化论可以说是达到了辩证思维阶段,但接着深入到探讨进化的原因,深入到遗传学的领域,便又需从不同方面来考察,抽象出一个个新的范畴,如基因、遗传密码、生态系统等等。现在的遗传学、分子生物学是否已达到由抽象上升到具体的阶段? 这个问题要由生物学家来解答。

　　每个新出现的科学领域都要经历由具体到抽象的初级阶段,然后发展到由抽象上升到具体的高级阶段,这是个普遍规律。黑格尔用知性和理性来区分这两个阶段,并说形式逻辑是知性逻辑,辩证逻辑是理性逻辑。黑格尔的区分有其合理因素,但我以为,应该把形式逻辑和知性逻辑(初级逻辑)区别开来。黑格尔之所以把两者等同,那是因为在他以前的形式逻辑是研究思维的形式结构与初级的逻辑方法的混合物(直到今天普通逻辑教科书也仍然如此)。我们现在把形式逻辑了解为研究思维形式结构的科学,它专门考察思维形式的相对静止状态。辩证逻辑要研究概念的辩证运动,但运动无不具有相对静止状态,没有相对静止,也无所谓辩证运动,所以辩证思维也必须遵守形式逻辑。而初级的逻辑方法则是指认识由具体到抽象阶段的方法,这时当然也遵守形式逻辑,但运用的方法只适合于特定的条件,如进行初步的分类和比较,或偏重于归纳法,或偏重于演绎法等,这时抽象出的一个个范畴还缺乏有机联系,很容易导致形而上学,但这是科学发展的必经阶段,这些初级的逻辑方法是必要的。而在认识达到由抽象上升到具体的阶段时,批判了形而上学,克服了片面性,范畴有机地联系起来,那些初级阶段的方法也就成为辩证逻辑方法的一些从属因素而被包含在里面了。新的科学分支不断涌现,科学由具体到抽象、再由抽象到具体的发展是无限丰富多样的,科学的逻辑由初级到高级的发展便表现为螺旋形的无止境的上升运动。

在今天,已经很难产生百科全书式的哲学家。我们可以期望哲学家或逻辑学家能够运用辩证逻辑方法来对某个具体科学领域作典型研究,从而作出新的概括。但这也要真正精通这门科学才行,而且只有当这门科学已达到可以进行全面的批判总结的阶段时,才能够通过典型分析概括出辩证逻辑原理。不过,我以为,只要我们真正掌握了马克思主义的辩证逻辑,并运用它对认识发展史作了考察,那末我们也就能够对现代科学在逻辑和方法论上的成就作出概括。人类的逻辑思维是一个有机联系的生动发展的整体。现代科学家运用的范畴与方法,即他们用以把握客观世界的思维形式,体现了这一时代的逻辑思维的水平;而这些范畴和方法,本来是历史发展的产物而又互有联系的。所以,从辩证逻辑的联系和发展的观点来考察它们,我们能给以恰当的批判和总结。现代科学已为逻辑研究提供了非常丰富的资料,而且某些重要理论(如关于基本粒子和场的理论等)、某些重要方法(如控制论方法和系统工程方法等),明显地具有辩证法因素。对现代科学的逻辑成就进行概括、总结,无疑将会极大丰富辩证逻辑的范畴论和方法论。

总之,只要我们完整地、准确地掌握马克思主义的辩证逻辑理论,并运用它作为方法来着重研究中国固有的逻辑传统,概括现代科学在逻辑和方法论上的成就，那末，辩证逻辑一定会取得新的成果，并转过来促进科学的发展。我以为，这是值得许多人共同努力的重大课题。

中国古代辩证逻辑的诞生*

人们在研究逻辑学之前，已经在运用逻辑了。人类的思维也是自然历史过程，因此，思维形式及其规律也是"自在之物"。哲学家们以理论思维的方式掌握世界，他们在论证和辩论时，都要运用逻辑。起初是自发地运用，后来逐渐地意识到了，开始考察逻辑学问题。从总体来看，人类的逻辑思维是一个由自发到自觉、由较少自觉到较多自觉的历史发展过程。逻辑学（包括形式逻辑与辩证逻辑）是人们对思维的逻辑（正确思维的形式与规律）的自觉掌握，它也要经过一个由简单到丰富、由雏形到成熟的历史发展过程。

产生于殷周之际的原始阴阳说（包括八卦说和五行说），已经有了朴素辩证法的萌芽。但只是到了春秋后期和战国初，孔子、墨子、老子等诸子兴起，展开"名实之辩"，即关于名称（概念）与实在的关系问题的争辩，才开始考察逻辑学问题。墨子第一个提出"类、故、理"的逻辑范畴。《老子》第一个提出辩证法的否定原理，并触及辩证思维的论断形式问题，不过《老子》的辩证法是半途而废的。随后，到战国中期，百家争鸣进入高潮，庄子对逻辑思维提

* 本文原载《中国哲学史研究》，1981 年第 3 期。

出种种责难，他以为概念是无法把握具体事物的变化法则的①。辩者惠施、公孙龙等围绕名实关系展开"坚白同异之辩"，给我们进一步揭露出逻辑思维的矛盾，不过他们不知道这种矛盾正是思维及其所反映的事物的本质。从理论思维的发展来说，庄子和辩者也是必要的环节。经过他们的责难和揭露之后，对逻辑问题的考察深入了，后期墨家才有可能在批判辩者的基础上，建立古典的形式逻辑体系；而到了战国末期，荀子和《易传》分别对名实之辩作了总结，提出了辩证逻辑的基本原理。

　　当然，古代的辩证法是朴素的、自发的，缺乏严密的科学形态。但说它自发，是相对于唯物辩证法来说的。如果古代的哲学家已经提出某些辩证思维的基本原理，而当时的科学家已经运用它们作为科学方法，那便有了一定程度的自觉，也就是具备辩证逻辑的雏形了。本文主旨，就是试图说明：当先秦哲学达到总结阶段时，在《荀子》、《易传》以及《吕氏春秋》、《黄帝内经》等著作中，已经有了辩证逻辑的雏形。这是先秦哲学的一个重要成就，对后世的哲学和科学发展具有深远影响。直至今天，对我们研究马克思主义的辩证逻辑，也仍然有借鉴的作用。

一、荀子："制名"以"辨同异"
——辩证法是普通逻辑思维所固有的

　　荀子在《正名》、《解蔽》等篇中阐述了他的独特的逻辑学说。

---

① 参见本书《对庄子的相对主义作一点分析》一文。

他提出的"制名以指实"的原则,不仅是唯物主义的,而且还包含辩证法因素。荀子认为当时的情况是"名实乱,是非之形不明"(《荀子·正名》),所以需要"正名"。但正名并不是"以名正实",而是要使名称(概念)符合变化的现实。《荀子·正名》说:"若有王者起,必将有循于旧名,有作于新名。然则所为有名,与所缘以同异,与制名之枢要,不可不察也"。这是说正名要注意三点:

(1)"所为有名"。为什么要制定名称、概念? 荀子说这是为了"制名以指实,上以明贵贱,下以辨同异"(《荀子·正名》)。"明贵贱"是说正名的政治目的在于使封建等级制度得到明确的规定;"辨同异"是讲正名的逻辑职能在于把客观事物间的同异关系辨别清楚。而"贵贱明"、"同异别",就可以使人们交流思想不会发生困难,而处理事情便比较顺利了。荀子说的正名的作用,虽有其阶级的局限性,但要求"辨同异"无疑是正确的,这和墨辩的逻辑学说相一致。

(2)"所缘以同异"。这是讲正名的认识论的基础,讲概念的同异是怎么得来的。荀子说:"凡同类同情者,其天官之意物也同;故比方之疑似而通,是所以共其约名以相期也。"(同上注)人类是同一个类,有同样情态,人类感官对客观事物的反应也相同。荀子认为,人接触外物,能凭感官把握千差万别的现象事态,但异中有同,人可以运用理性思维(心)加以比较,把类似的东西放在一起,以一个概念去模拟它,共同约定一个名称来表达,这样就可以交流思想了。

(3)"制名之枢要"。荀子说:"然后随而命之:同则同之,异则异之。"(同上注)这是讲制定名称的原则,同实一定要同名,异实一定要异名，名和实要有对应关系。这和后期墨家的主张相同，这是形式逻辑的一个基本原则。《墨经》根据事物之间的"类同"与"不类"而把名分为达名、类名、私名三种。荀子进一步指出："故万物虽众，有时而欲遍举之，故谓之物。物也者，大共名也。推而共之，共则有共，至于无共然后止。有时而欲偏举之，故谓之鸟兽。鸟兽也者，大别名也。推而别之，别则有别，至于无别然后止。"（《荀子·正名》）荀子在这里阐明了概念的限定（推而别之）和概括（推而共之），指出别名和共名，即种概念和属概念是相对的、互相推移的。正是根据这种个别和一般、同和异的推移、转化关系，荀子对物质的形态作了划分，说："水火有气而无生，草木有生而无知，禽兽有知而无义，人有气有生有知亦且有义。"（《荀子·王制》）这是根据当时科学水平所作的概括，他既作了正确的划分（物质分为有生命的和无生命的，生物分为有感知的和无感知的，动物分为有义的和无义的），又给无生物、植物、狭义的动物和人类下了定义。荀子说的："制名之枢要"，不仅肯定了形式逻辑的"同则同之，异则异之"的原则，而且实际上也从个别与一般、同和异的推移、转化关系，揭示了辩证法是普通逻辑思维所固有的。

根据上述观点，荀子驳斥了三种诡辩：

第一驳斥了"见侮不辱"，"圣人不爱己"，"杀盗非杀人也"等论题。荀子认为这些是"用名以乱名者也"，只要"验之所为有名而观其孰行"（《荀子·正名》），即从名称（概念）的作用来考察一下，指出这些论题违反了正名在于"明贵贱、辨同异"的道理，就能把它们批驳了。

第二驳斥了"山渊平"（惠施的学说）等论题，指出这是利用现象之间同异的相对性，来否认概念应有确定意义，所以是"用实以乱名"（《荀子·正名》）。只要"验之所缘以同异而观其孰调"（同上注），即考察一下如何以感性事实为基础而形成概念的过程，就能把它们批驳了。

　　第三驳斥了"白马非马"（公孙龙的学说）等论题，认为这是"用名以乱实"，把概念的差异绝对化，强加于现实。只要"验之名约，以其所受悖其所辞"（同上注），即用人们共同约定的名的界说（概念的定义）来验证一下，指出其自相矛盾的逻辑错误，就能把它们批驳了。

　　在"坚白、同异之辩"中，惠施揭示出事物同异关系的相对性（例如，高和低的对立是相对的、可变的），认为一切概念都是可变的、灵活的，这有其合理的一面，但他夸大了这点，抹杀了概念的相对稳定状态，导致了相对主义。公孙龙则揭示出概念和对象之间要有一一对应关系。"故彼彼止于彼，此此止于此，可。彼此而彼且此，此彼而此且彼，不可"（《公孙龙子·名实篇》）。这也有合理的一面，但他夸大了这点，把概念之间的差异绝对化了，认为事物的属性是彼此分离的，导致了绝对主义。惠施和公孙龙在实际上给我们揭露了逻辑思维的本质矛盾：一方面，逻辑思维有相对静止状态，概念和对象之间必须有一一对应关系，并且在思维过程中，只有把具体事物分割开来才能理解，这是必要的；否认这一点，就是否认形式逻辑，否认表达和交流思想的可能性。但另一方面，为要把握事物之间的全面的活生生的联系和变化发展的法则，概念必须是经过琢磨的、灵活的、能动的、在对立中统一的。荀子批驳了惠施、公孙龙等人的诡辩，对逻辑思维的矛盾本质有了初步的正确认识，他指出，为要发挥名称（概念）的"辨同异"的职能，就须考察"所缘以同异，与制名之枢要"。在考察"所缘以同异"即正名的认识论基础时，他既指出形、色、声、臭等感性现象的千差万别，又指出人的理性能进行比较、概括，共同约定名称以交换思想。在考察"制名之枢要"即制定名称（概念）的主要原则时，他既指出要遵守"同则同之，异则异之"的形式逻辑原则，又指出共名与别名具有互相推移、转化的关系，并说："名无固实，约之以命实，约定俗成谓之实名。"（《荀子·正名》）名与实的关系并非固定不变的，名称（概念）要以实在为转移，名言作为社会现象，是历史地约定俗成的。荀子既看到逻辑思维的"静"，也看到逻辑思维的"动"，这就在一定意义上突破形式逻辑的界限，有了辩证逻辑思想的萌芽了。

在荀子以前，墨辩已在朴素唯物主义认识论的基础上，建立了一个基本上是形式逻辑的体系。《墨子·小取》说："以名举实，以辞抒意，以说出故。"就是说，用名（概念）模写实物，用辞（判断）表达思想、意义，用说（推理、论证）阐明理由。墨辩对名、辞、说作了正确的规定，并对这些逻辑思维的形式作了在当时可说是最详尽的探讨。荀子没有像墨辩那样去研究判断、推论的形式结构，而是注意到了要揭露逻辑思维的辩证因素。荀子说："名也者，所以期累实也。辞也者，兼异实之名以论一意也。辩说也者，不异实名以喻动静之道也。"（同上注）就是说，每一个概念都概括同类的许多实物，每一个判断所包含的意思是不同概念的统一，而辩说（推理、论证）则是在"不异实名"即不偷换概念的条件下来说明"动静之道"。可见名、辞、辩说都是同一之中包含差异，都具有矛盾。要做到"喻动静之道",一方面不能偷换概念,要遵守形式逻辑同一律,另一方面概念又必须是灵活、生动的。就是说,思维形式本身应是动静的统一。荀子把逻辑思维中的"名"结合为"辞"、"辞"结合为"辩说"的"累而成文"的运动,看做是包含矛盾的、"不异实名以喻动静之道"的过程,这里确实有辩证逻辑思想的萌芽。

列宁说:"在任何一个命题中,好像在一个基层的'单位'('细胞')中一样,都可以(而且应当)发现辩证法一切要素的萌芽,这就表明辩证法是人类的全部认识所固有的。"①荀子不可能有真正自觉的辩证法,但是从他对名、辞和辩说的规定以及从他提出的"制名"以"辨同异"的原则来看,他确实已多少意识到:"可以(而且应当)"从普通的逻辑思维形式中来揭露其矛盾的要素。荀子已在一定程度上为我们指明:辩证法是普通逻辑思维所固有的。

二、荀子:"符验"、"辨合"和"解蔽"
——客观地全面地看问题

荀子又说:"辩说也者,心之象道也。""心合于道,说合于心,辞合于说,正名而期,质请(情)而喻。"(《荀子·正名》)这是说,在进行辩论时思维(心)要符合客观规律(道),推理、论证(说)要符合逻辑思维(心),判断(辞)要符合推理的形式(说),用正确的名称、

---

① 参见列宁:《谈谈辩证法问题》,《列宁全集》第 55 卷,第 308 页。这里保留了冯契引用的1959 年版《列宁全集》第 36 卷第 369 页的引文。新版将其译作:"在任何一个命题中,很象在一个'单位'('细胞')中一样,都可以(而且应当)发现辩证法一切要素的萌芽,这就表明辩证法本来是人类的全部认识所固有的。"——增订版编者

概念来表示，根据实际情况来说明。这里讲到概念、判断与推理的关系，总的原则是要求在唯物主义的基础上达到名实相符，而要达到名实相符，就必须做到"心合于道，说合于心，辞合于说"（《荀子·正名》）。

怎样才能达到名实相符，"心合于道"呢？荀子在《性恶》篇中有一段著名的话："故善言古者必有节于今，善言天者必有征于人。凡论者，贵其有辨合，有符验，故坐而言之，起而可设，张而可施行。"他对先秦哲学中三个主要问题（"古今"、"天人"和"名实"之辩）作了总结：善于谈论古代的一定要在现今的事实上得到验证，善于谈论天道的一定要从人事上得到验证。这就是用唯物主义的名实统一观来解决"古今"、"天人"问题，而名实关系本身怎样解决呢？他说：一切言论，第一"贵有辨合"，即要经过正确的分析和综合，第二"贵有符验"，即理论要得到事实的验证。做到这两点，就可以"坐而言之，起而可设，张而可施行"，达到知和行、名和实的统一。荀子的这一段话提出了方法论的基本原理——分析和综合的统一、理论和事实的统一，是达到名实相符、"心合于道"的基本途径。

"贵有符验"是朴素唯物主义观点，而"贵有辨合"则是朴素辩证法思想。在荀子看来，分析和综合的客观根据是事物的同异关系，要正确地进行"辨合"，就必须正确地运用"类"、"故"、"理"的范畴。后期墨家着重于从形式逻辑考察类、故、理。"夫辞以故生，以理长，以类行"（《墨子·大取》），是说在论证和驳斥时，提出论断要有理由，要按照逻辑规则和依据类的包含关系进行推理。而荀子则是注意运用范畴作为"辨说"或"辨合"的方法。他说："辨异而不过,推类而不悖;听则合文,辨则尽故以正道而辨奸,犹引绳以持曲直;是故邪说不得乱,百家无所窜"(《荀子·正名》)。这段话的意思是说:第一,要辨别差异而无过错,根据"类"的关系进行推理而不悖乱;第二,听别人的意见要吸取其中合理的东西,进行"辨说"要全面地阐明所以然之故(也即所谓"以学心听,以公心辨");第三,要用正道来辨别奸言,就好像用绳墨来衡量曲直。做到这三条,一切邪说就不可能淆乱,诸子百家的谬论就无处逃窜了。

荀子以为类、故、理三个范畴是统一的。他说:"伦类以为理?"(《荀子·臣道》),就是说,一类事物有其共同规律,所以真正把握类的本质,就是认识了理。他又说:"多言则文而类,终日议其所以,言之千举万变,其统类一也,是圣人之知也"(《荀子·性恶》),这是说,圣人说许多话都有条有理,他终日发议论阐明所以然之故,虽然千举万变,却是一以贯之的。荀子把一贯的道理叫作"统类"。他讲"推类而不悖",主要是指根据种属关系进行推理,不能违背形式逻辑。而他讲"壹统类"是圣人的智慧,则是要求从全面的一贯的道理来看问题。他在《非十二子》中批评子思、孟轲"略法先王而不知其统",就是说他们不知孔子的一贯的道理。他又批评他们"案往旧造说,谓之五行,甚僻违而无类,幽隐而无说,闭约而无解"(《荀子·非十二子》)。这可能指思孟学派在战国末期已与邹衍一派阴阳家合流,将仁、义、礼、智、信与木、金、火、水、土进行比附。这样的比附确实是荒诞不经,无法类推(无类),无法论证(无说),无法理解(无解),就是说,根本违反了形式逻辑。

荀子在《非相》篇说:"圣人何以不可欺? 曰:圣人者,以己度者也。故以人度人,以情度情,以类度类,以说度功,以道观尽,古今一也。类不悖，虽久同理，故乡乎邪曲而不迷，观乎杂物而不惑。"这段话很像是针对庄子《秋水》篇而发。庄子说："以道观之，物无贵贱；以物观之，自贵而相贱。"荀子则认为不能把"以物观之"和"以道观之"对立起来，以道观之也就能以类度类，以人度人，以物观物。荀子常讲的"以一知万"、"以一行万"，包括两重意思：一方面，"壹于道而以赞稽物"《荀子·解蔽》，就是要从统一的正道来考察万事万物，这是讲的从一般到特殊的演绎。另一方面，"欲观千岁，则数今日；欲知亿万，则审一二"《荀子·非相》）。就是说，对一两个典型事物作了审察、研究，就可以从个别上升到一般，这是讲的归纳。这两方面的统一就是以道观之和以类度类的统一，也就是演绎和归纳的统一。庄子《秋水》篇还以为，以道观之，那末类的差异、功分（作用）的有无、趣操的然否都是相对的。而荀子则以为要"以类度类"，类的差异不能悖乱；要"以说度功"，就是说功分（作用）的有无可以进行论证。所以，然否、是非不能混淆。而"道"就是全面的真理。真正掌握了道，"以道观尽"，也就能"辩则尽故"，即使是从来没有见到过、听到过的突然发生的怪事，也能"举统类而应之"《荀子·儒效》）。这便是辩证逻辑的全面性要求了。当然，荀子说圣人把握了"古今一也"的终极真理，是形而上学观点。他说"类不悖虽久同理"，表明他不知道规律的历史性，有把"类"看成凝固不变的倾向。但是"以道观尽"，"以一行万"，即要求从道的观点全面地看问题，要求个别与一般、归纳与演绎的统一，却是辩证逻辑的思想。

在荀子看来，当时许多学派虽然"持之有故，言之成理"，而实际上都违背了"辩则尽故"的原则，因为他们都是"蔽于一曲而暗于大理"(《荀子·解蔽》),即被事物的一个片面所蒙蔽,而看不见全面的根本的道理。荀子认为,要正确进行辨说或辨合,就要"解蔽",即破除人们思想上的主观片面性,以便能客观地全面地认识世界。荀子分析了产生片面性的原因。他说:"故为蔽:欲为蔽,恶为蔽;始为蔽,终为蔽;远为蔽,近为蔽;博为蔽,浅为蔽;古为蔽,今为蔽。凡万物异则莫不相为蔽,此心术之公患也。"(《荀子·解蔽》)这里心术是指思想方法。客观上有欲与恶、始与终、远与近、博与浅、古与今的差异,亦即矛盾,因而容易使人只见一面而不见另一面。同时,就主观上说,人们又往往"私其所积",对自己的知识和经验的积累,有所偏爱。有这种毛病的人就会从主观的角度去看别人的学说,荀子说这是"倚其所私以观异术,唯恐闻其美也"(同上注)。荀子看到了主观性、片面性是人们思想方法上容易犯的毛病,它使人"暗于大理"、"蔽于一曲",所以荀子提出了"解蔽"的口号。这一思想是从宋、尹"别囿",庄子反对"曲士"发展而来的。

怎样才能"解蔽"呢? 荀子说:"圣人知心术之患,见蔽塞之祸,故无欲、无恶、无始、无终、无远、无近、无博、无浅、无古、无今,兼陈万物而中悬衡焉,是故众异不得相蔽以乱其伦也。"(同上注)由于心术上有主观偏见,人们往往对欲恶、始终、远近、博浅、古今等对立的东西只看见一面而看不见另一面。荀子认为必须全面把握各种事物,并以道作为衡量一切的标准,这样就能不受蔽塞,而认识事物的本来面貌。荀子以两点论的方法,用他所谓正道来衡量诸子百家,看到他们各自有所蔽,有所见。荀子指出诸子百家的蔽与见:"墨子蔽于用而不知文,宋子蔽于欲而不知得,慎子蔽于法而不知贤,申子蔽于势而不知知,惠子蔽于辞而不知实,庄子蔽于天而不知人。"(同上注)"慎子有见于后,无见于先;老子有见于诎,无见于信;墨子有见于齐,无见于畸;宋子有见于少,无见于多。"(《荀子·天论》)荀子认为诸子各自只看到矛盾的某一方面,即有所见,而恰恰就是这个"见"使他们蔽而不见矛盾的另一方面。见和蔽是联系在一起的。荀子这样的分析批判,确实是辩证逻辑的方法。

总起来看,荀子在逻辑学上达到了朴素辩证法和朴素唯物论的统一,但也有其局限性。"解蔽"是以封建主义的"道"来批判各家学说,他把"道"说成是永恒的,以为真理到了圣人手里就可以一劳永逸了,这是形而上学的观点。荀子又认为,对老百姓只要用"道"来统一他们的思想,而不必用辩说来说明其所以然。对他所谓的"奸言",他主张"临之以势,禁之以刑"(《荀子·正名》),即用武力镇压,这为秦始皇的"焚书坑儒"作了舆论上的准备。荀子的学说有着封建专制主义的色彩,尔后韩非对这一点作了进一步的发展。

三、《易传》:"乾坤成列,而易立乎其中矣"
——概念的对立统一原理的确立

辩证逻辑的根本问题是什么? 就是逻辑思维能否把握(以及如何才能把握)世界统一原理和发展法则的问题,也就是名言与道能否达到一致的问题。荀子肯定"说合于心,心合于道",不过他对宇宙发展法则本身谈得不多,只讲了"阴阳接而变化起",而没有充分展开。就先秦哲学史来说,只有到了《易传》提出"一阴一阳之谓道","乾坤成列,而易立乎其中矣"(《系辞传》),并从多方面加以阐明,才可说真正确立了发展是对立面的统一的原理,并对辩证逻辑的根本问题作出了回答。

这个根本问题首先是由《老子》提出来的。《老子》第一章开头便说："道可道，非常道；名可名，非常名。"因为名言、概念总是把具体事物分割开来加以把握，一经分割，就不是整体了。《老子》以为作为宇宙发展法则和统一原理的"道"，是无法用普通的语言和判断来表达的，所以说："道隐无名"。但是否根本不能表达了呢？却也不是。称之为"道"，"道"就是个"常名"，它"自古及今，其名不去，以阅众甫"。《老子》说："反者道之动"。事物由于自身矛盾而向着它相反的方向转化，是"道"的运动。要如实地表达"道"的运动，只有采取"正言若反"的方式。例如："生而不有，为而不恃，功成而弗居"；"曲则全，枉则直，洼则盈，敝则新"等等，都可说是"正言若反"的论断。《老子》以为，这样的论断才是"信言"。

《老子》首次提出"反者道之动"的否定原理和"正言若反"的辩证思维形式，在辩证法发展史上是一个重要阶段。但是《老子》的辩证法有其局限性，他在讲了"反者道之动"之后，接着又讲"弱者道之用"，以为懂得了物极必反，就最好坚守柔弱的地位，"知其雄，守其雌"不让事物发展到反面去。这是消极保守的结论。《老子》的辩证法是半途而废的，所以在逻辑学上，他的"正言若反"的辩证思维方式也是不完整的。

列宁在谈到概念的辩证法时说："一般说来，辩证法就在于否定第一个论点，用第二个论点去代替它（就在于前者转化为后者，在于指出前者和后者之间的联系等等）。"[1]又说："对于简单的和

---

① 列宁：《黑格尔〈逻辑学〉一书摘要》，《列宁全集》第 55 卷，第 195 页。这里保留了冯契引用的 1959 年版《列宁全集》第 38 卷第 244 页的引文。新版将"转化为"改译作"过渡到"。——增订版编者

最初的'第一个'肯定的论断、论点等等，'辩证的环节'，即科学的考察，要求指出差别、联系、转化①。否则，简单的、肯定的论断就是不完全的、无生命的、僵死的。对于'第二个'否定的论点，'辩证的环节'要求指出'统一'，也就是指出否定的东西和肯定的东西的联系，指出这个肯定的东西存在于否定的东西之中②。从肯定到否定——从否定到与肯定的东西的'统一'，③——否则，辩证法就要成为空洞的否定，成为游戏或怀疑论。"④列宁在这里完整地阐述了辩证思维的根本规律。《老子》讲"正言若反"，对一般人都加以肯定的简单的"第一个"论点（正题），如"生而有"、"曲非全"，他用"第二个"否定的论点（反题）来代替它，说"生而不有"、"曲则全"等等。他正确地指出了简单的、肯定的论断中包含着差别、联系与转化，他有见于思维"从肯定到否定"的辩证推移。但是《老子》没有再往前进，他不知道对"第二个"否定的论点（反题），还要求指出否定的东西与肯定的东西的联系，他看不到"从否定到与肯定的东西的'统一'"，所以他的辩证法是半途而废的。

　　在《老子》之后，经过了庄子和辩者的责难，名言能否把握"道"，亦即"逻辑思维能否把握宇宙发展法则和统一原理"的问

---

① 列宁：《黑格尔〈逻辑学〉一书摘要》，《列宁全集》第 55 卷，第 196 页。这里保留了冯契引用的 1959 年版《列宁全集》第 38 卷第 245 页的引文。新版将"转化"译为"过渡"。——增订版编者

② 列宁：《黑格尔〈逻辑学〉一书摘要》，《列宁全集》第 55 卷，第 196 页。这里保留了冯契引用的 1959 年版《列宁全集》第 38 卷第 245 页的引文。新版将"否定的东西"和"肯定的东西"分别改译为"否定"和"肯定"。——增订版编者

③ 列宁：《黑格尔〈逻辑学〉一书摘要》，《列宁全集》第 55 卷，第 196 页。这里保留了冯契引用的 1959 年版《列宁全集》第 38 卷第 245 页的引文。新版改译为"从否定到保存着肯定东西的(统一)"。——增订版编者

④ 列宁：《黑格尔〈逻辑学〉一书摘要》，《列宁全集》第 55 卷，第 196 页。

题,受到了更多的怀疑,也得到了更多的考察。尔后产生了《易传》,它把宇宙发展法则叫做"易"。这个易道能不能用概念来把握呢?《系辞传》说:"书不尽言,言不尽意,然则圣人之意其不可见乎?"它也以为言与意、名与实是有矛盾的,但是接着又说:"圣人立象以尽意,设卦以尽情伪,系辞焉以尽其言。"就是说,《周易》的卦象以及说明这些卦和爻的许多判断,已经包罗万象,无不俱备。"夫《易》……当名辨物,正言断辞,则备矣。"《周易》这本书用恰当的名称(概念)来辨别事物,用正确的语言作出判断,它已经一切完备了。《易传》把六十四卦看作世界的模式,以为这些卦囊括了天下之道,天道、地道和人道在《易》这部书都有了,这当然是唯心主义的虚构。不过在它的神秘的形式中,却包含着丰富的辩证法,特别是概念的辩证法。

什么是《易传》所谓"当名辨物,正言断辞"呢?《易传》认为,《易》的八卦、六十四卦,是圣人观察了自然界和人类社会种种现象,从中概括出来的。所以这些卦是对万物的情况的归类,每一卦"其称名也小,其取类也大",每个卦象代表一个类概念。因此"当名辨物"也就是"以类族辨物"。而所有的类族,归根到底不外乎是阴和阳、乾和坤两个范畴的对立统一。"乾坤成列,而易立乎其中矣。乾坤毁,则无以见易。"《易传》以为乾与坤的对立统一就是天地万物的变化法则。"阖户谓之坤,辟户谓之乾。一阖一辟谓之变,往来不穷谓之通。"、"穷则变,变则通,通则久。"从逻辑学来说,像这样的"正言断辞"的论断形式,比之《老子》的"正言若反"是前进了一大步。说"穷则变",已包含着"反者道之动"的意思。而用"一阖一辟谓之变,往来不穷谓之通"来说明"变则通",

便进而指出了否定的东西与肯定的东西的联系，比较完整地表达了发展是对立面的统一的思想。《老子》片面强调柔弱胜刚强，而《易传》则说："动静有常，刚柔断矣"；"刚柔相推而生变化"。老子"有见于诎（屈），无见于信（伸）"；而《易传》则说："往者，屈也；来者，信也。屈信相感而利生焉"。比较一下就可看出，不论是客观事物的辩证法还是概念的辩证法，《易传》都克服了《老子》的片面性，达到了真正的辩证法的两点论。

《易传》把对立统一的思想贯彻于对"类"范畴的考察。它以为客观世界是"方以类聚，物以群分"，所以逻辑思维要"以类族辨物"，即运用"类"范畴来观察、分辨事物。《易传》认为，每一类包含着矛盾，是同和异的统一，异中有同，同中有异。"睽卦"的《彖传》说："天地睽而其事同也，男女睽而其志通也，万物睽而其事类也。"《象传》说："上火下泽，睽，君子以同而异。"睽是互相背离，互相排斥的意思，火与泽互相排斥，而又是统一的。所以用"睽"来观察事物，要求"以同而异"，即要求看到每一类都是对立统一的。同时，不仅类本身包含矛盾，而且类又是发展变化的。《序卦》讲卦的互相转化："履而泰，然后安，故受之以泰。泰者，通也，物不可以终通，故受之以否。物不可以终否，故受之以同人。"这是说"履"—"泰"—"否"—"同人"，一卦向另一卦转化。"困乎上者必反下，故受之以井。井道不可不革，故受之以革。革物者莫若鼎，故受之以鼎。"这是说"困"—"井"—"革"—"鼎"也是转化过程。总起来说，这种卦象（类概念）的转化过程就是"穷则变，变则通，通则久"。

关于"类"的范畴，先秦哲学家经过了长期争辩，越来越深入了。《墨经》考察了"类"的形式逻辑意义，以"类同"为"有以同"，指出逻辑推理的原则是"以类取，以类予"，也就是要求根据种属关系进行推理。荀子既讲"推类而不悖"，又提出"统类"的观念，即要求从一贯的全面的观点看问题。《易传》讲"以类族辨物"，明确地指出类本身包含矛盾，类是互相转化的。从荀子到《易传》，实际上已触及了"类"的辩证逻辑意义，那就是要求思维从全面联系的观点出发，比较各类事物之间的同异，把握所考察的类的矛盾运动与互相转化。这样运用"类"范畴来进行"辨合"，其实就是辩证逻辑的比较法。尽管受了当时科学水平的限制，《易传》讲"以类族辨物"，往往有牵强附会之处，如说乾为天、君、马、龙，坤为地、臣、牛等等，包含有不少现象上的比附，甚至是荒唐的见解；但《易传》作这样的归类时，实际上是把卦象（类概念）看作代数符号。它不仅以为天和地、男和女这些关系可以概括为乾、坤两个原理，而且还说："乾知大始，坤作成物"；"成象之谓乾，效法之谓坤"。就是说，作为事物变化发展的原因，乾主管一切事物的开始，坤则使一切事物成就；就人的活动说，在作为开始时有一个概念或计划作为"象"，就叫做乾；而效法这个"象"来制作器物、成就功业，就叫做坤。这样运用"类"范畴来观察世界，当然就可为现象世界的各种事物、各种过程以及它们之间的有机联系、互相转化，提供广泛的类比和推测。

从方法论来说，既然人的活动是"成象之谓乾，效法之谓坤"，"以类族辨物"的主要任务当然就在于"取象"（即形成正确的类概念并取法于它）。怎样来取象呢？《系辞传》说："极其数，遂定天下之象。"以为运用五十根蓍草按照一定程序进行排列、组合，就可以确定卦象以"象其物宜"，这当然是迷信。但要求从事物的数量关系来把握类概念，在方法论上是具有重要意义的。同时，所谓"定象"，并不是说象固定不变。《系辞传》又说："通其变，遂成天地之文。"以为卦有六爻，刚柔相推而生变化，每个卦象都是矛盾运动的，这些卦象的运动变化就成为现象世界的文理。从"通变"的观点看，一个卦可看作一个"时"，如"睽"卦就是"睽之时"，"豫"卦是"豫之时"。卦代表"时"，卦中的每一爻是"位"。占卦时，看居什么"时"，处什么"位"，来预卜凶吉，这当然是迷信。但《易传》用时、位来讲通变，也具有方法论上的重要意义，那就是：人的认识要把事物放在一定时间条件下来考察它的变化发展，人的行动要随时势来进行。根据时、位，人就可以"知几"。几即变化发展的可能性，就是露出端倪的可能性。照《易传》的说法，圣人"极深而研几"，能深入到事物内在规律来把握发展的可能性，并根据人的目的来制作器物，以成天下之大业。这就是"制而用之谓之法"。总之，《易传》已提出辩证逻辑比较法的一些主要环节，就如何运用"类"范畴进行"辨合"来说，比荀子又前进了一步。

《系辞传》说："卦有小大，辞有险易。辞也者，各指其所之。《易》与天地准，故能弥纶天地之道。"这是说，卦象作为类概念有适用范围的不同，说明卦、爻的判断在内容上各有所指，但《易》这部书作为整体，却已囊括天地之道。以为《易》把天下什么东西都包括了，是包罗万象的终极真理，这当然是形而上学的见解。但《易传》在实际上提出了一个合理见解。凭借"当名辨物，正言断辞"，通过范畴、概念的辩证运动，人类能够"类万物之情"、"知幽明之故"、"冒天下之道"。它对逻辑思维能否把握宇宙发展法则这个根本问题作了肯定的回答。

四、《月令》与《内经》:"比类"、"取象"、"度量"、"顺时"

——辩证逻辑的比较法运用于具体科学

中国古代哲学开端于原始的阴阳说。到了先秦哲学的总结阶段,阴阳说在一个更高阶段上获得发展而取得了新的形态,仿佛是出发点的复归。八卦和五行仍然是两个系统,荀子讲《易》而不讲五行,《易传》讲八卦,《吕氏春秋》与《黄帝内经》讲通常所谓阴阳五行学说。但从逻辑学来看,这两个系统已彼此相沟通。大体说来,荀子和《易传》已提出朴素的辩证逻辑的基本原理,而阴阳五行学说作为一种自然哲学,与天文、历法、音律、医学、农学等有着密切联系,因此它所讲的逻辑更明显地具有科学方法的意义。也不妨说,在《吕氏春秋》和《黄帝内经》等著作中,辩证逻辑的比较法已被运用于具体科学领域,而成为卓有成效的方法。

《吕氏春秋》"十二纪"的首篇合在一起,就是《礼记》中的《月令》,也即十二个月的月历。《吕氏春秋》采众家之长,而以《月令》作为"十二纪"之首,具有统率各篇的意义,正说明阴阳五行学说在当时很有势力。《月令》体现了科学与神话的某种联系,它反映了战国时天文、历法和农业生产知识的水平,也包括着十二月有十二个"帝"之类的迷信。《吕氏春秋·仲秋纪》说:"凡举事,无逆天数,必顺其时,乃因其类"(《礼记·月令》作"凡举大事,毋逆大数,必顺其时,慎因其类")。在讲到祭祀准备牺牲时又说:"察物色,必比类,量小大,视长短,皆中度。"这里包含着阴阳五行学说的基本观点和方法，其主要的环节是："比类"、"取象"、"度量"、"顺时"。《月令》在运用这种观点和方法时，既有唯物主义的、科学的成分，也有唯心主义的、牵强附会的成分。如《仲秋纪》说的："是月也，日夜分，雷乃始收声，蛰虫俯户，杀气浸盛，阳气日衰"，"乃劝种麦，无或失时"等等，这样地讲阴阳盛衰的"大数"，以及"顺时"、"因类"，是合乎科学的。但《仲秋纪》又说："其日庚辛，其帝少皞，其神蓐收，其虫毛，其音商，律中南吕，其数九，其味辛，其臭腥，……"，其他每个月也都各配以帝、神、虫、音、律、数、味、臭等等，这里显然包含有不少牵强附会的东西，掺杂有神话迷信。

值得注意的是，《月令》所运用的逻辑范畴"数"、"类"、"时"等，都是和《易传》相似的，不过《月令》讲"毋逆大数"，以十二律配十二月，更着重于从数量关系来把握类概念。古代人很早就知道律管的长短决定音的清浊，所以可用数量上的比例来说明音律的不同。《吕氏春秋·大乐》说音乐"生于度量"。《音律》篇则用"三分损益法"来说明十二律，后来《淮南子·天文训》、《汉书·律历志》也都如此。例如，以黄钟律管为九寸，为阳律，三分损一，下生林钟；林钟律管长六寸，为阴吕，三分益一，上生太簇；太簇律管长八寸，为阳律，三分损一，下生南吕；……如此阴阳相生，共六阳律、六阴吕，合称十二律。尽管对音律的研究，这还不能说是十分精密的，但从数量关系来把握音律，确是科学的方法。同时，一年分四季，十二月，也是可以从数量关系、即从日夜长短的变化、阴阳寒暑的消长来说明的。因此《月令》以为十二律可以和十二月相配，如以黄钟配十一月，林钟配六月，太簇配正月，南吕配八月等。律和历体现了共同的数量关系,是我国古代的根深蒂固的信念之一。推而广之,以为天体的运行、自然界万物的生长发育、人类社会的演变,同音律和历数一样,都是阴阳对立势力的消长,在数量关系上有其共同秩序,因此逻辑思维可以从数量关系来把握所考察的类的矛盾运动。这就是易学家所谓"取象"、"运数"的方法。这种方法,如果主观地加以运用,那便不可避免地产生荒唐的见解(例如在汉代的纬书中);如果客观地加以运用,坚持荀子所说的"辨合"、"符验",那末它便是富有生命力的方法(在音律、历法的科学中便是如此)。

古代朴素的辩证逻辑与阴阳五行学说相结合,在医学领域中取得最显著的成就。《黄帝内经》用阴阳的对立统一和五行的相生相克来论述医学中的一些基本问题,具有丰富的医学辩证法。可以说,它在医学这一领域中,达到了朴素唯物主义与朴素辩证法的统一。《素问·举痛论》说:"余闻善言天者,必有验于人;善言古者,必有合于今;善言人者,必有厌于己。如此,则道不惑而要数极,所谓明也。"这几句话和荀子所说的大同小异,而用的口气是"余闻"云云,很可能是《内经》受了荀子的影响。在方法论上强调"符验",以为关于天道的言论应受到人事的验证,关于古代的言论应受到现实的验证,这是和荀子一样的。《内经》以为人和己相一致,荀子也说"以己度人,以人度人"。但是也有不同之处:荀子讲"明于天人之分"和"制天命而用之",比较强调人对自然的斗争;而《内经》则比较强调人和自然之间的有机联系,要求从有机联系的观点来考察人体。它说:"自古通天者生之本,本于阴阳。……九窍、五脏、十二节,皆通乎天气";"内外调和,邪不能害"；"谨道如法，长有天命"。① 就是说，人体和自然界息息相关，一个人能做到内与外、人与天、阴与阳互相调和，邪气就不能侵害；遵循自然规律养生，就能长久享有天赋的生命，这是唯物主义的天人合一论。

关于名实问题，《内经》说："气合而有形，因变以正名。"②以为正确的名称、概念是根据形体变化而确定的，这也是明显的唯物主义观点。那末怎样才能做到"因变以正名"，即正确地用概念把握客观变化过程呢？《内经》也强调要"度量"，说："若夫八尺之士，皮肉在此，外可度量切循而得之，其死可解剖而视之，其脏之坚脆，腑之大小，谷之多少，脉之长短，血之清浊，气之多少，……皆有大数。"③这是讲要通过客观的观察、解剖来进行度量，以把握脏、腑、气、血等各方面的数据，这当然是科学态度。《内经》还提出用"别异比类"④的方法来取象。例如，在诊病时，"脉之小、大，滑、涩、浮、沉，可以指别；五藏之象，可以类推"。⑤ 就是说各种脉象，医生可以用手指来度量、辨别；而五脏之象，则可由内脏功能反映在体表的现象来比类推测。这里讲的类推，显然不是指根据种属关系进行推理，而是要求运用阴阳、五行的范畴来作观察、比较和推测。《内经》运用"类"范畴，也和《易传》相似，不过它不讲八卦，而是把人体和自然界现象归纳为木、火、土、金、水五大类，又概括为阴和阳两种属性的对立统一。运用这样的范畴进行类

---

① 《生气通天论》，《黄帝内经》，中医古籍出版社 2003 年版，第 12—13，14，15 页。
② 《六节藏象论》，《黄帝内经》，第 29 页。
③ 《经水》，《黄帝内经》，第 233 页。
④ 《示从容论篇》，《黄帝内经》，第 196 页。
⑤ 《五藏生成论》，《黄帝内经》，第 31 页。

比，把五行和五脏，五官，五色，五味，五种情志（喜、怒、悲、恐、思），五种气候（风、暑、湿、燥、寒），五个方位（东、西、南、北、中），五个季节（四季加长夏）等一一相配，当然不免有牵强附会之处。但是这里面却包含着一个很有价值的思想，即有机联系的观念。《内经》以为，人体是个有机的整体，五脏、六腑、五官、五体以及经络系统都是互相联系、分工协作的，人的生理变化和精神作用（喜怒等）也是互相联系，互相影响的，而且人体和自然界也是统一的，人的健康与疾病同自然界环境特别是气候变化有着密切的关系。《内经》的比类取象的方法，实质上是要求从普遍联系中来比较各类事物的同异，从而把握所考察对象的矛盾运动（阴阳的消长），以进行正确的推测。这就是辩证逻辑的比较法。

　　《内经》说："阴阳者，数之可十，推之可百，数之可千，推之可万，万之大不可胜数，然其要一也。"①所谓"其要一也"，是说天地万物都是可用阴阳的对立统一来概括说明。阴阳的矛盾是万物生成的总原因。就自然界说，"清阳为天，浊阴为地；地气上为云，天气下为雨；雨出地气，云出天气"②。天与地互相依存，而地气（水气）上升为云又转变为雨，天气（云）下降为雨又蒸发为云，这正说明阴阳互相依存又互相转化。而就人体说，"阳化气，阴成形"，人体健康有赖于阴阳的协调。"阴胜则阳病，阳胜则阴病，阳胜则热，阴胜则寒，重寒则热，重热则寒。"③就是说，如果阴阳有一方偏胜，便会使另一方削弱而成病，阳偏胜则出现热的症状，而热

①《阴阳离合论》，《黄帝内经》，第23页。
②《阴阳应象大论》，《黄帝内经》，第18页。
③ 同上注。

极反而出现寒象。阴偏胜则出现寒的症状，而寒极反而出现热象，这也正说明阴阳的互相依存又互相转化。因此，在诊断方面，《内经》指出："善诊者，察色按脉，先别阴阳。"①就是说，首先必须辨别病症属阴还是属阳。而在治疗方面，则又提出"阳病治阴，阴病治阳"的原则，还说"善用针者，从阴引阳，从阳引阴，以右治左，以左治右"，如此等等，都反映了《内经》作者善于辩证地思维。而从思维形式来说，这里举的一些论断，正同《易传》一样，都比较完整地表达了"从肯定到否定——从否定到与肯定的东西的统一"的思维的矛盾运动。

但决不能主观地运用"阴胜则阳病，阳胜则阴病"、"阳病治阴，阴病治阳"这类原则，而是必须从实际出发，具体地分析条件，因时、因地、因人制宜。《内经》非常强调"时"，说："谨候其时，病可与期，失时反候者，百病不治。……是故谨候气之所在而刺之，是谓逢时。"②这样严格依据客观物质运动及其时间条件采取治疗措施，是唯物主义的实事求是态度。

当然，《内经》运用比类取象的方法，有时也不免流于主观比附，因而产生了一些荒唐的见解。例如，它说："天圆地方，人头圆足方以应之。天有日月，人有两目。地有九州，人有九窍。天有风雨，人有喜怒。天有雷电，人有音声。……岁有三百六十五日，人有三百六十节。"③这样进行比附，以论证"人与天地相应者也"，当然是荒谬的。不过，只要坚持唯物主义，不断地用事实来验证

---

① 《阴阳应象大论》，《黄帝内经》，第 22 页。
② 《卫气行》，《黄帝内经》，第 289 页。
③ 《邪客》，《黄帝内经》，第 281 页。

理论,这些荒谬之处是会逐步得到克服的。后来我国医学的发展史可以证明这一点。

阴阳五行学说在战国时期发生分化,有一派人向唯心论发展,其代表人物是邹衍。《史记·孟子荀卿列传》中说他:"其语闳大不经,必先验小物,推而大之,至于无垠。"邹衍虽说先验小物,但他一下子推到无限,并且也不再用事实来检验他的理论,便成"怪迂之辩"了。他讲历史,把五行推广到政治上,提出五德终始学说,"称引天地剖判以来,五德转移,治各有宜",这显然是无法验证的学说,违背了荀子说的"善言古者必有节于今,善言天者必有征于人"的原则。荀子在《非十二子》中批判子思孟轲是"闻见杂博。案往旧造说,谓之五行"。这一批判完全适用于邹衍一派阴阳家,他们的种种比附确实不过是唯心主义的"造说"罢了。而这就从另一方面说明,运用比类取象的方法,一定要坚持荀子所说的"符验"、"辨合"的原则。

＊　＊　＊

综上所述,先秦哲学发展到总结阶段,到了荀子、《易传》、《月令》和《内经》,辩证逻辑确已具有雏形。荀子明确地提出概念、判断、推理是包含矛盾的,进行辩说要求"不异实名以喻动静之道"(《荀子·正名》),所以辩证法是普通逻辑思维所固有的。他指出逻辑思维就是通过"辨合"、"符验"的运动,以求达到概念和实在的统一。他用"类"、"故"、"理"的范畴来说明正确地进行辨合的方法,强调要"壹统类"、"辨则尽故"、"以道观尽",也就是全面地看问题;同时还要"解蔽",即对各种谬误观点进行分析批判。《易传》则比前人更明确地表达了概念的对立统一的原理,并认为可以用范畴的辩证推移来把握宇宙发展法则。它还考察了"类"范畴的辩证逻辑意义，要求思维从全面联系的观点出发，比较各类事物之间的同异，把握所考察的类的矛盾运动。这种辩证逻辑的比较法，它的主要环节是"比类"、"取象"、"度量"、"通变"（"顺时"），在历法、音律、医学等具体科学领域中得到广泛运用，取得了显著的成就，这可以从《月令》和《内经》等著作中看到。先秦哲学已经提出了辩证逻辑的基本点，并已起了促进科学发展的作用，显示了它的生命力。当然，古代的辩证逻辑是朴素的，有其历史局限性。它尚未取得严密的科学形态，只着重考察了"类"范畴，而对"故"、"理"等范畴考察尚少。由于它缺乏自觉性，所以"比类"、"取象"的方法，容易被主观地加以运用，从而导致唯心主义的荒唐见解。但是，只要坚持荀子的"符验"、"辩合"与"解蔽"，把《易传》提出的对立统一原理和比较法安放在唯物主义的基础上，并使辩证逻辑与具体科学密切结合，那么这种局限性将逐渐得到克服，而随着哲学与科学的进步，辩证逻辑便将由雏形逐步成熟，越来越增强其自觉性。

论真、善、美[*]

一、自在和自为，自在之物和为我之物

在黑格尔那里，"自在"和"自为"讲的是概念的两个阶段。在自在阶段里，概念保持着原始的同一性，对立的因素是潜在的，还没有显现出来。随后，概念发展了，对立的因素就开始区别、分化，对立就显现出来，以至达到激化；然后概念又复归自身，达到对立的统一，达到黑格尔所说的"自在而自为"的阶段。我们读黑格尔的书老碰到"自在"和"自为"这两个概念，他的《美学》老讲这个"自在"、"自为"就是讲的概念的两个阶段。

马克思改造了黑格尔的术语。我们现在讲的"自在"和"自为"，是指的精神主体是处于自发状态，还是自觉状态？当精神主体处于自在阶段时，它的意识活动具有自发性。当精神主体达到自为阶段时候，它的意识活动达到了自觉。例如工人阶级当它处于自在阶段时，它进行自发的斗争。随着阶级斗争的发展，有了

* 本文是 1981 年 7 月全国高校第 2 期美学进修班上的讲演稿，由林同华同志整理而成。收入上海市美学研究会、上海社会科学院哲学研究所美学研究室编：《美学与艺术讲演录》，上海人民出版社 1983 年版。

马克思主义的指导，有了共产党的领导，工人阶级就成了自为的阶级，它的斗争是自觉的。"自在"和"自为"是对人来说的，是就主体讲的。

"自在之物"和"为我之物"则是就对象而言的。"自在之物"本是康德的用语，康德以为"自在之物"是不可认识的，而马克思主义哲学认为，世界上没有不可认识的东西，自在之物是可以认识的，随着社会实践的发展，自在之物不断地转化为为我之物。为我之物就是为人类所认识，而且人类可以依据规律加以利用的自在之物。自在之物和为我之物没有原则的区别，为我之物就是被认识了的自在之物，它的客观实在性和规律性并不以人的意志而转移，并不因为人们认识了它，人们利用了它，为我之物的客观实在性和规律性就可以由我来决定了。不是这样，为我之物就是自在之物的一部分。人们通过实践和认识的反复而化自在之物为为我之物，但人们并不能改变自在之物的物质性，并不能消灭和改变客观世界的规律。不过，当人们掌握了客观世界的规律，人们就能在科学指导之下，改变某些事物的某些形态、改变自在之物的这种或那种规定性。人们按照规律来改造世界，就能够使客观世界去掉黑格尔所说的"假象、外在性和虚无性"。例如：古代人认为天圆地方，后来人们认识到，地球是圆的，天圆地方这个说法不对。古代不论东方和西方，都长期流行着地心说，认为太阳绕着地球转，一直到哥白尼学说被证实以后，人们才知道实际上是地球绕着太阳转。虽然人们看到的是太阳从东方升起，从西方下山，但当人们认识到了太阳和地球之间的本质联系，就知道太阳从东方升起，从西方下山，太阳好像是在绕着地球转，这是一个外观,是一个假象。反动派具有吓唬人的假象,以及迷惑人的外在形式,人们通过革命斗争,认识了它的本质,就使它失去了吓唬人的假象,失去了迷惑人的外在形式。佛教认为客观事物是虚幻的,是幻象,因此认为虚无才是最终的实在。这种虚无性,当我们揭露了宗教的本质后就失去了,我们可以把天国的秘密归根于世俗的基础,用人世间的矛盾来解释宗教。自在之物化为为我之物的过程,就是人的认识从现象进入到本质,并越来越深刻地揭露出本质来的过程。我们获得了事物本质的认识,获得了客观规律性的认识,并运用这种规律性认识来指导实践,改造世界,这样就使客观世界失去了黑格尔所说的假象、外在性、虚无性,使真理清楚明白地呈现在人们面前,使人们的真理性的认识在实践中获得证实而变成了现实的东西。人类不断地化自在之物为为我之物,越来越深刻地认识了真理,而真理的认识又通过人的活动越来越成为现实,这是一个无限发展的过程。以上是把自在之物化为为我之物作为对真理的认识来说的。这是一点。

其次,自在之物就是自然界的运动(人类的社会也是自然历史过程,我用"自然"这个词是广义的用法)。自然界本来无所谓意向,而人类的活动则是有意识有目的的活动,目的就是意之所向,即意向。我们可以说,自然界,特别是生物界也有合目的性的现象,但是不能说有意向。化自在之物为为我之物,要通过人类的有意识、有目的的活动。人类改造自然的活动,其意向就在于把自在之物变为为我之物。为我之物可以说是自在之物加上人的作用,体现了人的目的,而符合人的要求和利益。自在之物按它自在来说,它走着自己的路,无所谓合不合人的目的。自在之物通过人的有意向、合目的的活动，加上人的作用之后，成了为我之物，就体现了人的目的，符合人的要求和意愿。人的目的如果是正当的，那末贯彻这个目的的活动是好的，这个活动使自在之物化为为我之物，这个为我之物便是符合人的意向，具有好或善的价值。这里所说的善和好是最广义的用法，就像孟子所说的："可欲之为善。"可欲，为人所需要，就是好的，就是善，这是最广义的善。善的活动包含着两个要素：第一个要素就是人的要求，人的利益。善的活动符合进步人类的利益，符合社会先进阶级的要求。第二个要素就是善的意向反映客观规律所提供的可能性，亦即它具有客观的现实可能性。人类活动的意向及其实现如果是善的，总是包含着这两个要素。这第二个要素，即客观规律所提供的可能性，也就是真。真是善的前提，善一定是合理的、合乎规律的要求。人们改造自然的活动，如果既是现实性的合乎规律性的活动，又体现了进步人类的要求，那就是好的、善的。由于这种好的、善的活动，自然就得到改造。为人控制和利用的河流，固然仍是自然界的河流，它同样是自在之物，但它已经合乎规律地改变了某些形态。自然界的河流经过加工，被利用来航运、发电、灌溉，为人类谋福利，而那些不符合人类要求、对人类不利的某些形态则得到了改造。例如河流里面的暗礁和险滩被除去，使它便于航行。这种对自然界有目的地加以利用和改造，就是依据客观规律来创造条件，使它合乎人类的要求，这样的活动以及这样活动的结果，就具有善的价值，就是好的。这是我所讲的第二点。

　　第三，我打算依据马克思在《1844年经济学哲学手稿》中所讲的话，说明自在之物化为为我之物也就成了美的对象。

马克思说,人的劳动生产和动物不一样,动物也可以生产,例如蜜蜂造巢。但是,"动物只是按照它所属的那个种的尺度和需要来建造,而人却懂得按照任何一个种的尺度来进行生产,并且懂得怎样处处都把内在的尺度运用到对象上去;因此,人也按照美的规律来建造。"①马克思在这里讲了二层意思,一层意思是:动物是片面的生产,它只制造它自己和它的后代直接需要的东西。例如蜜蜂酿蜜和造蜂巢,一代一代地重复着,凭本能进行这一工作,这是由它所属的物种规定了的。而人能够普遍地生产,能够按照植物品种的特性进行种植,例如种稻、种麦;也能够按照动物品种的性能来进行畜牧,例如养猪、养牛。人能够按照每个物种的特性来进行生产。第二层意思:马克思说,动物只有在它的肉体直接需要的支配之下才生产,动物的生产是出于本能,是不自由的。而人呢,能自由地生产,能自由地对待它的产品。所谓自由,按照唯物辩证法的观点,就是对必然的认识和对客观世界的改造。人能按物种固有的规律来进行生产,于运用物种的尺度中与对象相结合,同时在产品中实现了人的目的,达到了人的要求,这样也就把人的本质力量在劳动和它的产品中对象化了,这就是自由地生产,也就是马克思所说的"把内在的尺度运用到对象上去"。人的本质力量,即人的德性、才能、智慧、情操、意志力等等,在劳动生产中,在劳动产品中对象化了,也就是形象化了,因此劳动及其产品就成为人们可以从中直观自己的对象,也就是成了欣赏的对象、美的对象。我们举庄子"庖丁解牛"作为例子来说明这

---

① 马克思:《1844 年经济学哲学手稿》,《马克思恩格斯全集》第 42 卷,人民出版社 1979 年版,第 97 页。

样一个道理。《庄子·养生主》有个"庖丁解牛"的寓言。这个庖丁经过长期的实践，他已经能够自由地劳动，因为他已经深刻地认识到牛的生理的特性，用庄子的话说，就是他解牛时能够"依乎天理"，"因其固然"。他完全按照规律，按照牛的生理结构来进行劳动，来解牛。这样自由的劳动，不受他自己肉体需要的支配，也不受外在力量的控制，他并不是被人监督着来进行劳动。这里要说明一下，在剥削制度下，实际生活中的庖丁可能或多或少是强迫劳动，但就庄子讲的寓言来说，这个庖丁解牛不是受外在力量的强制，也不是为了自己的什么物质的需要，他完全是自由的劳动，这种劳动已成为他乐生的要素，他甚至已经达到了这样的境界，就是像庄子所描写的："手之所触、肩之所倚、足之所履、膝之所踦，砉然响然。奏刀騞然，莫不中音：合于桑林之舞，乃中经首之会。"（《庄子·养生主》）这里描写庖丁的劳动一举一动都符合舞蹈与音乐的节奏，他的劳动就是艺术。在这样的劳动中，人的某些本质力量对象化了、形象化了，劳动给人美感，劳动成了审美的对象。因此庖丁自己把牛解完以后，也就"踌躇满志"，得到精神上的满足。庖丁解牛这个寓言，我们可以用它来说明自由的劳动、自由地对待产品的特征。特征有三点：首先是劳动达到非常熟练的地步，真正能够把对象本身的规律、物种固有的尺度运用到对象上去。其次，自由的劳动不受肉体需要的支配，不受外在力量的强制，不仅劳动产品对劳动者是目的，而且劳动本身也是目的，劳动成了乐生的要素。第三，在这样的劳动中人的本质力量对象化、形象化，劳动以及劳动对象、劳动产品打上了人的印记，成了审美的对象。审美活动就是这样从劳动中发源的，所以归根到底,劳动是艺术的源。农民种田,总是种得行列整齐,使人一看到稻田就感到心旷神怡,这固然是水稻本身和劳动操作的客观要求(保持一定的行距便于操作,有利于水稻的生长发育),但这也是人的本质力量对象化的结果,是打上了劳动者的印记的结果。人们进行农业、工业的生产,建筑住宅,把大自然改造成风景区等等,无不打上人的印记,并尽可能使它成为美的对象。这样,通过劳动生产,自然界就表现为打上了人的印记的作品,就成了马克思说的"人化的自然"。人的劳动以及劳动的对象和产品越来越被人美化,而人就在人化的自然中直观自己。

把上面讲的综合起来说:自在之物化为为我之物的过程,就是人类在实践基础上获得真理的认识,又转过来指导实践,使真理得到实现;实现了的真理就是为我之物,当然它仍是自在之物的一部分,只不过去掉了假象,因为现象已被全面地把握了,现实的本质、规律已被揭示出来了。同时,为我之物又实现了人的目的,符合人的利益,因此它不仅是真理的实现,又有善的价值。同时,为我之物又是人化的自然,打上了人的印记,人的本质力量、人的德性,在人化的自然上面形象化了,所以它成了美感对象,成了人欣赏的对象。所以,为我之物可说是真、善、美的统一。

人们变自在之物为为我之物的过程,就是以真、善、美的统一为目标。人类的全部历史就是一部化自在之物为为我之物的历史,它所要达到的目标就是真、善、美的统一,这是就对象方面来说的。而从主体方面来说,这个过程就是从自在到自为,从自发到自觉的过程,目标就是要培养真、善、美统一的全面发展的理想的人格、自觉的人格。

马克思在《〈政治经济学批判〉导言》中说过："艺术对象创造出懂得艺术和能够欣赏美的大众，——任何其他产品也都是这样。因此，生产不仅为主体生产对象，而且也为对象生产主体。"①物质生产、精神生产都是如此：一方面为主体创造对象，汽车、音乐等等生产的成果，是人享用的对象。另一方面，反过来，又为对象生产了主体，机器培养了使用机器的劳动者，艺术培养了具有欣赏能力的大众。人的生产都是自然界和人、对象和主体的交互作用。通过劳动生产，人的本质力量、人的德性对象化了；反过来，人化的自然又促使人的本质力量获得发展。人的本质力量本来是自在于主体的，通过劳动生产，劳动的产品以及劳动对象打上了人的烙印，人的本质力量对象化了；而这个人化的自然转过来又促进人的本质力量的发展，使人的本质力量由自在发展到自为。音乐培养了欣赏音乐的耳朵，建筑、雕塑、绘画培养了欣赏造型美的眼睛。就艺术欣赏能力来说，人的感官不同于动物的感官，文明人的感官不同于野蛮人的感官。若从生理上来说，人的某些感官可能不及动物，譬如，人的耳朵不能接受超声波，而蝙蝠就能够接受超声波。但是人类的感官比起动物来，文明人的感官比起野蛮人来，已大大地发展了。它不仅具有越来越发展的人的审美能力，而且人的感觉越来越成为在思维的指导之下进行的观察，观察就是一种能动的有意识地进行的知觉。人的感性活动和实践活动是统一的，人的感性活动是渗透着意志、感情的活动。

---

① 马克思：《〈政治经济学批判〉导言》，《马克思恩格斯选集》第 2 卷，人民出版社 1995 年版，第 10 页。这里保留了冯契引用的 1972 年版《马克思恩格斯选集》第 2 卷第 95 页的引文。新版将"能够欣赏美"改译为"具有审美能力"。——增订版编者

文明社会的人的感官能够进行科学的观察、欣赏美、表现人的感情、体现人的意志,因此它和野蛮人的感官具有本质的差别,所以马克思讲人的感官的形成,是从古到今全部世界史的工作成果。人的感官是通过人的劳动,在化自在之物为为我之物的过程中逐步地培养和发展起来的。

不仅人的感官的形成是如此,思维的器官的形成更是如此。人的思维能力是随着人改造世界的活动逐步发展起来的。思维逻辑是行动逻辑的内化,思维逻辑是随着行动逻辑的发展而发展的。当然,行动逻辑又是思维逻辑的表现。思维要有语言的物质外壳来表达,要语言文字作为符号,而这个物质的外壳又转过来促使思维发展。这说明思维的发展过程中存在着主体和对象、精神和物质的相互作用。如果完全离开对象,离开主体和客体的相互作用,离开实践,思维便不能发展,也无法客观地进行。思维也是在把思维这种本质力量对象化的过程中发展自己的。人的理论思维的主要成果是科学,而科学在生产中又转化为生产力,科学随着生产的发展而发展,人的理论思维的能力也随之而发展。人的本质力量在工农业生产发展过程中被揭示出来。劳动的历史,以及由于劳动而形成的文化史,逐步揭示出人的理性力量,又转过来培养人的理性,使人的头脑、人的思维能力不断地发展。到现代我们有了电子计算机,人的思维的逻辑本身,部分地取得了物化的形式,人工智能可以说是人的思维能力某个方面对象化了。人工智能对揭示人的逻辑思维本质,促进人的逻辑思维能力的发展,无疑具有重大的影响。

总之,人的感官、人的思维器官以及人的一切才能、德性,都是在劳动实践基础上发展起来的，都是凭借相应的对象——人化的自然而形成和发展，都经历了自在到自为、自发到自觉的过程。从对象方面来说，自在之物化为为我之物，目标在达到真、善、美的统一，而真、善、美统一的理想境界就是人的本质力量的对象化。从主体方面来说，真、善、美统一的理想人格只有在人化的自然中才能实现，只有在自在之物化为为我之物达到理想境界时，主体才能具有理想的人格。如何培养理想的人格，这是哲学史上重大的问题，古代哲学家早已在讨论这个问题。人能否成为圣人？如何才能成为圣人？我们不相信有全知全能的圣人，但要求培养自觉的人格、自由的人格，要求培养真、善、美三个方面全面发展的人格。哲学、科学、艺术、道德、全部人类文化归根到底就是熏陶人的，要使人成为自觉的、自由的人，要培养出全面发展的真、善、美统一的人格。人类在劳动实践基础上认识世界，改造世界，化自在之物为为我之物。通过这样的活动，人类就由自在而自为，由自发达到自觉。整个人类的历史就是如此。和这个问题有关，现在大家都在探讨的人性的问题和劳动异化的问题，这里就不说了。

二、理想和现实

把自在之物化为为我之物，从自在到自为，也就是人们从现实生活中汲取理想，又使理想化为现实的过程。理想是客观现实的反映、概括，又是人格的体现。理想如果实现了，它总是现实生活合乎规律的发展，把规律所提供的可能性变成了现实，同时又是人的本质力量的对象化。而这种本质力量的统一就是人格。人格是一个精神统一体,是知、情、意等本质力量的统一体。每个人都有他的个性特征,每个人都是个"我",而"我"把知、情、意统一于一身。这个统一的人格,最集中地表现在人们的世界观和人生观上。哲学是关于世界观的学问,是世界观和人生观的统一。哲学要探讨真、善、美的问题。为我之物以真、善、美统一为理想目标,知、情、意统一的人格,达到理想境界,也就是真、善、美统一。

我这里要讲一讲理想和现实的问题。我用的"理想"这个词,要说明一下,是一种广义的用法,是按照德国哲学家的习惯用法。"理想"这个词,不仅是指革命理想、生活理想、社会理想、道德理想,而且可以把审美理想、建筑师的设计、人类改造自然的蓝图,等等,都包括在内。例如:在科学技术上,葛洲坝工程的设计方案,是个理想。共产主义理想当然是理想,是社会理想、革命理想。美学上讲的艺术理想和审美理想,也是理想。这是一个广义的用法。

下面分几点来谈:先谈科学理想,再谈道德理想、审美理想,最后谈谈哲学家所讲的社会理想和理想人格。

首先,在科学技术上,人类改造自然的蓝图都是理想。如葛洲坝的设计、阿波罗登月计划,都是理想。这些改造自然的理想方案,包含有什么样的特征呢?科学家、工程师们要结合实际进行理论思维,把客观规律所提供的可能性和人类的要求结合起来,并且要运用想象力,把这种有利于人的可能性构思出来,制成蓝图、规划、设计,这些蓝图、规划、设计或多或少是形象化的。一个科学上的真实的理想，或称之为现实性的理想，可以说是一个具体概念。科学理想包含有以下要素：第一，它反映了现实发展的规律性所提供的可能性。譬如葛洲坝的工程设计，要考虑长江水的流量，葛洲坝那里的地质、水文状况等等条件，依据科学理论分析，是否提供了建造这个工程的可能性。如果违背了客观规律，那就是空想，空想就不是真正的理想。科学理想的首要因素是要符合客观规律所提供的可能性。第二，一个真实的理想，要体现人的要求、意愿、目的，给人的行动以一种动力。在人的行动中，目的作为法则贯彻于始终，理想作为一种动力，鼓舞人们前进。第三，一个科学的设计、科学的蓝图，总是这样、那样地形象化的。科学理论、科学概念已在一定程度上寓于具体的形象之中，多少具有一点感性形象的特征。在设计的时候，绘制一个蓝图，制作一个模型，拟订一个方案，都是不同程度地形象化的。第四，总起来说，人的认识、意愿、感情综合地集中在理想之中，集中在设计的方案里面。在科学的设计方案中，也可以说是体现了人的本质力量。理想，一般地说，就是人的本质力量的主观体现。理想得到了实现，就是人的本质力量对象化了。凡是称作理想的，大体上包含着上面所讲的这样一些特征。

其次，讲道德理想。理想作为人格的体现，特别是指道德理想。共产主义道德理想的实现，就是共产主义的德性和共产主义的伦理关系。共产主义的人格，就体现在为共产主义理想而奋斗的行动里面。自马克思、恩格斯以来，已经产生不少伟大的无产阶级革命家，他们就是共产主义理想的化身。他们毕生为共产主义理想而奋斗，在他们身上，我们真正看到了共产主义的人格、共产主义的德性是什么样的。在道德领域中,精神是社会行为的主体。人的行为,它的目的在于利益,在于人的物质和精神的需要,在于使人获得幸福。我们在上面讲自在之物化为为我之物,符合人的要求,有善的价值。那个"善",即"好",是个广义的用法。而讲道德的善则是狭义的,是指人的社会行为要符合一种当然之则。行为总是在人和人之间的关系中进行的,没有孤立的行为;而讲到人和人之间的关系,那就有一种应当遵循的准则,这就是当然之则。这种当然之则,我们把它叫做道德规范。人和人之间应当有的道德规范、当然之则,就是道德理想的具体化。一定时代、一定阶级的道德理想具体化为这一时代、这一阶级的道德规范。无产阶级道德理想即共产主义道德理想,在对待祖国和人民的关系上,表现为爱祖国、爱人民;在对待同志和组织的关系上,表现为互助合作和集体主义;在对待劳动的关系上,表现为热爱劳动和各尽所能;在对待公共财物的关系上,表现为爱护集体财产等等。这些道德规范都是共产主义道德理想的具体化。

道德规范和人的利益之间的关系,就是中国哲学史上所说的"义利之辩"。我刚才上面所讲的:"可欲之为善",那实际上是讲的利。义和利的关系怎么样呢?墨子说:"义,利也。"这句话是指:行为合乎一定社会集团的利益(即公利),就被这个社会集团认为是义,被这个社会集团认为是应当做的。例如:合乎无产阶级利益的,对无产阶级来说就是义,就是应当做的。用马克思主义的观点来说,无产阶级的道德规范和无产阶级的利益,应当是统一的。但是,也是有矛盾的。因为义是体现了整个阶级或者全民族的集体的利益。为了义,在一定条件下就要对个人的利益作出牺牲，甚至于个人的生命也要作出牺牲，即古人说的"杀身成仁"，"舍生取义"。从整体上来说，"义"和"利"是统一的，二者都是历史范畴，都是一定社会历史条件下的产物，相对于一定的社会关系而言的。在阶级社会中，"义"和"利"总是有阶级性的，当然也不要把阶级性的问题简单化。

除了"义"和"利"的关系外，另一个重要的关系就是"义"和"理"的关系，也就是道德规范同客观规律的关系。道德规范如果在一定条件下具有合理性，是正当的，它便有客观规律的根据。根据革命阶级的阶级利益提出的道德规范，一般说来是合理的，是符合历史发展规律的。例如无产阶级的道德规范是符合历史发展的规律的，是合理的。不过，理和义不总是一致的，道德规范是当然之则，客观规律是必然之理。当然和必然是有区别的，规范和规律是有区别的。规范包含着意志、愿望的成分，道德规范需要由意志力来贯彻，而客观规律不以人的意志而转移。客观规律是非遵循不可的，物理、化学的规律是谁也不能违背的；而一般的道德规范，人可以破坏，就像打球、下象棋的规则是可以破坏的一样。规范只有当它是合乎规律的要求的时候，它才是真正出于科学的理想。如果道德理想是有科学根据的，是符合客观规律的要求的，而人们对于把这个理想具体化的种种道德规范又能够努力地去实践，能够身体力行，那么，就如中国哲学家所指出的："习惯成自然"，"习成而性与成"，经过持久的努力，就可以化为人的德性。我刚才讲的是这个意思：道德理想和道德规范如果真是合理的，是合乎社会发展规律的要求的，那么，只要你能够在集体的帮助之下，发挥个人的主观努力，在实践中间努力地去贯彻，数十年如一日地严格要求自己,始终不渝地为理想而奋斗,便可以"习成而性与成",使道德理想在你身上化为德性。我们就是通过这样的途径来培养人的道德。人并没有天生的、完善的德性,而是通过实践和教育,通过集体的帮助和个人的主观努力相结合,在使人的本质力量对象化的过程中,逐步地使合理的道德理想变成现实的人和人的关系,化为人的真实的德性。

第三,讲一讲艺术理想、审美理想。

在艺术领域中,精神是审美活动的主体。我们在把人的本质力量对象化、在人化的自然中直观自身,这就是审美活动。艺术作品本身都是人化的自然,都是在自然原料上加工制作,表现了艺术理想。艺术理想也是人格的体现。我们讲"诗如其人","文如其人",就是说,诗啊,文啊,是作者性格的表现,文章的风格代表了作者的人格。艺术主要是以人和人的生活作为对象的,在艺术作品中,人和人的生活的本质,反映在艺术的典型形象中。艺术理想的具体化,就是艺术的意境和典型性格。在一定的艺术作品中,在艺术所描绘的典型形象中,人的本质力量对象化了、形象化了。这样的艺术形象使人的艺术理想成为现实。这个理想不是一个抽象的概念,而是体现于生动的形象,渗透了人的感情的。艺术创作本身就是一种精神生产,它从现实生活中提取理想,又使理想在作品中化为现实,所以艺术创作的过程,就是一个化材料为内容,给内容以形式的过程。这个过程同物质生产、科学研究相比,有它自己的特点。在科学研究中,人们从实践中获得经验,再把经验提高到科学理论,又把科学理论通过技术运用于物质生产,这个过程可以分为若干阶段,而这些阶段,可以由不同的人来进行。虽然现在的科学发展趋势是把这些阶段越来越紧密地结合起来进行，但是直接从事生产的工人和科学家、理论家和技术工作者还是可以分开的。工人和学者、理论家和技术人员是可以由不同的人来承担的。而在艺术领域中，就必须把生活和理想、构思和创作统一于一身，只能由同一个人来进行。作家要从事创作不能由别人去替他体验生活，非得自己去体验生活不可；有了写作素材，也不能由别人替他来构思；构思了，也不能由别人替他用笔墨表达出来。这便是艺术的形象思维不同于逻辑思维的特点之一。同样是从现实提取理想，再把理想化为现实，但是在科学和物质生产中是可以分成阶段，由不同的人来进行；而在艺术这种精神生产中，化材料为内容，给内容以形式，必须由一个人进行。这是因为艺术创造自始至终不能离开形象，艺术家从生活中获得形象，运用形象来思维，同时以形象化的方式把理想表现出来。形象思维，也可称为艺术想象。艺术的才能就在于善于从现实生活中提取感性的素材，而且在这些感性素材中选择最足以揭示人和人的生活的本质的形象，构成艺术理想，以适当的艺术形式把它表现出来。在艺术形象中，人的本质力量对象化了，使人可以从中直观自身，所以说这个作品是美的。而美的作品，又反过来可以培养人的欣赏能力、艺术趣味。音乐培养了具有欣赏音乐能力的群众，培养了欣赏音乐的耳朵；雕塑、建筑、绘画这些艺术培养了欣赏造型美的眼睛。艺术对于培养人的自觉的性格有重要的作用，在教育工作中美育绝不能忽视。

　　艺术理想还有一个重要的特点，就是：一个审美理想可以由许多感性形象来表现它。工程的设计蓝图，选定了一个之后，基本上可以按它来施工，即使在施工中再要作若干的修改，最后总是一个经过修改的理想图案得到了实现。一种科学理论，如果它确实把握了一定条件下的具体真理，达到了主观和客观、理论和实践、知和行的具体的历史的统一，那么它必定是独一无二的，不会有其他可能的形态。科学的必然规律、道德的当然准则，尽管也要灵活运用，以条件、地方、时间为转移，但是总可以说，在同一类条件下，总是同一个规律、同一个准则。这种规律、准则是可以用语言、概念作精确的表达的，可以类推到可能经历的同类情况。但是，艺术却贵在创造，艺术切忌雷同，同样的审美理想，可以而且必须在不同人的笔下有不同的表现。例如，杜甫有一首诗《同诸公登慈恩寺塔》，杜甫在登慈恩寺塔时，一道去的有高适、岑参、储光羲等，每个人都写了一篇。应该说，当时处在相似的意境之中，大家表达类似的审美理想，但是各人的诗篇各有其特色。《红楼梦》写十二金钗，写的是同一个阶层的女性，但是十二金钗一个人一个样，迎春、探春、惜春、黛玉、宝钗……各有她独特的个性。艺术理想反映生活的一般本质，一定要通过独特的艺术形象表现出来，如果没有这种独特性，就不能称其为艺术。

最后，讲哲学的理想。哲学同科学一样，也是以理论思维方式来掌握世界的，不同于道德、艺术的方式。哲学作为世界观和人生观的学问，它尤其要给人以理想，要给人构想出人类的理想社会和理想人格，而决不能是干巴巴的、冷冰冰的。一个哲学的概念结构，如果是干巴巴的、冷冰冰的，没有取得理想的形态，这样的哲学概念结构是灰色的、无力的，是不能感动人的，在历史上曾经发生过持久影响的哲学，都是有理想的，都是对塑造人的性格起过重要的作用的。所以，哲学家特别要探讨这个问题：怎样培养真、善、美的理想人格？怎样使人类社会达到它的理想境界？我个人认为，哲学要讲两个"三者统一"。马克思主义哲学是作为自然、社会和人类思维的一般规律性的科学，要探讨的根本问题是思维和存在的关系问题，因此它是客观辩证法、认识论和逻辑的统一。除了这三者的统一之外，哲学应该探讨真、善、美的理想和现实的问题，因此，哲学应该是认识论、伦理学和美学三者的统一。尽管伦理学和美学各有它的特殊性，而且需要成为独立的科学，但是哲学家要探讨认识论、伦理学和美学之间的关系，因为谈到理想，谈到怎样实现理想境界，怎样培养理想人格，就非探讨真、善、美的关系这个问题不可。而历史上曾经发生过持久影响的哲学体系，都是在这个问题上提出了自己的见解的。例如中国的先秦时期的一些主要学派，都勾画了自己的理想社会、理想人格。虽然他们的构想是不科学的，但从历史唯物论的观点来分析，也可以看到他们反映了当时一定社会集团的要求，也有其历史的理由。儒家和道家的哲学，在历史上曾经发生很深远的影响，这是什么原因呢？应该说，除了社会的原因之外，还在于他们的哲学包含着人类认识发展的某个环节；特别值得注意的是，儒家善于把认识论同伦理学统一起来，道家（尤其是庄子）善于把哲学同诗统一起来。孟子提出的理想社会：王道、仁政、井田制，都是虚构的；庄子提出的理想境界：至德之世，把原始社会理想化了，没有君子、小人的区别，也是虚构的。但是，孟子和庄子提出来的哲学理想，勾画出来的理想人格，确实发生了很大的影响。

我们可以从文天祥这样的民族英雄身上，看到孟子所讲的那种具有"浩然之气"的理想人格的影响。文天祥的《正气歌》，一开头就讲："天地有正气，……于人曰'浩然'"，这显然是孟子的理想的影响。我们也可以从阮籍、嵇康这样的人身上看到庄子的《逍遥游》中所勾画的那种人格的影响。所以，我们不能因为他们提出的理想是空想，是虚构的，就认为没有意思；相反，孟子、庄子的哲学在一定条件下对培养人的性格是起了作用的。我们称杜甫是"诗圣"、李白是"诗仙"，在杜甫、李白的著作中，儒家、道家的理想体现在许多诗篇中，体现在许多艺术意境中。诗人的人格确实在一定程度上是儒家、道家的理想的实现。为什么这些唯心主义的哲学，或是宗教提出的理想，在培养人的性格上曾经起过这样的作用，发生过影响？这是一个值得研究的问题。我认为，这样的哲学体系在当时的历史条件下，有它的历史的理由，这是可以从社会发展的规律，从社会的实际条件来说明的。同时，这样的哲学，从人类认识发展史来说，包含着某个必要的环节，这是可以从哲学发展的规律来说明的。什么环节呢？儒家的学说把认识论和伦理学统一了，而在庄子那里，哲学就是诗，诗同哲学统一了。这样，他们的哲学就给人指明了人类理想实现的某一种途径，给人以一定的启发。

在一定历史条件下起了作用的理想，是不是能原封不动地实现呢？理想能否实现，以及能够实现到什么程度，归根到底是取决于现实。现实是更有力的。先秦诸子提出了形形色色的社会理想，最后达到了像荀子在《王制》、《王霸》、《富国》、《强国》等篇中所描绘的理想社会，那可以说是一个王霸杂用、儒法合流的蓝图。这个蓝图，比较符合当时的历史发展趋势和新兴地主阶级的要求，所以是比较合理的。但是，事实上是不是完全能按照哲学家的蓝图来实现呢？事实上，实现的是一个封建专制主义的国家，并没有像荀子所描绘的那样美好。在封建专制主义的国家里，统治者施行的是德教、刑法两手策略，儒法合流、王霸杂用的理想得到了部分实现，但是决不能说它是全部实现了。荀子说的是"隆礼尊贤，重法爱民"（《荀子·强国》）；在封建专制主义的统治下，人们的才智受压制，广大劳动人民受奴役，礼法哪里是为了爱民、尊贤呢？在西方，文艺复兴以后，资产阶级哲学家所提出的理想，在当时的历史条件下也有它合理的一面，当时也起了积极作用。例如，法国的启蒙学者孟德斯鸠、卢梭、伏尔泰等人所提出的理想，在当时确实是比较符合历史发展的要求，是比较合理的，但是这种理想实现的情况怎么样呢？恩格斯指出："理性的国家、卢梭的社会契约在实践中表现为而且也只能表现为资产阶级的民主共和国。"①自由、平等、博爱的口号所实现的是什么呢？马克思在《资本论》中已经说得很清楚了。而且资产阶级到后来什么理想也没有了，它只培养个人主义。所以，哲学家提出的理想，在一定条件下可能是比较合理的，但是它的实现归根到底是要受到历史条件的制约，现实是更有力的。

马克思主义提出了真正科学的理想，因为马克思主义真正把历史变成科学，建立了唯物史观，提出了共产主义理想，即共产主义的理想社会和共产主义的理想人格。有了马克思主义，社会主

---

① 恩格斯：《反杜林论》，《马克思恩格斯选集》第 3 卷，人民出版社 1995 年版，第 356 页。

义就由空想变成科学。共产主义理想是科学的世界观的产物，是根据客观事实和科学理论提出来的，是经过严密的逻辑论证而得出的科学结论，它是客观社会规律所提供的可能性，同时也是无产阶级和进步人类的要求。共产主义理想是马克思主义哲学的组成部分，它贯彻在共产主义的道德理想和审美理想之中，对于培养理想人格、自觉的人格，已经起了巨大的作用。一百多年来，多少革命志士仁人为共产主义理想而奋斗，贡献了自己毕生的精力，甚至牺牲了自己的生命，并且在我国和其他一些国家中，共产主义理想已部分地成为现实的关系。这说明马克思主义的世界观所提供的理想具有极大的力量，具有现实性，无疑以后还将继续发挥它的威力。当然，共产主义理想的实现需要几代人共同努力，而且并非一帆风顺，而是曲折地发展的，这中间有前进，也会有后退，归根到底还是现实最有力。但共产主义理想所以是科学的，就在于它要求始终符合现实的客观规律所提供的可能性和社会的先进力量的要求。共产主义理想决非凝固不变的东西，它将随着现实的发展而不断丰富自己。尽管由于十年内乱中"左"的空想造成极大破坏，因而使一部分人产生了怀疑情绪，但科学的共产主义理想一定会克服它，并且一定会在实践中更增强其生命力。

三、对艺术美的分析

艺术美是艺术理想的实现。艺术理想的实现首先是艺术意境。如果我们对艺术意境作一点分析，那么可以说意境是由理、事、情三者构成的。"理、事、情"是清朝叶燮在《原诗》里的用语。一篇诗总是有情、有景或有事，情景交融体现了一定的理。这个理不是抽象概念，而是审美理想。举个例子，唐代崔颢的《长干曲》："君家何处住？妾住在横塘。停船暂借问，或恐是同乡。"（崔颢：《长干曲》）这个摇船的姑娘看见了另一船上的男子，她觉得面熟，可能是同乡，就停下船来，问他家住何处，而且自己说我就住在横塘。就是这么一个日常生活中的画面，非常生动。这里有景，有情：一个画面即一个景，灌注了一个女子在异地遇到同乡人的欢乐心情，情景交融，体现了一个真实的理想，即劳动者之间的那么一种亲密的友谊关系。王夫之在评论这首诗时说，"墨气所射，四表无穷，无字处皆其意也"。[①] 就是说这一篇诗，没有字的地方也体现出它的理想（"意"就是理想）。一首体现真实理想的好诗，能于个别中显示一般，在有限之中揭示出无限。我现在把"事"或"景"叫做造型因素，把"情"叫做表情因素。一篇诗、一幅山水画总有造型因素，又有表情因素，两者结合体现艺术理想，这样来构成艺术意境。造型因素和表情因素是不可或缺的，也难以分割，我把它们叫因素是为了分析的方便。不过，在不同的艺术里可以有所侧重。德国哲学家莱辛的《拉奥孔》讨论了诗和画的区别。他强调区别。诗、音乐，宜于抒情，而绘画、雕塑被称为造型艺术。但是不能认为抒情的就没有形象，没有造型因素。比如音乐当然宜于抒情，但是声音也是形象。画是造型艺术，然而中国山水画有非常浓厚的抒情色彩。所谓"诗中有画，画中有诗"，正是要求

---

① 王夫之：《夕堂永日绪论内编》，《船山全书》第 15 册，岳麓书社 2011 年版，第 838 页。

造型因素和表情因素的结合。直率的表情,我痛苦啊,我高兴啊,呼喊得喉咙哑了,这不等于诗。哀乐之情要寄托于景、寄托于形象、寄托于活动,这才是诗。《诗经》中"昔我往矣,杨柳依依。今我来思,雨雪霏霏。行道迟迟,载渴载饥。我心伤悲,莫知我哀!"(《诗经·小雅·采薇》)这首诗描写一个服徭役的兵回来了,他想起离家时"杨柳依依"的惜别情景,今天终于回来了,归途中又饥又渴,又大雪纷飞。想起自己在外面吃了那么多苦头,真是说不出的悲哀。这首诗的描写,情与景融合无间。诗要抒情,情要寄托于景,一定要与造型因素结合。就造型艺术来说,造型当然要求形似。但是正如苏东坡说的:"论画以形似,见与儿童邻。"(《书鄢陵王主簿所画折枝二首》)假使论画只看形似,这个见解与小孩差不多,是不懂画的。画不仅要形似,更重要的是要表现出神韵。南齐谢赫论画"六法",第一条是气韵生动,第二是骨法用笔,第三是应物象形,第四是随类赋彩……当然要应物象形,但不能只求形似,把物象描绘得历历具足,而是要神似,要形神具备,体现一种理想。画,应该像《历代名画记》里讲的要传"神气",画要体现理想。《历代名画记》说:"意存笔先,画尽意在,所以全神气也。""意"就是理想。理想或者说意旨统帅着创作过程,体现于作品之中,而情与景的选择都从属于理想。一幅好的画总是以一定的情景表现某种理想,显得气韵生动,这就叫有意境。艺术意境就是造型因素和表情因素的结合体现了一定的审美理想。

　　语言艺术有抒情、叙事之分,这种区分当然是相对的。不过抒情诗着重给人们以意境,而叙事的小说、戏剧则要描绘典型性格。黑格尔讲,性格是理想艺术表现的真正中心。恩格斯说,现实主义是"除了细节的真实外，还要真实地再现典型环境中的典型人物"①。同意境一样，性格还是造型因素和表情因素的结合来体现一定的审美理想。在小说和戏剧中，性格是通过人物的动作和情节来展开的。人的动作和生活情节总是在一定的环境中发生的。对一定环境中人物的动作和故事的情节的真实描绘就是造型因素。在语言艺术中，可以用若干的情节来表现性格。比如武松这个人物的性格，是通过景阳冈打虎、杀嫂、杀西门庆、醉打蒋门神等等许多情节来展开的。这是讲小说、戏剧里的性格描绘。而雕塑、绘画通常只能选择某一个最能表现性格的情节进行造型。这是由于手段的限制。比如：《拉奥孔》这个雕塑就是那么一个情节，《最后的晚餐》就是那么一个场面。造型艺术只用一个细节、一个场面也可以表现人物的性格。不论是绘画、雕塑还是小说、戏剧，所描绘的情节、动作都渗透了情感。《红楼梦》里写林黛玉，她的一言一行，每一个动作，每一个情节，都反映了她多愁善感、对贾宝玉的爱情等。情节渗透了情感，也即造型因素与表情因素相结合。正是通过这种灌注了感情的情节、动作，某种理想、某种人的本质力量具体化了、形象化了。这就是典型性格。典型是一般与个别的统一，典型性格是形神皆备的完整的主体。比如阿Q这个人物，代表了辛亥革命时期下层的农民，是在当时的历史条件下农民阶级的典型。这样一种典型，可以说是代表了当时受了极为深重的压迫和侮辱的下层农民，他只能靠精神胜利法来麻痹自己，他还没有觉悟，当时也没有工人阶级领导，但他自

---

① 恩格斯：《致玛·哈克奈斯的信》，《马克思恩格斯选集》第4卷，人民出版社1995年版，第683页。

己要求改变现状,如果革命来了,他就一定会卷进去的。这样一个典型是具有一般意义的,但他又是一个活生生的个性,有完整的具体性,有他独特的个性特点。阿Q不同于小D,不同于王胡。在文学作品或造型艺术中,如果要塑造同一阶级的性格,塑造同一社会集团的英雄形象,那就特别要注意这些人物之间的个性的差异。我刚才讲过了,艺术理想表现于具体的形象,它同科学概念不一样,它一定要表现具体的个性,而且在艺术作品中间这种个性差别要很鲜明。武松、李逵、鲁智深都是梁山泊的英雄,但是每一个性格都是完整的、具体的、活生生的。山西晋祠的彩塑,塑的仕女,一个一个样。照中国的传统说法,塑像和画人物要有"神韵"。神韵就是体现于生动形象之中的理想,要一个一个样。这是讲的性格。

艺术理想体现于形象之中,有意境,有性格。二者都是表现理想。而在一些伟大作家和伟大作品中,我们还可以看到反映时代精神的伟大理想。比如杜甫的诗,被人称为"诗史"。他的诗篇提供了非常丰富多样的诗的意境,构成了一个时代的巨幅画卷。杜甫论诗绝句里说:"或看翡翠兰苕上,未掣鲸鱼碧海中。"(《戏为六绝句》)他是这样有雄伟气魄的诗人,要到大海里去抓鲸鱼,而不满足于"翡翠戏兰苕"之类的纤巧诗句。我们联系起来看,他的诗确实反映了一个时代,体现了时代精神。又如,像《水浒》这样的巨大的作用,描写了许多的英雄人物、英雄性格。这许多人物以及他们的活动,也可以说是构成了一个时代巨幅画卷。这样的巨幅画卷,或者说那反映了一个时代的史诗,可以说它本身就是一个完整的世界。以上所说,不论是意境、性格或者是反映时代精神的巨幅画卷，都是讲的艺术的内容。

艺术创作在于化材料为内容，给内容以形式。这是一个统一的过程。各种艺术都要取得它的形式，取得它的物质外壳。每种艺术都要运用特定的物质手段来使艺术内容取得美的艺术形式。如果不懂得运用笔、墨、色彩，当然不可能作画。艺术总要讲技巧。艺术这种精神生产本来就是从劳动技术中发展起来的。艺术技巧就在于如何给内容以适当的形式。艺术要求内容与形式的统一，二者不可分割，但是可以分别地讲。形式美也有它的相对独立性，音乐要讲和声、节奏，这是客观存在。嵇康写了《声无哀乐论》。嵇康自己是个音乐家，他认为声音的和谐不和谐是客观存在，而哀乐之情是人的主观的东西，不能把主观的哀乐当作声音的客观的存在。他强调了音乐要有它的"自然之和"，这有其合理之处，我们应该科学地研究和声、节奏等。但是音乐作为艺术和美的对象，不仅是自然物，而且是人的本质力量对象化的产物。音乐要表现人的情感，要体现人的理想，嵇康把这个忽略了，所以他的理论在整体上看有缺陷。但是确实在研究音乐如何以"自然之和"为基础，也需要研究音乐的形式美，需要研究和声、节奏的数量关系。每一种艺术形式都有它的物质外壳，都有它的自然属性。音乐讲声音的节奏；造型艺术讲色彩、线条、形体；诗词讲格律；书法讲笔势、结构，等等。这些都是形式美方面的问题。形式美要进行科学研究，要从声学、光学、音韵学、解剖学等方面进行研究。形式美是不能忽视的，有的时候人们主要是欣赏形式美。比如《十五贯》中娄阿鼠，当然是坏人。在昆曲演出时，那个扮娄阿鼠的演员，他的丑角的动作，形式很美，因而就使观赏者获得美感。在欣赏艺术作品时，正像车尔尼雪夫斯基说的："美感在它的鉴别上实际是很宽容的。"①某一方面美，欣赏它，就把其他方面忽略了。谁也不会说坏蛋有什么心灵美，然而舞台上的坏蛋可以以丑角的形式而给人美感。但从整体来说艺术要求内容与形式的统一，而且内容是主要的方面。如果是理不胜词，太注意词藻的华丽，而缺乏真实的理想，那就不是好的作品。

以上是对艺术美作的分析。艺术美从内容方面来讲，在于有意境、性格，伟大的作家和巨大的作品还能反映时代精神。艺术还要求有形式美。以下再说明一下艺术美要以真和善为前提。

艺术美有两方面的物质前提：一方面，艺术的源泉是社会生活，艺术理想是从现实中汲取来的；另一方面，艺术要取得物质的外壳，要运用一定的手段把它表现出来。从形式方面来说，形式美对于声音、色彩、形体这些自然属性的依赖，这是十分明显的。如果违背科学的规律，比如说音乐不讲和声、节奏，就不可能有形式美。从内容方面来说，写景、抒情都要求真实，特别是艺术理想，要反映人和人的生活的本质。没有生活的真实性就没有艺术。艺术当然不是以理论思维的方式，而是以形象思维的方式给人以真理的认识。艺术不能概念化，它也不是以琐碎的情节为真实，而是要给人们以意境、性格，让生活的逻辑通过艺术意境和典型环境中的典型性格表现出来。艺术家在选择形象来表现理想时，经常使用夸张、虚构的手法，但并不违背真实，而是为了更好地表现理想和揭示生活的本质。艺术理想不等于生活中现成的

---

① 车尔尼雪夫斯基著，周扬译：《生活与美学》，人民文学出版社 1957 年版，第 43 页。

东西。艺术家把现实生活中萌芽状态的东西、现实中的可能性，加以典型化、理想化，这样，艺术就可以使人们更清楚地看到生活的本质以及社会发展的趋势。这样的作品是很多的。比如屠格涅夫的《父与子》就是很好的例子。艺术当然不是科学，但艺术美以真为前提，它在给人们提高真理的认识方面，具有重大的意义。这是讲的艺术美和真。

艺术美也要以善为前提。艺术理想不仅要反映生活真实的本质，同时还要反映一定社会集团的要求和道德理想。即使是形式美，也往往包含道德内容。甚至对人来说属于比较表面的形式，如衣着、环境布置等，这些方面搞得美观，也反映人的道德面貌。在艺术创作中，选择形象，抒写感情，艺术家总是同时作了道德评价。如杜甫的一首诗："剑外忽传收蓟北，初闻涕泪满衣裳。却看妻子愁何在，漫卷诗书喜欲狂……"（《闻官军收河南河北》）一种狂喜的爱国热情，灌注于涕泪满衣裳、漫卷诗书等形象中。在这里，形象和感情得到了充分的肯定，包含着一种出于爱国心的积极的道德评价，而且这种道德评价和艺术理想是融为一体的。艺术理想与道德理想相结合，是优秀的艺术的内在要求，伟大作品总是要求二者结合的。写英雄，总是包含着道德上的肯定、歌颂；写坏蛋，总是包含着道德上的否定、鞭挞。艺术反映社会的真实，要写正面人物，也要写反面人物。反面人物怎么样写呢？要从道德上作谴责，从本质上揭露他的虚弱。不论是塑造性格还是创作意境，如果没有先进阶级的道德理想，没有爱国主义和对人的尊重，艺术是无力的。当然，艺术表现道德理想不等于道德说教，而是要在艺术理想中灌注进步人类的道德。"为人生而艺术"，我赞成这个口号。车尔尼雪夫斯基说文学是生活的教科书，这是正确的。不过，不要走到"文以载道"的地步，不要搞得文学作品像《诗品》里所讲的"平典似道德论"。文艺变成道德说教、概念化，这是对艺术的破坏，也不利于培养人的德性。在宋代，作为对理学家的"文以载道"的反动，出现了严羽的《沧浪诗话》，说："诗有别趣，非关理也。"这就是走到了"为艺术而艺术"的路子上去了。"为艺术而艺术"的口号，在特定历史条件下具有反对道德说教和概念化的作用。但是从根本上说这个口号是错误的。艺术怎么能不表现艺术理想和道德理想呢？如果"非关理也"，没有理想，那就不会有长久的生命力。应该用这样的观点来看待现在一种被认为时髦的倾向。艺术虽然不是道德，但艺术美以善为前提，艺术对培养人的德性，对青少年进行教育，具有重大的意义。

　　这就是关于艺术美与真、善的关系。我只作了一个很简单的阐述。

论真、善、美的理想[*]

　　什么是理想？什么是真、善、美？这是哲学史上已经讨论了几千年的老问题。不过老问题可以有新意义。今天，我国各族人民在努力建设社会主义物质文明的同时，要加强社会主义精神文明的建设。现实生活向人们提出了一系列理论问题，其中包括关于真、善、美的理想这个老问题，要求哲学工作者给以马克思主义的回答。

　　各个时代的精神文明体现了各个时代的人们的理想。可以说，建设精神文明的过程，就是人们从现实生活和历史传统中提取理想，并创设条件来促使理想得到实现的过程。精神活动有多种方式，就活动的成果说，有科学、艺术、道德、宗教等等。我们暂且把宗教信仰这种对世界的虚幻的反映方式撇开，只讨论理论思维、道德实践和审美活动这三种主要方式：它们各自以提取和实现真、善、美的理想为其特征，分别地具有真、善、美的价值；而又不可分割地互相联系着，因为它们无非是统一的精神活动及其成果的不同侧面。人类建设精神文明的远大目标，就在达到真善美统一的理想境界和造就真善美统一的理想人格。

---

　　* 本文发表于《学术月刊》1982 年第 1 期，并收入《新华文摘》1982 年第 4 期。

现实,理想以及为我之物

理想和现实是一对互相联系着的范畴。为要说明理想这一概念,便必须了解什么是现实。黑格尔提出了一个著名命题:"凡是现实的都是合理的,凡是合理的都是现实的。"①恩格斯在《费尔巴哈论》中对它作了唯物主义的改造。在唯物辩证法看来,并不是现存的一切事物都是无条件地现实的,现实性和必然性不可分割:现实的东西一定是合乎规律的,而合乎规律的东西一定要成为现实。一个鸡蛋作为现实的事物,是合乎规律地产生出来的,它有其存在的理由。但是鸡蛋里面包含着胚胎,随着时间的推移与条件的改变,胚胎合乎规律地发展成为一只小鸡,原来的鸡蛋便失去了存在的理由。一个鸡蛋是如此,其他事物也一样。资本主义社会是合乎规律地代替封建社会而产生的,所以当时它的存在是合理的。但资本主义社会又包含着自己的否定性,即社会化的生产和无产阶级。资本主义的继续发展,同时发展着自己固有的矛盾,社会生产力和无产阶级力量的增长,合乎规律地促使资本主义制度崩溃,社会主义理想成为现实。所以,应当把现实看作是合乎规律地变化发展的过程。只有把握了现实发展的必然规律,才能真正认识现实事物有其存在的理由,并从处于胚胎状态的可能的东西看出它的发展趋向。正是这种现实发展规律所提供的可能性,构成了人们一切理想的客观基础。

---

① 黑格尔著,贺麟译:《小逻辑》,商务印书馆 1980 年第 2 版,第 43 页。

扼要地说，理想就是现实的可能性的反映。要区别现实的可能性和虚假的可能性。虚假的可能性是指人们头脑中的一些空想，它们是在现实中缺乏根据的东西，往往是由于人们迷惑于某些假象或夸大个别条件，凭主观愿望和主观想象虚构出来的。空想决不能实现，它可能暂时地对现实起促进作用或阻碍作用，最终要为现实生活所粉碎。理想则不同，它不是从天上掉下来的或凭主观臆造出来的，而是在现实里面怀胎、在泥土中植根的真实的东西。它以现实的可能性为内容，只要条件具备，可能性转化为现实，理想便得到实现了。所以，理想一旦确立，便鼓舞人们去创造条件以实现理想，于是便加快了现实生活的发展速度。我们要反对不切实际的空想家，同时也要反对忽视理想的鼠目寸光的庸人。

这里讲的是理想和现实的一般关系。还需说明一下：本文用理想一词，是广义的，把革命理想、社会理想、道德理想、艺术理想、建筑师的设计、人类改造自然的蓝图以及哲学家所说的理想人格等，都包括在内。不论哪个领域，精神活动都要求从现实汲取理想而又促使理想化为现实。

马克思主义"在劳动发展史中找到了理解全部社会史的锁钥"。① 人类精神活动的种种秘密，归根到底，也应从劳动发展史来解释。马克思以为人的劳动有一个不同于其他动物的活动的根本特点，那就是："劳动过程结束时得到的结果，在这个过程开始时就已经在劳动者的表象中存在着，即已经观念地存在着。"② 所以，相对于劳动过程来说，劳动者的表象（例如建筑住房的设

① 恩格斯：《费尔巴哈和德国古典哲学的终结》，《马克思恩格斯选集》第 4 卷，第 258 页。
② 马克思：《资本论》第 1 卷，《马克思恩格斯全集》第 23 卷，人民出版社 1972 年版，第 202 页。

计）就是理想，而劳动（例如建筑住房）就是使理想得以实现的活动。如果我们对劳动者的表象作一点分析，就可看到它确实具有理想的基本要素：它来源于现实，反映了现实的可能性（只要条件具备，住房可能按照规律建成），此其一；它反映了人的要求、目的，符合人的利益，此其二；劳动者运用想象力把这种体现了人的要求的可能性形象地构思出来，成为一个蓝图，此其三。这些要素综合在一起，就使观念取得了理想形态，指导着现实的劳动过程。

劳动过程结束时得到的结果，就是哲学家所谓"为我之物"。可以把人类以劳动实践为基础的认识世界和改造世界的全部历史，看作为化"自在之物"为"为我之物"的历史。在为我之物身上，人的理想成为现实。所以对为我之物作分析，有助于进一步考察理想的要素。

首先，从物质世界的客观实在性来说，为我之物即是自在之物，二者并无原则的区别。但为我之物是被人认识和被人利用、改造了的事物，它不是在黑暗中的自在之物，而是被人的理性的光辉所照亮，进入了人的意识领域的客观实在。理想得到实现，也即是观念得到证实，达到了主观和客观的一致。自在之物化为为我之物，证明了我们的观念（理想）同存在于我们之外的现实相符合，亦即证明了我们的思维具有客观的真理性，而为我之物则正是我们的真理性认识的现实。人们对真理的认识是一个从现象深入到本质、由片面发展到全面的历史过程。只有克服表面性和片面性，深刻而全面地揭露客观事物的本质，才是真正把握了真理，达到主客观的统一。为我之物作为人的真理性认识的现实，它固然仍是自在之物（它的物质性和规律性独立于人们的意识），但是它已经失去了迷惑人的假象（例如，哥白尼学说被证实，人们就不再迷惑于从直观获得的太阳绕地球转动的假象），而使得真理清晰而明白地呈现在人们面前。

第二，化自在之物为为我之物要通过人类有意识、有目的的活动。人的目的是意之所向，而自然界虽然有目的性现象，却无所谓意向。为我之物实现了人的意向，体现了人的目的，因而便具有善的价值。这里所说的善是广义的善，即"可欲之谓善"，也就是"好"。人的目的如果是好的，它总是既符合人的利益（更确切地说，社会先进力量的利益），又具有现实的可能性。好的、正当的目的作为理想而得到实现，自在之物便化为为我之物。由于人的劳动，自然物中实现了人的目的，自然界便合乎规律地改变了某些形态。被人控制和利用的河流，固然仍是自然界的河流，但是已筑了堤、架了桥、建了水电站、除去了暗礁、改造了急流险滩，……总之是人们依据规律来创设条件，以便利于灌溉、航行、发电，而不致造成洪水泛滥和船只覆没等灾害；这样，便使河流不断地改变面貌而越来越符合人的要求，提高了善的（好的）价值。

第三，为我之物也就是马克思所说的"人化的自然"。化自在之物为为我之物，同时就在自然物上面打上人的印记，使人的本质力量对象化了。马克思在《1844年经济学哲学手稿》中讲到人的劳动生产和动物的生产不同时说："动物只是按照它所属的那个种的尺度和需要来建造，而人却懂得按照任何一个种的尺度来进行生产，并且懂得怎样处处都把内在的尺度运用到对象上去；

因此，人也按照美的规律来建造。"①动物只制造它自己或它的后代直接需要的东西，如蜜蜂酿蜜、造巢，一代一代地重复着，只会凭本能进行这种生产，这是由它所属的物种的尺度规定了的，是不自由的。而人则能按各个物种的尺度来生产，如按作物品种的特性来进行种植，按动物的性能来进行畜养等。人能认识客观必然规律，并运用事物固有的规律于对象，以实现人的目的，所以人能自由地对待他的产品。而当人这样做时，也就把人的本质力量在劳动及其产品中对象化了、形象化了，于是人"在他所创造的世界中直观自身"②，也就是说，人化的自然成了美的对象。农民种田，总是行列整齐，非常美观，使人一见稻田就感到心旷神怡，还可能联想到陶渊明的诗句："平畴交远风，良苗亦怀新。"（《癸卯岁始春怀古田舍》）这固然是作物本身和劳动操作的客观要求，也是打上了人的印记的结果。人们进行农业、工业生产，建造住宅，把大自然改造成风景区等等，都要尽可能使之成为美的对象。所以为我之物具有美的价值。

综上所述，在为我之物身上，既实现了人的真理性的认识，又实现了人的目的、要求，并同时把人的本质力量对象化了，使得人们能够在人化的自然中直观自身。所以，为我之物可说是真、善、美三者的统一，或者说是真善美相结合的理想的现实。如果我们把人类全部历史看作为化自在之物为为我之物的历史，那末它所要达到的理想目标就是真善美的统一。

---

① 马克思：《1844 年经济学哲学手稿》，《马克思恩格斯全集》第 42 卷，第 97 页。
② 同上注。

科学理想、道德理想与艺术理想

人类在物质生产的基础上建立起精神文明的大厦，在这所大厦里充满着真、善、美的宝藏（当然也有假、恶、丑的东西，我们暂且不管它）。科学、道德、艺术，它们是从为我之物分化出来、派生出来的，分别地体现了人类的真、善、美的理想。

先谈科学理想。不仅像葛洲坝工程设计、阿波罗登月计划之类是科学的理想，而且任何科学理论，当它被卓有成效地用来指导实践时，都为实践指明了符合人的目的的现实可能性，并且这种可能性已或多或少被形象化地构思出来，因而都可说是具有理想形态的。关键当然在于是否真正（按客观规律来说、按科学真理来说）具有现实的可能性，这是科学理想与空想的根本区别所在。

理想的科学性问题，在社会领域比之自然界要复杂得多，也重要得多。社会发展史和自然发展史有一点根本不同：在自然界中是无数不自觉的、盲目的力量互相作用，而在社会历史领域中活动着的是具有意识的人们。人的活动都有自觉的意向、预期的目的。然而，有意识不等于认识了客观规律，人的主观意图（目的）和客观的现实可能性往往不相一致。在资本主义社会里，工人改进工具，意识到给技术带来了某种变化。小生产者出卖谷物，主观意图想多卖点钱以换取布匹等。如此之类，当然都是有意识的活动。但是他们都没有意识到，通过这些技术改革、商品交换的活动在形成什么样的社会关系，这些关系依据什么样的规律在发展。人们吃饭穿衣，生儿育女，从事生产、交换，经营各种事业，……由这些错综复杂的有意识的活动构成的事件的客观必然的链条，是不依赖于人们的社会意识，而且也不能为社会意识所完全把握的。列宁说："人类的最高任务，就是把握经济进化（社会存在的进化）这个客观逻辑的一切主要之点，以便使自己的社会意识以及一切资本主义国家的先进阶级的意识尽可能清楚地、明确地、批判地与它相适应。"①这就是共产主义者的任务。

　　社会是由有意识的人们组成的，但是在马克思以前，人们并未能"清楚地、明确地、批判地"意识到社会存在及其发展规律。这一个矛盾的事实使得过去许多哲学家陷入幻觉，以为历史是一些天才人物的意识活动的产物：天才人物提出"理想"，教育人们按他的"理想"来建立制度或进行变革，就能使社会达到完善的境地。从中国古代的孔子、墨子，到欧洲近代的空想社会主义者，无数贤哲提出了形形色色的社会理想，都是缺乏科学根据的。当然，他们的理想在客观上也是一定社会历史条件的产物、一定社会集团的要求；如果它在客观上比较符合当时历史发展趋势，也应该说它包含有合理因素。但是，历史总是走着自己的道路。荀子在《王制》、《王霸》、《富国》、《强国》等篇所描绘的"隆礼尊贤，重法爱民"的理想图景，在当时有其合理因素，但这个理想图景的现

---

① 列宁：《唯物主义和经验批判主义》，《列宁全集》第18卷，第340页。这里保留了冯契引用的1984年版《列宁全集》第14卷第343页的引文。新版将此句译为："人类的最高任务，就是从一般的和基本的特征上把握经济演进（社会存在的演进）这个客观逻辑，以便自己的社会意识以及一切资本主义国家的先进阶级的意识尽可能清楚地、明确地、批判地与它相适应。"——增订版编者

实,无非是秦汉的封建专制主义国家。法国启蒙学者提出自由、平等、博爱的理想,要求用理性原则来衡量一切,这在当时也有其合理因素,但是他们的理性国家在实际上表现为资产阶级专政的国家。

马克思主义诞生,社会主义便由空想变为科学。马克思的共产主义的理想,是科学的世界观的产物,是根据客观事实和科学理论(唯物史观和政治经济学),经过严密的逻辑论证而得出来的科学结论,它是社会发展规律提供的现实可能性,也是无产阶级和进步人类的要求。由马克思主义经典作家圆满而周到地描绘了的共产主义理想图景,一百多年已培养了无数共产主义的革命家,并且在我国和其他一些国家中已部分地成为现实,表现出它具有无比的威力。但是共产主义事业并非一帆风顺,而是曲折地发展的。共产主义理想也并非凝固不变的东西,它将随着现实的发展而不断丰富自己。尽管由于十年内乱中"左"的空想造成极大破坏,因而使一部分人产生了怀疑情绪,但科学的共产主义理想一定会克服它,并且一定会在实践中更增强其生命力。

再谈道德理想。在道德领域,精神是社会行为的主体。人们不但在劳动生产中结成社会关系,而且一切行为都是在人与人之间的关系中进行的,这种关系有其应当遵循的准则,即道德规范。道德规范就是道德理想的具体化。例如,无产阶级的道德理想,在对待祖国、对待人民的关系上,表现为爱祖国、爱人民;在对待同志的关系上,表现为互助合作与集体主义;在对待劳动的关系上,表现为热爱劳动和各尽所能,等等。

　　人的行为的目的在于利益，在于满足人的物质和精神的需要。合理的利益就是广义的善，而道德的善是狭义的。墨子说："义，利也。"其实是指行为合乎一定社会集团的利益（即公利），才被这社会集团的人们公认为"义"，即合乎道德理想的应当做的行为。义和利都是历史的范畴，都是相对于一定社会关系而言的。在一定社会历史条件下是进步的道德理想，体现了当时先进阶级、劳动人民或全民族的利益，所以从社会先进力量的立场来看，义和利是统一的。我们要反对"正其谊不谋其利，明其道不计其功"的唯心主义理论，那是剥削阶级借仁义道德的外衣来掩盖他们的反动的实际利益的骗人鬼话。我们也要反对只讲眼前经济利益、而忽视道德理想的庸人见解，庸人只讲个人实惠，就像翱翔于蓬蒿之间的小鸟，完全不能理解大鹏为什么要直上九万里高空、从北海飞到南海一样，他们也不能理解为共产主义理想而奋斗的无数志士仁人的崇高的道德境界。

　　善以真为前提。真正的道德理想（道德规范）总是既体现一定社会集团的公利，又在事实上有着客观的真实根据。当然，说"事实上有"，不等于清楚地认识到，而只是说：客观上体现了社会先进阶级利益的道德理想，在当时历史条件下有其合理性，也就是在一定程度上符合历史发展规律。但道德规范又不同于历史规律。规律不以人们的意志为转移；而规范则是"当然之则"（在行动中应当遵守的准则），它需要人用意志力加以贯彻，规律是非遵守不可的，谁也不能违背；而规范却可以违背，就像下棋、打球的规则可以破坏一样。因此，在道德领域，特别要强调意志自由。而在辩证唯物主义看来，"自由是对必然的认识"，"意志自由只是借助于对事物的认识来作出决定的那种能力"。① 所以问题在于：人们的道德理想是否真正建立在对必然性的认识上面。虽然孔子提出仁知统一的学说，苏格拉底讲"美德即知识"，都已强调道德与理性认识的联系，但是古代哲学家由于历史和阶级的局限性，不可能揭示出他们的道德理想的客观的历史根据，却往往虚构形而上学的体系，把道德观念的来源归之于"天命"或"灵魂"。马克思主义的唯物史观才真正揭示了道德的本质，于是历史上的各种道德都能从当时的社会条件得到合理解释，而无产阶级的道德理想则以科学的共产主义理论为根据，真正自觉地建立在对必然性的认识上面。这就是说，"善以真为前提"成了自觉掌握的命题。而道德理想又转过来给人以为真理而奋斗的勇气，道德的提高使得科学的共产主义理论真正成为有血有肉的了。

第三，艺术理想。在艺术领域中，精神是审美活动的主体，而所谓审美活动就是人们在人化的自然中直观自身。艺术在本质上是以人和人的社会生活为对象。在艺术作品中，人的本质力量体现于灌注着感情的生动形象之中，这就是艺术理想。艺术理想可以表现为意境（在抒情作品中），也可以表现为典型性格（在叙事作品中）。不论哪种形态，都是理（理想）、事（形象）、情（情感）三者的有机结合（我在这里用了叶燮《原诗》中的术语）。举一篇绝句为例："君家何处住？妾住在横塘。停船暂借问，或恐是同乡。"（崔颢：《长干曲》）这首诗描写了日常生活中的一个画面（形象），非常生动，抒发了在异地遇到同乡人的欢乐心情（情感），情景交

---

① 恩格斯：《反杜林论》，《马克思恩格斯选集》第3卷，第455页。

融无间,体现了一种真实的理想,即劳动者之间的亲密的友谊关系。王夫之在谈到这首诗时称赞说:"墨气所射,四表无穷,无字处皆其意也。"①意即理想。一首体现真实理想的好诗,能于个别中显示一般,有限中显示无限。

美以真为前提。这不仅是说叙事(写景)、抒情要求真实,更重要的是艺术理想要反映社会的人们及其生活的本质。但艺术不是以理论思维的方式,而是以形象思维方式来揭示真理,所以不能搞概念化,也不是以琐细的情节为真,而要让生活的逻辑通过艺术意境和典型环境中的典型性格表现出来。艺术家经常使用夸张、虚构等手法,这不是违背真实,而是为了使形象能更好地表现理想。艺术家把现实的可能性、现实生活中的萌芽状态的东西,加以典型化、理想化,这样,就能使人更清楚地看到生活的本质和发展趋势。所以,艺术虽不同于科学,但对人们提高真理的认识具有重大意义。

美也以善为前提。艺术理想在反映生活的真实本质的同时,总是反映一定社会集团的道德要求。诗人在抒写情感、选择形象时,通常总是作了评价的。"剑外忽传收蓟北,初闻涕泪满衣裳。却看妻子愁何在,漫卷诗书喜欲狂。"(《闻官军收河南河北》)在这里,狂喜的情绪及其表现为漫卷诗书、涕泪满裳的形象,得到了充分的肯定,这是一种出于爱国心的道德评价。艺术理想和道德理想相结合,因而描写英雄,便包含着道德上的肯定、歌颂;描写坏蛋,便包含着道德上的否定、谴责。没有先进阶级的道德理想,没有

---

① 王夫之:《姜斋诗话·夕堂永日绪论内编》,《船山全书》第15册,第838页。

爱国主义和对人的尊重，艺术是没有生命力的。"为人生而艺术"的口号是正确的，艺术理想应当饱含进步人类的道德观念。不过，也不要把文艺变成道德说教。宋代理学家提倡"文以载道"，那是对艺术的破坏，也不利于培养人的品德。作为对"文以载道"的反驳，出现了严羽的"诗有别趣，非关理也"的主张，这就近乎"为艺术而艺术"了。"为艺术而艺术"这个口号，在特定条件下具有反对道德说教和概念化的作用，但从根本上说却是错误的。至于无产阶级的艺术家，根据美以真和善为前提的道理，自觉地要求以马克思主义世界观和科学共产主义理论为指导，努力使艺术形象灌注着共产主义道德理想，那是不言而喻的。

以上我们分别地对科学理想、道德理想、艺术理想作了一些说明，但事实上这三者互相促进，互相渗透，是不可分割地联系着的。它们是同一个人类的精神大厦中的宝藏，是从同一个为我之物分化出来的精神财富。当然，既经分化，它们便各有其专门特点和相对独立的历史发展，并且这种发展可以很不平衡（不同时代、不同民族、不同个人之间都存在着不平衡状况）。但是在总体上，人类的理想目标是真善美的统一，这不仅就精神文明本身来说是如此，而且就作为客体的为我之物和作为主体的自觉人格来说也是如此。

理想人格的培养

同人类化自在之物为为我之物的历史相适应，精神主体经历着由自在到自为、由自发到自觉的过程。马克思说："艺术对象创造出懂得艺术和能够欣赏美的大众，——任何其他产品也都是这样。因此，生产不仅为主体生产对象，而且也为对象生产主体。"①物质生产和精神生产都是自然界和人、对象和主体的交互作用。通过劳动生产，自然界改变了面貌，人的本质力量也对象化，这便是"为主体生产对象"；而转过来，正是在创造物质财富和精神财富的过程中，凭着人化的自然，促进人的本质力量的发展，这便又"为对象生产主体"。音乐培养了欣赏音乐的耳朵，建筑、雕塑、绘画培养了欣赏造型美的眼睛；科学技术的成就培养了人们的理论思维，在科学理论指导下进行实验、调查，培养了人们的观察能力；合理的劳动组织培养了人们的自觉纪律，一百多年来的民族解放运动培养了中国人的爱国主义精神。总之，精神主体所具有的一切能力、品德，都是在实践中锻炼出来的，都是凭借相应的对象（为我之物）而形成和发展起来的。人类在化自在之物为为我之物的过程中发展科学、道德和艺术，同时也培养了以真、善、美为理想的自觉人格。

如何培养理想人格问题，即是古代哲学家早就在讨论的"人能否成为圣人，如何才能成为圣人"的问题。我们不相信有全知全能的圣人，但要求培养合乎共产主义理想的自觉人格。大家都承认，那些杰出的无产阶级革命家，就是共产主义理想的化身。共产主义的科学真理和道德理想在他们身上形象化了，他们就是真善美统一的觉悟的共产主义人格的典型。可见，理想人格是能

①　马克思：《〈政治经济学批判〉导言》，《马克思恩格斯选集》第 2 卷，第 95 页。这里保留了冯契引用的 1972 年版《马克思恩格斯选集》第 2 卷第 10 页的引文。新版将"能够欣赏美"改译为"具有审美能力"。——增订版编者

成为现实，是能培养成的。当然，理想本身是随着现实发展的，自觉性也是相对的。我们把基于社会实践的精神由自在到自为、自发到自觉的发展了解为螺旋形上升的无限前进运动，不承认有终极的绝对意义的觉悟，所以决不能把人神化。

先验论者把精神的自在说成是人天生具有良知良能，只是像明镜积了尘垢一样，变昏了，所以要经过学习和修养以恢复其本体之明，而一旦觉悟，豁然贯通，便获得绝对真理了。这种把人性（人的本质）看作是先天的、不变的学说，是显然荒谬的。旧唯物主义者提出"人是环境和教育的产物"的见解，这有其合理因素。马克思在《神圣家族》中指出："既然人的性格是由环境造成的，那就必须使环境成为合乎人性的环境。"①也就是说，必须改造现有的社会。所以法国唯物主义的合乎逻辑的结论是社会主义，诚然，是空想的社会主义。马克思更前进了一大步，他批判了旧唯物主义，说："这种学说忘记了：环境正是由人来改变的，而教育者本人一定是受教育的。因此，这种学说必然会把社会分成两部分，其中一部分高出于社会之上（例如在罗伯特·欧文那里就是如此）。环境的改变和人的活动的一致，只能被看作是并合理地理解为**革命的实践**。"②马克思的意思是说：不能靠少数天才人物的教导来改变环境和培育人，一定要通过群众的革命实践来改造

---

① 马克思、恩格斯：《神圣家族》，《马克思恩格斯全集》第 2 卷，人民出版社 1979 年版，第 167 页。

② 恩格斯：《关于费尔巴哈的提纲》，《马克思恩格斯选集》第 1 卷，人民出版社 1995 年版，第 55 页。这里保留了冯契引用的 1972 年版《马克思恩格斯选集》第 1 卷第 17 页的引文。新版将前面部分改译为"关于环境和教育起改变作用的唯物主义学说忘记了：环境是由人来改变的，而教育者本人一定是受教育的。因此，这种学说一定把社会分成两部分，其中一部分凌驾于社会之上。"——增订版编者

社会,并使人们在实践斗争中受教育,由自发变为自觉。实践和教育密切结合,是培养人的具体途径。

共产主义要求结束劳力与劳心的对立以及劳动与教育、实践和理论的割裂,以使人能全面发展。为了培养全面发展的人格,在教育上还要求把德育、智育、美育(当然还有体育)有机地结合起来,不要偏废。社会主义建设需要各种专门人才,同时又要求人们在理论思维、道德品质、审美能力各方面都得到发展。前面已说,真善美三者互相促进、互相渗透,而善和美又以真为前提。所以从教育来说,为要培养共产主义的自觉的人格,最关键的是要求全面地而不是零碎地、实际地而不是抽象地掌握马克思主义的科学真理。也就是说,进行马克思主义的科学世界观和科学共产主义的教育,是教育的核心问题。

教育(不论是学校教育还是家庭教育、社会教育)总是在一定社会关系中进行的。什么样的社会关系最利于培养人? 父母和教师都懂得,对儿童只有充分信任,才能严格要求。孔子说:"爱之,能勿劳乎? 忠焉,能勿诲乎?"(《论语·宪问》)在学校中建立了尊师爱生、互相信赖的关系,就能培养"学而不厌,诲人不倦"(《论语·述而》)的人格。《墨子》说:"仁:爱己者,非为用己也,不若爱马者。"(《墨子·经说上》)真正的仁爱一定是爱人如己,把人看作目的,而不是看作牛马那样供人使用的手段。在一定社会组织(学校、团体)中,个人被看作目的而不是被作为手段,意识到是被爱护、被尊重的,才能心悦诚服地接受教育。个性只有在受到尊重、信任的条件下才能健康发展,如果受到歧视和压制,使人感到不能掌握自己的命运,人的积极性就不能充分发挥,个性就不能得到正常发展。自然,孔子讲仁,墨子讲兼爱,欧洲文艺复兴时代的哲学家讲人道主义,都是讲的全人类的爱,这在剥削制度下是不可能实现的,因为剥削者总是把劳动人民当作牛马使用,而决不会看作目的的。我们推翻了剥削阶级,建立了社会主义制度,这才在人类历史上第一次确立了全社会的同志式的互助合作的关系。当然,也还有敌人,对敌人用不着讲爱和信任。但在人民内部,在同志之间,却需要不遗余力地来培养爱和信任的气氛,发展互相尊重、团结合作的关系。社会主义已从根本上提供了培养共产主义人格的优越的社会制度。不过,这种优越性要经过人们努力,才能充分发挥出来。社会主义民主是促使科学(真)、道德(善)、艺术(美)得以全面发展的必要条件,也是培养真善美统一的自觉人格的必要条件;而在各级组织中发展社会主义民主,在同志间正确地展开批评与自我批评,在科学与艺术领域中坚决贯彻百家争鸣、百花齐放的方针,这些,都需要人们自觉地努力。

人格的培养既需要客观的社会条件和集体的帮助,也要靠个人的主观能动性。社会主义民主和社会主义建设的发展将大大促进个人积极性的发挥,但就个人说,却不能等待客观条件。"天下兴亡,匹夫有责",对祖国、对人民的事业要有高度的责任感,不能因为周围环境困难而放松了主观努力。孟子举了舜、傅说、管仲等许多古圣贤为例,说他们都能在困难环境中发愤图强,把困难看作是锻炼自己的机会。我们为共产主义理想而奋斗,又有什么困难不能克服呢? 正是在同困难作斗争的过程中,人的知识、才能、德性将获得迅速发展。

总之,在自然与人、对象和主体的交互作用中,实践与教育相结合，集体帮助与个人主观努力相结合，是培养人的一般规律，也是我们今天培养共产主义的自觉人格的必由之路。共产主义人格是真、善、美统一的全面发展的人格。我们建设社会主义精神文明，包括许多方面，要发展科学、道德和艺术，要把周围的自然界改造成为真善美统一的为我之物，而所有这一切都是"由于人"和"为了人"，即要由共产主义者来建设，并为了使人成为共产主义者。所以，归根结底，建设社会主义精神文明就是要培养共产主义的自觉人格，造就共产主义的一代新人。

论王夫之的辩证逻辑思想*

理学经过宋、元、明三代的发展和演变,到明清之际,达到了自我批判的阶段。三个伟大的学者:黄宗羲、顾炎武和王夫之,担负起了这个批判总结的任务,在各自的领域里作出了杰出的贡献。

就哲学而言,我们要特别注意王夫之。他说:"言心言性言天言理,俱必在气上说,若无气处则俱无也。"①他从气一元论出发,对宋明时期哲学论争的中心——理气(道器)之辩与心物(知行)之辩,作了比较正确的解决,达到朴素唯物主义与朴素辩证法的统一。对宋明理学作哲学的总结,实际上也就是对整个中国古代哲学作了总结。王夫之通过批判的总结,把中国古代哲学各领域(天道观与人道观、认识论与逻辑学等)都推进了一大步。

本文不拟全面评述王夫之的哲学思想,而只打算考察一个问题:当王夫之对宋明理学(以及整个中国古代哲学)进行批判的总结时,他运用的武器即逻辑和方法论是什么样的? 在中国哲学史上,关于逻辑问题的讨论,首先是围绕名实之辩而展开的。先秦诸子对名实关系作了长期考察与论争,最后结出了丰硕的果实:

---

* 本文原发表于《中国社会科学》1982 年第 4 期。
① 王夫之:《读四书大全说·卷十》,《船山全书》第 6 册,第 1111 页。

墨辩建立了古典的形式逻辑体系,荀子和《易传》提出了朴素的辩证逻辑的基本原理。① 秦汉以后,名实之辩仍以不同形式继续着,到魏晋,演变为言意之辩。到宋明,名实、言意之辩就和道与器(象)关系的争论结合在一起。王夫之说:"名非天造,必从其实。"②又说:"言、象、意、道,固合而无畛。"③他在"名从实起"的唯物主义前提下讲名与实、言与意、象与道的对立统一,对辩证逻辑作出了重大贡献。

一、关于名(概念)、辞(判断)、推(推理)

　　王夫之以为,真知识一定是名与实的统一。他说:"知实而不知名,知名而不知实,皆不知也。"④不过,在他看来,实是第一性的,名是第二性的。人们亲眼看到某种实物,虽不能马上给以名称,形成概念,但经过审问、学习、思考,"则实在而终得乎名",达到了名实的统一。而知名不知实,却很容易走入邪道。"以为既知之矣,则终始于名",一味在名称、概念中兜圈子,而不用事实来检验自己的认识,进而从概念出发,"以其名加诸迥异之体"⑤,执着一偏之见,强加于客观现实。这就是"规规然求诸名象以刻画天地"⑥的先验论的方法,是完全错误的。

---

① 参见本书《中国古代辩证逻辑的诞生》一文。
② 王夫之:《思问录·外篇》,《船山全书》第 12 册,第 448 页。
③ 王夫之:《周易外传·系辞下传第三章》,《船山全书》第 1 册,第 1040 页。
④ 王夫之:《姜斋文集·知性论》,《船山全书》第 15 册,第 83 页。
⑤ 同上书,第 84 页。
⑥ 王夫之:《周易外传·序卦传》,《船山全书》第 1 册,第 1111 页。

　　但这决不是说名言不重要。王夫之说："言者，人之大用也，绍天有力而异乎物者也。"①人有语言，是人异乎物的特点、功能之一，它使人能继天而有力（不断地接受自然界力量来增强自己）。"言者，动之法也。"②"古之君子以动必议者，其议必有所拟，以言必拟者，其拟必从其实。"③这是说，语言是行动的法规。人们要行动就要议论。以便互相交流思想，统一认识，而议论必然有所模拟，只有如实地模拟现实，才能正确地指导行动。所以王夫之也主张"正名"，他说："君子必正其名而立以为道。名者，人道之大者也。"④这是儒家的一贯主张。

　　但是，名言、概念能否如实地模写现实？特别是，逻辑思维能否把握宇宙发展法则（天道）？却是自古以来争论不休的问题。老子讲"无名"，庄子讲"坐忘"，禅宗讲"无念"，都认为名言、概念不足以表达变化之道，只有破除一切名相，才能达到与本体合一。理学家受了道释二氏的影响，有许多人也追求虚寂的境界，以为圣人之心就像明镜，只是"物来而顺应"，并不在心里留下任何观念。王夫之反对这类"无念"或"罔念"的说法，他强调"克念"。克是能的意思，所谓"克念"，用现在的话来说，就是能够进行正确的思维。"彼之言曰：念不可执也。夫念，诚不可执也。而惟克念者，斯不执也。有已往者焉，流之源也，而谓之曰过去，不知其未尝去也。有将来者焉，流之归也，而谓之曰未来，不知其必来也。

---

① 王夫之：《思问录·内篇》，《船山全书》第 12 册，第 424 页。
② 王夫之：《尚书引义·召诰无逸》，《船山全书》第 2 册，第 375 页。
③ 同上书，第 379 页。
④ 王夫之：《尚书引义·泰誓牧誓》，《船山全书》第 2 册，第 332 页。

其当前而谓之现在者,为之名曰刹那;不知通已往将来之在念中者,皆其现在,而非仅刹那也。"①这里,王夫之把人的概念看作一个过程。既不可执着概念而使之成为僵死的,也不可把概念的运动看作刹那生灭,不留痕迹的。思维是一个前有来源、后有趋向的现实的流。"已往者"过去了,却又被保留在现在之中;"将来者"尚未到来,而从现在可以推测其必来。所以理性在当前把握的概念,是可以通已往和将来的。王夫之说:"前古有已成之迹,后今有必开之先。一室者千里之启途,兆人者一人之应感。今与昨相续,彼与此相函。克念之则有,罔念之则亡。"②在善于正确地思维的头脑里,念与念相续,而每一现在的概念都包含对过去的总结和对未来的预测。思维总是在各个个别头脑里进行的,但是概念又超出个别人们所处的时间、地点的限制,能概括亿兆人的经验,把握千万里外的事物。佛家、老庄以及受他们影响的理学家讲什么"无念"、"罔念",只能引人走入迷途。王夫之以为,"克念"与"罔念",乃是"圣狂之大界"。

王夫之在这里触及了逻辑思维的辩证本性:概念的运动是一个前后相续、彼此相函的发展过程。在这个过程中,每一概念既是现在的,又超乎一时一地的局限而具有概括的性质。正因为此,通过事与事相继、念与念相续的认识运动,个人的知识能不断积累,人类的文化能形成传统,而逻辑思维便有可能从现象深入到本质,揭示出现实的变化法则。王夫之讲"克念",实际上是把名实的统一了解为一个辩证的运动过程。

---

① 王夫之:《尚书引义·多方一》,《船山全书》第 2 册,第 389—390 页。
② 同上书,第 391 页。

王夫之不仅提出了"克念"的概念理论，还考察了"辞"和"推"的辩证因素。关于辞（判断），他着重指出：它是文质的统一。他说："物生而形形焉，形者质也。形生而象象焉，象者文焉。"①这里的"质"指形体、实质，"文"指属性。他同公孙龙一样，也举"白马"为例，马是一类实体，人与马是质的不同，白是事物的一种属性，白与黑是文的不同。因此讲白马时，白是白马之白，不是人之白、玉之白、雪之白。"这是白马"这个命题，是"从白类而马之，从马类而白之"②。可见，文质是统一的，不可分的，不能"偏为损益"。如果把二者割裂开来，"以一马该天下之马而无白马，以一白该天下之白而并无白人"③，则会造成个别与一般相割裂，导致"白马非马"、"白人非人"这类诡辩。正因为客观事物本来都是文与质的统一，一般与个别的统一，"是故先王视之而得其质，以敦人心之诚，而使有以自立；察之而得其文，以极人心之诚，而使有以自尽；于是而辞兴焉。夫辞所以立诚，而为事之会、理之著也"④。经验把握了一个个实体（质），深入的考察又认识了事物的一般属性（文），然后思维才能作出文质统一的判断——"辞"。辞是反映思维所把握的客观实在（诚）的，事物之间的关系和客观规律、行动准则都要用辞来表达。王夫之说："辞，所以显器而鼓天下之动，使勉于治器也。"⑤他强调判断要正确反映现实事物，并且能动地指导实践，使人"勉于治器"，这是显明的唯物主义观点。

---

① 王夫之：《尚书引义·毕命》，《船山全书》第 2 册，第 411 页。
② 同上注。
③ 同上书，第 414 页。
④ 同上书，第 412 页。
⑤ 王夫之：《周易外传·系辞上传第十二章》，《船山全书》第 1 册，第 1029 页。

"辞"(判断)总是对事物的裁断。现实事物变化无穷,如何才能正确地加以裁断? 这是一个问题。王夫之在解释《易传》"化而裁之存乎变"一语时说:"存,谓识其理于心而不忘也。变者,阴阳顺逆事物得失之数。尽知其必有之变而存之于心,则物化无恒,而皆豫知其情状而裁之。"①就是说,虽然物质的运动变化(所谓"化")是绝对的,但阴阳顺逆的转化,得失吉凶的变动(所谓"变")有其必然规律。全面地认识了事物间转化、变动的必然规律,有了科学预见,就能作出正确判断了。"辞"(判断)同时总是对"义"(意)的判别。例如,说"天尊地卑",那是就空间位置(上下)的意义作了判别,说"此是彼非"、"甲善乙恶",那是就认识和行为的价值作了判别。但是,一切判别都有其相对性。王夫之说:"天尊于上,而天入地中,无深不察;地卑于下,而地升天际,无高不彻;其界不可得而剖也。……天下有公是,而执是则非;天下有公非,而凡非可是。善不可谓恶,盗跖亦窃仁义;恶不可谓善,君子不废食色。其别不可得而拘也。"②这是说,既要区别天地上下,又要看到上下高低的界限是相对的,因为地之上即天,所以在深渊是天入地中,而在高山是地升天际。唯物主义者肯定实在的客观性,当然承认天下有公是公非。但如果"执是",把"是"绝对化,就会转化为"非",而"非"在一定条件下也可以转化为"是"。善与恶的相互关系也是这样。——很显然,王夫之关于判断的理论,批判地利用了公孙龙、惠施和庄子的思想资料,克服了他们的绝对主义和相对主义,揭示出判断所包含的某些辩证因素。

---

① 王夫之:《张子正蒙注·天道篇》,《船山全书》第 12 册,第 71 页。
② 王夫之:《周易外传·说卦传》,《船山全书》第 1 册,第 1073—1074 页。

关于推（推理），王夫之在解释《易传》"推而行之存乎通"一语时说："通者，化虽变而吉凶相倚，喜怒相因，得失相互，可会通于一也。推其情之所必至，势之所必反，行于此者可通于彼而不滞于一隅之识，则夏之葛可通于冬之裘，昼之作可通于夜之息，……惟豫有以知其相通之理而存之，故行于此而不碍于彼；当其变必存其通，当其通必存其变，推行之大用，合于一心之所存，此之谓神。"①这里所说，包含有几层意思：首先，所谓通，是指得失、吉凶等对立面的互相贯通、互相转化。因此从推理来说，既要推出"情之所必至"，也要推出"势之所必反"。夏葛而冬裘，昼作与夜息，是相反而相通的。其次，要"存其通"，又要"存其变"。这是讲既要掌握一般的相通之理，又要因时间、地点、条件的不同而灵活运用。"推"要和"辨"相结合。"推其所以然之由，辨其不尽然之实，均于善而醇疵分，均于恶而轻重别。"②意思是不仅要一般地推知事物为善为恶之所以然，而且要辨别在不同条件下，善有醇疵之分，恶有轻重之别。第三，王夫之指出，预先把握了"相通之理"来进行推理，就能在行动中起指导作用，思想符合事物之间本来的联系，就能"行于此而不碍于彼"。王夫之讲"推行"，要求逻辑思维贯彻知行统一的精神。他在谈研究历史时说："于其得也，而必推其所以得；于其失也，而必推其所以失。其得也，必思易其迹而何以亦得；其失也，必思就其偏而何以救失；乃可为治之资，而不仅如鉴之徒悬于室，无与焫之者也。"③就是说，对历史上的得失，

---

① 王夫之：《张子正蒙注·天道篇》，《船山全书》第 12 册，第 72 页。
② 王夫之：《读通鉴论·卷末·叙论二》，《船山全书》第 10 册，第 1179—1180。
③ 王夫之：《读通鉴论·卷末·叙论四》，《船山全书》第 10 册，第 1184 页。

不仅要推明其所以然之故，而且要从中吸取经验教训，作为当前怎么办的借鉴。至于在道德领域，他以为一个人毕生都应当健健不息，"因物事而得理，推理而必合于生，因生而得仁，因仁而得义，因仁义而得礼乐刑政，……"①即认为，掌握了事物生长发育的规律，再依据规律来进行推理，那末推出的论断必然符合"生理"，便可以根据生理来推行仁义道德。这样不断地在理论上"寻绎其所已知"，在实践上"敦笃其所已能，以熟其仁"，才是真正"推而通之"②。

　　总起来看，王夫之关于名、辞、推的学说体现了朴素唯物主义与朴素辩证法的统一。他并不探讨思维形式的结构，而是强调概念的运动是前后相续、彼此相函的过程，而这种概念的辩证本性也正表现在判断、推理的矛盾运动中。这是辩证逻辑的思想。从理论来源说，它是上承《易传》和张载的。张载发挥《易传》的思想说："'化而裁之存乎变'。存四时之变，则周岁之化可裁；存昼夜之变，则百刻之化可裁。'推而行之存乎通'。推四时而行，则能存周岁之通；推昼夜而行，则能存百刻之通。"③张载这段话的"裁"和"推"，是包括客观和主观而言的。就客观过程说，气化即物质的运动自然地裁分为不同过程、阶段，如一年分为四季，百刻分为昼夜，阶段之间的转化、变动是显著的，这就是"化而裁之存乎变"；而转过来，四时合乎规律地推移，正体现周岁之化的贯通，昼夜合乎规律地交替，正体现百刻之化的贯通，这就是"推而行之存

----

① 王夫之：《周易外传·无妄》，《船山全书》第 1 册，第 889 页。
② 王夫之：《思问录·内篇》，《船山全书》第 12 册，第 416 页。
③ 张载：《正蒙·天道篇》，章锡琛点校：《张载集》，中华书局 1978 年版，第 14 页。

乎通"。就主观思维说，"乾坤交通，因约裁其化而指别之，则名体各殊，故谓之变。"①统一的物质由于矛盾运动而分化为阶段、过程，形成各式各样的物体，人们可以用不同的名称、概念加以指别，作出裁断，以显示变化之理，这就叫作"化而裁之存乎变"。而既经把握变化之理，则在理论上"顺至理以推行，知无不合"②，在实践上"推行其变，尽利而不遗"③，这就叫做"推而行之存乎通"。王夫之讲"化而裁之"和"推而行之"，也是兼主客观而言的。不过本文不讨论他的客观辩证法学说，而就概念的辩证法来说，他显然是继承了张载而又大大地向前推进了。

二、言、象、意、道的统一

根据唯物主义的名实统一的观点，王夫之进而提出"言、象、意、道"统一的理论。关于四者的关系，他举仁义为例说："仁义中正，可心喻而为之名者也。得恻隐之意，则可自名为仁，得羞恶之意，则可自名为义，因而征之于事为，以爱人制事，而仁义之象著矣。"④这是说，客观存在着仁义中正之"理"（道），它为人们所认识而心喻其"意"，于是用仁义之"名"（言）表达出来，并在实际的行为中得到验证，于是仁义之"象"就显著了。所以，言是意的表达形式，意是言的思想内容，内容与形式是不可分割的。而道（理）

---

① 张载：《横渠易说·系辞上》，《张载集》，第206—207页。
② 张载：《横渠易说·乾》，《张载集》，第80页。
③ 张载：《横渠易说·系辞上》，《张载集》，第207页。
④ 王夫之：《张子正蒙注·天道篇》，《船山全书》第12册，第74页。

和象则既指言之所指的客观对象，也指意所把握的规律和范畴（或类概念）。象和道也是不可分割的。王夫之说："天下无象外之道。"①他以为道与象不是像父与子那样"相与为两"，而是好比耳之于聪、目之于明那样"相与为一"的。他接着说："今夫象，玄黄纯杂，因以得文；长短纵横，因以得度；坚脆动止，因以得质；大小同异，因以得情；……象不胜多，而一之于《易》。《易》聚象于奇偶，而散之于参伍错综之往来，相与开合，相与源流。……然则汇象以成《易》，举《易》而皆象，象即《易》也。"②人们从玄黄的颜色和纯杂的毛羽等概括出"文"的范畴，从长短的数量和纵横的空间关系等概括出"度"的范畴，文、度、质、情等等都是象，对它们还可以作进一步的概括。所有的象即范畴（或类概念）汇集成一个体系，就是《易》。总起来说，《易》可以概括为奇偶或乾坤"对立之象"的矛盾运动；分开来说，《易》象无数，是一个有机联系、变化多端的范畴体系。"象即《易》也"，正是通过这些范畴的辩证的联系与运动，揭示出宇宙的变化法则（易道）。

这基本上是《易传》的"立象以尽意，系辞焉以尽其言"的逻辑思想的发挥。不过王夫之的理论，是对经过长期发展的言意之辩和道器（象）之辩的总结，特别富有批判的精神，既反对了从汉儒到邵雍之流的烦琐的象数之学，也反对了从王弼"得意忘象、得象忘言"到宋儒割裂道器的形而上学。

对唯心主义的象数之学，王夫之批评说："京房八宫六十四卦，整齐对待，一倍分明。邵子所传先天方图，蔡九峰九九数图皆

---

① 王夫之：《周易外传·系辞下传第三章》，《船山全书》第 1 册，第 1038 页。
② 同上书，第 1038—1039 页。

然。要之，天地间无有如此整齐者，唯人为所作则有然耳。圜而可规，方而可矩，皆人为之巧，自然生物未有如此者也。"①京房、邵雍、蔡沈等用象数来解释世界的变化，实际是凭主观把八卦、六十四卦配合成世界图式，以"人为之巧"强加于自然界。像邵雍的先天图，无非是一分二，二分四，四分八，……得出了许多数，搞"猜量比拟"，决不是"自然之理"②。对五行生克之说，王夫之也有详细的批判。他认为，自然界并不是从一个固定的印版中印制出来的，阴阳家却把五行看作印版，"万化从此刷出"③，所以老是讲配合，如以四时配五行，配不上，便说土位于季夏，这显然是牵强附会的比拟。根据当时的科学技术水平，王夫之指斥了阴阳家的方法论是"略其真体实用而以形似者强配而合之"；"凡夫以形似配合而言天人之际者，未有非诬者"。④ 阴阳家讲天人感应，其错误根源就在于忽视"真体实体"，而只讲"形似"，搞强行"配合"。他们没有根据事物本质（真体实用）进行科学的类比，而是借事物的表面相似之处作主观的推定，用人事来比附自然，导致神学迷信。不过王夫之对《内经·素问》的五行学说是肯定的。"故诸家之说，唯《素问》为见天地之化而不滞五运之序。"⑤《素问》能做到这一点，是因为"理据其已成而为之序，……非有相生之说也；气因其相得者而合，……非有相克之说也"⑥。王夫之对中医的"五运

① 王夫之：《思问录·外篇》，《船山全书》第 12 册，第 440 页。
② 同上书，第 441 页。
③ 同上书，第 447 页。
④ 王夫之：《尚书引义·洪范二》，《船山全书》第 2 册，第 350 页。
⑤ 王夫之：《思问录·外篇》，《船山全书》第 12 册，第 464 页。
⑥ 同上书，第 465 页。

六气"的解释是否正确，是可以讨论的。重要的是他在这里提出了从已成事实出发（不是从主观模式出发）和从"类"的观点进行考察（不是搞形似配合）的方法论原理。

怎样才能真正把握"类"，而不是只看到表面上相似之处呢？王夫之说："凡物，非相类则相反。《易》之为象，……错者，同异也；综者，屈伸也。万物之成，以错综而成用。……或始同而终异，或始异而终同，比类相观，乃知此物所以成彼物之利。"①这是说，真正考察事物要运用"比类相观"的方法，比较各类事物的同异、屈伸的关系，既把握水寒、火热等等之异，金铄而肖水之类的同，也把握"金得火而成器、木受钻而生火"等等的屈伸变化。这样，从"错（同异）综（屈伸）而成用"中认识事物，就能逐步把握各类事物的本质，形成正确的类概念。

类概念即"象"。象又和数相联系。王夫之反对主观比附的象数之学，但不是说逻辑思维可以不用象和数。他说："不累其迹者，因数而知象，数为象立，不泥于数；因象而穷理，象为理设，不执于象也。"②他强调不要泥于数，执于象，搞先天的模式；同时又指出，要因象数而穷理。这是讲象数和理的关系。至于象和数二者关系，王夫之说："天下无数外之象，无象外之数。……是故象数相倚，象生数，数亦生象。……象生数者，天使之有是体，而人得纪之也。数生象者，人备乎其数，而体乃以成也。"③象和数是互相依赖的，自然界包括无数种类的物体、形象，人可以用数来记

---

① 王夫之：《张子正蒙注·动物篇》，《船山全书》第 12 册，第 106 页。
② 王夫之：《张子正蒙注·大易篇》，《船山全书》第 12 册，第 284 页。
③ 王夫之：《尚书引义·洪范一》，《船山全书》第 2 册，第 338 页。

之，即从数量关系上把握它们，这是象生数。而人在活动中，依据数量关系来制作各种器物，得以成功，这是数生象。可以说，王夫之已在一定程度上猜测到了质量互变关系。他又说："因已然以观自然，则存乎象；期必然以符自然，则存乎数。"[①]这是说，顺着已成的秩序去观察自然，要依靠象，而根据必然规律来制作器物，使之符合自然，则是根据数量关系来进行的。自然界无心以成化，它的秩序是人所不能违背的。但人又能根据"象生数，数生象"的关系，从自然界概括出范畴和类概念，用类的观点观察自然，并掌握各类事物之间的数量关系，依据数量的必然性来改造自然。这就是所谓"象数相因，天人异用"[②]。

中国古代的科学都很重视"比类"的方法，而比类总是和"取象"、"运数"（度量）相联系的。不过在不同的科学领域，往往有所侧重：如历法、乐律等讲比类，强调从数量关系来说明；而农学、医学等则注重确定事物的性能来作科学的分类。沈括在科学上是个多面手，他既注重取象，也注重度量，他的方法论对科学发展起了积极推动作用。王夫之讲"比类相观"、"象数相倚"，可说是进一步作了哲学的概括。当然，王夫之讲"象数相倚"具有思辨哲学的特征，并不是近代的实证科学的方法。他讲《易》的象数，也难免有牵强之处。不过他用"象生数，数生象"来讲天人关系，这一思想是科学的。

王夫之的言、象、意、道统一的理论，认为正确的方法不能泥于象数，而要善于从象数来把握理。所以也要反对王弼的得意忘

---

① 王夫之：《周易外传·说卦传》，《船山全书》第 1 册，第 1079 页。
② 王夫之：《尚书引义·洪范一》，《船山全书》第 2 册，第 339 页。

象的玄学方法。针对汉人繁琐的象数之学，王弼说："言者所以明象，得象而忘言；象者所以存意，得意而忘象。犹蹄者所以在兔，得兔而忘蹄；筌者所以在鱼，得鱼而忘筌也。"①自王弼以后，无论玄学，佛学，还是理学唯心主义，他们论证唯心主义的主要方法都是得意忘象，离器言道。王夫之多次驳斥了这种玄学方法，指出："无其器则无其道。"又说："象者像器者也。""辞者辨器者也。"②既然道内在于器，而言、象正是通过摹写、辨别器物来得道之意，当然不能得意而忘象、忘言。易道与象"相与为一"。而筌与鱼、蹄与兔却是不同实物，用作比喻是不恰当的。所以王夫之说："王弼曰：'筌非鱼，蹄非兔'。愚哉，其言之乎！……'得言忘象，得意忘言'，以辨虞翻之固陋则可矣，而于道则愈远矣。"③"言、象、意、道，固合而无畛，而奚以忘耶？"④正是在对忘言、忘象的玄学方法的批判中，王夫之提出了言、象、意、道统一的理论。

因象数而穷理，不离器以言道，换一种说法，亦即"由用以得体"。王夫之说："善言道者，由用以得体；不善言道者，妄立一体而消用以从之。"⑤他认为后一种方法是根本错误的，正确的方法只能是"由用以得体"。"天下之用，皆其有者也。吾从其用，而知其体之有，岂待疑哉？"从作用的实有而肯定实体的存在，把现象界了解为物质实体的自己运动的表现，这是唯物主义的体用不二观点。而那些标榜"得意忘象"的唯心主义者，虽然嘴上也讲体用

① 王弼：《周易略例·明象》，楼宇烈校释：《王弼集校释》，中华书局 1980 年版，第 609 页。
② 王夫之：《周易外传·系辞上传第十二章》，《船山全书》第 1 册，第 1028 页。
③ 同上书，第 1029 页。
④ 王夫之：《周易外传·系辞下传第三章》，《船山全书》第 1 册，第 1040 页。
⑤ 王夫之：《周易外传·大有》，《船山全书》第 1 册，第 862 页。

不二，实际上都是把体用、道器割裂开来，"妄立一体而消用以从之"。从逻辑方法说，他们有两个主要论证：佛家认为事物都是因缘和合而成的，所以是假有而非实在，本体只能是绝对的虚静；道家从刹那生灭来看事物，认为运动是绝对的，现象刚产生就消灭了，所以本体是虚无。针对这两种唯心主义的论证，王夫之运用了"由用以得体"的方法，指出："可依者有也，至常者生也，皆无妄而不可谓之妄也。"[①]因缘就是事物所依赖的条件，可以依赖的就是有；一切事物都在生生不已的洪流中，生就是至常。人要生活，就要依赖土地、空间、水、火、粮食、饮料等等条件，这些条件都是实有而非虚妄。天地间事物都"相待而有，无待而无"，世界是个"物物相依"的因缘之网，是现象全面地互相联系的客观实在。当条件具备了，事物就运动，就产生。当春天到来时，春雷动，万物萌发，破块启蒙，灿然皆有，正说明生是"物与无妄"的特征。王夫之指出，"凡生而有者"都有其真实的运动过程，要经历"胚胎"、"流荡"、"灌注"、"衰减"、"散灭"等阶段，这些阶段均是因缘和合的矛盾运动所造成的，最后达到"推故而别致其新"，而推故致新正体现了天地之生理[②]。王夫之所说的"物物相依"，"推故致新"，反映了客观事物的辩证法。从方法论来说，"由用以得体"，就是要从全面联系和变化日新的观点来考察物质自己运动的必然规律。

　　体和用是中国哲学史上的一对重要范畴。魏晋以来，哲学家们通过体用之辩，对事物运动原因的认识（或者说，对"故"的逻辑

---

① 王夫之：《周易外传·无妄》，《船山全书》第 1 册，第 887 页。
② 同上书，第 888 页。

范畴的考察)是越来越深入了。正确的结论是体用不二:物质实
体即自因,作用即实体自己运动。体用不二的观点具有重要的方
法论意义。范缜早已运用质(体)用统一的观点解决形神关系问
题。张载对"有无(动静)之辩"作总结,也是运用体用不二的思想
作武器。张载说:"知虚空即气,则有无、隐显、神化、性命通一无
二,顾聚散、出入、形不形,能推本所从来,则深于《易》者也。若谓
虚能生气,则虚无穷,气有限,体用殊绝,入老氏'有生于无'自然
之论,不识所谓有无混一之常。若谓万象为太虚中所见之物,则
物与虚不相资,形自形,性自性,形性、天人不相待而有,陷于浮屠
以山河大地为见病之说。此道不明,正由懵者略知体虚空为性,
不知本天道为用,反以人见之小因缘天地。"①张载在气一元论的
前提下讲体用不二,认为气之体是虚实的统一,气之用即物质运
动过程就是道。他批评老子讲"有生于无"是以虚无为无限,物质
运动为有限,把体与用截然割裂了。而佛家则认万象为假有,心
体本虚空,他们把形(现象)与性(本性)、人的认识(人)与真实世
界(天)看作没有联系的。不论哪一种说法,都是分割体用,片面
夸大了体的虚,而不知一切真实作用都本于天道,都是实体自己
运动的表现。王夫之在体用关系上的基本观点是和张载一致的。
不过他在《正蒙注》中又作了许多发挥,指出:"误解太极图说者,
谓太极本未有阴阳,因动而始生阳,静而始生阴,……本无二气,
由动静而生,如老氏之说也。"②就是说,周敦颐讲太极生阴阳,程
朱讲理在气先,和老子说有生于无是同样的错误。又指出:"(浮

---

①　张载:《正蒙·太和篇》,《张载集》,第 8 页。
②　王夫之:《张子正蒙注·太和篇》,《船山全书》第 12 册,第 24 页。

屠）谓性本真空，天地皆缘幻立，事物伦理一从意见横生，不睹不闻之中别无理气。近世王氏之说本此，唯其见之小也。"①这是说，王守仁说"无善无恶心之体"，以为是非善恶、事物伦理都生于"意之动"，这其实不过是佛家"以山河大地为见病"的换一种说法。所以，在王夫之看来，张载对老、佛的批评，也适用于程朱、陆王，这些唯心主义派别都属于"不善言道者，妄立一体而消用以从之"。王夫之在批判中阐明了"由用以得体"的方法，这对唯物主义的体用不二思想是个重要的发展。

三、分析与综合的结合

"言、象、意、道固合而无畛"，并非说言与意、象与道直接等同，没有矛盾。王夫之说："'书不尽言，言不尽意'，是故有微言以明道。"②他认为言确实有不足以达意的情况，不过不能由此引出"得意忘言"，而应该用"微言"来明道。用什么样的微言呢？王夫之说："《易》曰：'一阴一阳之谓道'。或曰，抟聚而合之一也；或曰，分析而各一之也。呜呼！此微言之所以绝也。"③"一阴一阳之谓道"就是微言的一例，它包含着"既是分析的、又是综合的判断的环节"④（我在这里借用了黑格尔的术语），是辩证法的语言。但是，有的人片面强调综合，有的人片面强调分析，这就破坏了微

---

① 王夫之：《张子正蒙注·太和篇》，《船山全书》第 12 册，第 25 页。
② 王夫之：《周易外传·系辞上传第五章》，《船山全书》第 1 册，第 1002 页。
③ 同上注。
④ 黑格尔著，杨一之译：《逻辑学》下卷，商务印书馆 1982 年版，第 537 页。

言。道作为体是"物之所著",是感觉所给予的客观实在;道作为理,是"物之所由",是万物所遵循的普遍规律。人们由用以得体,因象数而得理,通过既分析又综合的过程,达到"一阴一阳之谓道"的认识。但道家和佛家,程朱和陆王,却各执一端,不知道要用分析与综合相结合的方法来把握道。

王夫之指出,道家是片面强调了分析:"以为分析而各一之者,谓阴阳不可稍有所畸胜,阴归于阴,阳归于阳,而道在其中。则于阴于阳而皆非道,而道且游于其虚,于是而老氏之说起矣。"① 就是说,如果片面讲分析,把阴阳分割开来,阴归阴,阳归阳,而阴不是道,阳不是道,于是便说道是虚无了。接着他又指出,佛家是片面强调综合;"以为抟聚而合之一者,谓阴阳皆偶合者也。同即异,总即别,成即毁,而道函其外。则以阴以阳而皆非道,而道统为摄,于是而释氏之说起矣"。② 就是说,如果片面讲综合,说本体统摄一切,而阴阳、天地、万物都是偶合而成的假象,于是便说道是具圆成实性的真心。在理学家中,程朱近道,陆王近禅。程朱是偏重讲分析的。朱熹说:"学问须严密理会,铢分毫析。"③他把形而上和形而下、理和气、道和器都分割开来。而陆王则偏重于综合。王守仁强调"合心与理而为一"④,说知行合一,动静合一,一切都统一于心。因此,王夫之所讲的不能片面地强调分析或综

① 黑格尔著,杨一之译:《逻辑学》下卷,第 1002—1003 页。
② 同上书,第 1003 页。
③ 朱熹:《朱子语类·卷八》,朱杰人等主编:《朱子全书》第 14 册,上海古籍出版社、安徽教育出版社 2010 年版,第 293 页。
④ 王阳明:《传习录中·答顾东桥书》,吴光等编校:《王阳明全集》,上海古籍出版社 2011年版,第 50 页。

合，用来批评程朱、陆王也是恰当的。

王夫之以为"两间皆阴阳，两间皆道"，道与阴阳是一回事，二者是统一的。那末为什么说："一阴一阳之谓道"呢？"一之一之云者，盖以言夫主持而分剂之也。"就是说，道对阴阳起统一主持和分别调节的作用。道在阴，也在阳；道在"阴阳之乘时"，也在"阴阳之定位"；道在自然界的阴阳消长，也在人类的健顺之性。总之是"一之一之而与共焉，即行其中而即为之主"①，王夫之以为阴阳与道是二（对立）和一（统一）的关系，他说："故合二以一者，既分一为二之所固有矣。"②就是说，阴阳与道是对立的统一，分一（道）为二（阴阳），又合二以一是客观世界固有的辩证法。因此从逻辑和方法论说，就要求既分析又综合；既一分为二，又合二以一。《易》的范畴体系以乾坤并建为首，而"乾坤与《易》相为保合而不可破"③。用"一阴一阳之谓道"的微言来表达道与阴阳是合适的，但是不能将分析和综合的环节割裂开来。

王夫之还在批判前儒"截然分析"思想的过程中，进一步阐明了分与合的问题，指出："盖阴阳者，终不如斧之斯薪，已分而不可合；沟之疏水，已去而不可回。"阴阳可以分析，但这不像斧劈柴，剖开了不可复合，也不像沟分水，流去了再不回来。审声、成文、别味亦然。分辨五音、五色、五味等都是必要的，但不是分崩离析，而是要既分辨，又协调统一。五音协调，声音就悦耳了，五色配合，色彩就美观了，五味参和，味道就可口了。如果把五音分割

---

① 王夫之：《周易外传·系辞上传第五章》，《船山全书》第 1 册，第 1005 页。
② 王夫之：《周易外传·系辞上传第十二章》，《船山全书》第 1 册，第 1027 页。
③ 同上注。

开来,再间隔地排列一下,则"音必痦"。同样,把五色割裂,"列而纬之",把五味割裂,"等而均之",也只能得到暗色、恶味。人们要穷理,就必须批判形而上学。王夫之举邵雍为例说:"邵子之于理也,执所见以伸缩乎物,方必矩而圆必规,匠石之理而已矣。"又说:"穷理而失其和顺,则贼道而有余。古今为异说不一家,归于此而已矣。"①这是个有普遍意义的结论。人们穷理而或有所见,然而执着这个"理",把它绝对化,成了僵化的公式,失去了和顺(灵活生动)之情,并以之强加于现实,于是便导致形而上学和唯心主义。这个批评也适用于程朱。王夫之说:"有即事以穷理,无立理以限事。故所恶于异端者,非恶其无能为理也,凅然仅有得于理,因立之以概天下也。……故曰理一而分殊,不可得而宗也。"②程朱讲即物穷理,有其合理之处;但他们的整个哲学体系以理一而分殊为宗旨,从方法论说,也无非是"立理以限事",把凅然仅得的"理"夸大为终极真理,从它推演出万事万物。这是先验主义逻辑的共同特征。

那末,怎样才能克服概念的僵化,使之成为灵活的、生动的?王夫之提出要"乐观其反",即在主观上对否定或矛盾转化要抱积极的乐观的态度。他举了杂和纯、变和常的互相转化来说明:"杂因纯起,积杂以成纯;变合常全,奉常以处变;则相反而固会其通。"③这是说,杂和纯,变和常都是相反相成,对立统一的。他举了两个例子:水谷燥湿是"杂",而作为饮食,转化为人的营养,成

---

① 王夫之:《周易外传·说卦传》,《船山全书》第 1 册,第 1076 页。
② 王夫之:《续春秋左氏传博议·卷下·士文伯论日食》,《船山全书》第 5 册,第 586—587 页。
③ 王夫之:《周易外传·杂卦传》,《船山全书》第 1 册,第 1112 页。

了生命的"纯"；温暑凉寒不断地"变"，构成一年四季合乎规律的交替，正说明变不失"常"。客观过程是如此，从主观辩证法说，便要"乐观其反"，因相反而"会其通"。有人对矛盾抱疑虑的态度，以为"不相济，则难乎其一揆；不相均，则难乎其两行"。就是说，排斥（不相济）就不能一致，不平衡（不相均）就不能并行。这些人不懂辩证法。其实，殊流汇成江河，众响合成乐曲，客观过程都是对立面的统一，所以主观思维应该是"乐观而利用之，以起主持分剂之大用"①。就是说，正确的态度是积极地利用矛盾双方的互相联系，以便统一掌握；又利用矛盾双方的互相排斥，以便分别调节。

　　但是，决不能把"相反而会其通"了解为相对主义，借"乐观其反"来进行诡辩。王夫之说："规于一致，而昧于两行者，庸人也；乘乎两行，而执为一致者，妄人也。"②那种拘守一致而不知对立双方并行的人，是害怕矛盾的庸人；那种鼓吹是非、善恶并行就是一致的人，是狂妄之徒。王夫之既反对庸人，更反对妄人。妄人不懂得"相反而会其通"是对立面合乎规律地互相转化而达到统一，他们"惊于相反而无所不疑"，从相对主义导致怀疑论、虚无主义。王夫之说："其不然者，一用其刚，一用其柔，且有一焉不刚不柔，以中刚柔而尸为妙；一见为忧，一见为乐，且有一焉不忧不乐，以避忧乐以偷其安。则异端以为缘督之经，小人以为诡随之术矣。"③相对主义者尸居于不刚不柔的地位，以调和刚柔；自处于不

---

① 王夫之：《周易外传·杂卦传》，《船山全书》第 1 册，第 1113 页。
② 同上注。
③ 同上注。

忧不乐的境界,以苟且偷安。他们以为这就是"中道"(缘督之经),其实不过是诡辩之术。有人甚至以为:"盛一时也,衰一时也,盛德必因于盛时,凉时聊安于凉德。古人之道可反,而吾心之守亦可反也。"①这样讲"反",就成了无原则的"否定",民族传统的道德和个人良心的操守都用不着讲了。这样的理论可以替一切"凉德"作辩护,似乎卖国、投降以及像冯道那样做"长乐老",都成为有理由"的了。王夫之以最激烈的语言抨击王畿、李贽之属,称他们为"小人无惮之儒",骂他们"以良知为门庭,以无忌惮为蹊径,以堕廉耻、捐君亲为大公无我。故上鲜失德,下无权奸,而萍散波靡,不数月而奉宗社以贻人,较汉之亡为尤亟焉"②。他把明朝的灭亡归罪于王学,显然是把问题简单化了。他对李贽的抨击,包含有某种阶级偏见。不过相对主义、怀疑论和诡辩思潮的泛滥,确实可以使人们丧失廉耻,使国家团结瓦解。

总之,王夫之既反对片面的"分析而各一之",也反对片面的"抟聚而合之一";既反对形而上学的独断论(这是程朱派的流弊),也反对相对主义的诡辩术(这是陆王派的流弊)。客观现实和主观思维都是既分又合的过程。从客观辩证法说,"合者,阴阳之始本一也,而因动静分而为两,迨其成又合阴阳于一也"③。从主观辩证法说,"分言之则辨其异,合体之则会其通"④。《易》的微言是"合而有辨也"⑤,而逻辑思维无非是遵循必由之秩序来"推之使通,

①　王夫之:《周易外传・杂卦传》,《船山全书》第 1 册,第 1113 页。
②　王夫之:《读通鉴论・卷五・汉平帝》,《船山全书》第 10 册,第 203 页。
③　王夫之:《张子正蒙注・太和篇》,《船山全书》第 12 册,第 37 页。
④　同上书,第 27 页。
⑤　同上书,第 38 页。

辨之使精"①。

列宁在谈到概念的辩证法时说："一般说来，辩证法就在于否定第一个论点，用第二个论点去代替它（就在于前者转化为后者，在于指出前者和后者之间的联系等等）。"又说："对于简单的和最初的'第一个'肯定的论断、论点等等，'辩证的环节'，即科学的考察，要求指出差别、联系、转化。否则，简单的、肯定的论断就是不完全的、无生命的、僵死的。对于'第二个'否定的论点，'辩证的环节'要求指出'统一'，也就是指出否定的东西和肯定的东西的联系，指出这个肯定的东西存在于否定的东西之中。从肯定到否定——从否定到与肯定的东西的'统一'——否则，辩证法就要成为空洞的否定，成为游戏或怀疑论。"②列宁在这里完整地阐述了辩证思维的对立统一规律。正是依据这一规律，辩证思维的方法表现为分析与综合的结合。而为要"从肯定到否定"，便必须批判形而上学者使肯定论断成为僵死的公式；为要"从否定到与肯定的东西的'统一'"，便必须批判相对主义者使否定论断成为概念游戏和导致怀疑论。——王夫之讲分与合的统一，既反对片面强调分析的道家、程朱，也反对片面强调综合的佛家、陆王；既要"乐观其反"，不使"穷理而失其和顺"，又要善"会其通"，不能"惊于相反而无所不疑"。这表明他已经在一定程度上把握了逻辑思维的辩证规律。

---

① 王夫之：《张子正蒙注·动物篇》，《船山全书》第 12 册，第 105 页。

② 列宁：《黑格尔〈逻辑学〉一书摘要》，《列宁全集》第 55 卷，第 52—53 页。这里保留了冯契引用的 1959 年版《列宁全集》第 38 卷第 244—245 页的引文。新版译本文字有出入，参见本书第 52—53 页校注。——增订版编者

　　人类对于对立统一原理的认识，有一个从自发到自觉、从简单到完备的发展过程，而且这种自觉性和完备性总是相对的。相对于唯物辩证法来说，古代的辩证法都是朴素的、自发的。但不能因此说它没有一定程度的自觉。中国古代哲学已经经历了漫长的发展过程，"发展"，便意味着自发性在被克服，自觉的程度有了提高。应该说，荀子、《易传》已经朴素地表述了对立统一原理，这体现在荀子的"符验"、"辩合"（即分析与综合）的方法论和《易传》的"一阴一阳之谓道"的"微言"之中。张载进而作了更明确的阐述，说："一物两体，气也。一故神（两在故不测），两故化（推行于一），此天之所以参也。"①从张载到王夫之，中间经过程朱、陆王等学派的论争，完成了一个发展的圆圈，达到了更高的阶段。王夫之在批判总结的过程中，对于对立统一原理作了更深入的阐明（我们这里只讨论这个原理作为概念辩证法的侧面），比之前人来已显然提高了自觉的程度。

　　以上的论述可以说明，在逻辑与方法论上，王夫之的贡献是巨大的。针对庄子、佛学提出的挑战，即逻辑思维能否把握客观变化法则的问题，他作了肯定的回答："克念之则有，罔念之则亡。"并揭示了名（概念）、辞（判断）、推（推理）的某些辩证性质。他提出言、象、意、道统一的逻辑理论，批判唯心主义象数之学是"猜量比拟，形似配合"；批判玄学和佛学是"妄立一体而消用以从之"；批判程朱、陆王是割裂分析与综合。对于中国哲学史上这几

---

① 张载：《正蒙·参两篇》，《张载集》，第 10 页。

种唯心论的主要方法；王夫之都作了深入的分析批判。在批判总结的过程中，他比前人更深入地阐明了"类"、"故"、"理"的逻辑范畴。关于"比类"的方法，他提出"象数相倚"；关于"求故"的方法，他提出在物物相依和变化日新中把握实体（即"由用而得体"）；关于"明理"（明道）的方法，他提出分析和综合相结合，"乐观其反"而善"会其通"。这些都是辩证逻辑的思想，并且是相当丰富而深刻的。

大体说来，王夫之在对宋明理学以及整个中国古代哲学进行批判的总结时，运用的武器便是如此。这也是对名实之辩的又一次总结，比之荀子、《易传》来是大大提高了。不过王夫之的辩证逻辑思想也仍然是朴素的，它缺乏近代实证科学的基础。"汇象以成《易》，举《易》而皆象"的体系，在形式上是思辨的，有不少表述是不清晰的，并不可避免地掺杂了一些唯心论和形而上学的杂质。尽管如此，却应该承认，王夫之在辩证逻辑方面确实曾提供了不少新的东西，而这对于我们今天研究马克思主义的辩证逻辑，也仍有其可供借鉴之处。

发展逻辑学和研究科学方法论*

　　关于逻辑学的发展问题，我认为研究科学方法论是很有广阔前途的。而要研究方法论，就要考察一下中国人的逻辑思维的特点。从逻辑史来看，人类遵循共同的逻辑规律，但西方人比较早地发展了形式逻辑，中国人则比较早地发展了朴素的辩证逻辑。逻辑与语言有很密切的关系，中国人的语言特别适于表达辩证法，汉朝人写赋，唐朝人写诗都讲对仗。中国人的词组很多都是对立统一，如虚实、阴阳等。西方人的语言表达就不是这样。

　　逻辑和数学有着特别密切的关系，我在这里举一个数学方面的例子，来说明中国人逻辑思维的特点。最近看到报刊上发表了几篇关于刘徽《九章算术注》的文章，认为中国古典数学理论是由三国时刘徽奠定基础的。我感到很有启发。西方人的数学著作首先是欧几里得的《几何原本》，那是严密的形式逻辑的公理系统。中国人的数学著作首推《九章算术》，那是在汉代编成的。《九章算术》以及刘徽的注，不是像《几何原本》那样的公理系统。有的人由此否认中国古代有数学理论，这是不妥当的。中国古代

＊ 本文是作者在上海市逻辑学会年会上的发言稿。原载 1983 年 5 月 23 日《文汇报》，并收入《新华文摘》1983 年第 8 期。

数学理论有着不同于欧洲的特点。中国古代数学尤其是代数学具有相当高的成就，某些方面在世界上领先了一千多年。一直到宋元，代数学的最高成就都是在中国。如果没有一整套的数学理论，是不可能如此长久地处于领先地位的。

数学无疑是要遵守形式逻辑，刘徽的《九章算术注》提供了一套算法理论，是严格按照形式逻辑推理的。他在这本书的序中讲了形式逻辑的基本原理，指出：要依据类来进行推理，就像从同一树干分出枝条一样，从"本干"来"发其一端"，便可以触类旁通。这是演绎法。他讲的"法"，就是《墨经》中的"效也者，为之法也"的"法"，即建立一个法式、模型来进行推导。不过，刘徽的数学方法的主要特点，在于严格遵守形式逻辑的同时，还揭示了数学中的辩证法因素。他用"得失相反"来说明正、负的含义，揭示了正和负的对立统一，他创造的求圆周率的割圆术，所用的是极限方法，揭示了曲线和直线是可以相互转化的，有限和无限是对立的统一。其中也包含着微积分的思想萌芽。中国人很早就知道"以数度形"，形可以用数来表示，所以在中国解析几何观念很早就有了。《九章算术注》关于几何学的理论，明显地体现了形与数、几何与代数的统一。总之，刘徽的《九章算术注》虽然是一个演绎的体系，但同时也揭示了辩证法是数学的逻辑思维所固有的。它和欧几里得的《几何原本》显然不同。这对中国以后的数学发展有很大的影响。

中国古代，除了数学以外，在天文、医学、农学、音律等方面的科学领域里，也都建立了自己的体系，有一套比较系统的理论，为这些领域提供了基本观点和方法论，使得这些领域的科学长期持续地获得发展。从方法论来讲,到宋代的沈括发展到高峰。沈括既注重实验手段,又注重对资料进行数学的处理,已接近(但还不是)近代实验科学的方法。沈括的方法论对宋元时期科学的发展有很大影响。但是,在明代中叶以后,欧洲超过了中国。当清兵入关时,英国资产阶级革命已开始。欧洲经过文艺复兴,已步入资本主义时代,早已产生了培根、笛卡尔、伽利略等科学家、哲学家,制订出一套近代实验科学方法,促使科学获得迅速发展。

　　原来在科学文化上领先的中国,为什么没有能创造出近代实验科学的方法呢? 这是一个值得研究的重大问题。首先是由于社会的原因。当时欧洲资本主义生产发展了,而中国资本主义处于萌芽状态。强大的封建主义像一块大石头一样压在正在萌芽的资本主义头上,因此,社会未能给科学和工业的发展提供强大的动力。这是最根本的原因。其次,占据着统治地位的理学,不是叫人面向自然界,而是要人皓首穷经,“存天理灭人欲”,空谈心性。这当然严重阻碍了科学的发展。再次,从科学方法本身的发展来说,近代实验科学方法最主要有两条,一条是用实验手段在人控制下进行观察,掌握数据;一条是用理论思维的方法提出假设,进行严密的数学推导、论证,然后设计实验,进行证实。关键是要有实验手段,这是要工业生产提供的。同时,西方有着悠久的形式逻辑传统(首先体现在欧几里得的几何学中),而中国自《墨经》以后,形式逻辑没有长足的发展。中国古代数学理论重视揭示数学中辩证法因素,既是优点,同时也带来了一个弱点,即在逻辑的系统性方面较西方有逊色。近代科学是从力学开始的,力学作为研究机械运动领域的科学,特别需要形式逻辑的方法。所以上述弱点很可能也是妨碍中国登上近代科学殿堂的原因。

但朴素的辩证逻辑传统也有其积极影响。古代的朴素的辩证逻辑已经讲了"辨合"即分析和综合的方法。黑格尔在《小逻辑》中指出，辩证法的分析和综合相结合的方法包含有三个环节：开始、进展、目的。但黑格尔对此没有加以充分的展开和论证。毛泽东同志的《论持久战》和《新民主主义论》极好地体现了分析和综合过程的三个环节：首先，是客观地全面地考察现状和历史，把握原始的基本关系，提出问题的根据；其次，是矛盾的进展，即通过矛盾分析来把握发展的两种可能性，指出哪一种可能性是有利于人民的；第三，指出如何准备条件，使有利于人民的可能性变为现实性，以实现革命的目的。这么一个完整的过程，就是辩证逻辑要求的分析和综合的过程，也是马克思主义辩证逻辑的中国化，具有中国的特点。这方面中国共产党人已做出成绩，这跟中国传统有关。

但中国在明清以来，哲学跟自然科学的联系不够。研究自然科学里面的科学方法论和逻辑问题，成了薄弱环节。恰巧在这方面，西方人做了很多工作。

今天，逻辑学面临一个大的发展。比如前面说的目的这个范畴，古代朴素的辩证法早就提出来了，要把目的范畴包括在逻辑之内，而传统的形式逻辑是撇开目的这一范畴的，它只研究由陈述句表达的命题，而且按照《墨经》上说的"异类不比"的原则，要求把人的有目的的活动和自然界无意识的发展过程严格区分开来。如果不严格区分，将这两者类比，把自然界拟人化，就会导致天人感应论，变成唯心论了。但我们知道，现代的控制论却是把目的范畴包含在里面的,它把有生命的机体和机器作类比,将猎人打猎的活动过程和由雷达、高炮控制仪和高炮等组成的火炮自动控制系统加以类比。控制论把动物的合目的性的行为赋予机器,把合目的性的行为和机械运动过程看作是同类的。这是由于撇开了动物和机械的内部物质结构(用控制论的术语讲,即"黑箱"),而只从功能这方面看,两者是同类的,都可以从数量关系来把握它们,建立数学模型来刻画它们。因此,合目的性的行为也可以从数量上加以计算。当然,在形式逻辑中"异类不比"还是正确的。但是应当看到对类的认识是在不断发展的。控制论已把传统的形式逻辑以为不可比的异类,看作是同类。突破了建立在传统的形式逻辑基础上的近代实验科学方法而进入了辩证思维领域。再如现代有了电子计算机,至少把人的一部分逻辑思维物化了,这就对研究逻辑思维提供了一个强大的手段。人们怎样研究思维呢? 过去的哲学家说要靠反省,黑格尔叫作反思。单靠自己反省或反思也是不行的,哲学家也知道要通过语言。语言文字把人的思想现实化,它可作为一个客观对象来考察。逻辑的研究对象过去离不开语言文字资料。语言文字资料,今后还是重要的。但是现在有了一种新的手段,用电子计算机,逻辑思维在电子计算机运算过程中物化,还有一些其他实验手段可以辅助。现在研究逻辑的资料比以前丰富得多了,科学技术发展了,手段比以前先进得多了。由此,我说逻辑学现在面临一个大的发展。

　　只要我们能深入掌握马克思主义关于辩证法、认识论和逻辑统一的原理,用马克思主义观点来研究现代逻辑以及现代科学中的逻辑问题，同时对中国人逻辑思维的特点进行认真探讨，就一定能在科学方法论的研究上开创新局面，在发挥哲学、逻辑学对科学发展的指导作用方面，作出我们的贡献。

批判继承中国古代哲学遗产与建设
社会主义精神文明[*]

　　研究历史是为了现实。那么研究中国古代哲学有什么现实意义？特别是对我们今天建设社会主义精神文明是否有积极作用呢？

　　要回答这个问题，就必须对我们民族的哲学遗产进行马克思主义的分析，给以批判的总结。既不是一概地排斥，也不是一概地承继，而是经过咀嚼、消化、吸取营养物来促进社会主义精神文明的发展。中国古代哲学主要是封建时代的哲学，它当然包含有许多封建性的糟粕。同封建的专制主义和纲常名教相联系的唯心主义的天命论、复古思想等是非常顽固的，必须继续进行批判。不过哲学是民族文化的精华，中国古代哲学在中国文化以至人类文化的宝库中有其不容忽视的地位，这一份珍贵的遗产，对我们建设社会主义精神文明无疑地也具有积极的作用。

　　我们要建设有中国特色的社会主义，便必须研究中国人在历史上已经形成的生活方式和思维方式上的特点。就思维方式说，人类固然遵循着共同的思维的规律，但过去东西文化各自发展，形成不

＊　原载 1984 年《中国哲学年鉴》。

同的传统，所以也决不能忽视民族特点。思维方式的民族特点最集中地体现在哲学史中。中国古代哲学，与欧洲古代和中世纪的哲学相比，有着更为悠久和获得持续发展的朴素唯物主义和朴素辩证法的传统，这里便反映出中华民族在思维方式上的特点。

　　就逻辑思维的领域来说，在中国先秦和古希腊，都已建立了形式逻辑科学和提出了朴素的辩证逻辑的原理。但随着历史前进，西方人比较仔细地研究了形式逻辑，而中国人则使朴素的辩证逻辑得到长期发展。中国人对形式逻辑的研究，在《墨经》中虽有很高成就，但后来却被冷淡了。而老子提出的"反者道之动"，《易传》提出的"一阴一阳之谓道"，荀子提出的"辨合"（分析与综合相结合）、"符验"（理论受事实的检验）和"解蔽"（克服主观片面的观点，力求客观全面地看问题），……这些辩证法的原理，不仅得到后世哲学家的多方面的发挥，而且也使许多门类的科学得到方法论的指导。从先秦的《黄帝内经》、《月令》，东汉时张衡的天文学说，魏晋时刘徽的算法理论，北魏时贾思勰的《齐民要术》，到北宋时沈括的《梦溪笔谈》等等，都可以看到辩证法运用于科学而取得的成就。

　　这里我们举沈括为例。沈括之所以能在数学、天文学、地学、物理学、化学、医学、生物学、工程技术等众多的科学领域中作出创造性的贡献，同他在科学方法上具有相当高的辩证思维水平是分不开的。他从朴素的唯物主义前提出发，不仅处处重视实际情况的调查，而且很重视实验手段，以便在由人控制的条件下获得确凿的事实和数据。他在进行"比类"、"求故"，概括出一般原理时，善于运用归纳与演绎相结合，一般与个别相结合的方法，特别是很重视进行矛盾分析。如在研究音律时，他强调从"阴阳相错"、"律吕相生"来把握其必然而不可改移的秩序；又如在解释胆矾炼铜，钟乳石、石笋的生成等现象时，他指出这是"湿亦能生金石"的矛盾转化过程。在天文学上，他把天体运行看作是匀与不匀，间断与连续的矛盾运动，于是从数量上刻画它们，取得了突出的成就。在数学上他发明了隙积术与会圆术：隙积术是用连续模型来处理离散问题，以实代虚来计算；会圆术则发展了刘徽割圆术所包含的以直代曲的思想，体现了分与合的辩证法。如此等等，都说明沈括是一位运用辩证法的能手和大家。

沈括和王安石、张载是同时代人。张载说："一物两体，气也。一故神（自注：两在故不测），两故化（自注：推行于一）。"①王安石说："耦之中又有耦焉，而万物之变遂至无穷。"②他们明确地表达了矛盾是物质运动的源泉，天地万物的运动变化是对立的统一的过程。沈括的重视矛盾分析的科学方法和张载、王安石的天道观显然有相通之处，他们代表了中国人在宋代达到的辩证思维的水平。这种水平在明清之际的大思想家王夫之、黄宗羲等那里，又有进一步的提高。

以上讲的是逻辑思维。至于谈到形象思维的领域，如果我们把哲学（美学）、和文学艺术联系起来考察，也很自然地会得出中国人善于辩证思维的结论。就语言艺术说，希腊人和印度人一开始便喜欢讲故事，中国人则从《诗经》、《楚辞》到唐诗，一直热中于写诗；而讲故事、写小说、演戏，是比较晚出的。与此相联系，中国人在美学理论上比较早地发展了"言志"说和关于抒情艺术的意

① 张载：《正蒙·参两篇》，《张载集》，第10页。
② 王安石：《洪范传》，秦克等标点：《王安石全集》，上海古籍出版社1999年版，第208页。

境理论。西晋陆机的《文赋》和南朝梁代刘勰的《文心雕龙·神思》，主要都是讲艺术意境创作过程中的形象思维。刘勰说："陶钧文思，贵在虚静。……夫神思方运，万涂竞萌，规矩虚位，刻镂无形，登山则情满于山，观海则意溢于海。"他把意境的创作过程看作是神与形、情与景、虚与实、静与动的辩证的统一。这种形象思维的辩证法，是从艺术创作的实践中总结出来的，也是同魏晋南北朝时期的哲学家们热中于"形神"之辩，"言意"之辩，"有无（动静）"之辩相联系着的。到了唐代，韩愈提出"不平则鸣"的论点（韩愈《送孟东野序》），以为文学艺术是人类社会矛盾斗争的反映，作者真切地感受到时代的矛盾（"不平"），感到心中有"不得已者"，于是借助于一定艺术手段，形象地把这种"不平"表现出来，这就是艺术。这是"言志"说的发展，同时也给小说、戏剧等叙事文学提供了理论根据。到了明清之际，黄宗羲进一步发挥"不平则鸣"的思想，说"文章，天地之元气也"；"阳气在下，重阴锢之，则击而为雷；阴气在下，重阳包之，则搏而为风"。[①] 他以为真正的好文章应是风雷之文，它是时代矛盾的反映，能激发人们的热情，鼓励人们为时代赋予的使命而英勇斗争。他运用更明确的辩证法观点对文学艺术作了哲学（美学）的解释。

　　民族文化是一个整体。中国古代哲学同当时的科学、艺术有机地联系着，形成非常深厚的辩证思维的传统。而这个优秀的传统又是和中国古代那些大哲学家的高尚人格分不开的。"孔席不暇煖，墨突不得黔。"（韩愈《争臣论》）孔墨栖栖皇皇，热心救世，为后人作出了榜样。当然，历史上也曾产生只知钻故书堆、寻行数墨

---

① 黄宗羲：《缩斋文集序》，吴光执行主编：《黄宗羲全集》第10册，浙江古籍出版社2012年版，第13页。

的陋儒，只知闭门修养，专讲反省内求、寻什么"受用"的"境界"的道学家；但是中国哲学的优秀传统不在他们身上。黄宗羲批评那些"刊注四书，衍辑语录，天崩地坼，无落吾事"的儒者为"道学之乡愿"。① 顾炎武说：天下兴亡，匹夫有责。他们都具有非常强烈的爱国心，对中国（天下）的前途抱有始终不渝的责任感，他们不顾个人安危，把维护民族的文化传统看作是自己毕生的使命。他们具有高度的民族自豪感。王夫之说："中国财足自亿也，兵足自强也，智足自名也。"他以为，中国人只要克服那种专制统治的弊端（"濯秦愚，刷宋耻"），就足以"取威万方，保延千祀"。② 正是这种民族自豪感以及把个人命运和民族、祖国的命运紧密相连的思想感情，给中国古代哲学以巨大的原动力，推动它持久地发展。

中国古代哲学家的高尚人格，还表现在他们言行一致地坚持真理上面。只有当哲学家身体力行，真正做到言行一致，一以贯之，使理论变为自己的德性，他的哲学才能说服人，教育人。在中国哲学史上，产生过许多"威武不能屈，富贵不能淫，贫贱不能移"的大无畏的人物。他们坚持真理，毫不动摇，在行动中贯彻了战斗的唯物主义精神。魏晋之际的哲学家嵇康说："若志之所之，则口与心誓，守死无二，耻躬不逮，期于必济。"③他就是一个守死无二，以身殉道的人。南朝齐梁时的无神论者范缜发表了《神灭论》这篇战斗檄文，在皇帝、大臣、僧徒的围攻下，他毫无惧色，"辩摧众口，日服千人"；而在当权者想利用高官厚禄来收买他时，他一

---

① 黄宗羲：《孟子师说》，《黄宗羲全集》第 1 册，第 165 页。
② 王夫之：《黄书·宰制第三》，《船山全书》第 12 册，第 519 页。
③ 嵇康：《家诫》，戴明扬校注：《嵇康集校注》，人民文学出版社 2014 年版，第 544 页。

笑置之，表示决不"卖论取官"。嵇康、范缜以至明清之际的大思想家们，都是很有骨气的人物。正是这些具有高尚人格的贤哲和他们的理论创造，形成了中华民族的优秀的哲学传统。

中国古代哲学的优秀传统，在近代史上已起了重要影响。在我们的民族处于灾难深重的时候，那灌注在中国传统哲学中的非常深厚的爱国热忱和不屈不挠地为真理而战斗的精神，激发了无数志士仁人前仆后继地寻求救国救民的真理。而中国人之所以能比较快地找到了马克思主义，并把马克思主义的普遍真理与中国革命实践相结合，正确地解决了中国革命的道路问题，这同中国富有朴素唯物主义和朴素辩证法的优秀传统也是有一定关系的。

所以，完全可以预计，中国古代优秀的哲学传统还将在今后继续发挥重要作用。我们建设社会主义精神文明大致可分文化建设和思想建设两方面。从文化建设来说，集中体现于哲学史的中国人的思维方式的特点（特别悠久的唯物主义和辩证法的传统，贯串于中国古代的科学、艺术之中），当然是我们今天发展社会主义的文化事业所决不能忽视的。从思想建设来说，中国古代哲学家的爱国主义精神和言行一致地坚持真理的品格，对我们今天培养社会主义的新人也有教育作用。当然，建设社会主义精神文明首先要以共产主义世界观作为指导，要注重现实的教育。但批判地继承历史遗产也是重要的，正如毛泽东同志所说："从孔夫子到孙中山，我们应当给以总结，继承这一份珍贵的遗产。这对于指导当前的伟大运动，是有重要的帮助的。"①

----

① 毛泽东：《中国共产党在民族战争中的地位》，《毛泽东选集》第 2 卷，人民出版社 1991 年版，第 534 页。

《美学基本原理》序[*]

上海人民出版社的编辑同志把《美学基本原理》的清样送来给我看，要我写一篇序。我粗粗读了一遍，感到很高兴。本书作者是几位在高等师范院校从事美学教学工作的中青年教师，他们根据亲身的教学实践经验，吸取了近年来美学界的研究成果，用集体力量编写成这本具有一定特色的教材，对美学研究作了可喜的贡献。

我觉得这本书有一些明显的优点：首先，全书分为"论美"、"论美感"、"论美的创造"三编，先探讨美的本质，然后从欣赏者和创造者两个角度进行考察。这一结构具有骨架干净、脉络分明的特色。其次，某些问题敢于提出作者自己的独立见解；设立专章讨论"现实美的创造"，尤见新意。第三，涉及艺术问题，选材较严，抓住了艺术领域中有较高美学价值的重要问题进行讨论，避免了和另一门课程"艺术概论"（或"文学概论"）的重复。此外，本书材料丰满，文字的表达也比较流畅，某些章节写得颇有诗情画意。

作者在《绪论》中说："美学作为一门科学，既是十分古老的，

＊ 刘叔成、夏之放、楼昔勇等：《美学基本原理》，上海人民出版社 1984 年版。

又是十分年轻的。"正因为"十分年轻"，所以关于美学理论的某些基本问题，如何运用马克思主义的立场、观点、方法来加以阐明，目前尚无定论，而有待于大家来研究、探索。在探索过程中，当然就不免见仁见智，异说纷纭。这是好现象。因为只有通过不同意见的争论，通过百家争鸣，真理才会明白起来，并与错误分清界限。大家知道，关于美的本质以及美与美感的关系，国内存在着不同意见、不同学派。本书也提出了自己的主张，但这当然不是说这种主张是定论。我以为，在课堂上，教师还是应该把不同学派的见解介绍给同学们，让同学们展开讨论。这样做，有利于把美学问题的研究引向深入。

从美学是一门"十分古老"的学科来说，我想强调一下研究中国美学史的重要性。人类无疑具有共同的审美活动的规律，但过去东西方文化各自独立发展，形成了不同的传统，所以也决不能忽视民族特点。中华民族有着非常悠久的文学艺术的传统，也有着非常悠久的美学思想的传统。中国人在美学思想和艺术传统上有什么民族特点？这是一个有很大的理论意义和现实意义的问题。

闻一多先生说过，四个古老民族差不多同时开始唱歌：印度人和希腊人是在歌中讲着故事，而《旧约》里的《希伯来诗篇》和中国人的《三百篇》则是抒情诗①。希腊人早就写了史诗、悲剧、喜剧，而中国人从《诗经》、《楚辞》到唐诗，一直热衷于写抒情诗，而讲故事、演戏是比较晚出的，小说、戏剧要到宋以后才繁荣起来。

---

① 参见闻一多：《文学的历史动向》，载《神话与诗》，古籍出版社1956年版。

和语言艺术的这种历史演变的特点相联系,中国人对其他各种艺术也注意发挥其抒情的功能,而中国古典美学则比较早地发展了"言志"说和意境理论。这种意境理论在庄子的寓言、荀子的《乐论》和《礼记·乐记》中已经具体而微,到魏晋南北朝便奠定了基础。陆机《文赋》,刘勰《文心雕龙·神思》和谢赫论画"六法",主要都是讲艺术意境创作过程中的形象思维。刘勰说:"陶钧文思,贵在虚静。……夫神思方运,万涂竞萌,规矩虚位,刻镂无形,登山则情满于山,观海则意溢于海。"①他把艺术的形象思维看作是神与形、情与景、虚与实、静与动的辩证的统一。这种形象思维的辩证法,是从艺术创作的实践中总结出来的,也是同魏晋南北朝时期的哲学家们热衷于"形神"之辩、"言意"之辩、"有无(动静)"之辩相联系着的。到唐代,韩愈提出"不平则鸣"的论点,认为文学艺术是人类社会矛盾斗争的反映,作家真切地感受到时代的矛盾("不平"),感到心中有"不得已者",于是借助于一定艺术手段,形象地把这种"不平"表现出来,这就是艺术。这种说法不同于"温柔敦厚,诗教也",但也是"言志"说的发展,同时给小说、戏剧等叙事文学提供了理论根据。后来李贽说《西厢记》在"诉心中之不平,感数奇于千载";"《水浒传》者,发愤之所作也",就是用"不平则鸣"的观点来解释小说、戏剧的。而黄宗羲则进一步发挥了"不平则鸣"的思想,说"文章,天地之元气也"。"阳气在下,重阴锢之,则击而为雷;阴气在下,重阳包之,则搏而为风。"②他以为真

---

① 刘勰:《文心雕龙·神思》,参见黄叔琳注、李详补注、杨明照校注拾遗:《增订文心雕龙校注》,中华书局 2000 年版,第 369 页。
② 黄宗羲:《缩斋文集序》,《黄宗羲全集》第 10 册,第 13 页。

正的好文章应是风雷之文，那是现实的矛盾冲突的表现，能激发人们的热情，鼓励人们为时代赋予的使命而英勇斗争。他运用更明确的辩证法观点对文学艺术作了哲学（美学）的解释。

所以，中国古典美学的历史发展有其显著的民族特点。如果说西方人比较早地发展了"摹仿"说和典型性格理论（在亚里士多德那里），那首先是关于叙事文学和造型艺术的理论；那么中国人则比较早地发展了"言志"说和艺术意境理论，那首先是关于抒情诗和音乐的理论。中国人很注意揭示美感和形象思维中的辩证法因素，有一派人还特别强调艺术是现实矛盾的反映，这种特点则是同中国古代的富于朴素辩证法的哲学传统相联系着的。

现在有许多青年同志对美学很感兴趣。我相信，只要他们深入掌握马克思主义的美学原理，运用于总结现实的审美经验，并和对中国古典美学的考察结合起来，那么，美学这门科学在中国一定会得到迅速的发展，并在社会主义精神文明的建设中发挥巨大作用。

以上是我的一点感想和期望。

先秦儒家和道家关于人的自由和美的理论[*]

　　人能不能获得自由？如何才能自由？或者说自由的人格如何才能培养起来？这是哲学史上的重大问题，争论了几千年。而美学的基本问题是和这个问题密切联系着的。

　　什么叫做自由？从认识论上说，自由就是对必然的认识以及根据这种认识改造世界；从伦理学上说，自由就是自觉自愿地在行为上遵循"当然之则"；从美学上说，自由就如马克思说的在"人化的自然"中直观人自身，即直观人的本质力量。这是我们从辩证唯物主义观点出发给自由下的几个定义。在不同的领域内，自由有不同的意义。真正的自由是真善美的统一。我们这里试图用马克思主义的观点来阐述自由的含义。在马克思主义以前的人虽然没有这样完整明确的认识，不过也或多或少地触及到了。人在审美活动中的自由以及艺术对于培养自由的人格的重要作用，这不论在中国还是在西方，早就被哲学家、美学家、艺术家、文学家注意到了。我今天想讲讲中国先秦儒家、道家关于人的自由和美的理论，分四点讲：先讲孔孟，次讲老庄，再讲荀子，最后讲儒

＊　本文为作者在上海美学研究会与复旦大学中文系联合举办的美学讲习班上的讲演稿，原发表于《美学与艺术评论》第 1 集，复旦大学出版社 1984 年版。

道两家的理论对后世的影响。

一、孔孟论人的自由和美

就时代背景来说，产生儒家、道家的春秋战国时期，是一个地主阶级革命的时代，思想解放的时代。当时考察人的自由的问题，具有反对神、反对宗教天命论的革命意义。

关于人的自由的问题，在中国哲学史上，首先是从天人关系来考察的。"天"对唯心主义者来讲，比如孔孟那里，是指"天命"，不过这已经不同于宗教所讲的天命，已经不是神学意义上的天命，而是唯心主义哲学意义上的天命。在唯物主义者那里，"天"是指自然界。人和天的关系如何，人在自然界中的地位如何，这是考察人的自由问题时首先需要考察的问题。

孔孟都是唯心主义者，他们认为人的自由，就在于人和天合一，和天命合一。孔子说："吾十有五而志于学，三十而立，四十而不惑，五十而知天命，六十而耳顺，七十而从心所欲，不逾矩。"（《论语·为政》）"从心所欲，不逾矩"，这就是完全自由了。而这是由于"五十而知天命"（认识了天命），"六十而耳顺"（在行动上"顺"天命），到了七十，才"从心所欲，不逾矩"，就是说，自己的一举一动完全都自觉地遵循规矩了。"矩"是指必然的规律和当然的规范，实际上就是天命。所以在孔子那里自由是在知天命、顺天命的基础上达到的，也就是与天命合一。

孟子也同样如此。孟子说，"君子深造之以道，欲其自得之也。自得之，则居之安；居之安，则资之深；资之深，则取之左右逢其原。"（《孟子·离娄下》）这就是说，君子努力加深对于"道"的认识，提高在"道"的方面的造诣是为了自得其性。自得其性就会感到如同住在安定的住处一样，就会有深厚的凭借之资，而随时随地都可以从本原上汲取到活力，这就达到了自由。一个人能够自得其性，真正从自己本原来汲取活力，这就是自由。自由或自得其性在孟子看来是通过提高人的认识，通过修养锻炼培养起来的。孟子认为道德是可以培养教育出来的，这有一定的道理。他说的由"造道"而"自得"，就是通过"道"的培养教育来形成人的德性。不过他认为自得就是得之于人的自然本原，而人的自然本原天生就是善的。天命之谓性，人的善性是从天命来的。这就是人的本原，即所谓左右逢其原的那个"原"。孟子认为人性来源于天命，是唯心论的观点。在孟子看来，人的天赋一切具足，人的任务在于通过理论的思维，通过提高认识和修养锻炼来唤醒人的善性。这就是他所说的"配义与道"来"养浩然之气"，达到与天道、天命合一这样的一种自觉，达到他所谓"上下与天地同流"这样一种境界。这种境界就是如孟子所说的"万物皆备于我矣。反身而诚乐莫大焉"。（《孟子·尽心上》）这当然包含有神秘主义的幻觉。

总之，孔孟关于自由的基本思想就是人与天命合一。"天"在孔孟那里是具有道德的品格的。孔子讲："天生德于予"（《论语·述而》），他说自己的"德"是天给他的。孟子讲："尽心"、"知性"、"知天"。他的"天"就是道德规范的形而上学化。所以他们讲的自由，首先指的是伦理学上的自由，道德上的自由。必然的规律和当然的道德准则在孔子孟子那里是不作区别的，他们把两者看成统一的。所以孔子讲仁与智的统一，仁就是"爱人"，智就是"知人"。认识的主要任务就是认识人和人之间应当有的伦理准则和关系。认识了这种伦理的准则，人就可以在实践中自觉地加以遵循，人就自由了。不过孔子又说："知之者不如好之者，好之者不如乐之者。"（《论语·雍也》）认识了还要在行动中爱好它，乐于去做，真正乐于去做就有了一种审美活动中的自由。

孟子说，"仁之实，事亲是也；义之实，从兄是也；智之实，知斯二者弗去是也；礼之实，节文斯二者是也；乐之实，乐斯二者，乐则生矣。生则恶可已也，恶可已，则不知足之蹈之手之舞之。"（《孟子·离娄上》）孟子以为，仁义之端是天赋的，其实质体现于事亲、从兄。通过教育、修养而认识仁义的准则，自觉地由仁、义行，这是智的作用。礼在于对道德行为的节与文。而乐就是艺术，艺术的实质就是乐于从事仁义的行为。爱好仁义，乐于从事、体验到仁义出于自得其性，于是毫不勉强，油然自生，就像草木在春天自然而然地生长，这样就不知不觉地手舞足蹈起来了，就产生了舞蹈、音乐和诗歌。在孟子那里，艺术以仁义作为内容，美以善为前提。离开善就失其所以为美，离开道德就失其所以为艺术。孔子说："人而不仁，如礼何；人而不仁，如乐何。"（《论语·八佾》）礼乐的前提都是仁，人如果没有仁义就谈不上礼乐。不过美与善也还不是一回事。孔子说："有德者必有言，有言者不必有德。"（《论语·宪问》）言和德并不是一回事。他说："《韶》（虞舜的音乐），尽美矣，又尽善也"；而"《武》（周武王的音乐），尽美矣，未尽善也。"（《论语·八佾》）孔子讲的美以善为前提，《武》当然是美的，但不尽善，所以善与美不完全一致。

在孔孟那里美到底是什么意思？孟子下了个定义。他说：

"可欲之谓善,有诸己之谓信,充实之谓美,充实而有光辉之谓大。"(《孟子·尽心下》)这里讲的善、美都是讲人格。一个人是好人,那么这个人的品德行为是"可欲"的,这就是善的。实有其善,叫做信。把实有的善扩而充实之,这就是美了。一个人德性充实而有光辉就是伟大了。所以孟子讲"充实之谓美"是指人有善的德性,充实发展而达到完美。孟子以水作比喻:水是美的,因为它"原泉混混,不舍昼夜,盈科而后进,放乎四海"(《孟子·离娄下》)。这是说,因为水有源,泉源不断地涌出水来,碰到窟窿就把它填满,又滚滚前进,直到大江大海,这样水就有波澜,有文采。所以"观水有术,必观其澜"。水的美,第一是有本原,是从本原自然地涌出来的;第二是充分发展了的自然运动,有波澜,有文采。这大概就是孟子"充实之谓美"的意思。这样的美本是一种人格的美。不过儒家喜欢用山、水、玉石之类来"比德",即用它们来比喻人的美德,也可以说在山、水的自然美中直观到了人的德性的形象。

　　要造就这样一种完美的人格,就要有艺术的修养。孔子说:"若臧武仲之知,公绰之不欲,卞庄子之勇,冉求之艺,文之以礼乐,亦可以为成人矣。"(《论语·宪问》)他说的成人,就是造就完美的人格的意思。一个人有知识,有廉洁的德性,很勇敢,有才艺,还必须文之以礼乐,即必须用礼乐来加以熏陶培养,这样才会形成完美的人格。所以孔孟很重视艺术的教育作用。孔子说:"《诗》,可以兴,可以观,可以群,可以怨。"(《论语·阳货》)这是对诗歌的功能的一个很好概括。孟子讲知言、养气:"我知言,我善养吾浩然之气。"(《孟子·公孙丑上》)比如说,孟子对说诗的要求是"以意逆志","知人论世",用这样的方法论诗,就是知言,知诗之言。这样学诗就有助于养气，培养德性。而养气也可以说是为人立言、写文章、搞艺术打下了基础。孔孟的这些理论对后世的影响是很大的。

综上所述，孔孟所说的自由，是人与天命合一；他们所说的美首先是人格的完美，"充实之谓美"。他们以为完美的德性必然表现为艺术，对仁义真正乐于从事，就自然产生音乐、舞蹈、诗歌，而这些艺术转过来对于培养完美的人格有很大作用。

二、老庄论人的自由和美

孔子与老子的一个根本区别，就是孔子认为人的自由一定要在人与人的关系之间培养，离开了人的伦理关系，人就不能有自由。在孔子那里，自由是和人道原则相联系的，自由在于充分肯定人的尊严、人的价值。而老子则不同。他说："失道而后德，失德而后仁，失仁而后义，失义而后礼。夫礼者，忠信之薄而乱之首。"（《老子·三十八章》）他对仁义礼乐是很看不起的，他认为仁义礼乐是丧失了道和德之后才产生的。只有否定礼乐、否定仁义，绝圣弃智，绝仁弃义，人才能复归于道而有德。复归于道，人就能自然而无为。这就是说把仁义礼乐都去掉，回到自然去，人就无为而无不为了。这才是自由。所以在老庄那里，自由是同自然原则联系着的。

儒家讲的是人道原则，道家讲的是自然原则，这是两个不同的原则。因此自由的观念也不同。儒家认为人只有遵循人道，在人与人的关系中人才能自由；道家则认为人只有否定人道，回到自然，与自然合一，这才是自由。老子说："天下皆知美之为美，斯恶已；皆知善之为善，斯不善已。"（《老子·二章》）他对于美和艺术，如同对于仁义一样，采取了否定的态度。他说："五色令人目盲，五音令人耳聋，五味令人口爽；驰骋畋猎，令人心发狂。"（《老子·十二章》）五色、五音都是应该否定的。他强调人应当闭目塞聪，关上感官的门窗，不要美术，不要音乐，以为这样人才可以回到自然。这是一种对艺术的否定的态度。

庄子继承和发展了老子的思想，但又和老子有所不同。庄子是一个诗人，他对中国的美学、文学、艺术的影响是很大的。

庄子比老子更彻底地否定了儒家的人道原则。他说："牛马四足，是谓天；落马首，穿牛鼻，是谓人。"（《庄子·秋水》）牛马用四个脚自己奔跑，这是自然，是天；把马头套起来，把牛鼻子穿起来，这是人为，这就破坏了自然。在庄子看来，自然就是好的，人为就是坏的。他说："无以人灭天，无以故灭命，无以得殉名。"（同上注）就是说，不要以人为去破坏自然，不要拿人的有目的活动去对抗自然的命运，不要以人得之于自然的天性（德）去殉社会上的名分。孟子以为仁义出于人的天性，人性善。而庄子则认为仁义是摧残天性，仁义是不合人情、破坏人的天性的。一般人讲小人好利，君子好义。庄子说，其实都是一样的，"其于残生伤性均也"（《庄子·骈拇》），君子和小人同样是残生伤性的。庄子以为君子与小人、善与恶、是与非是相对的，美与丑也是相对的。没有客观的是非、善恶、美丑的标准，这些分别都应破除。这是相对主义的理论，当然是错误的。

但庄子又以为人如果能破除人为领域的一切分别，达到齐是非、齐彼此、齐物我，就能回到自然，获得自由。真正的自由就在于任其自然。他所谓的自由就是逍遥。《庄子》一书的第一篇《逍遥游》，就是讲自由。"逍遥游"讲小大之辩：小鸟飞翔于蓬蒿之间，大鹏鸟扶摇而上九万里，从北海徙于南冥；菌芝朝生暮死，寒蝉春生夏死、夏生秋死，而冥灵、大椿的年龄以千百岁计算。自然界千差万别，但都是各顺其性而又各有所待的条件，人类也一样。有的人的才智可以做官，有的人的品德可以为君。这些人都有狭隘的眼界，都是自是而非彼，自贵而相贱。所有的人都不能说是绝对的逍遥，都不能说是真正的自由。真正自由的人是无所待的"以游无穷者"。这样的人是"无己"、"无功"、"无名"的，这样的人与天地之道合一，能驾御六气之变，以遨游于无穷。这就是绝对逍遥的圣人（至人、神人）。这样的圣人，达到了"天地与我并生、万物与我为一"的境界。这与孟子讲的上下与天地同流同样包含有神秘主义的幻觉。但是他与孟子在理论上有一个很大的不同。孟子扩充自己的仁义之性而与天地合一，庄子则完全否定仁义、知识，强调无条件地与自然合一。

庄子的哲学有泛神论倾向，他所谓的"天道"，是"天籁"，或"天乐"。天道就是自然界的运动变化过程，就好像"大块噫气"的交响乐一样。他用"张咸池之乐于洞庭之野"来比喻天道，说："一清一浊，阴阳调和，流光其声"；"变化齐一，不主故常"；"充满天地，苞裹六极"——这自然界的变化运动就是最和谐的音乐，最美的音乐。他说："天地有大美而不言，四时有明法而不议，万物有成理而不说。圣人者，原天地之美而达万物之理。"（《庄子·知北游》）圣人完全与自然合一，这样就原天地之美而达万物之理。在庄子那里，天地之美就是万物之理，亦即自然界的合乎规律的运动,阴阳、四时、天下万物的和谐的变化。庄子讲的天地之美与孟子讲的充实之谓美,有明显的差别。孟子讲的美是人的善性的扩充、完满。庄子则认为美是自然界固有的,美不是善的充实,而正是善的否定。美就是仁义礼乐的否定。美是与"万物之理"(真)相一致,但与人的道德(善)完全相违背。

庄子又说:"夫天地者,古之所大也,而黄帝、尧、舜之所共美也。"(《庄子·天道》)黄帝、尧、舜之所共美就是天地本身,就是自然界运动变化规律本身。人要真正回到自然,认识天地之美,那就要摒弃仁义,绝圣弃智,那就要"灭文章、散五采"(《庄子·胠箧》),儒家讲的那一套都不要。但这样讲美是不是不要艺术呢? 庄子是讲了许多不要礼乐的话,如说要"擢乱六律,铄绝竽瑟"等等。但庄子自己是一个伟大的诗人,在他那里自然就是美,哲学就是诗,天道就是音乐。他不要儒家的人为的乐,而要自然的乐。他以为天地之大美不是名言、知识所能把握的,却可以用诗、用寓言来暗示。庄子书里用了许多寓言来讲哲学,用来暗示哲学真理。庄子讲的很多寓言可以说都是诗,比如"庖丁解牛",就是用很生动的诗的语言来讲哲学。他形容庖丁解牛时的一举一动,"手之所触,肩之所倚,足之所履,膝之所踦、砉然响然、奏刀騞然,莫不中音,合乎桑林之舞,乃中经首之会"(《庄子·养生主》)。就是说庖丁解牛的动作完全符合音乐舞蹈的节奏。庖丁解牛的劳动已经可以说是艺术,已经由"技"进入"道"了,不是普通的技艺了。庖丁之所以能做到这一点,是他经过了长期的劳动、长期的实践,已经深刻地认识了牛的生理结构,所以他解牛的时候,就能"依乎天理"、"因其固然"、"恢恢乎其于游刃必有余地"(同上注)。这个寓言有二点可以注意：第一，讲了一种哲学思想，即人的自由在于主观精神与客观规律相一致，依乎天理就可以游刃有余，解牛完了就踌躇满志，获得了自由了。这种哲学思想在这里表现为生动的艺术形象，因此就成为一种诗的意境。第二，这个寓言说明庄子在这里并不否定人为，而是要求由"技"进于"道"，即要由人为回到自然。必须经过长期的锻炼，才能真正达到庄子所说的"以神遇而不以目视"（《庄子·养生主》）的地步。到这种地步，人才能真正与自然为一，达到自由。这种自由，不是道德上的自由，而是审美活动上的自由。

庄子的其他许多寓言，如"轮扁斫轮"、"痀偻者承蜩"、"津人操舟若神"、"吕梁丈人蹈水"、"梓庆削镰"等，也都是讲劳动的技艺达到了一种神化的地步，就成了一种自由的劳动。劳动成了一种艺术，给人以美的享受。而这种自由的获得就在于长期的"用志不分，乃凝于神"（《庄子·达生》）。达到完全忘我而与自然合一。例如梓庆削木为镰（一种乐器），他忘了自己的四肢形体，在山林中选材时能"以天合天"（以习惯成自然的技艺与木材的天性相合）。达到这种地步就可以获得一种审美意义上的自由，或者说由技进于道，由必然王国进入自由王国。

在庄子的这些寓言中，我们可以看出庄子已触及到了艺术意境的创造、构思以及理想（道）如何通过形象思维来实现这样一些问题。这是庄子对后来的美学很有影响的一方面。

三、荀子论人的自由和美

从天和人的关系来说，荀子对天人之辩作了批判性的总结，提出了"明于天人之分"和"制天命而用之"的著名论点。荀子把天了解为自然界，他所谓的"天命"是指自然规律，"制天命而用之"，就是利用自然规律来控制自然。所以他比较正确地阐明了天和人，自然和人为，客观规律和主观能动性之间的关系。一方面，荀子说："天行有常，不为尧存，不为桀亡。"（《荀子·天论》）就是说自然规律是不以人们的意志为转移的。另一方面，荀子说掌握了自然规律，人就能够根据天时利用自然资源来进行物质生产，并建立社会制度以保障生产。这样人就可以成为自然界的主人而获得自由。荀子说："天有其时，地有其财，人有其治。"（同上注）人可以"官天地"，"役万物"，而"与天地参"。关于人和自然的关系，孔孟、老庄都有片面性。孟子非常强调主观能动作用，把主观思维无限夸大，以为"尽心"、"知性"便可以"知天"。庄子则如荀子所说的，"蔽于天而不知人"，一味蔑视人的主观能动作用而歌颂天。荀子则比较正确地解决了天人关系，可以说达到了朴素唯物论和朴素辩证法的统一。

荀子讲"人有其治"包含着双重的意义：一是天行有常，"应之以治则吉，应之以乱则凶"（同上注），就是人可以掌握自然规律控制自然；二是"礼义之为治，非礼义之为乱"，就是人能够建立社会制度，制定道德规范以保证物质生活。礼义在荀子看来是出于人为，而不是出于天性的，孟子则认为礼义是出于天性。荀子讲性恶，性恶说与性善说同样是不科学的。不过荀子强调的是礼义是伪也，是出自人为，因此道德是后天培养教育成的。孟子讲道德是天赋的，教育是唤醒本性，是使心中本来有的东西变成自觉的。所以德性的形成，在孟子那里是复归于天性，唤醒人的天性。但在荀子那里道德是出于人为，"化性而起伪"（《荀子·性恶》）是不断地观摩、学习造成的，犹如积土成山，积水成渊，人是"积善成德"（《荀子·劝学》）。荀子作为儒家，也和孔孟同样认为不能离开人和人的关系讲自由。不同的是孟子讲人性善，要唤醒人的良知良能。而荀子则认为人的天性里面并没有道德，道德是后天培养起来的，是通过教育不断培养锻炼，习惯成自然的。积善成德，通过积习养成德性，这和回复到本性是不同的。

《荀子》的第一篇是《劝学》，其中最后一段也讨论"成人"的理论，即怎么造就完美的人格的理论。荀子说："君子知夫不全不粹之不足以为美也"。"全"是指全面的认识；"粹"是指纯粹的品德。只有具有全面的认识、纯粹的品德才是完美的人格。为了培养这样的人格，那就要："诵数以贯之，思索以通之，为其人以处之，除其害者以持养之。"（《荀子·劝学》）就是说，要读书、思考，力求融会贯通，达到全面的认识；还要身体力行，自己在行为中贯彻"道"；同时注意自我修养，排除有害于"道"的思想情感。这样就可以造就美的人格。

为了造就美的人格，礼乐是必不可少的手段。所以荀子写了《礼论》，又写了《乐论》。在《乐论》中，荀子对音乐、舞蹈、诗歌提出了系统的理论。他说："夫乐者，乐也，人情之所必不免也，故人不能无乐。乐则必发于声音，形于动静。"（《荀子·乐论》）认为人情不能无乐，乐必发于声音，形于动静，于是产生音乐、诗歌、舞蹈。荀子的《乐论》和《礼记·乐记》基本上是一致的。两者都认为音乐是表现人的哀乐之情的，音乐对于满足人的情感需要是必不可少的。《礼记·乐记》说："凡音之起，由人心生也。人心之动，物使之然也。感于物而动,故形于声。"人心感于物而动,哀乐之情又转过来表现于人的声音,表现于形体的动静。"发于声音",就是诗歌、歌唱,"形于动静",就是舞蹈。人的心情、思想的变化,完全可以用声音、举动来表现。荀子以为这正是"人之道"的特点。不过荀子认为表现要加以引导,要用雅、颂之乐来引导感情,使声音足以使人喜悦而不放纵,使文字足以使道理辩明,而不使道理丧失,使歌声的曲折变化和节奏足以感动人的善心,而使那些邪气无从接触到。大体上说,荀子的《乐论》和《礼记·乐记》都认为,音乐、诗歌和舞蹈(一般地说,艺术)包含了三个要素:一个是表现人的情感,或者说情志,"钟鼓道志",音乐等是表现人的情感必不可少的。第二是艺术的声音、动作是具有节奏的。用《乐记》的话,是说:"声相应,故生变,变成方,谓之音。比音而乐之,及干戚羽旄,谓之乐。"这就是说,声音以一定的方式组成,而且配上舞蹈,成为音乐。所以,音乐、舞蹈、诗歌具有和谐的节奏。第三,音乐、诗歌等体现了"道"(理想),足以感动人的善心。人的情感表现于有节奏的声音、形象,体现了"道"(用现在的话说,就是体现了一定的理想)。这些可以说是儒家"言志"说的基本论点。

孟子说诗,主张"以意逆志",认为诗表现人的情感。庄子强调音乐的和谐的节奏,犹如自然界的"天籁"。孟子强调美是善的充实,而庄子以为美是自然本身,美即是真。在荀子的《乐论》和《礼记·乐记》中,则认为艺术是情意和形象的统一,并初步有了真、善、美统一的思想。荀子在《乐论》中说:"君子以钟鼓道志,以琴瑟乐心。动以干戚,饰以羽旄,从以磬管。故其清明象天,其广大象地,其俯仰周旋有似于四时。"这就是说,用钟鼓琴瑟来演奏音乐是表现人的情感，表现人的欢乐的。还要以干戚作舞具，羽旄作装饰，以磬管伴奏，载歌载舞。这样的音乐舞蹈象征了天的清明，地的广大，"俯仰周旋"的舞蹈的姿态，好比一年四季的变化。可以说，天地之道作为理想就体现在艺术之中了。所以荀子说："舞意天道兼。"就是说，舞蹈的理想是合乎天道的。这里就包含了美与真是统一的思想。荀子的《乐论》说，人的"目不自见，耳不自闻"。那么人怎么可以感受到心中的思想、理想呢？就是通过舞蹈的"俯仰、屈伸、进退、迟速"有节制的动作，使人的筋骨之力合乎钟鼓之音的节奏。人的筋骨之力与钟鼓之音的节奏完全一致，毫不悖乱，人就可以深刻地体会到"舞意"。所以在节奏中，人就可以直观到"舞意"，直观到"天道"。

同时，荀子又说："故乐行而志清，礼修而行成，耳目聪明，血气和平，移风易俗，天下皆宁，美善相乐。"（《荀子·乐论》）奏乐可以使人的情感清明，习礼可以使人的德行成就，还可以使人的耳目聪明，血气和平。所以艺术有重大的教育作用，对社会来说，则可以移风易俗，达到天下太平。于是荀子说："美善相乐。"就是说，在音乐、舞蹈、诗歌中，美和善是统一的。荀子的意思是说，雅颂之乐可以培养人的德性，而人的德性由于艺术的陶冶就能习惯成为自然，这样善就成了美的对象。人格的本身以及人的生活本身就能给人们以美感。

刚才我讲了两层意思，第一是荀子认为美与真是统一的，"舞意天道兼"，人在舞蹈的动作、音乐的节奏中，可以体会到"舞意"是合乎"天道"的。第二是荀子认为"美善相乐"。艺术可以培养人的德性，习惯成自然，人的德性本身成为美的对象，就是说人格不仅是善的,而且是美的。"美善相乐"、"舞意天道兼",这也就是美学意义上的自由。荀子的这个理论可以说是奠定了中国美学史上的主流——"言志说"的基础。"不全不粹之不足以为美",也已经触及了真、善、美统一的思想。这是中国古代美学中的重大成就。荀子对于孔孟、老庄的理论作了批判的总结,在美学上,荀子可以说是达到了先秦的最高成就。

四、先秦儒家道家关于人的自由和美的理论的深远影响

先秦儒家、道家关于人的自由和美的理论对后世有很深远的影响,这里我只能极简单地讲一点。当然,理论的影响以不同时代的条件为转移。不同的时代,理论的影响表现得不一样。而且随着社会的演变,理论在发展。在汉代,儒术独尊。封建专制主义者利用儒家的礼乐作为统治的工具,强调美要从属于善,艺术要从属于德教。《礼记》讲:"温柔敦厚,《诗》教也";"恭俭庄敬,礼教也。"这成了儒家的正统观念。但是,儒家的礼教越来越成为名不符实的、虚伪的东西,对于礼乐培养人的作用,就日益引起人们的怀疑。到了汉末产生了名教的危机。封建统治者嘴上讲温柔敦厚,实际上是最不温柔敦厚了,他们自己在那里破坏着礼教。

到了魏晋,嵇康提出了"越名教而任自然"[1]的口号。不过嵇、阮等人反对礼教,正如同鲁迅所说的,是因为司马氏标榜"以孝治天下",实际上却在搞篡位、掠夺,杀了很多人,用名教的名义加罪

---

① 嵇康:《释私论》,《嵇康集校注》,第 402 页。

于反对他们的人。至于嵇康、阮籍等人骨子里"恐怕倒是相信礼教，当作宝贝"的。虽然嵇康说"老子、庄周吾师也"，可是从生活态度来说，他和庄子很不一样。庄子很随便，嵇康则是非常执着、非常坚持原则的。嵇康骨子里有儒家的"舍生取义"精神。不过嵇康确实复活了道家的自然原则。

　　嵇康写的诗："目送归鸿，手挥五弦。俯仰自得，游心太玄。嘉彼钓叟，得鱼忘筌。"①表现了一种逍遥自得的人格，真像是超脱尘世的仙子。逍遥即自由，自由等于自然，这是道家的观点。嵇康写了有名的《声无哀乐论》，批评了儒家关于音乐的一些神话。比如儒家讲的："仲尼闻《韶》，识虞舜之德；季札听弦，知众国之风。"②嵇康认为这都是神话，是不可信的。嵇康讲声无哀乐，"音声有自然之和，而无系于人情"。音乐在于自然的和谐，而不在于表达感情，与人的哀乐之情无关。嵇康强调了乐律的客观性。他认为音乐的美，就在于内在的和谐、秩序。这种和谐、秩序、节奏，不以人的哀乐为转移。所以应当科学地研究和声、节奏、音律，应当把音乐的美与主观上的哀乐之情区别开来，把艺术的美与道德的善区别开来。他认为音乐不是用来培养人的道德，不是用来表达人的情感的。音乐本身的价值就在于它有一种美，一种自然的和谐，音乐美学应该去研究音乐本身的美。这样作分析研究在美学史上是一个进步。但是，嵇康说得太极端了，他说音乐"无系于人情"是不对的。因为音乐作为艺术和美的对象，不仅仅是自然之和，不仅仅是人和自然相一致，而且有人的社会本质对象化在

---

① 嵇康：《赠秀才入军》，《嵇康集校注》，第 24 页。
② 嵇康：《声无哀乐论》，《嵇康集校注》，第 345 页。

上面。音乐是渗透了社会人的感情的。嵇康把美与善区分开来，走到了极端。不过他强调要研究音乐本身的和声、节奏等，当时有进步的意义。

在嵇康之后，陆机写《文赋》，刘勰写《文心雕龙》，谢赫提出"画有六法"等等。六朝时期音乐、文学、书画等等，都有人进行专门研究，提出理论。这样，对形象思维的特点的探讨是比较细致深入了。这个时期的美学有很大成就。不过六朝很多人确实主张把美和善分开来，滋长了一种为艺术而艺术的倾向。所以到了齐梁，如陈子昂所说的："彩丽竞繁，而兴寄都绝"①，或者如白居易所讲的："至于梁、陈间，率不过嘲风雪、弄花草而已"②，诗不过是嘲风雪，弄花草。这是一种不健康的情绪。不过六朝人的美学理论，特别是关于抒情艺术的意境如何构思、创造这样一种理论，给唐代文学艺术的繁荣作了理论上的准备。

唐朝人纠正了"嘲风雪、弄花草"的倾向，强调了陈子昂所称的"汉魏风骨"。后来白居易提出"文章合为时而著"③，就是说文章要替时代讲话。韩愈、柳宗元主张"文以明道"，就是强调艺术与善、与真的联系，艺术要明人道，要起教化的作用。

韩愈讲道统，以继承孟子自居，他当然是个儒家。但他说："和平之音淡薄，而愁思之声要妙；谨愉之辞难工，而穷苦之言易

① 陈子昂：《与东方左史虬修竹篇序》，徐鹏点校：《陈子昂集》，上海古籍出版社 2013 年版，第 16 页。
② 白居易：《与元九书》，谢恩炜校注：《白居易文集校注》，中华书局 2011 年版，第 323 页。
③ 同上书，第 324 页。

好也。"①文章要写"穷苦之言"、"愁思之声"，所以好文章往往"发于羁旅草野"。他提出了"不平则鸣"的论点。这可以说是司马迁发愤著述的论点的发展。司马迁说："《诗》三百篇，大抵贤圣发愤之所为作也。此人皆意有所郁结，不得通其道也，故述往事，思来者。"②韩愈发展了这种观点。说："大凡物不得其平则鸣。……人之于言也亦然，有不得已者而后言。其歌也有思，其哭也有怀，凡出乎口而为声者，其皆有弗平者乎！"（《送孟东野序》）韩愈认为，"不平则鸣"是自然界和人类社会的普遍现象，不论天籁、人籁都是矛盾斗争的表现。自然界的天籁，人的诗歌、音乐，都是由于不得其平，所以要鸣，而鸣一定要借助某种手段，要"择其善鸣者而假之鸣"。他说，自然界的气的振动（就是风），借助于金石丝竹来鸣、来表现。自然界一年四季的寒暑变化，借助于"以鸟鸣春，以雷鸣夏"等等来表现。人类社会的矛盾运动则借助于文学艺术来表现。他说，"凡载于《诗》、《书》六艺，皆鸣之善者也。周之衰，孔子之徒鸣之，其声大而远。……其末也，庄周以其荒唐之辞鸣。楚，大国也，其亡也，以屈原鸣。"（同上注）《诗》、《书》的作者、孔子、庄子、屈原，他们都反映了他们所处的时代的矛盾，都是不平则鸣。韩愈认为艺术家、文学家都是"时人之耳目"，要替时代说话。但他认为时代精神不是抽象的，是通过个人的遭遇，切身的感受而体现出来的。作者真切地感受到了时代的矛盾、时代的不平，于是心中就有"不得已者"、借助一定的手段把它形象地表现出来，这就是艺术。所

---

① 韩愈：《荆潭唱和诗序》，马其昶校注：《朝昌黎文集校注》，上海古籍出版社 2014 年版，第 294 页。

② 司马迁：《史记·太史公自序》，《史记》，中华书局 1982 年版，第 3300 页。

以他从国家的命运和个人的遭遇相联系来说明作者"其歌也有思，其哭也有怀"，因为有"思"有"怀"，有"不得已者"，所以要歌要哭，要唱歌，要写诗。而这种思和怀就是"不得其平"的反映，时代矛盾的表现。这样的理论是儒家"言志说"的发展。韩愈的诗文都很有气势，有雄健的美、阳刚的美。他说，"气盛则言之短长与声之高下者皆宜。"（《答李翊书》）首先要"气盛"，表现于"言"、"声音"，就自然有气势，有雄健的美。这里明显地可看到孟子的"养气"、"知言"学说的影响。

柳宗元也一样，强调了"文以明道"，强调了艺术要反映时代，美要以真和善为前提。韩、柳的理论是儒家"言志说"的发展，同时也为叙事文学的发展作了理论准备。唐以前，中国人的文学兴趣主要是写诗，六朝人讲形象思维，比如《文心雕龙》讲"神思"，主要是抒情艺术的意境的构思。而唐宋以后，中国文学在小说、戏剧方面获得巨大发展。对于这一类叙事作品，美学家、文艺评论家多半是用"不平则鸣"的理论来解释的。比如，李贽说《西厢记》是"诉心中之不平，感数奇于千载"。[1]"《水浒传》者，发愤之所作也"。[2] 汤显祖说他的"临川四梦"是对当时"灭才情而尊吏法"的时代的抗议。"临川四梦"是讲情的，是反对礼法的。可见他们都是用"不平则鸣"来解释文学艺术之所以产生的原因。

不过"文以明道"的思想在理学家那里被引导到坏的倾向上去，他们说"文以载道"，甚至说"作文害道"。那就走到极端，要完

---

[1] 李贽：《焚书·卷三·杂述·杂说》，陈仁仁校释：《焚书·续焚书校释》，岳麓书社 2011 年版，第 169—170 页。
[2] 李贽：《焚书·卷三·杂述·忠义水浒传序》，《焚书·续焚书校释》，第 188 页。

全否定文学艺术了。理学家要"灭人欲"，要"忘情"，他们反对文采，反对娱乐，反对文艺。作为对于"文以载道"理论的反动、批判，严羽以禅说诗，讲"妙悟"，讲"诗有别趣，非关理也"①。严羽讲"妙悟"，着重考察的是诗的意境。不过是片面的，讲写诗"不涉理路、不落言筌"，导致为艺术而艺术。王夫之后来批评说，"非理抑将何悟？"②不过王夫之也说诗"不得以名言之理相求"③，不是讲概念，诗要表现理想，诗要"以意为主，势次之"④。什么是"势"呢？"势者，意中之神理也"⑤，即"意"（理想）的展开就形成势。大体可以说，王夫之对于中国古典美学关于意境的理论，作了哲学的总结。和王夫之同时的黄宗羲说，文章是天地之元气也，"阳气在下，重阴锢之，则击而为雷；阴气在下，重阳包之，则搏而为风"⑥。他要求文章是风雷之文，要有阳刚之美。这一理论还是韩愈"不平则鸣"说的发挥。中国的古典美学到了明清之际达到了总结阶段，主要的成果是艺术意境的理论以及艺术表现时代矛盾的理论。

　　从这些积极成果中，我们都可以看到先秦儒家、道家的影响。儒家、道家关于人的自由问题上的人道原则和自然原则，关于人格美和自然美的一些考察以及"诗言志"说和艺术意境创作的理论，大体规定了中国古典美学的传统特色。中国人比较早地发展

---

① 严羽：《沧浪诗话》，张健校笺：《沧浪诗话校笺》，上海古籍出版社 2012 年版，第 129 页。
② 王夫之：《姜斋诗话·卷一》，《船山全书》第 15 册，第 813 页。
③ 王夫之：《古诗评选·卷四·司马彪〈杂诗〉》，《船山全书》第 14 册，第 687 页。
④ 王夫之：《姜斋诗话》卷二，《船山全书》第 15 册，第 820 页。
⑤ 同上注。
⑥ 黄宗羲：《缩斋文集序》，《黄宗羲全集》第 10 册，第 13 页。

了"诗言志"说和关于艺术意境的理论,也就是关于抒情诗和音乐的美学理论,而西方人比较早地发展了艺术的"摹仿"说和艺术描写典型性格的理论,那是关于叙事诗和造型艺术的理论。(我说西方比较早,不是说中国没有,中国人关于塑造典型性格的理论出现得较晚。)这是与中国和西方各有不同的艺术传统相联系的。中国人比较早、比较大量地写诗,从《诗经》、楚辞到唐诗,中国人就是热衷于写诗,没有一个民族像中国人写了这么多诗。从哲学传统来说,先秦儒家、道家思想对中国人的生活和文化各个领域都有深刻影响。中国的艺术传统、哲学传统不同于西方,这样也就使得美学也各有其传统特色。

我今天只是对先秦的儒家、道家关于人的自由和美的理论作了一点粗浅的考察,可能有很多错误,希望同志们多多提出批评。

论中国古代的科学方法和逻辑范畴*

中国人在逻辑思维上有什么特点？这是一个有很大的理论意义和现实意义的问题，值得认真地加以探索。

爱因斯坦在一封信中说："西方科学的发展是以两个伟大的成就为基础，那就是：希腊哲学家发明形式逻辑体系（在欧几里得几何学中），以及在文艺复兴时期发现通过系统的实验有可能找出因果联系。在我看来，中国的贤哲没有走上这两步，那是用不着惊奇的。令人惊奇的倒是这些发现毕竟做出来了。"①这是一个伟大科学家提出来的令人惊奇的问题。但中国古代有那么多科学发现和创造，是用什么逻辑、什么方法搞出来的？这也是一个令人惊奇、需要我们认真研究的重大问题。研究这个问题，对于我们今天建设有中国特色的社会主义，对于发展我国的科学文化，提高整个中华民族的科学文化水平，也是十分必要的。

---

* 本文系根据作者在第四次"中国逻辑史"讨论会上的发言和第一次"中国哲学范畴"讨论会上的发言整理而成，原载《中国哲学范畴集》，人民出版社，1985 年版；其中有关方法论的内容又曾刊于《哲学研究》，1984 年第 2 期。

① 爱因斯坦：《西方科学的基础与古代中国无缘——1953 年 4 月 23 日给 J·E·斯威策的信》，参见许良英等编译：《爱因斯坦文集（增补本）》第 1 卷，商务印书馆 2009 年版，第 772 页。译文据英文作了校正。童世骏同志以为"这些发现"即指形式逻辑体系和实验方法，我同意他的见解。

　　人类思维无疑遵循着共同的逻辑规律。但过去东西方文化各自独立发展,形成了不同的传统,所以决不能忽视民族的特点。因此,对于中国人在逻辑思维方面的特点,需要探索研究。怎样研究? 我以为需要把中国古代的哲学、逻辑学与科学联系起来进行历史的考察,着重研究逻辑范畴和科学方法的历史演变。范畴与方法,是哲学、逻辑学和科学的交接点。

　　我这里说的逻辑范畴,是指作为逻辑思维的基本形式的范畴,它们也是哲学范畴,不能把它们同其他哲学范畴割裂开来。不过逻辑范畴是直接从思维形式(概念、判断、推理以及方法)概括出来的,特别具有方法论上的重要意义。中国古代哲学中的逻辑范畴以"类、故、理"为骨干,哲学和科学的方法论的基本环节,无非是这些范畴的运用。

　　本文不可能详细讨论有关中国古代的逻辑范畴和方法论的各方面的问题,而只是作鸟瞰式的考察,谈一点看法。讲哲学史,就需要研究孔孟的先验主义方法,庄子的相对主义方法,董仲舒的形而上学的方法等等。这些方法也运用逻辑范畴,不过不是科学地运用。本文将不涉及它们,而只讲科学方法以及被科学地运用的逻辑范畴。

一、墨家和荀子的方法论以及他们对逻辑范畴(类、故、理)的考察

　　有一个基本的观点需要先申明一下。我以为,有两种逻辑,两种科学方法。人们通过概念、判断和推理等思维形式来把握世

界,概念必须与对象相对应,有一一对应的关系。所以思维形式有它的相对静止状态。在相对静止状态中,我们撇开具体内容而对形式作考察,这样就有形式逻辑的科学。而为要把握现实的变化和发展,把握具体真理,思维在遵循形式逻辑的同时,概念还必须是对立统一的、灵活的、能动的。密切结合认识的辩证法和现实的辩证法来考察概念的辩证运动,于是就有辩证逻辑的科学。这是我对形式逻辑和辩证逻辑的一个基本看法。可能有的同志不同意,这是可以讨论的。但是,如果不承认逻辑有层次上的不同、有形式逻辑和辩证逻辑、有形式逻辑的方法和辩证逻辑的方法,那么,对中国古代哲学、逻辑学和科学的历史,就很难作出令人满意的解释。

墨家和荀子的方法论,就是层次不同的两种方法论。他们对逻辑范畴的考察,体现了层次不同的逻辑思想。

墨子提出"言有三表",或叫作"言有三法"。他所谓的"法",就是指先立一个标准作为法式,说:"轮人操其规,将以量度天下之圜与不圜也,曰:中吾规者谓之圜,不中吾规者谓之不圜。……匠人亦操其矩,将以量度天下之方与不方也,曰:中吾矩者谓之方,不中吾矩者谓之不方。"(《墨子·天志中》)就是说,"规"为圆类之法,合乎规则为圆;"矩"为方类之法,合乎矩则为方。后来,《墨经》发展了墨子这一"法"的思想,指出:"法,所若而然也。"(《墨子·经上》)"法:意、规、员三也俱,可以为法。"(《墨子·经说上》)意思是,人们按照圆的概念(圆的概念是"一中同长"),运用圆规作工具,作成一个个圆形,这就是按照作圆的方法、法式来制作圆形。同样,用矩作工具,根据方的概念,可以作出一个个方形。《墨子·

小取》说:"效者,为之法也。所效者,所以为之法也。故中效则是也,不中效则非也。"这里的"法",也就是墨子讲的"言有三法"之法,指立论的标准、法式。所谓"效",就是建立一个法式作为"所效",符合法式的就是"是"("中效"),不合法式的便是"非"("不中效")。可见,"效"作为论证方式,其实就是科学研究中普遍运用的建立公式、模型以进行推导的演绎法;而所效之"法",应是所考察的类的本质的反映。

《墨经》不仅讲了演绎法,还讲了归纳法、类比法,并且明确地提出了"类"、"故"、"理"三个范畴是逻辑推理和科学方法所必具的学说。《墨子·大取》篇说:"夫辞,以故生,以理长,以类行也者。立辞而不明于其所生,妄也。今人非道无所行,唯(虽)有强股肱而不明于道,其困也可立而待也。夫辞以类行者也,立辞而不明于其类,则必困矣。"意思是说,在进行论辩时,提出一个论断一定要有根据、理由(故),如果不能说明其所由以产生的根据,那便是立论虚妄而不能令人信服。在"以说出故"时,一定要遵循逻辑规律和规则进行推理,就好比人行走时一定要顺着道路前进,如果不认识道路,那便要迷失方向而困穷。而不论何种形式的推理(类推、归纳或演绎),在古典的形式逻辑体系中,都是按"以类取,以类予"的原则,即按事物间的种属包含关系而进行的。所以说:"立辞而不明于其类,则必困矣。"(《墨子·尽说上》)

运用"类"、"故"、"理"的范畴来揭示"性与天道",是哲学家们在实际上进行着的逻辑思维。但只有对逻辑思维过程本身进行反思,把"类"、"故"、"理"这些范畴抽象出来进行考察,才有真正的逻辑学。在中国哲学史上,"类"、"故"、"理"三个范畴是墨子在不同地方分别提出来的，他讲的"察类"、"明故"、"出言谈之道"，已具有逻辑学的意义。但只是到了后期墨家，才第一次把"类"、"故"、"理"联系起来，明确地把它们作为逻辑思维形式的基本范畴来阐述，从而建立起形式逻辑的体系。

《墨经》基本上从形式逻辑来考察这些范畴。关于"故"，区分"小故"（必要条件）与"大故"（充足而必要的条件）。关于"理"，已接触到形式逻辑的基本思维规律：同一律、排中律和矛盾律。而《墨经》着重考察的是"类"范畴，它分析各种"同"和"异"，其中最重要的是"类同"和"不类"。"类同"就是"有以同"，即是说，不同的个体，凡有相同的属性，即属同类；如果是没有这种属性的个体，就是"不类"。个体与各种类与最高类之间，有着种属包含关系。根据事物的种属包含关系来进行推论、论证，即"以类行之"，是《墨经》讲的推理的基本原则，也是方法的基本原则。对于当时逻辑学上争论的"坚白同异之辩"，《墨经》主张"别同异"、"盈坚白"，基本上是从形式逻辑类范畴出发的。《墨经》还提出"异类不吡，说在量"（《墨子·经下》）的观点，认为性质不同类的事物不能作数量上的比较，逻辑思维不能违背"质决定量"和"异类不比"的原则。"异类不比"，这也是形式逻辑方法论的重要原则。

总之，《墨经》的方法是形式逻辑的方法，从形式逻辑观点来考察范畴，它所了解的"类"，就是那种具有种属关系，用"有以同"来下定义这样的类。《墨经》运用形式逻辑方法研究具体科学，在几何学、光学、力学等领域中，都作出重要贡献。

那么，荀子的方法论是怎样的呢？荀子说："五寸之矩，尽天下之方，……则操术然也。"（《荀子·不苟》）"术"就是方法。他也赞成用"类"概念作为法式来衡量对象，不过，荀子与墨家不同。《荀子·正名》指出："辩说也者，不异实名，以喻动静之道也。""不异实名"就是要求遵守形式逻辑的同一律，在辩说中不得偷换概念。但辩说又是为了"喻动静之道"，即把握现实的动静之道。怎么把握呢？荀子也强调要运用"类"、"故"、"理"的范畴。说："辨异而不过，推类而不悖；听则合文，辨（辩）则尽故；以正道而辨奸，犹引绳以持曲直；是故邪说不能乱，百家无所窜。"（《荀子·正名》）荀子讲"推类而不悖"，当然也要求按种属关系进行推理，遵循形式逻辑。但是荀子又提出了"统类"这个概念。说："倚物怪变，所未尝闻也，所未尝见也，卒然起一方，则举统类而应之，无所儗怎，张法而度之，则晻然若合符节。"（《荀子·儒效》）对于未尝见、未尝闻、即没有经验过的事物，如何来规范它？就要"举统类而应之"、"张法而度之"。这样讲"法"，讲"统类"，就与《墨经》不同。荀子讲"壹统类"，是要求把握全面的一贯的道理来规范事物。他在《非十二子》中批评子思、孟子："略法先王而不知其统。"就是说，他们不知道"统类"，不懂得孔子的一贯的道理。荀子讲"故"，要求"辨则尽故"，讲"道"（理），又说"以道观尽"。"尽"就是全面的意思。他以为真正掌握了道，就能全面地看问题，"辩说"时，就能全面地阐明"所以然之故"。荀子讲的"类"、"故"、"理"都包含着全面性的要求，这也就是辩证逻辑的要求。

荀子批评当时的诸子百家虽"持之有故，言之成理"，但是他们讲的"类"、"故"、"理"是片面的，是"蔽于一曲而阇于大理"。（《荀子·解蔽》）即被事物的一个片面所蒙蔽，而看不见全面的根本的道理。于是，荀子提出了"解蔽"的口号，要求破除他们思想方法上的主观片面性。他说："凡万物异则莫不相为蔽，此心术之公患也。"（《荀子·解蔽》）"心术"就是指思想方法。人们在思想方法上容易犯的毛病就是对于存在着种种差异的事物，只见其一面，而不见其另一面。例如，"惠子蔽于辞而不知实，庄子蔽于天而不知人"（同上注），"老子有见于诎，无见于信；墨子有见于齐，无见于畸。"（《荀子·天论》）荀子认为诸子都各自看到矛盾的一个方面，即有所"见"，然而恰恰是这个"见"，使他们蔽而不见矛盾的另一方面。因此，要破除"蔽塞之祸"、"心术之患"，就要全面地把握各种事物，"兼陈万物而中县衡焉"（《荀子·解蔽》）。以道作为衡量一切的标准，这样就能不受蔽塞，就能认识事物的本来面目和固有的秩序。

为达到全面性的要求，克服片面性的毛病，荀子在方法论上提出"符验"和"辨合"两个原则。他说："善言古者必有节于今，善言天者必有征于人。凡论者，贵其有辨合，有符验，故坐而言之，起而可设，张而可施行。"（《荀子·性恶》）在这段有名的话中，荀子对先秦哲学三个主要问题，即"古今"、"天人"和"名实"之辩，都作了总结。而方法论的基本原理是什么呢？就是：第一，"贵有辨合"，即要进行正确的分析和综合，也就是正确地运用"类"、"故"、"理"这些范畴，包括解蔽，以求全面地把握事物固有的规律。第二，"贵有符验"，即理论要得到事实的验证，谈论古代的东西一定要从现今的事实加以验证，谈论天道一定要从人事上加以验证。辩证逻辑方法论的基本原理大致就是这两条。

不过，荀子说的"辨合"，主要是指"辨同异"，要求把握同中之异和异中之同。他讲的"心术之患"，主要是指"万物异则莫不相为蔽",所以,"解蔽"就是要求达到"众异不得相蔽"。(《荀子·解蔽》)可见荀子讲方法,主要也是从"类"范畴加以考察。

其后,《易传》进一步提出:"一阴一阳之谓道。"(《系辞上》)它把对立统一的思想贯彻于对"类"范畴的考察。《易传》在讲睽卦时说:"天地睽而其事同也,男女睽而其志通也,万物睽而其事类也。"(《彖传》)又说:"睽,君子以同而异。"(《象传》)就是说,在把握类时,应注意同中有异,异中有同。"睽"本来是互相背离、互相排斥的意思,但是,"万物睽而其事类也",它们又是同类的。万物是互相排斥而又有类属联系的,所以每一类都是同与异的统一,它本身包含着矛盾,各类又是互相转化的。《易传》所谓"以类族辨物",就是要求比较各类事物的同异,把握所考察事物的类的矛盾运动与相互转化。这样运用"类"范畴进行比类的方法,就是辩证逻辑的比较法。这种方法,在古代运用于天文、历法、音律、医学这些领域,取得了很大的成绩。

总之,《墨经》的方法主要运用于几何学、力学、光学,荀子和《易传》的方法主要运用于天文、历法、医学这些领域。所以,在先秦已有了不同层次上的逻辑和方法论。但它们之间并不是水火不相容的。《墨经》讲"尽见"也提到全面性要求。荀子也并不反对形式逻辑,他说:"不异实名,以喻动静之道也。"表明荀子坚持遵守形式逻辑,但又不限于形式逻辑。不过,《墨经》讲"类"主要是形式逻辑的观点。荀子虽然也用形式逻辑的种属包含关系讲名的限定、概括,但着重揭示出限定与概括(别名与共名)的辩证推移运动。他讲"统类",则显然已超出了形式逻辑的界限。

二、科学方法的历史发展以及对"类"、"故"、"理"范畴的深入探索

在先秦，儒墨并称显学，但到汉代，随着封建专制主义的统一国家的建立和巩固，儒术独尊而墨学衰微。墨学为什么会衰微？这是一个需要研究的问题。

我认为，墨家代表着奴隶制下自由平民阶层的利益。这个阶层在封建专制主义的国家巩固时便趋于消灭，其中有些地位上升了，有些下降了，大多数转化为封建制下的小生产者，而散漫的小生产者把希望寄予封建君主的统治。中国的封建制和宗法制紧密联系，墨家兼爱学说对宗法制有破坏作用，所以不受欢迎。同时，在中国封建制度下，自然经济占主要的地位，统治者实行重农抑商的政策，因此，在中国首先发展的是与农业相联系的科学，如天文、历法、医学、农学等，而与墨学相联系的那些科学，如几何学、光学、力学发展缓慢。这些，可能就是墨学衰微的主要原因。墨学衰微，由墨家作出独特贡献的原子论思想没有得到发展，墨家的形式逻辑被人忽视了，这确是很惋惜的事情。

当然，科学的理论思维总是遵循形式逻辑，不过由于墨学衰微，名家又不受重视，于是对形式逻辑的研究就少了，科学也不重视从形式逻辑取得指导。而朴素辩证法的认识论与气一元论、阴阳学说相联系，在好多门科学领域中发挥了它的作用。就方法论来说，在"取象"（定性）和"运数"（定量）两个方面都做出了成绩。

在任何一门科学中，运用"类"范畴，都包括取象和运数。二

者不能分割，但在不同的科学中可以有所侧重。例如在医学、农学领域，科学家首先是比类取象。而在天文、历法、音律这些领域中，科学家首先是比类运数（度量）。《内经》可能成书在战国到西汉，它给中国医学奠定了理论基础。《内经·素问·举痛论》云："余闻善言天者，必有验于人；善言古者，必有合于今；善言人者，必有厌于己。"这个说法基本上与荀子所说一致，而冠以"余闻"，很可能来源于荀子。《内经》还提出用"别异比类"的方法来取象。例如，在诊病时，"脉之小、大、滑、涩、浮、沉，可以指别；五藏之象，可以类推"①。就是说，各种脉象，医生可以用手指来度量、辨别；而五脏之象，则可由内脏功能反映在体表的现象来比类推测。这里讲的类推、比类，是指运用阴阳五行的范畴来作观察、比较和推测。这种比类显然已超出了《墨经》那种按种属关系进行推理的方法，而接近于荀子、《易传》所说的那种类推。《内经》把人体和自然现象归为金、木、水、火、土五类，又把这五类概括为阴和阳两种对立的属性。运用这些范畴来比类，实际上是把五行、阴阳作为代数符号以规范现象，这与荀子讲的"举统类而应之，张法而度之"是一致的。这种方法可以为现象世界的各种事物、各种过程以及它们之间的互相联系和变化提供广泛的类比和推测，并经过这样的比类取象来形成正确的类概念。《内经》在这方面取得了很大的成就。它认为阴阳是对立统一的，五行之间有互相生克的关系，人体是一个有机的整体，人体和自然界也是有机地联系着的。《内经》的比类取象的方法实际上要求从普遍联系中

① 《五藏生成论》，《黄帝内经》，第 31 页。

比较各类事物的同和异，从而把握所考察对象的矛盾运动（阴阳消长的变化），以进行正确的推测。这是一种辩证逻辑比较法的运用。

而在另一类科学，如天文、历法、律学中，比类主要是通过度量、运数，着重从数量关系来把握类概念。中国古代很早就知道用律管的长短来决定音的清浊，所以可以从数量上的比例来说明音律的不同；于是，逐渐形成"三分损益法"（《管子·地员》），并用"三分损益法"来说明十二律（《吕氏春秋·大乐》）。同时，一年可分为四季，四季可分为十二月，所以也可以从数量上把握它们，即可以从日夜长短的变化、阴阳寒暑的消长来说明气候季节的变化。于是，《礼记·月令》（《吕氏春秋》"十二纪"首篇合在一起，亦即《月令》）以为十二律可以与十二月相配，认为音律和历法体现了共同的数量关系，它们的"类"（十二律即十二个类概念）可以运数来规定。这是我国古代的一个根深蒂固的观念。史书通常都有一篇"志"把律和历放在一起写，叫做《律历志》。推而广之，就以为天体的运行、自然界万物的生长和人类社会的演变，都与音律和历法一样，是阴阳对立势力的消长，在数量关系上有共同的秩序。因此，逻辑思维可以从数量关系来刻画它们。这种刻画就类似于建立数学模型来解释现象。所以比类运数的方法就是从数量关系来把握所考察对象的矛盾运动（阴阳消长的变化），形成正确的类概念以规范现象，进行预测。

不论侧重于取象，还是侧重于运数，这种比类方法，如果主观地加以应用，就不可避免地变为牵强附会的比附，得出荒唐的结论，如董仲舒、《纬书》即是。如果客观地运用比类方法，不违背

《墨经》说的那种"异类不比"的形式逻辑原则,同时坚持荀子说的"辨合"、"符验"的辩证方法原则,那么,比类方法就可成为富有生命力的东西。医学、农学、天文、历法、律学是汉代最盛的科学领域,都取得了相当的成就。在这些领域,主要用的是朴素的辩证逻辑的比较法。当然也有人搞牵强附会的比附,于是助长谶纬神学的盛行。王充对谶纬神学展开全面的批判,他很强调验证,说:"事莫明于有效,论莫定于有证。"①认为第一要有事实的效验,第二要有逻辑的论证,以此来驳斥当时乌烟瘴气的谶纬迷信。王充坚持"异类不比"的原则,他所说的论证,基本上是形式逻辑的论证。他虽然没有像《墨经》那样研究形式逻辑的思维形式,但他在批判时所用的方法,主要是形式逻辑的。董仲舒说:"以类合之,天人一也。"②即把自然界和人视为同类,进行比附。王充则强调不能用人类的有目的的活动比附自然现象,如果把自然界拟人化,就会变为神学。王充在驳斥谬论时,运用了演绎法和归纳法,更多的是运用类比。他注意了"异类不比",是正确的,但辩证法却少了。

在王充之后,魏晋时人们比较注重名理的分析,形成了强大的"辨析名理"的思潮。先秦名家的那些论题又被重新提了出来,被遗忘了的墨学一度又受到了重视(鲁胜作《墨辩注》可以说明这一点)。魏晋之际,刘徽作《九章算术注》,为中国古代数学理论奠定了基础。这也是同当时"辨析名理"的思潮分不开的。刘徽提

---

① 王充:《论衡·薄葬》,黄晖校释:《论衡校释》,中华书局1990年版,第962页。
② 董仲舒:《春秋繁露·阴阳义》,钟肇鹏等校释:《春秋繁露校释》,河北人民出版社2005年版,第767页。

出一套算法理论。他在"序"中讲了演绎法的基本原理，即根据类来建立"法"，进行推导。这个演绎原理贯串于全书。不过，刘徽数学方法的特点是在严格遵循形式逻辑的同时，还揭示了数学中的辩证法因素。他用"得失相反"来说明正负的含义，揭示了正和负的对立统一。他创造了求圆周率的割圆术，用的是极限方法。揭示出直线与曲线是可以互相转化的，有限和无限是对立统一的，包含了微积分思想的萌芽。他关于几何量的计算理论也是很出色的，明显地体现了形与数、几何学与代数学的统一，因此包含了解析几何的萌芽。刘徽的《九章算术注》虽然是一个演绎法的体系，但与欧几里得几何学却大不一样，这就是它在遵守形式逻辑的同时，着重揭示数学的逻辑思维的辩证形式，而没有像《几何原本》那样建立一个严密的公理系统。中国古典数学理论的这一特点，同律、历等科学中的比类运数方法是相联系着的，刘徽的《九章算术注序》也说明了这一点。

另一方面，除医学以外，在农学领域，也主要运用比类取象方法，即定性的方法。汉代的许多农学著作已散失。到南北朝后魏时，贾思勰著《齐民要术》，为中国古典农学奠定了基础。从方法论说，《齐民要术》首先要求系统的观察（如它的"相马法"就非常系统、全面）。其次，要求在详细地占有资料的基础上进行科学的分类。它提出的生物学的分类方法，以为应按生物的本质特征来分类，以质性和功能作为分类的标准。例如给谷子分类，就用成熟期的早晚、苗杆的高度、质性的强弱、产量的多少、出米率的高低、米味的美恶等性状来加以分析，以揭示各品种之间本质上的同异，从而由经验提高到理论，并运用这种理论知识来指导实践。

这些性状可归结为两方面：一方面是功能，一方面是质性。贾思勰在谈到畜养牛马时说："服牛乘马，量其力能，寒温饮饲，适其天性"。[1] 他还以为生物性能既是遗传的又是变异的，所以可以通过选择来培养新的品种。

如果说，刘徽的《九章算术注》是与当时哲学上"辨析名理"的思潮相联系，那么贾思勰的《齐民要术》则反映了哲学和科学关于逻辑范畴"故"的探索达到了一个新的水平。先秦哲学主要考察的是"类"范畴。汉以后，关于"故"的范畴的讨论发展了，对此，我这里不去作详细论述。经验科学要成为科学，首先就要在详细占有资料的基础上进行分类；为要根据本质特征进行科学的分类，就必须探求事物之所以然之故；而真正要认识所以然之故，就必须"使认识从现象的外在性深入到实体"。[2] 魏晋时哲学家提出了"实体"概念（汉代王充讲的"气自变"、"物自动"，但他无实体概念）。斯宾诺莎讲的"实体以自身为原因"，用中国哲学家的表达，就是"体用不二"。就具体事物来说，就是质和用的统一、性和能的统一。南北朝时范缜用质用统一的原理阐明形神关系，这是哲学上的重大贡献。同时期的科学家贾思勰用性能统一的原理作为科学分类的根据，他们二人是同一时代的理论思维的代表。

不过，理论思维要进一步探索。"体用不二"是讲运动原因在自身。那么，事物自己运动的源泉是什么？经过唐代哲学与科学的发展，柳宗元、刘禹锡提出物质本身的矛盾是运动源泉的思想。到北宋，张载、王安石更明确地指出，物质的运动变化是对立统一

---

[1] 贾思勰：《养牛马驴骡》，石汉生校释：《齐民要术今释》，中华书局2009年，第493页。
[2] 列宁：《黑格尔〈逻辑学〉一书摘要》，《列宁全集》第55卷，第133页。

的过程。王安石说："耦之中又有耦焉，而万物之变遂至于无穷。"[1]张载则运用"体用不二"和对立统一原理作为方法论，对魏晋以来的"有无（动静）"之辩作了比较正确的解决。同时期，在科学上，沈括写《梦溪笔谈》，使中国古代科学方法达到高峰。这本书反映了沈括在众多的科学领域中，如数学、天文学、地学、物理学、化学、医学、工程技术等方面都作出了创造性的贡献。这些是用什么科学方法作出来的？值得很好的研究。

　　沈括的科学方法，比起前人来，特点在哪里？我以为主要在两方面：第一，他不仅处处重视实际情况的调查，而且很重视实验手段，力求在由人控制的条件下，获得确凿的事实和数据。如他设计声的共振实验来验证共振理论，数年如一日地用仪器观察天象等等。第二，他不但同贾思勰一样，要求按事物的性能进行科学的分类，而且在进行比类、求故、概括出一般原理时，善于运用归纳和演绎相结合、一般与个别相结合的方法，特别是很重视矛盾分析的方法。如在研究音律时说："阴阳相错"、"律吕相生"，要求从矛盾中把握音律的必然而不可改易的秩序。又如他用《内经》"五运六气"的理论来解释胆矾炼铜、钟乳石、石笋的生成等现象，以为这是"湿亦能生金石"的矛盾转化过程。他在数学方法方面取得了很大的成就：他以为天体运行是匀与不匀、间断和连续的矛盾运动，因而可用圜法和妥法相结合的数学方法，从数量关系来刻画它们。在数学上，他发明了"隙积术"和"会圆术"。"隙积术"是用连续的模型来处理离散问题，"会圆术"则发展了刘徽

---

[1]　王安石：《洪范传》，《王安石全集》，第 208 页。

"割圆术"所包含的辩证法。

沈括用这样的"法"来求"理"。他常讲"天理"、"常理"、"此理必然"等等,说明中国古代哲学、科学、逻辑学关于逻辑思维范畴的探索更深入了。虽然"理"范畴也早已提出,但自唐宋以后,对"理"作了更深入、更多方面的探讨。沈括强调科学研究要"原其理",他的科学方法对宋元时期的科学发展起了积极的推动作用。中国古代科学高峰在宋元,这同沈括在科学方法论上的贡献是有联系的。

三、为什么中国明清之际未能制订出近代实验科学方法

中国古代在许多科学领域中有理论,有方法,使这些科学获得了持续的发展,并曾在世界处于领先地位。所以,说中国古代没有科学理论和缺乏逻辑,这是不对的。但明中叶以后,中国的科学落后了,未能制订出近代实验科学的方法。

就哲学发展来说,中国古代哲学到明清之际处于批判总结阶段。在哲学领域里,王夫之用分析和综合相结合的辩证方法进行批判总结,几乎涉及了中国古代哲学家考察过的所有的逻辑范畴。在方法论上,对比类、求故、明理都提出了新的见解。如"比类",提出了"象数相倚";如"求故",提出了在物物相依和变化日新中把握实体(即"由用以得体");如"明理",提出"乐观其反"、"善会其通"的原理,细致地讲了分析和综合的统一。王夫之运用这样的方法,对中国古代哲学,特别是宋明以来的"理气(道器)"、"心物(知行)"之辩作了总结。在历史观上,他着重阐明了理势统

一的历史观。"理势统一"原理在方法论上的运用，就触及了逻辑与历史的统一。

黄宗羲的《明儒学案》确在一定程度上体现了逻辑与历史的统一。他主张"分源别派，使其宗旨历然"[①]。在把握各派宗旨以后，又要把它们放在当时的历史条件下加以考察，对一偏之见、相反之论都进行比较分析，看它们是如何形成和演变的。然后综合起来，把握数百年之学脉，即把握它们的发展规律。这个方法在中国古代史学上达到了新的高度。

同时，顾炎武在研究音韵学、历史地理科学方面，强调进行历史的考察，疏通源流，掌握规律，联系现实，经世致用。他提倡的考据方法，要求把事实、文字资料进行反复比较、考订，提出独创的见解，也就是提出一个假设，然后用本证和旁证进行归纳论证。证据多，并且有力，而并无反证，就可作为定论；若有有力的反证，那便要否定原来的假设。顾炎武在古籍整理方面及研究音韵学、地理学方面所用的方法，主要是这种归纳方法。

所以，不是说明清之际在方法论上没有贡献，应该说，这时的哲学方法、史学方法、考据方法都达到新的高度，而且对后世有积极的影响。

但是，为什么未能制订出近代实验科学方法呢？

首先，就社会发展来说，明中叶以后，欧洲超过了中国。当清兵入关时，英国资产阶级革命已开始。欧洲已经过文艺复兴时代，步入资本主义的近代。并且已经产生了培根、笛卡尔、伽里略

---

① 黄宗羲：《明儒学案·自序》，《黄宗羲全集》，第7册，第4页。

等哲学家、科学家,制订了一套近代科学方法,即如爱因斯坦所说的:"发现通过系统的实验有可能找出因果联系"的方法,于是促使自然科学获得了迅速的发展。但是,这时在中国,强大的封建统治像巨石一样压在刚处萌芽状态的资本主义身上。因此,社会未能给科学和工业提供强大的动力,这是最重要的原因。

其次,占统治地位的理学不是要人面向自然界,而是要人皓首穷经、空谈心性,作"存天理、灭人欲"的工夫。朱熹本人在科学方面虽有成就,具有一些科学精神,但他的哲学被封建统治者利用,确实阻碍了科学的发展。王阳明的心学亦如此。理学、心学严重地禁锢了人们的头脑。正因为此,明清之际的大思想家王夫之、黄宗羲、顾炎武都意识到首先要批判理学。否则,科学就不能发展,社会就不能进步。

就科学方法本身的发展来说,宋代沈括已重视实验手段,注意对资料进行数学处理。虽然这还算不上近代实验科学的方法,但是已非常接近。实验科学的方法主要有两条:第一,运用实验手段,在人工控制下进行观察,掌握数据。第二,用理论思维的方法提出假设,建立数学公式(模型),进行严密的推导、论证,再设计实验,进行验证。到明代,与培根、伽里略同时,中国出了大科学家徐光启。当时,西方传教士给中国带来的科学比较零碎,但徐光启接触到一点西方的东西,凭他敏锐的眼光,看到了数学方法、实验手段的重要性。他用望远镜观察天体,只比伽里略迟20多年。他翻译《几何原本》,把欧几里得几何学介绍到中国。他很强调数学方法在科学研究中的重要地位,批评了当时人们不重视数学的倾向。认为这有两个原因:第一,"名理之儒,土苴天下之实事"，即儒家看不起现实中的事。第二，"妖妄之术，谬言数有神理"（《刻同文算指序》），即唯心主义象数之学把数看作神理，搞迷信。徐光启指出数学好比工人手中的斧头、尺子这样的工具，不但能应用于律历，而且可以旁及万事。应该将数学方法运用到各门科学上去，就好比工人用斧头、尺子那样的工具来建造宫室器用一样。但是他没有像笛卡尔、伽里略那样制订出一套科学方法论。后来顾炎武注重归纳论证，方以智强调"质测"，都有一点实证科学精神。这时中国的先进人士已从不同的方面接近了近代实验科学的殿堂，但是却始终未能完整地形成近代实验科学方法。

除了上述社会原因和理学的影响之外，这很可能同形式逻辑在中国古代没有得到长足的发展有关。先秦以来，科学家主要是从朴素的辩证逻辑取得方法论的指导。而西方却有悠久的形式逻辑的传统，首先体现在欧几里得几何学中，继之斯多葛学派和中世纪经院哲学作了许多研究。但中国人却把《墨经》丢在一边，玄奘介绍了印度因明，后来汉传因明被丢失了，藏传因明却有发展。徐光启译《几何原本》，意识到要把握西方的形式逻辑。但《几何原本》和《名理探》在中国都没有起多大的作用。中国古代的科学当然都遵守形式逻辑，但由于科学家主要是从朴素的辩证逻辑中取得方法论指导，故对形式逻辑注意不够，没有像西方哲学家、逻辑学家那样对形式逻辑加以探讨。如前所述，近代实验科学方法要运用数学方法。中国古代的数学理论重视揭示出数学的逻辑思维中的辩证法因素，从刘徽、祖冲之、沈括到宋元四大家，都是如此。这是优点，说明在中国，形数统一的观念早就有了，微积分思想早已萌芽。但也带来一个弱点，即在逻辑的系统性方面较西方有逊色,没有建立像欧几里得几何学那样的公理系统。近代实验科学的发展是从力学开始的,而力学主要是研究机械运动,特别需要形式逻辑的方法。所以,忽视形式逻辑,很可能是妨碍中国人在明清之际制订出近代实验科学方法的一个原因。

当然,最根本的是社会原因。到了近代,中国人对西方文化接触多了,就认识到中国人在形式逻辑的研究方面之不足。所以严复翻译了《穆勒名学》,王国维和章太炎也都注意形式逻辑。随后,形式逻辑逐渐被人们重视,再也不像从前那样,被弃之不顾。现在,我们在形式逻辑方面还是落后,要加快步伐学习西方现代逻辑,同时,也要认真研究中国人在逻辑思维上的特点,以便发挥自己的优势,克服自己的弱点。

四、古代哲学已提供逻辑范畴体系的雏形

从中国古代哲学中的逻辑范畴的历史演变来看,我们似乎可以作出这样的概括:对立统一原理是辩证思维的根本规律,矛盾是最基本的范畴,它贯串于(内在于)类、故、理这些逻辑范畴之中。矛盾是类概念的本质,是论断的根据(故),是推理的法则(理)。正是通过类、故、理这些环节,逻辑思维展开矛盾的运动,越来越全面、越来越深刻地揭露出客观实在的本质、即"性与天道"。——这样一个扼要的概括,包含有一个关于逻辑范畴体系的见解。

我们不妨拿西方哲学同中国哲学作一点比较。亚里士多德和康德都从命题的分析和分类来概括逻辑范畴。康德把范畴分

为四组：他说的"质"和"量"两组范畴可看作是"类"范畴，"关系"的范畴（实体与偶性、因果联系、相互作用等）属"故"，"模态"的范畴（现实与可能、必然与偶然等）属"理"。后来恩格斯在《自然辩证法》中，根据康德、黑格尔对判断的分类，概括出"个别、特殊、一般"一组范畴，说这是"全部《概念论》在其中运动的三个规定"；[①]又对黑格尔的《本质论》的范畴作了概括，说："同一和差异——必然性和偶然性——原因和结果——这是两个主要的对立。"[②]（恩格斯先写下了"同一和差异、原因和结果，这是两个主要的对立"，然后又加上一个"必然性和偶然性"，所以实际上是说黑格尔的《本质论》的范畴包括三个主要的对立。）恩格斯从西方哲学史中作出的概括，也主要是"类"（个别、特殊和一般，同一和差异）、"故"（原因和结果）、"理"（必然性和偶然性）三组范畴，而这些范畴的对立统一，正体现了逻辑思维的矛盾运动，所以矛盾法则是贯串于其中的基本法则。

　　而且，不论是人类的认识发展（哲学史、科学史等），还是个体的智力发展，都要经过察类、求故、明理这些认识环节。"察类"就是知其然，"求故"在于知其所以然，"明理"则是知其"必然"与"当然"。由知其然到知其所以然，再到认识必然与当然，是一个认识的深化与扩展的过程。但三者又是不可分割的。如要把握类的本质，那就一定要知其所以然之故与必然之理；而要把握事物的必然规律和行动的当然之则，便必须察类、求故。所以，以类、故、

---

① 恩格斯：《自然辩证法》，《马克思恩格斯全集》第 20 卷，人民出版社 1971 年版，第 569 页。
② 恩格斯：《自然辩证法》，《马克思恩格斯选集》第 4 卷，第 321 页。

理作为逻辑范畴体系的骨干,正反映了认识运动的秩序。

当然,范畴体系并不是封闭的体系。自墨家和荀子提出"类"、"故"、"理"的范畴并从形式逻辑和辩证逻辑的不同层次作了考察以来,后来的哲学家、逻辑学家又进行反复研究,被考察的方面越来越多,范畴的数目在不断增加,每个范畴的内涵日渐深化,范畴之间的联系越来越丰富。范畴的内容和范畴间的联系都是不可穷尽的。不过,古人既已提出了"类"、故"、"理"的范畴和对立统一原理,正说明他们已具体而微地把握了逻辑范畴的体系。一个新生婴儿已具有成人的雏形,一个母腹中的胎儿已具有发育为成人的一切要素的萌芽。萌芽状态的要素逐步展开,婴儿发育为成人,这包含有质的变化。然而发展的高级阶段又仿佛向出发点复归,在一定意义上说,"类"、"故"、"理"的范畴,可能仍然将充当今天自觉的辩证逻辑的范畴体系的骨干。

如何建立马克思主义的辩证逻辑范畴体系,这是尚待解决的问题。深入研究中国古代哲学中的逻辑范畴,必将有助于辩证逻辑的范畴体系的建立。这是我们研究中国古代逻辑范畴的主要目的之一。

金岳霖先生在认识论上的贡献[*]

　　金龙荪（岳霖）先生已与世长辞，这是我国哲学界、逻辑学界的一个重大损失。金先生是我的老师，我多年受他的教导，终生难忘。

　　在金先生去世前夕，他的《知识论》正式出版了。诚如他自己所说：这是"一本多灾多难的书"，是他"花精力最多、时间最长的一本书"。1942 年，当我在昆明乡下清华文科研究所跟金先生读休谟的 Treatise 时，他的《知识论》已接近完稿了。当时在后方，没有稿纸，连白报纸也没有，金先生把薄薄的油光纸裁成练习簿那么大小，用毛笔按横行自左至右书写，写成几十万字的著作。我大概是第一个学生，有幸系统地读他这部油光纸的手稿，有几章，是他一脱稿就交给我读的。但是这一部手稿，后来他在一次空袭警报时不幸丢失了。于是，他又重写。这便是他在 1948 年完成而最近才由商务印书馆正式出版的《知识论》^①。

　＊　本文原载《哲学研究》1985 年第 2 期。

　①　《知识论》，商务印书馆 1983 年版。（参见《金岳霖全集》第 3 卷，人民出版社 2013 年版。——增订版编者），全书七十余万字。除导言外，分 17 章，标题为："知识论底出发方式"，"本书出发方式底理由"，"所与或知识底材料"，"收容与应付底工具"，"认识"，"思想"，"摹状与规律"，"接受总则"，"自然"，"时空"，"性质、关系、东西、事体、变、动"，"因果"，"度量"，"事实"，"语言"，"命题、证实和证明"，"真假"。

重读了金先生的《知识论》，回想起在昆明的往事，历历犹在目前。在哀悼之余，我决定写这一篇"读后感"，着重论述金先生在认识论上的贡献，来纪念我的老师。

一、"所与是客观的呈现"

《知识论》的开头几章讨论感觉。

感觉能否给予客观实在？这是哲学史上争论了几千年的老问题。在西方近代，这个问题更突出了。从贝克莱、休谟、康德到罗素以及现代实证论各流派，都以"主观的或此时此地的感觉现象"作为认识论的出发点，断言感觉不能给予客观实在。

这种"出发方式"被金先生称为"唯主方式"（即主观唯心主义）。他花了很大的篇幅对此进行评论，指出：这种唯主方式有两大缺点：一是"得不到真正的共同的客观和真假"，必然导致否认客观真理；二是从主观经验无法"推论"或"建立"外物之有，必然导致否认独立存在的外物。金先生认为："'有外物'这一命题和'有官觉'这一命题至少同样地给我们以真实感。这两命题都是知识论所需要的。"①就是说，作为认识论的出发点，不仅要肯定有感觉经验，而且要把"有感觉"和"有外物"两个命题统一起来，肯定感觉能给予客观实在。

金先生的《知识论》否定了"唯主方式"，主张从常识即从朴素的实在主义出发，肯定经验能获得"对象的实在感"，以之作为前

---

① 金岳霖：《知识论》，《金岳霖全集》第 3 卷，人民出版社 2013 年版，第 86 页。

提。他所谓"对象的实在感"是什么呢？

首先，"被知的不随知识底存在而存在"①。就是说，被知的对象的存在是独立于知识和知识者的，而并不是由于人知道它了才存在。存在和知道存在是两码事。当我们不知觉到某物存在的时候，我们不能作"某物存在"的判断，但某物的存在既不依赖于我们的知觉，也不依赖于我们的判断。我看到不看到它，认识不认识它，并不影响它的存在。

其次，"对象底性质不是官觉者所创造的②。在他看来，颜色、声音等等性质在关系之中，是相对于某一类感官的。例如，当对象发出波长 760 毫微米的光波，有某种正常眼睛构造的感觉者（如并非色盲的人）与之接触，这样发生了一种关系，对象就呈现出红颜色来。但红颜色就是那 760 毫微米的光波。红的性质虽在关系之中，却并不是感觉者所创造的。"它不是凭知识者底意志心思所能左右、修改、产生……等等"③，所以对象的性质是客观的、独立的。

第三，被知的对象"各有其自身的绵延的同一性"④，这也不是人的知识所创造的。比如说，一个人去买一张画，如果买回来的那张画，不是与原来看到的那张同一的、即那幅画没有自身绵延的同一性，他就决不会买这幅画。当然，如果买画的人得不到画的存在和性质的独立感，他也不会买这张画。

---

① 金岳霖：《知识论》，《金岳霖全集》第 3 卷，第 113 页。
② 同上书，第 117 页。
③ 同上书，第 118 页。
④ 同上注。

金先生分析对象的实在感包括三点要求或三个条件：对象的存在是不依赖于人的认识的；对象的性质虽在关系网中，却独立于人的意识；对象具有自身绵延的同一性，亦即在一定时间内具有相对稳定状态。他认为这种对象的实在感是认识论首先必须肯定的前提，而不能从感觉经验去建立或推论对象的实在。如果一个朋友只是从我的感觉内容去建立或推论出来的"他人"，这个朋友对我就缺乏实在感了。我认定他是我的朋友，就首先肯定他是实在的，离开我的意识而独立存在的。所以他说："在实在主义底立场上，'有独立存在的外物'是一无可怀疑的命题。"①这种实在主义立场已突破了一般的实证论的界限，具有明显的唯物主义的倾向。

正是从这种唯物主义倾向出发，《知识论》提出了"所与是客观的呈现"的理论。"所与"（Given）即感觉所给予的形色、声音等，它是客观事物在人们正常感觉活动中的呈现，是知识的最基本的材料。金先生说："我们称正觉底呈现为'所与'，以别于其它官能活动底呈现。所与就是外物或外物底一部分。所与有两方面的位置，它是内容，同时也是对象。就内容说，它是呈现；就对象说，它是具有对象性的外物或外物底一部分。内容和对象在正觉底所与上合一。"②他用"正觉"这个词是指正常的感觉。在正常的感觉活动中，人们看到的形色，听到的声音，既是见闻的内容，又是见闻的对象，既是呈现，又是外物。所以在正常感觉中，"所与是客观的呈现"。

关于呈现（感觉内容）和外物（感觉对象）的关系，旧唯物主义

① 金岳霖：《知识论》，《金岳霖全集》第 3 卷，第 134 页。
② 同上书，第 147 页。

者通常用"因果说"与"代表说"来解释，并以为原因（外物）与结果（呈现）、代表（呈现）与被代表者（外物）是两个项目或两个个体。这种学说遭到了贝克莱、休谟等人的诘难：既然呈现与外物是两个项目，而一个在意识中，一个在意识外，那么，你怎么能证明感觉是由外界对象引起而不是由别的原因引起的呢？或者，你怎么能证明颜色、声音这些观念作为外物的"摹本"是和那"原本"相似的呢？这样的问题应当由经验来解决，而经验对此却沉默着，不得不沉默着。因为，凡是意识中的东西都来自感觉，而感觉到的东西到底是不是意识外（即感觉外）的对象所引起、并与之相符合，经验无法回答。贝克莱、休谟等人为唯物主义设置了一个障碍：既然人的认识不能超越经验的范围，感觉便为人的认识划定了界限，越出这界限是非法的，所以经验不能在意识和对象之间建立任何直接的联系。从贝克莱、休谟到现代实证论，一直用这种划界的办法向唯物主义提出种种诘难。

金先生关于"所与是客观的呈现"的理论，肯定"内容和对象在正觉的所与上合一"，克服了旧唯物主义者以呈现（内容）与外物（对象）为两个项目的理论上的困难，冲破了实证论所设置的障碍，在认识论上是一个重要贡献。按照金先生这一理论，感觉不是把主体与客体分隔开来的墙壁（如实证论者所说）；相反，正是通过感觉，外物即对象不断地转化为经验的内容。所以感觉是沟通主、客观的桥梁。按他的见解，所与是外物的一部分，不过是相对于感觉类或官能类的外物，颜色、声音等外界现象都处于与官能类相对的关系中。可以把人类视为一官能类，就个体来说，各个人的官能及感觉活动的条件都有差异；但就作为官能类的人类来说，那么在正常官能及正常的感觉活动的条件下，外物的形色状态是客观的。这里所谓"客观"不是"无观"，而是"类观"，即在这一类的眼界中。相对于正常官能的人类，耳得之而为声，目遇之而成色，外物的形形色色是相对于人类公共的呈现，就叫做客观的呈现、即所与。所与虽在关系之中，但其性质并非感觉者所创造，而是客观的、独立的。"任何知识，就材料说，直接或间接地根据于所与；就活动说，直接地或间接地根据于正觉。"①肯定正常的感觉能提供客观的呈现，即所与，人类的知识大厦便有了坚实的基础。这正是唯物主义的态度。

当然，金先生曾声明"本知识论既不是唯心，也不是唯物的知识论"②。他当时自称为实在主义者。确实，《知识论》关于感觉的学说虽有唯物主义倾向，但不是彻底的唯物主义，还包含有一些繁琐哲学成分。因为当时金先生还没有马克思主义的实践观点，不懂得对象的实在感首先是由实践提供的。他没有把感性活动了解为实践，不懂得人是在变革现实的活动中感知外物的。不过，如果我们进一步把"所与是客观的呈现"的理论放在社会实践基础上加以阐发，那么，我们应该能把唯物主义的感觉论推进一步。

二、概念对所与的双重作用

《知识论》第六、七章着重讨论概念（意念）③。

---

① 金岳霖：《知识论》，《金岳霖全集》第 3 卷，第 206—207 页。
② 同上书，第 22 页。
③ 金先生对意念和概念、意念图案和概念结构是作了区分的，本文把这种区分从略了。

　　金先生说：“所谓知识就是以抽自所与的意念还治所与。”①就是说，从所与抽象出概念，转过来又以概念还治所与，这便是知识。所与是具体的和特殊的，从所与获得的印象被保留下来，并由联想改造成意象，是类似具体的和类似特殊的，而意念或概念则是抽象的、普遍的。

　　所谓抽象作用，一方面是“执一以范多”；另一方面是“执型以范实”②。假如一乡下人从来没见过火车，你领他到火车站指点说：“这是火车。”所指的当然是一辆具体的火车，但是告诉他“这是火车”，是要求乡下人把这辆火车看作一个典型、一个符号。“只要典型抓住，具体的表现底大小轻重长短……等都不相干。”③而乡下人回家之后，他要把他心中的“典型”传达给亲友，便用一串的语言（也就是用一串的意念）进行描述，并试图对火车下一定义以揭示其本质特征，如说“那是可以在两条铁轨上行驶的车子”之类。而下次他到别的地方去，见到那铁路上的车辆，不论是停着的、开动的、装货的、载客的，他都会说：“那是火车”。这就是能够“以一范多”、“以型范实”了。乡下人最初抓住的“典型”可能还是一个意象，但当他能够用语言来说明火车和给火车下定义，并能正确地引用“火车”于新对象时，他就已有了“火车”的抽象意念。因为意象是类似具体的，如果停留在意象，他就不能“以一范多”，“以型范实”。金先生说：“原来所执的一（指典型）由意象跳到意念，抽象的程序才能算是达到主要点，这一跳是由类似具体

---

① 金岳霖：《知识论》，《金岳霖全集》第 3 卷，第 207 页。
② 同上书，第 254 页。
③ 同上书，第 255 页。

的跳到完全抽象的。"①就是说，抽象作用包含有一个"跳跃"或"飞跃"，概念和意象有着质的差别。

金先生认为，抽象是人类用以收容和应付所与的最主要的工具。相对于所与，抽象概念有双重作用，这就是《知识论》第七章讲的"摹状和规律"②。

"所谓摹状，是把所与之所呈现，符号化地安排于意念图案中，使此所呈现的得以保存或传达。"③他以为意念都是意念图案，具有互相关联的结构。比如说，指着当前一"所与"作判断说："那是一只狗"，就是用"狗"这个意念去安排所与之所呈现，而这就是把它安排在一个意念图案中了。因为当你说："那是一只狗"时，你引用的"狗"概念是和"家畜"、"动物"、"有四只脚"、"是长毛的"等等相关联着的，实际上"狗"这个概念是个图案，是有结构的。概念都是有结构的。所以引用一概念于所与，就是把它安排在一个意念图案里面，而这种安排是"符号化地安排"，因为概念是抽象的符号，而非类似具体的意象。但正是这种"符号化地安排"，能使所与得以保存和传达。所与被保存于意念中即成为一经验的事实，并被用命题陈述而得以传达。例如"那是一只狗"是一命题，可以用来陈述一事实，传达给别人。当我作"那是一只狗"的判断，陈述了一经验事实时，就是把"那"（所与之所呈现）安排在"狗"的意念图案之中，这就是用"狗"摹写了"那"。

---

① 金岳霖：《知识论》，《金岳霖全集》第 3 卷，第 255 页。
② "摹状和规律"，大体相当于英文的 description 和 prescription。金先生在《论道·绪论》中叫作"形容和范畴"。我在小册子《怎样认识世界》（中国青年出版社 1957 年版）中吸取了金先生的见解，把概念的双重作用称为"摹写和规范"。
③ 金岳霖：《知识论》，《金岳霖全集》第 3 卷，第 391 页。

　　"所谓规律，是以意念上的安排，去等候或接受新的所与"。①
"规律"（规范）的意思就是用概念去接受对象。意念作为接受方
式，是抽象的，而被接受的所与是具体的、特殊的。用意念去规范
现实，同引用法律的条文或某某章程的规则有相似之处。例如，
法律上有"杀人者死"的条文，它没有规定人的行动，不能担保不
发生杀人的事，它只规定一办法：如果有杀人的事发生，政府便以
"处死"的办法去应付那杀人者。当然，这只是一个比喻。法律、
章程等等都包含社会的人的主观要求，它们规范人的行为，与意
念之规范所与有很大的不同。不过，同法律条文等相似，意念之
规律（规范）"不是规定所与如何呈现，它所规定的，是我们如何接
受"②。

　　摹状和规律是不能分的。金先生指出，引用概念（意念）于所
与，总是既摹写又规范。从传达方面来说，如果不摹写而规范，别
人就会觉得太抽象，不好懂，会叫你举个例子。举个例子，就是要
你提供摹写成分。如果不规范而摹写，那么也不能表达清楚，因
为只有真正能够运用某概念作为接受的方式，才是真正能用这概
念去摹写。所以概念的双重作用是不可或缺的。

　　金先生又说："知识经验就是以所得还治所与。以得自所与
的意念还治所与就有觉，……如果意念引用得不错的时候，结果
就是发现事实。事实是知识的直接对象。"③他所谓"有觉"，就是
指有意识。用得自所与的意念规范和摹写所与，即以所与之道还

---

① 金岳霖：《知识论》，《金岳霖全集》第 3 卷，第 400 页。
② 同上书，第 402 页。
③ 同上书，第 516 页。

治所与之身,这从对象方面说,就是所与化为事实;而从主体来说,便是主体有意识,知觉到一事实。"事实是加上关系的原料,而不是改变了性质的原料。"①即是说,所与加上概念的既摹写又规范的关系,就化为事实;但摹写和规范无非是以得自所与者还治所与,所与并不因此而改变了性质。

金先生关于概念双重作用的理论,是他在深入地批判了休谟、康德之后得出的结论。他指出,休谟所说的"idea"是比较模糊的印象,实即意象。休谟的哲学"只让他承认意象不让他承认意念;意象是具体的,意念是抽象的;他既不能承认意念,在理论上他不能有抽象的思想,不承认抽象的思想,哲学问题是无法谈得通的。"②金先生对休谟的这个批评是中肯的,休谟的毛病确在于"出发点太窄(指唯主方式),工具太不够用(不承认抽象概念)"③。康德比休谟前进了一步,说:"思维无内容是空的,直观无概念是盲的",以为只有当感性和知性、直观和概念联合起来时才能产生知识。但是他把质料和形式归之于两个来源,未免把二者截然割裂开来。金先生也批评了康德的先验唯心论④。他用概念具有摹写和规范双重作用来说明知识经验就是以得自所与(经过抽象)来还治所与,便克服了休谟、康德的缺点,比较辩证地解决了感觉和概念的关系问题,这在认识论上也是个重要贡献。

不过,也需指出,《知识论》关于概念的学说还不是彻底的辩

---

① 金岳霖:《论道·绪论》,《金岳霖全集》第 2 卷,第 9 页。
② 同上书,第 7 页。
③ 同上书,第 6 页。
④ 参见金岳霖:《知识论》,《金岳霖全集》第 3 卷,第 510、511 页。

证法,因为金先生只承认"抽象概念",而不承认辩证法所说的"具体概念"。他不承认科学可以而且应该把握具体真理,而认为具体(全体与个体)非名言所能表达,非抽象概念所能把握。他看不到科学的抽象是一个不断深化、不断扩展而趋于具体的辩证运动,科学由抽象上升到具体(辩证法的具体)的运动在他的视野之外。尽管如此,金先生提出的概念双重作用的理论,无疑是包含有真理的成分的。

三、知识经验的必要条件:逻辑与归纳原则

《知识论》的后半部"经验与理性并重"①,亦即事与理并重。

按金先生的观点,相对于人类这个知识类而言,事实界就是同人类知识经验同样广大的领域。人们即以所与之道还治所与之身,不断地化所与为事实,这个程序就是知识经验,而"道"即科学理论,或概念结构的秩序,亦即事实界的秩序。就摹写作用来说,此秩序来自经验,它有"后验性";就规范作用来说,它被用来接受所与,又有"先验性"。② 随着经验的开展,所与源源不断地涌现出来,事实界的秩序看作是我们对所与的安排,是随着知识经验发展着的"动的程序",这个程序是与经验同始终的。可是,"把这秩序视为静的结构,它无所谓与经验同始终的问题。同时事实底秩序也是所与底秩序,而所与底秩序也是……现实的历程中的

---

① 参见金岳霖:《知识论》,《金岳霖全集》第 3 卷,第 23 页。
② 金岳霖:《知识论》,《金岳霖全集》第 3 卷,第 441、442 页。

事,它既有共相底关联也有殊相的生灭。"①因为事实、所与本来是外物的一部分,所以,事实的秩序、所与的秩序也就是现实历程或自然界中的秩序,而这秩序总是共相与殊相的统一。共相的关联就是理。而理即在事中,事都是特殊的,各有其殊相的生灭。事实的秩序是事与理、共与殊的统一。知识的进步就在于随着经验的开展不断地在"事中求理","理中求事"②,即从大量事实中概括出条理或规律性的知识,又以理论作为工具去发现事实。

既然人类有许多科学知识揭示了自然界(事实界)的秩序,认识论便要问:由知识经验提供的普遍必然的科学知识何以可能?科学所揭示的秩序有理论上的担保吗?金先生认为,"理论上的担保"(即必要条件)首先在于思维遵守逻辑,其次在于归纳原则永真。

《知识论》说,"逻辑命题是摹状和规律底基本原则",是"摹状底摹状和规律底规律",是"意念所以能成为接受方式底条件"。③就是说,任何概念及概念结构,必须遵守形式逻辑,才能对现实起摹写和规范的作用。金先生把形式逻辑的同一律、排中律、矛盾律称为"思议原则",对它们的性质作了深入探讨。

他说,同一律是"意义可能底最基本的条件"④。如果违背同一原则,概念没有确定意义,思维便无法进行。如果桌子可以不是桌子,四方可以不是四方,那么"桌子是四方"就不能有意义。

---

① 金岳霖:《论道・绪论》,《金岳霖全集》第 2 卷,第 11 页。
② 金岳霖:《知识论》,《金岳霖全集》第 3 卷,第 853—854 页。
③ 同上书,第 449 页。
④ 同上书,第 455 页。

如果在一定论域里，概念可以偷换，那么人们就无法交流思想。所以，是否遵守同一律，这是名称能否有意义的根本条件。同一律并不是讲一件东西与它本身的同一。就客观事物来说，天下无不变的事体，事物间的关系更是老在不断地变化。然而"关系"、"变化"等概念也都遵守同一律。

金先生又说："排中律是一种思议上的剪刀，它一剪两断，它是思议上最根本的推论。"[①]对任何一所与，我们总可以说它或者是甲，或者非甲。可以说，排中律揭示了"逻辑的必然"（这里讲的是形式逻辑的必然，就是指穷尽可能的必然）。拿命题来说，对一命题引用二分法，有真假两可能，$p \vee \overline{p}$（这可视为排中律）就穷尽了可能；对两命题引用二分法，那就有四可能，$pq \vee \overline{p}q \vee p\overline{q} \vee \overline{pq}$就穷尽了所有的可能。依次类推，对 n 个命题引用二分法就有 2^n 可能。把 2^n 可能析取地全部列举出来，也就体现了排中原则。所有的逻辑命题都可以化为析取地穷尽可能的范式，而这就可以说明逻辑命题都是必然的。"必然的命题从正面说是承认所有可能的命题，从反面说是拒绝遗漏任何可能的命题。逻辑所要保留的是必然命题，所以它所保留的是表示'排中'原则的命题。"[②]逻辑命题都是推论形式，所以金先生说排中律是"思议上最根本的推论"。当然，以 $p \vee \overline{p}$ 为排中律的形式，不适用于三值系统、多值系统。但金先生认为，以析取地穷尽可能为必然，这种原则是不管什么逻辑系统都适用的。

至于矛盾律，则是"排除原则"。金先生说："思议底限制，就

① 金岳霖：《知识论》，《金岳霖全集》第 3 卷，第 456 页。
② 金岳霖：《逻辑·第四部》，《金岳霖全集》第 1 卷，第 294 页。

是矛盾,是矛盾的就是不可思议的。是矛盾的意念,当然也是不能以之为接受方式的意念。"①思维若有逻辑矛盾,内容就不能成为结构。所以,概念结构必须排除逻辑矛盾,才可以成为接受方式。必然是逻辑所要取,矛盾是逻辑所要舍。排中原则的实质是以析取地穷尽可能为必然,"矛盾原则可以说是表示可能之拒绝兼容","排中与矛盾是划分逻辑界限的原则"。②

　　金先生关于形式逻辑基本规律的性质的讨论是深刻的。他指出,正因为"同一是意义的条件,必然是逻辑之所取,矛盾是逻辑之所舍",所以逻辑是"意念之所必须遵守的基本条件",是"摹状和规律底基本原则"。③ 因此,在以概念摹写和规范所与时,"所与绝对不会有违背逻辑的呈现,这就是说,我们底接受方式底引用总是可能的。"这一点"我们可以担保"④。而这也就是担保事界"至少有这种最低限度(不违背逻辑)的秩序"⑤。同时,从逻辑和科学的关系说,逻辑为各门科学提供了取舍标准,它也是"组织其他任何系统的工具"。"各种学问都有它自己的系统,各系统虽有严和不严程度不同的问题,而其为系统则一,既为系统,就不能离开逻辑。"⑥就是说,各门学问要系统化,都必须遵守逻辑。不过在各门科学中,命题之取与不取,承认与否,除逻辑标准之外,还有其他标准。

---

① 金岳霖:《知识论》,《金岳霖全集》第 3 卷,第 457 页。
② 金岳霖:《逻辑·第四部》,《金岳霖全集》第 1 卷,第 294、296 页。
③ 金岳霖:《知识论》,《金岳霖全集》第 3 卷,第 449 页。
④ 同上书,第 512 页。
⑤ 同上书,第 515 页。
⑥ 金岳霖:《逻辑·第四部》,《金岳霖全集》第 1 卷,第 294—295 页。

在对命题作取舍的其他标准中，金先生以为，最重要的是归纳方面的证据。"而引用这一方面的证据，当然也就是引用归纳原则。"①《知识论》提出"归纳原则是接受总则"的论点，以为人们以得自所与的意念来还治所与，"在此收容与应付底历程中，无时不引用归纳原则"②。所谓归纳，就是从若干特殊的事例得出一普遍的结论，并进而用新的特殊事例来加以证实或否证。母亲教小孩子说："这是桌子"，"那是桌子"，这里就有归纳。因为她引用"桌子"于"这"、"那"，实际上是要小孩子以"这"、"那"为特殊例证，来把握"桌子"的普遍概念，使他以后碰见别的桌子时，也能用"桌子"去应付它。所以，"任何意念底引用都同时是归纳原则底引用"③。金先生在《知识论》和《论道·绪论》中详细论证了归纳原则的永真。他说，除非时间停止，经验打住，归纳原则才失效。"我们决不至于经验到时间打住，所以我们也决不至于经验到归纳原则底失效。只要有经验，所与总是源源而来，归纳原则总是继续地引用。"④他以为，这一点也是"我们可以担保"的。

《知识论》关于归纳原则的探索是富于启发意义的。不过，有一个问题可以提出来讨论一下。在我看来，接受总则虽包含归纳，却不止是归纳。显然，以概念规范事实，也包含由普遍到特殊的演绎。人们以得自所与的概念还治所与，概念作为接受方式引用于所与，实际上已具体而微地体现了分析与综合相结合、归纳

---

① 金岳霖：《知识论》，《金岳霖全集》第3卷，第503页。
② 同上注。
③ 同上书，第501页。
④ 同上书，第504页。

与演绎相结合的辩证过程。金先生自己说过："所谓科学方法，即以自然律去接受自然，或以自然律为手段或工具去研究自然。""所谓利用自然律以为手段，就是引用在试验观察中所用的方法底背后的理，以为手段或工具。"①就是说，在实验观察中运用自然律作为接受方式，即以自然过程之"理"还治自然过程之身，科学理论便转化为方法。此所谓科学方法，在本质上是辩证的，不止于归纳而已。而这种辩证方法的原则，在以得自所与的意念还治所与的日常经验中，已经具有了胚胎。所以，应该说，形式逻辑和辩证逻辑（即作为逻辑的辩证法）是知识经验的必要条件：正因为思维按其本性遵守形式逻辑和辩证逻辑，便使科学所揭示的秩序有了"理论上的担保"。

　　另一个值得讨论的问题是《知识论》中关于"先天"、"先验"的说法。金先生从概念对所与的双重作用来说明概念的后验性与先验性，而所谓先验性之"先"，指的是必要条件之先，并非时间上之先。这种说法本来无可厚非。但金先生进而说逻辑是"先天形式"，归纳原则是"先验原则"，以为它们都有其本体论上的根据："逻辑的泉源"是《论道》中所说的"式"，而先验原则则可归源于"能有出入"，这就导致形而上学了。

　　以上，只就感觉、概念和逻辑思想几方面对金先生在认识论上的贡献作了简单介绍。我附带提出了一些问题进行讨论，那只是个人意见，不见得正确。《知识论》尚有其他许多丰富内容，本文没有介绍。但仅就上文介绍的"所与是客观的呈现"的理论，

① 金岳霖：《知识论》，《金岳霖全集》第 3 卷，第 558 页。

"概念对所与的双重作用"的论点，以及对作为知识经验的必要条件的逻辑和归纳原则的探讨等，已可看出金先生如何通过自己的独特道路，经过艰苦的探索，在认识论上提供了不少合理的东西，其中包含唯物主义和辩证法的因素。正因如此，再加上他是一贯热爱祖国和崇尚民主的正直学者，所以在解放后，金先生能比较快地接受马克思主义，成为共产党员。

金先生在逻辑学方面的贡献尤为突出，本文只是从认识论的角度，略加涉及而已。金先生运用逻辑分析的方法于哲学研究，取得了显著成绩。他的著作、讲演具有精深的分析和严密的论证的特色，形成一种独特的谨严的学风。可以预期。金先生的《知识论》和其他著作，将不仅以其丰富的理论内容，而且以其谨严的实事求是的学风，对后世产生积极的持久的影响。

论 "以得自现实之道还治现实" *

　　1957 年春,我把我的通俗小册子《怎样认识世界》的清样寄给金岳霖先生过目,并趁我到北京开会之便,请他跟我当面谈谈他的意见。金先生当时住在北大燕东园。他约定一个晚上叫我到他家去,特别准备了几样下酒菜,请我喝泡了枸杞子的酒,跟我边喝边谈。他仔仔细细地对我的小册子提了意见,也说了许多鼓励的话,勉励我顺着辩证唯物主义的路子前进,并说:"我那个《知识论》不行,许多问题搞成唯心论、形而上学了。"又说:"形而上学,自古已然,于今为烈! 我的《论道》特别严重。"他如此严格要求自己,在学生面前作自我批评,使我深为感动。但我觉得老师的自我批评有些过分了,便说:"金先生太谦虚了。你的著作有许多合理的东西,谁也不能抹煞。譬如说,我这小册子中讲概念对现实有摹写和规范的双重作用,还说在科学研究中即以客观现实之道还治客观现实之身,理论便转化为方法,这都是金先生的见解,我不过换了两个字,略加引申罢了。我以为金先生的《知识论》讲概念的'摹状与规律',讲以得自所与的意念还治所与,是合乎辩证

---

* 本文系作者在纪念金岳霖的学术讨论会上的发言(讨论会于 1985 年 12 月 10—12 日在北京举行),原载《学术月刊》1986 年第 3 期。收入中国社会科学院哲学研究所编:《金岳霖学术思想研究》,四川人民出版社 1987 年版。

法的。"金先生沉吟了一下，说："嗨，这一点，我大概讲对了。"接着，我们便就如何研究和发展辩证唯物主义认识论问题，作了长时间的讨论，直至深夜。

以后我还多次到北京去看望金先生，跟他讨论了其他一些问题，但没有一次比得上1957年那个晚上的讨论给我印象深刻。因为正是那次讨论，使我明确了一点：为要把认识论的研究引向深入，我应该从老师自己肯定为"讲对了"的地方出发，沿着辩证唯物主义的路子前进。所以我后来对金先生的某些论点又作了进一步的引申和发挥。这些发挥当然不一定是金先生自己的主张，但我以为，如果我的发挥中也包含有某些合理成分，那便可以说明金先生的著作是富于生命力的。

关于金先生在认识论上的重要贡献，我已写了一篇文章①作扼要介绍。他的《知识论》"主旨是以经验之所得还治经验"②，它在肯定感觉"化本然的现实为所与（Given）"、"所与是客观的呈现"的前提下，说明"所谓知识，就是以抽自所与的意念还治所与。"③抽象概念对所与有摹写和规范的双重作用，人们用得自所与的概念来摹写和规范所与，即以所与之道还治所与之身，这从对象方面说，就是本然的现实化为自然，自然的所与化为事实；从主体方面说，便是主体由意识、知觉到一件件事实，理解了一条条现实固有的条理；而综合起来说，这个主客交互作用的程序就是知识经验。

---

① 即本书中《金岳霖先生在认识论上的贡献》一文。——增订版编者
② 金岳霖：《知识论》，《金岳霖全集》第3卷，第756页。
③ 同上书，第207页。

所以在我看来,《知识论》的中心思想可以用"以得自现实之道还治现实"一语来概括。以下我将说明,从这一中心思想还可以作出一些什么引申和发挥。

"以得自现实之道还治现实"作为认识的自然过程

人类认识现实世界的活动,也是现实洪流中的自然过程之一。《知识论》讲主客交互作用和以经验之所得还治经验,注重于对人类的知识经验作多层次的静态分析,而没有把它作为基于社会实践的历史进化和个体发育的自然过程来进行考察。但上述中心思想中包含有辩证法因素,这种因素如果得到贯彻,那便要求从运动、发展的观点来考察感觉和概念、事实和理论、主观和客观之间的交互作用,把这种交互作用了解为辩证的发展过程。这样一来,动态考察代替了静态分析,"以得自现实之道还治现实"便有了新的含义。

如果我们从发展观点来考察认识过程,显然,我们不能把概念看作是经一次抽象便取得完成形态的。儿童最初获得的概念往往是粗糙的前科学概念,如他在母亲的教导下,从吃梨、吃苹果等经验中抽象出"水果"的概念,认为水果就是可以生吃的、甜的、有水分的果子。儿童用这种前科学概念作为接受方式去应付所与,有时正确(如把"水果"概念引用于枇杷),有时则错误(如说藕、萝卜都是有水分的果子)。后来他上了学,老师教他自然知识,教他观察植物,他才懂得植物的果实是花结出来的,里面包含有种子,种子具有繁殖的机能,等等。这就是比较科学的概念了。

儿童既掌握了这个正确地摹写现实的概念，又转过来运用它来规范现实，用它作为尺度来把果实与非果实区分开来。如他看到藕，便说藕不是果实，因为它不是荷花结出来的，而莲蓬才是果实；他看到松果，便说松果是果实，因为它是松花结出来的，上面长的松子是种子。这样他运用科学地摹写现实的概念来规范现实，便又对具体事物如鲜藕、松果等作了摹写。在这既摹写又规范的过程中，前科学概念被改造为科学概念，而经验得到了整理、安排，成为有科学秩序的了。而科学还要随实践经验的发展而发展。现代生物学用胚种细胞中的 DNA 来说明遗传的机制，说明果实中的种子何以有繁殖的机能而使物种得以延续下去。这样的科学概念比之儿童从小学教科书中获得的概念来当然是深刻而丰富得多了。可见概念有一个从前科学概念到科学概念、从低级阶段的科学概念到高级阶段的科学概念的发展过程。在这过程中，以得自现实之道还治现实，摹写与规范反复不已，概念越来越深入到事物的本质，而经验越来越因经过整理而秩序井然。这种根源于经验、反映事物本质而秩序井然的知识就是科学知识。

这一经验与概念交互作用的过程，就是事实与理论互相促进的运动。金先生指出，知识的进步就在于随着经验的开展不断地在"事中求理"，"理中求事"①。而从发展的观点来看，这也就是事和理互相矛盾的运动。矛盾表现为问题、疑难。有时，经验提供了新的事实，原有的概念不能解释它，这时就发生了疑问；有时，依据科学理论提出了假设，它有没有事实可以验证，能不能成立，

---

① 参见金岳霖：《知识论》，《金岳霖全集》第 3 卷，第 853—855 页。

这也是问题;有时,不同的学说、观点彼此有矛盾,要求事实加以裁判;有时,事实之间似乎不协调,可能有假象,需要运用思维来解决。不论哪种情况,都是出现了事实和理论、主观和客观的不一致,也就是概念在摹写和规范现实的过程中出现了矛盾。一当人们意识到了这种矛盾或不一致,就会产生疑问。疑问、惊诧是思想之母。于是人的认识运动就表现为不断地发展问题和解决问题的过程。

　　而问题(特别是比较重大的问题)被发现和解决的过程,往往要通过不同意见(包括不同观点)的争论。问题是客观过程(以及认识过程)中的矛盾的反映。由于客观的矛盾包括不同的侧面,而认识主体又受各种条件的限制,因此处于不同地位的不同的人,在考察矛盾或问题时不可避免地会产生不同意见,从而引起争辩或展开讨论。意见分歧可能是多种多样的:有的是细微的非原则性分歧,有的是重大的观点上的对立;有的是各有所见各有所蔽,有的是一个正确一个错误,有的是两人都错误,有的是两人都正确(因彼此不了解而发生争论);……但不论哪种情况,对意见分歧都不必回避或存害怕心理。只要我们有实事求是的精神,不抱"自以为是"的主观主义态度,那末,正是通过不同意见的比较、不同观点的争辩,并在比较、争辩中进行逻辑的论证、实践的检验,才使人们逐步弄清所争论的问题的性质,达到明辨是非,找到解决问题的办法。

　　具体的现实事物本来是矛盾发展的,各方面有机联系着。人们从经验抽象出一个个概念,用它们来摹写和规范现实,作出一个个判断,这样的认识总难免有片面性。但是通过不同意见、不同观点的争论，人们就有可能克服这种片面性、抽象性，获得对问题的比较全面的认识，也就是比较具体地把握了现实事物的矛盾发展及其各方面的有机联系，于是即以现实之道还治现实之身，问题在实践中获得了合理解决，达到了认识和实践、主观和客观的统一。从每门科学的发展过程来说，开始总要经历从具体到抽象的阶段：从混沌的直观的具体分解出一个个抽象的规定，以求确定某一类事物的质，发现某一因果律，建立某一定理。这些都是重要的，但这样的"真"难免抽象性，以之为根据而形成某种学说，难免要导致形而上学。但是经过不同学说、不同观点的争论，达到一定阶段，科学就又会从抽象再上升到具体（辩证法的具体）。这时从一个新的高度对各种学说进行了批判的总结，科学的范畴和规律就有机地联系起来，发展成为系统的理论，并使这一科学领域达到理论和实践、主观和客观的具体的历史的统一。这便是一定条件下、一定层次上的具体真理。

具体真理以具体概念为思维形式。金先生在写《知识论》时，强调由感觉到概念是由具体到抽象的飞跃，而不承认有辩证法所说的"具体概念"。但是把"以得自所与的概念还治所与"视为交互作用的运动，我们便必然会引申出：人类的认识是一个由具体到抽象、又由抽象再上升到具体（辩证法的具体）的发展过程。

"以得自现实之道还治现实"作为科学的认识方法

我们在上面举了儿童掌握"果实"概念的例子。不妨说，当儿童运用植物学上的"果实"概念来摹写和规范现实，以之作为尺度、标准来把果实和非果实区别开来，这个"果实"概念作为还治现实的工具，已潜在地包含着方法论的原理。

金先生在《知识论》中说："所谓科学方法，即以自然律去接受自然，或以自然律为手段或工具去研究自然。""科学方法，或者说自然科学的方法，不仅是以发现自然律为目标，而且是以引用自然律为手段。……所谓利用自然律以为手段，就是引用在试验观察中所用的方法底背后的理，以为手段或工具。"①就是说，在观察、实验中运用自然规律作为接受方式，即以自然过程之"理"还治自然过程之身，科学理论便成了工具或方法。当然，观察、实验也需要物质的工具，如运用望远镜或显微镜观察、运用寒暑表量温度等。但这些物质手段的运用也要根据自然规律。用寒暑表量温度，主要根据水银因温度的高低而涨缩的规律。一切科学的度量方法，"总得遵守单位或工具（如寒暑表及其刻度）与对象（如温度）二者之间底理"②。所以，这也仍然是以得自自然过程之"理"还治自然过程。

方法是人们认识自然、研究自然的最基本的工具。人类的认识活动是有意识、有目的的活动，它以发现自然律为目标，又以引用自然律为研究工具，所以方法和自然规律是同一的，而并非人类外加于自然过程的干预或强制。黑格尔在谈到"理性的机巧"时说："这样理性的活动一方面让事物按照它们自己的本性，彼此互相影响，互相削弱，而它自己并不直接干预其过程，但同时却正

---

① 金岳霖：《知识论》，《金岳霖全集》第 3 卷，第 558 页。
② 同上书，第 762 页。

好实现了它自己的目的。"①理性以得自自然过程之道还治自然过程，好比大禹行水，"行其所无事"而并不强加干预，却正好实现了人类寻求真理、发现自然律的目的。这就是科学地认识世界的途径。

每一门科学的基本概念（范畴）和规律，在各自的领域内都具有方法论的意义。例如门捷列夫发现了元素周期律，便根据它来预测尚未发现的三种新元素，可见元素周期律在化学、物理学领域中具有方法论意义。在元素周期律指引下，科学家陆续发现了更多的元素，元素之间的内在联系和相互转化越来越深刻地被揭露出来了，于是建立了原子结构理论，用核电荷的递增来说明元素性质的周期性变化，这种理论比之最初的元素周期律来是丰富和提高得多了。所以，如果我们作动态的考察，便会看到，科学理论转化为方法，方法又转过来促进理论；理论和方法的同一不是静止的同一，而是二者交互作用的辩证发展过程。

各门具体科学各有其特殊的理论和方法，然而异中有同，特殊之中存在着普遍。贯串于各门具体科学之中，有共同的最一般的理论和方法，那就属于哲学和逻辑学研究的领域。"以得自现实之道还治现实"作为一般方法论，就是认识主体正确地运用概念、范畴等反映形式于自然过程。正确地运用概念、范畴等思维形式，就是思维遵守逻辑而活动。

有两种逻辑，即形式逻辑和辩证逻辑。人们通过概念、判断、推理等思维形式来把握世界，概念必须与对象相对应。正是这种

---

① 黑格尔著，贺麟译：《小逻辑》，商务印书馆 1980 年第二版，第 394 页。

——对应的关系,表明思维遵守同一律,思维形式有它的相对静止状态。对这种相对静止状态,我们撇开其具体内容来考察思维形式的结构,这就有形式逻辑的科学。而为要把握现实的变化和发展,把握具体真理,思维在遵循形式逻辑的同时,概念还必须是对立统一的、灵活的、能动的。我们密切结合认识的辩证法和现实的辩证法来考察概念的辩证运动,于是就有辩证逻辑(即作为逻辑的辩证法)的科学。

虽然形式逻辑对具体事实毫无表示,但正如金先生所说:"逻辑命题是摹状和规律的基本原则","是意念之所必须遵守的基本条件"。① 就是说,任何概念及概念结构,必须遵守形式逻辑,才能对现实起摹写和规范的作用。人们交流思想,进行论证和驳斥,用数学方法进行推导,建立科学的系统等,都不能离开形式逻辑。人们在运用科学的认识方法、即以现实之道还治现实之身时,总是同时运用了形式逻辑。所以遵守形式逻辑是一般的方法论原则。

至于辩证逻辑,它本身是哲学的一部分。哲学的根本问题是思维和存在的关系问题。这个问题展开为黑格尔所谓"哲学的三项",即逻辑理念、自然界和精神。对此,列宁从唯物主义观点作了解释,说:"在这里的确客观上是**三项**:(1)自然界;(2)人的认识=人脑(就是那同一自然界的最高产物);(3)自然界在人的认识中的反映形式,这种形式就是概念、规律、范畴等等。"②因此,辩证唯物主义世界观是客观过程的辩证法、认识论和逻辑三者的统

① 金岳霖:《知识论》,《金岳霖全集》第 3 卷,第 449 页。
② 列宁:《黑格尔〈逻辑学〉一书摘要》,《列宁全集》第 55 卷,第 153 页。

一。此所谓逻辑，即概念的辩证法，而概念的辩证法就是现实世界的辩证法的反映和人类认识世界过程的历史总结。世界观和方法论是统一的。唯物辩证法作为方法论，无非就是运用对立统一规律来解决主观与客观的矛盾。对立统一规律是现实世界最一般的规律，也是辩证思维的根本规律。主观与客观的矛盾运动也就是以得自现实之道还治现实的认识过程；这认识过程本身也是一个自然过程，它被历史地总结在辩证思维的范畴中。所以思维运用辩证逻辑的规律与范畴，其实就是即以客观现实和认识过程的辩证法还治客观现实和认识过程之身。对立统一规律的运用表现为分析与综合结合；认识过程辩证法的运用表现为理论与实践统一。——这两条，就是辩证方法的基本要求。

金先生在《知识论》中只承认形式逻辑不承认辩证逻辑，但他的《客观事物的确实性和形式逻辑的头三条基本思维规律》一文[①]，则明确地肯定有两种逻辑。他说辩证逻辑主要解决一个大矛盾，即"客观事物的不断运动变化发展和思维认识的僵化、客观事物的普遍联系和思维认识的孤立化、客观事物的整体和思维认识的零碎化……等的矛盾。"这个论点，我认为是正确的。

"以得自现实之道还治现实"作为实现理想的活动

金先生在《论道·绪论》中说："中国思想中最崇高的概念似乎是道。所谓行道、修道、得道，都是以道为最终的目标。思想和

---

① 该文发表在《哲学研究》1962 年第 3 期。

情感两方面的最基本的原动力似乎也是道。"①这是他的书之所以命名为《论道》的理由。而这个作为"最崇高的概念"和"最基本的原动力"的道，当然不同于通常的概念，也决非光溜溜的自然律，而是能激发人们的情感，鼓舞人们为之奋斗的最高原理和理想目标。但金先生以为认识论无需讨论理想，理想是形而上学的题材。他在《论道》中把"至真、至善、至美、至如"的理想称为"太极"，"无极而太极是为道"是他这本书的最后一个命题。他认为无极是万物之所从生的混沌，太极是老达不到的极限，无极而太极就是宇宙洪流或自然演化的方向，整个现实历程就在"无极而太极"的"而"字上。这当然是形而上学的虚构。但是如果我们剥去其虚构成分，把它所涉及的理想和现实的关系问题从形而上学的天国拉回到人世间来，那么"以得自现实之道还治现实"这个识识论命题，便可以被理解为：从现实生活中吸取理想而又促使理想化为现实。这是又一层引申的意思。

专从人生的领域而论，上面讲的"哲学的三项"便成了现实生活、理想和人格。当然，人类的生活也是自然过程或现实世界的一部分，理想也是概念，人格也是精神。但是它们都有其不容忽视的特点。

人类的现实的社会生活在本质上是实践的，而最基本的社会实践就是劳动生产。马克思以为人的劳动有一个不同于其他动物的活动的根本特点，那就是："劳动过程结束时得到的结果，在这个过程开始时就已经在劳动者的表象中存在着，即已经观念地

---

① 金岳霖：《论道》，《金岳霖全集》第2卷，第20页。

存在着。"①不妨说，相对于劳动过程来说，劳动者的表象具有理想的形态，而劳动就是使理想形态的观念得以实现的活动。如果我们对劳动者的表象（例如建筑住房的设计）作一点分析，就可以看到理想所包含的基本要素：第一，它来源于现实，反映了现实的可能性（只要条件具备，住房可能按照规律建成，这种现实的可能性是建筑设计的客观根据）。第二，它反映了人的要求、目的，符合人的利益（住房设计要合乎人们居住的需要）。第三，劳动者（建筑师）运用想象力把这种体现了人的要求的可能性形象地构思出来，成为一个蓝图（这就是住房建筑的设计方案）。这些要素综合在一起，就使观念取得了理想形态，指导着现实的劳动过程。一切真实的理想不同于凭主观虚构出来的空想，就在于它以现实的可能性和人类的合理要求为内容，并被圆满而周到地构想出来，因而能激发人们的热情，成为推动人们前进的动力。

需要说明一下：我这里用理想一词是广义的，把建筑师的设计、人类改造自然的蓝图、社会理想、道德理想、审美理想以及哲学家所说的理想人格等都包括在内。如果说，人类从事劳动生产和物质文明的建设都可说是实现理想的活动，那么，在物质生产基础上进行精神文明的建设，那便更显然是从现实汲取理想而又促进理想化为现实的过程了。人类的精神活动有多种方式，理论思维、道德实践和审美活动是三种最主要的方式（我们暂且把宗教信仰这种对世界的虚幻的反映方式撇开），它们各自以汲取和实现真、善、美的理想为其特征，分别地创造真、善、美的价值，而

---

① 马克思：《资本论》第 1 卷，《马克思恩格斯全集》第 23 卷，第 202 页。

又不可分割地互相联系着,因为它们无非是统一的精神活动及其成果的不同侧面。人类建设精神文明的远大目标,就在达到真善美统一的理想境界和造就真善美统一的理想人格。

理想的实现意味着人的自由。什么叫做自由? 从认识论上说,自由是对必然的认识以及根据这种认识改造世界,也就是真理性的认识作为科学理想而得到实现;从伦理学上说,自由是人们自觉自愿地在行为中遵循"当然之则"(道德规范),也就是体现了进步人类道德理想的规范或准则,在人们的社会行为和伦理关系中得到实现;从美学上说,自由就如马克思说的在"人化的自然"中直观人自身,也就是人的本质力量在人化的自然或艺术品中对象化了、形象化了,于是审美理想在灌注了人的感情的生动形象中得到实现。这是我们从辩证唯物主义观点出发给自由下的几个定义。在不同的领域,自由有不同的意义,并且自由作为一定理想的实现,都是历史地有条件的。

人们在改造世界中改造自己,以求造就自由的人格。马克思说:"艺术对象创造出懂得艺术和能够欣赏美的大众,——任何其他产品也都是这样。因此,生产不仅为主体生产对象,而且也为对象生产主体。"①物质生产和精神生产,都是自然界和人、对象和主体的交互作用的过程。通过劳动生产,自然界改变了面貌,由自在之物化为为我之物,人的本质力量也对象化,这便是主体生产对象;而转过来,正是在创造物质财富和精神财富的过程中,凭

---

① 马克思:《〈政治经济学批判〉导言》,《马克思恩格斯选集》第 2 卷,人民出版社 1995 年版,第 10 页。这里保留了冯契引用的 1972 年版《马克思恩格斯选集》第 2 卷第 95 页的引文。新版将"能够欣赏美"改译为"具有审美能力"。——增订版编者

着人化的自然，促进人的本质力量的发展，这便是对象生产主体。音乐培养了欣赏音乐的耳朵，建筑、雕塑、绘画培养了欣赏造型美的眼睛，科学技术的成就培养了人们的理论思维能力，合理的劳动组织、教学秩序，培养了人们的自觉纪律，等等。总之，精神主体所具有的一切能力、德性，固然也有其自然的禀赋为前提，但主要是在实践和教育中锻炼、培养出来的，是凭着相应的对象（为我之物）而形成和发展起来的。人类在化自在之物为为我之物的过程中发展科学、道德和艺术，同时也培养了以真善美为理想的人格。人们不仅按理想来改变现实，也按理想来改造自己，取得越来越多的自由。人格既是承担理想的主体，也是实现理想的结果。

但自由和理想都是时代的产物，都是历史地有条件的。中国过去许多哲学家以为理想社会是尧舜三代或更古的原始社会，而理想的自由人格则是圣人、真人，他们以"无我"、"无欲"为其特征。进入近代，人们改变了这种观念，认识到人类社会是进化的，理想社会不是在远古而是在未来，理想人格不是道貌岸然的圣人，而是平民化的要求个性解放的独立人格。后来马克思主义传入中国，与中国革命实践相结合，中国人的社会理想才真正建立在科学的基础上。我们的理想目标是要在中国的土地上逐步实现共产主义，培养一代又一代的新人，以求建立"每个人的自由发展是一切人的自由发展的条件"的新社会。自"五四"以来，在为共产主义事业而奋斗的过程中，已经产生了许多杰出的无产阶级革命家、为祖国为人民的事业贡献了毕生精力的战士和劳动者，他们就是在一定历史条件下的共产主义理想的化身。

　　中国近代的思想家们为要回答"中国向何处去"这个十分迫切的时代中心问题,便力求认识现实,从中提取理想,为中国指明前途,动员人们为之而奋斗。于是哲学便经历了用进化论反对复古主义,并进而发展到马克思主义哲学的过程。这是中国近代哲学的主流,它正好体现了"以得自现实之道还治现实"的实现理想的活动。

　　不过在"五四"以后,还出现了一批专业哲学家,他们对中国哲学的近代化也作出了贡献。这种贡献就是金先生在《中国哲学》①一文中所说的:"由于表达工具有了改进,思路是以分明的技术发达了",从而"使哲学比以前更能接受积累"。但是这种专业哲学家也有其局限,因为他们"推理、论证,却并不传道",他们懂得哲学,却并不身体力行,这样便使哲学脱离了人生,远离了现实,失去了理想的光辉。金先生是中国近代最有成就的专业哲学家之一,不过他当时的心情是矛盾的,他慨叹苏格拉底式的人物(即身体力行、热心传道的哲学家)一去不复返,使世界失去了绚丽的色彩。他那时不了解,真正的共产主义者是比苏格拉底更为苏格拉底式的人物。在解放后,金先生比较快地接受了马克思主义,成为共产党员,也成为热心"传道"(传马克思主义之道)的人物了。他以他的行动表明:在热爱科学的专业哲学家和马克思主义者之间并无鸿沟;而毋宁说,哲学的发展正要求两者的结合。哲学不能是冷冰冰的概念结构,它要给人理想、信念,激发人们的

---

① 金岳霖:《中国哲学》,写于 1943 年,原文为英文,发表在《中国社会科学》英文版 1980 年创刊号;中译文发表在《哲学研究》1985 年第 9 期。[参见《金岳霖全集》第 5 卷,第461—481 页;第 6 卷,第 375—389 页。——增订版编者]

热情，鼓舞人们为之而奋斗，所以哲学家应该是苏格拉底式的人物。但是哲学也要不断改进表达工具，不断丰富自己的积累。为要对哲学命题作精深的分析和严密的论证，并使哲学与科学和其他文化部门保持巩固的联系，这是需要有一批人专职从事的。虽专职从事，但是不要忘了"传道"，不要脱离人生；虽热心"传道"，但也不要流于简单的说教，而要用清晰的概念作严密论证，不断用新的科学成就来丰富和发展马克思主义哲学。

中国近代①对方法论的探索*

方法论有不同的层次,这里讲的方法论是一般的方法论,即哲学和逻辑学层次上的方法论。

中国近代哲学进行了一次革命(这一革命现在还在继续着),其中也包括逻辑思想和方法论的革命。对于逻辑和方法论,中国近代的哲学家作了很多的探索,有着经验和教训。

一、方法论近代化的一般要求

中国近代方法论的革命的最本质的要求,是用近代的科学方法取代古代的经学方法。

自汉代独尊儒术以后,占统治地位的正统派儒学把孔孟之道和儒家的经典作为神圣的教条。他们认为四书五经已经具备并把握了全部的真理,后人只能对这些经典作注释。离开四书五经,离开孔孟之道,就是犯了"离经叛道"的弥天大罪。这种经学

---

① 我用"近代"一词,是指 1840 年至 1949 年这一历史时代。

* 本文为作者在"社会科学方法论讨论会"上的发言稿(会议于 1986 年 10 月在上海松江举行)。刊载于《中国社会科学》杂志社、上海《社会科学》杂志社编:《当代社会科学研究新工具》,华夏出版社 1989 年 3 月版。

的思想方法严重地束缚了人们的思想，阻碍着中国走向近代化的道路。这种经学的方法在中国古代也曾遭到一些进步思想家的多次冲击。但是，在封建专制的统治下，它不可能真正被冲破。因而近代的中国思想家力图用科学方法来取代经学方法，就不得不经过艰巨而复杂的斗争。

康有为已经在一定程度上意识到了方法论近代化的问题。他说："逆而强学者智。"所谓"逆"，就是要做叛逆，要离经叛道。他撰写的《新学伪经考》和《孔子改制考》，确是敢于反对封建传统的。但是，康有为依然保留着经学的形式，还没有完全冲破经学方法。他认为数学的方法是最有效的发现真理的方法。他的《实理公法全书》是模仿欧几里得几何学的方法而写成的。他写《春秋董氏学》，提出了进化论的三世说，自称用的是代数学的方法。但是他这种方法，以为从若干"实理"（公理）可以演绎出人类社会的种种"公法"，以为可以像进行代数演算一样来说明社会历史的发展，无疑是先验论的方法。康有为虽未能冲破传统的经学方法，但他的这种尝试给哲学吹来新鲜气息，预示着哲学将从近代科学吸取丰富的营养而取得新的方法，最终抛弃陈旧的经学外衣。

梁启超本来是康有为的忠实信徒，他后来不赞成康有为的"托古改制"，认为康有为披着经学外衣讲进化论是"依傍比附"的办法。他认为康有为的大同思想本是个空前的创造，却一定要说出于孔子，比附于孔子早在《春秋》和《礼记·礼运》中已提出来的说法，这不过是"依傍混淆"而已。梁启超写了《自由书》、《新民说》，提出破"心奴"的学说。他认为西方近代培根、笛卡尔等的方法的共同点在于破除"心中之奴隶"。他强调思想的自由是真理之源，理性一旦获得自由，真理就如泉水般的源源不绝而来。他说："我有耳目，我物我格；我有心思，我理我穷。"①认为我有感官、有理性，要把一切旧有的学说放到理性的审判台前来审判，我"坐于堂上而判其曲直，可者取之，否者弃之，斯宁非丈夫第一快意事耶？"②这是近代启蒙学者的理性主义精神。这使人想起黑格尔说的"世界到了用头立地的时代"，即用理性评判一切的时代。

到了"五四"新文化运动时期，陈独秀高举"民主"和"科学"两大旗帜，打倒孔家店的呐喊震天动地，给经学以暴风骤雨般的冲击，新文化运动的主将们都十分强调思想自由，反对独断论，强调百家争鸣。蔡元培说他主持的北京大学对于各种学说的态度是"循思想自由原则，取兼容并包主义"，无论何种学派，只要言之成理，持之有故，虽彼此相反，都应听其自由发展。

李大钊进一步强调群众是富于智慧的，说："民彝者，凡事真理之权衡"，③以为普通民众的理性能衡量一切事理，所以他特别指出要反对对英雄、圣人的崇拜。他说："就令英雄负有大力，圣智展其宏材，足以沛泽斯民，而一方承其惠恩，一方即损其自性；一方蒙其福利，一方即丧厥天能。所承者有限，所损者无穷；所蒙者易去，所丧者难返。寝微寝弱，失却独立自主之人格，堕于奴隶服从之地位。"④就是说，即令英雄能造福于人民，但对英雄的崇拜

---

① 梁启超：《新民说·论自由》，汤志钧编：《饮冰室合集》文集之四，中华书局 1989 年版，第 48 页。
② 同上书，第 768 页。
③ 李大钊著，中国李大钊研究会编：《李大钊全集》第 1 卷，人民出版社 2006 年版，第 150 页。
④ 同上书，第 157 页。

也会产生很大的副作用；受了英雄的恩惠，就会使群众失去独立的人格而奴隶般地服从于英雄。所以，李大钊说："孔子生而吾华衰"①，他认为普通群众应当自己作主，应当尊重群众的思想，让群众都发挥自己的创造性。"凡事之涉及民生利害者，其是非真妄宜听民彝之自择，未遽可以专擅之动作云为，以为屏斥杜绝之方也"。②

总之，从戊戌变法到"五四"时期的进步思想家们都意识到，要用科学方法反对经学方法，一定要提倡思想自由，反对独断论。

当然，我们并不能把中国传统的思想方法都归结为经学方法。在批判经学方法的同时，要对中国传统的思想方法进行深入的具体分析。在近代中西文化的冲突与汇合的过程中，只有把西方文化的精华和中国传统文化的精华内在地结合起来，才能创建新文化。闭关自守，排斥西方文化，结果只能是落后挨打；以"中体西用"来处理中西文化的关系，也是行不通的。但是，如果把西方的新文化看作是从外国输入而强加于中国的，中国人也会觉得不自在；把中国文化传统全盘抛弃，只会使中国人感到空虚，失去民族的自信心。一般地讲文化上的"中西"之争是如此，特殊地就哲学、逻辑和方法论来讲，也是如此。而且，只有找到中西哲学在逻辑方法上的交接点，才能促进中国哲学的近代化，才可能进而使中国哲学成为统一的世界哲学的重要组成部分，并使中西文化在哲学的深层次上内在地结合起来。要找到逻辑方法上的交接

① 李大钊：《李大钊全集》第 1 卷，第 151 页。
② 同上书，第 160 页。

点，必须深入对西方和中国哲学家的逻辑方法，作比较研究。这在中国近代也经历了一个艰苦探索的过程。

康有为在"春秋董氏学"中运用代数学方法。把公羊学派讲的"三世"、"三统"等说成是代数符号，这是很肤浅的、表面的比附。严复很重视方法论，但他在《译天演论自序》里把"《易》本隐之显，《春秋》推见至隐"视作演绎法和归纳法，也只是一种外在的附会。在严复之后，认识逐步深入了。章太炎对于《墨经》、因明和亚里士多德的逻辑作了比较，初步揭示了这三者的共同性及差别。"五四"时期的胡适把清代朴学的治学方法和实验科学方法作了比较，找到了归纳方法上的交接点。马克思主义者从中国古代辩证法传统中找到了和辩证唯物主义的结合点。这些探索在不同的层次上逐步找到了逻辑和方法论上的交接点。

以上说明，方法论的近代化的基本要求是用科学方法来取代经学方法，与此相联系，就要求用思想自由的原则和自由讨论的方法取代独断论的方法。而要真正做到这一点，在中国近代的历史条件下，又必须找到中西哲学在方法论上的交接点。

用科学方法取代经学方法的任务并没有完全实现。十年动乱证明了经学方法并未得到彻底的清算，用"语录"代替科学论证，就是经学方法的幽灵在作祟。

二、归纳、演绎和历史主义

方法论的近代化是要用科学方法来取代经学方法，那么，应当用什么样的科学方法呢？

　　严复第一个比较自觉地介绍了西方的逻辑学。中国同西方文化一经接触，就发现中国传统文化的一个缺点，是逻辑不严密，概念不精确。这是由对形式逻辑没有充分的重视和研究所造成的。严复正是有见于此，才介绍西方的形式逻辑。不过，严复推崇的是由培根开创的经验归纳法。他说：西方"二百年学运昌明，则又不得不以培根氏之摧陷廓清之功为称首。"①而中国人的"论辩常法"总是从"诗云、子曰"出发，以此作为演绎的前提。即使这个演绎前提是正确的，也不能获得新的知识，何况，这个演绎的前提往往是主观先验的"师心自用"，并不正确。严复认为归纳法是真正获取新知的方法。他在《名学浅说》中，把归纳法看作包括四层功夫：第一是观察、试验、收集有关的事实材料；第二是在占有事实材料的基础上，建立假设；第三是运用演绎法对假设进行论证、推导；第四是用事实、实验来印证假设。这四点大体包含了近代实验科学方法的基本环节，这确实是中国人需要的新工具。严复看到了这一点，所以特别翻译了《穆勒名学》、《名学浅说》等著作。自严复以后，中国人改变了对形式逻辑的忽视，开始有了近代实验科学方法。不过严复注重的是归纳法，他把演绎法作为归纳法的第三层功夫而包含于其中。

　　章太炎则与严复不同，他注重演绎法。他在《无神论》一文中比较自觉地运用形式逻辑来批驳基督教的有神论，主要是运用演绎论证。他在《原名》一文中把亚里士多德的三段论、印度的因明和中国的《墨经》三者作了比较。他对一般的形式逻辑推理作了

---

① 严复：《原强修订稿》，王栻主编：《严复集》第1册，中华书局1986年版，第29页。

概括,说"辩说之道,先见其旨,次明其柢,取譬相成,物故可形"①。
认为逻辑思维的方法首先是提出论题,其次是阐明根据,再次是
依类进行比较。照他的看法,印度因明的宗、因、喻三支是最合乎
"辩说之道"的,而且他认为因明的喻体中包含了喻依,也就是在
演绎法中包含了归纳法。可见,他是推崇演绎法的。

梁启超也研究《墨经》的逻辑学,不过,他最主要的是注意历
史主义的方法,所以他推崇黄宗羲的《明儒学案》和章学诚的《文
史通义》等著作。他和王国维的史学比起前人来进了一大步。他
们视野开阔,在学术研究中,进行中西比较、考古发现的实物和历
史文献的比较、社会科学和自然科学的比较等。梁启超用历史进
化论作理论基础,超越了浙东史学家们。梁启超说:"历史者,叙
述人群进化之现象而求得其公理公例者也。"②认为历史是有生
命、有机能、有方向的进化过程,史学应从历史事实中把握其演化
的规律性。在这之前,章学诚、龚自珍等人讲的历史理论是变易
史观,而不是进化论,他们认为在历史的研究中能把握"道",即所
谓"出乎史,入乎道,欲知大道,必先为史",这个"道"是抽象的一
般,是很笼统的。梁启超把历史看作进化过程,可分阶段,就不是
笼统地讲"道",而是要求具体地把握历史的演化规律和因果律。
但梁启超是充满矛盾的,一方面他觉得不求得因果律,历史就无
法鉴往知来;另一方面他认为历史是"心力"创造的,而"心力"是
绝对自由的,不受因果律的支配。梁启超对于历史因果律的看法
有个演变的过程,他在《新史学》里肯定历史有因果律,到了写《中

① 章太炎:《原名》,张渭毅点校:《国故论衡》,商务印书馆 2010 年版,第 171 页。
② 梁启超:《新史学》,《饮冰室合集》文集之九,第 10 页。

国历史研究法》时就对此表示怀疑，以后在《研究文化史的几个重要问题》中，放弃了寻求历史因果律，认为"努力要发明史中的因果"是"非唯不必，抑且不可"。

"五四"时期，胡适非常重视方法论的研究，试图把前人的探索加以总结。胡适提出的方法论包括"拿证据来"的怀疑方法，"科学试验室的态度"和"历史的态度"。根据胡适的怀疑方法，首先要"拿证据来"，没有证据便只好"存疑"。在这个前提下，主要就是两个基本方法——"科学试验室的态度"和"历史的态度"。所谓"科学试验室的态度"就是"大胆假设、小心求证"。胡适把杜威的"思想五步法"与清代学者的治学方法连接起来，把顾炎武以来的朴学求证的考据方法和西方科学方法相沟通，认为两者都是根据事实材料，提出假设，然后进行验证，证据多且有力遂为定论，有有力反证则被否定。严复所讲的归纳法基本上也是这么几步。胡适进一步指出，自然科学家比考据学家优越之处在于可以用实验的方法"创造证据"，而考据学家则是被动地跟着材料走。这确是实验科学方法比考据方法优越的一个地方。但是，胡适没有看到实验科学方法的优越之处，还在于它运用了数学方法。这是胡适所忽视的。科学家在提出假设时需要"大胆"，但并非是一味的"大胆"，如胡适所讲的那样。假设的提出往往是一下子凭直觉掌握的，这确实要"大胆"，但假设一经提出，就要力求使它成为科学的假设。为此，除了掌握确凿的事实材料之外，还需要进行数学的论证，亦作形式逻辑的严密论证和推导，并根据推导设计实验的方案。此时的假设虽然还未经证实，已可以说是科学的假设了。胡适讲的"科学试验室的态度"比严复有所前进，但他忽视数学方法则表明他和严复一样，是偏向归纳法而不注意演绎法。

胡适讲"历史的态度"，也是主张历史主义，并以进化论为基础的。他说："进化观念在哲学上运用的结果，便发生了一种历史的态度"。这种历史的方法，胡适在《中国哲学史大纲·导言》中指出，主要有三条："明变"、"求因"和"评判"。就是要求用历史进化论的观点寻求历史演变的线索、演变的原因，并加以评判。胡适讲的这三条不乏合理之处，但是能否真正做到，就要受到其历史观的制约了。比如，他在论述哲学思想的历史演变的原因时，把"时势"、"思想学术"的相互影响和"个人才性"这三个因素并列相举，不分主次，也不认为其中有根本的原因。这是多元论的历史观。就胡适认为历史的原因是多方面的这一点而言，是有道理的，但是他由此引导到非决定论去了。

金岳霖与严复和胡适不同，他偏重于演绎。他把罗素的数理逻辑介绍到中国，并对方法论的原理作了比较深入的探讨。金岳霖探讨了科学方法的认识论基础和逻辑学根据，在更深的层次上讨论了方法论。

从认识论上说，金岳霖认为由知识经验提供普遍必然的知识之所以可能，其必要条件有两个：一是思维遵守形式逻辑；二是归纳原则永真。他把形式逻辑的基本规律称为"思议原则"，认为"同一是意义的条件，必然是逻辑之所取，矛盾是逻辑之所舍"，同一律、排中律、矛盾律是思维必须遵守的基本条件，为各种科学提供了取舍标准。因此，逻辑就是任何科学的工具，任何科学要系统化都要遵守形式逻辑。因此，形式逻辑就有了一般的方法论的意义。西方的希腊人早就注意了形式逻辑对科学系统化的意义

（在欧几里得几何学中），而这是以往的中国人所忽视的，金岳霖对此作了比较透彻的理论说明。

金岳霖还提出了归纳原则是接受总则，认为任何概念作为接受方式是"以经验之所得还治经验"。这里包含了科学方法的胚胎。他说："所谓科学方法，即以自然律去接受自然，或以自然律为手段或工具去研究自然，……所谓利用自然律以为手段，就是引用在试验观察中所用的方法底背后的理，以为手段或工具。"①是说，在观察、试验中运用自然律作为接受方式，即以自然过程之"理"还给自然过程之身，科学理论便成了工具，或者说理论转化为方法，这就对实验科学方法作了基本理论上的阐发。不过，金岳霖所说的"接受总则"（以及由此引申出来方法论原理），这里面固然包含归纳原则，但不尽然是归纳，而其实是辩证的。以得自现实之理还治现实，理论转化为方法，这是辩证方法的原则。金岳霖已经接触到了这个问题，但他把接受总则归结为归纳原则是不够正确的。

三、辩证逻辑的方法

"五四"时期，李大钊首先转变为马克思主义者，接受了唯物史观，对于历史演变的研究开始"不求其原因于心的势力而求之于物的势力"，即用社会存在来说明社会意识，用生产力和生产关系的矛盾运动来说明社会组织的进化过程。这就是超过了梁

---

① 金岳霖：《知识论》，《金岳霖全集》第3卷，第558页。

启超，抓住了历史演变的根本原因。以后的郭沫若在《古代社会研究·自序》里说："谈国故的夫子们哟！你们除饱读戴东原、王念孙、章学诚之外，也应该知道还有马克思、恩格斯的著作，没有辩证唯物论的观点，连'国故'都不好让你们轻谈。"[①]这是针对胡适讲的，指出胡适的"求因"、"明变"并不能真正揭示出历史的因果律，因为他没有掌握辩证唯物论，只懂得戴东原、王念孙的考据方法和章学诚的史学方法。马克思主义者应用唯物史观研究历史和现实，并把历史主义建立在唯物辩证法的基础上，从历史和逻辑的统一来把握所研究的对象的过程，取得了很大的成绩。

毛泽东在这方面有很大的贡献，他提出了调查研究的方法。他在《中国革命战争的战略问题》中说："什么方法呢？那就是熟识敌我双方各方面的情况，找出其行动的规律，并且应用这些规律于自己的行动。"[②]这里讲的是认识论和方法论的统一。

在《论持久战》中，毛泽东所运用的辩证方法的要点是：

第一，从实际出发，客观地全面地考察历史和现状，把握变化发展的根据。如通过对中日双方矛盾着的全部基本要素的考察来把握规定这场战争的根据。

第二，通过对矛盾的分析来指出各种发展的可能性，并且揭示发展的必然趋势。如具体分析中日双方在战争中各种矛盾的展开，从而揭示出战争发展的两种可能性，以及什么是占优势的

---

① 郭沫若：《郭沫若全集·历史编》第 1 卷，人民出版社 1982 年版，第 9 页。
② 毛泽东：《中国革命战争的战略问题》，《毛泽东选集》第 1 卷，人民出版社 1991 年版，第 178 页。

可能性，于是有说服力地阐明了为什么战争是持久战，而最后胜利必然是中国的，同时也批评了速胜论、亡国论等谬论。

第三，怎样使有利人民的可能性变为现实。《论持久战》在后一部分就是讲"怎么做"的问题，即怎样依据规律有计划地来创造条件，以实现中国人民经过持久战取得胜利的目的。

在这里，实际上就是对立统一规律转化为方法，表现为分析和综合的相结合的运动。而这样的方法在运用于不同领域时，都要注意到研究对象的特殊性。对社会作调查研究的方法、群众路线的工作方法、历史研究的方法等，都要贯彻唯物辩证法，但各有其特性。《论持久战》中研究军事的方法，也是有其特殊性的，因此把它作为一个抽象的模式到处去套是不行的。但是，我们从中可以概括出辩证逻辑方法论的一般环节，这大体包含以下五方面：

第一，从实际出发，详细地占有材料，把握事物的原始的基本的关系，从而把握事物变化发展的根据。

第二，运用对立统一规律作为根本的方法，其核心是分析和综合的相结合；而对现实的矛盾的具体分析，要联系到对不同意见、不同观点的评论。

第三，归纳与演绎相结合。

第四，历史和逻辑相结合。

三、四两条是分析和综合相结合的组成部分。分析和综合相结合的方法运用于不同对象有不同特点。有的科学要着重横的剖析，归纳与演绎统一便成为主要的；有的科学要着重纵的考察，历史与逻辑的结合便成为主要的。

第五,每一步都要用事实来检验,理论和实践的统一贯彻于整个过程之中。

我们作出这样的概括,既是根据马克思主义的观点,也是把中国近代哲学家对方法论探索的积极成果批判地包含在其间了。前人提出的用科学方法取代经学方法的要求,归纳方法、演绎方法和历史主义方法的精华,已被有机地结合在一起,安置在唯物辩证法的基础上。当然,形式逻辑作为思维必须遵守的基本条件和组织任何科学系统的工具,仍然保持着它的独立性,那不是辩证逻辑所能取代的。

这些是我们今天来进行的理论总结。在实际上,直到1949年中国近代历史的结束,对于近代哲学家在方法论上的探索并没有进行系统的总结。正因为如此,就产生了以下两方面的问题:

首先,近代哲学家在方法论问题上的失误没有被揭示出来。这种失误至少有两条:一是阶级分析方法的绝对化,把阶级分析夸大为适用于一切领域的方法,并且与独断论相结合,造成了很大的危害;二是对中国传统思维方式的分析很不够,尤其表现在对经学方法的清算不力,甚至披着革命的外衣来贩卖经学方法。所以,十年内乱期间,个人迷信代替了民主讨论,摘引语录取代了科学论证,但大家没有意识到这是封建主义的遗毒。

其次,关于方法论的一些理论问题的研究很不够。金岳霖已对科学方法在较深层次上作了一些理论考察,后来没有能进一步得到发展。如形式逻辑和辩证逻辑的关系,认识论、逻辑和方法论之间的关系,一般方法论和各门具体科学方法论之间的关系等问题,没有深入地加以研究。现在面临改革和开放的新时代,我们还迫切需要对西方近几十年来迅速发展的逻辑和方法论作介绍、研究，以求进而会通中西，作出哲学上的概括。

总的说来，中国近代对于方法论的近代化是有成果的，而这些成果没有得到系统的总结，因而存在相当大的盲目性，有待于进一步发展。

中国近代美学关于意境理论的探讨*

在为《美学基本原理》一书所作的序①中，我曾提到要重视中国古典美学的民族特点。如果说西方人比较早地发展了"摹仿"说和典型性格理论（那首先是关于叙事文学和造型艺术的理论），那么中国人则比较早地发展了"言志"说和艺术意境理论（那首先是关于抒情诗和音乐的理论）。这种意境理论在庄子的寓言、荀子的《乐论》和《礼记·乐记》中已经具体而微，到魏晋南北朝便奠定了基础，经过源远流长的发展，到明清之际达到了总结阶段。王夫之对意境理论作了哲学的总结，他的"循情定性"说，从天人交互作用来阐发美与美感，是比较深刻的理论。黄宗羲发挥了韩愈的文艺应当反映社会矛盾即"不平则鸣"的观点，认为真正的好文章应该是风雷之文，是现实矛盾冲突的表现，能够激发人们的斗争热情。这接近于西方美学的"崇高"（Sublime）范畴。当然，中国美学还有其他方面的成就，如李渔的戏剧理论，金圣叹的小说理论，对典型性格问题也已作了些考察，但没有西方美学那样充分。总之，中国古典

---

* 本文原为全国高校美学教师第 3 期进修班上的讲演而作，后因故未能讲成。发表于《文艺理论研究》1987 年第 1 期。收入蒋冰海、林同华编：《美学与艺术讲演录续编》，上海人民出版社 1989 年版。
① 参见本书中《〈美学基本原理〉序》一文。

美学中源远流长的是关于抒情艺术的意境理论。

到了近代（我用"中国近代"一词，是指1840年至1949年间的旧中国），中国社会发生了很大的变动，经历了中西文化的交汇、合流。这个变革我称之为"古今中西"之争，它贯穿于近代的各个领域，实际上现在也仍然在某种不同于过去的意义上继续着。在美学领域中，西方的美学理论介绍过来了，中国人面临着怎样理解、消化这些理论，以适应中国自己的需要的问题；另一方面必须同时对中国固有传统和西方的理论进行比较研究，进而对中国古代的传统重新估价，以便批判地加以继承、发展。近代中国人在这两方面都做了很有贡献的工作。这些工作，对于今天我们研究和发展美学理论，都有很重要的意义。

以下所论，主要是中国近代美学关于意境理论的探讨，着重分析王国维、梁启超、朱光潜、宗白华和鲁迅五人对意境理论的考察。

一、王国维

王国维受康德、叔本华的影响，说"美术之为物，欲者不观，观者不欲"。① 认为美和美感是完全超功利的，所以他的美学有形式主义的局限性。但是，王国维在美学上是很有创造性的，他的真正贡献在于，他是第一个沟通了西方艺术典型说与中国传统的艺术意境理论的人。他把西方美学和中国传统结合起来，考察意境理论，提出了富有创造性的"境界"学说。王国维很自信，他说：

---

① 王国维：《静庵文集·红楼梦评论》，谢维扬等主编：《王国维全集》卷一，浙江教育出版社2009年版，第57页。

"沧浪所谓兴趣,阮亭所谓神韵,犹不过道其面目,不若鄙人拈出境界二字,为探其本也。""言气质,言神韵,不如言境界,有境界,本也;气质、神韵,末也,有境界而二者随之矣。"①他认为自己的学说是探了本,为什么呢? 因为他把西方艺术典型学说与中国意境理论结合了起来。他说:"美术之所写者,非个人之性质,而人类全体之性质也。惟美术之特质贵具体而不贵抽象,于是举人类全体之性质,置诸个人之名字之下。……善于观物者,能就个人之事实,而发见人类全体之性质。"②艺术所描写的不限于个人的性质,而是要通过个性来揭示全人类的性质;文艺把全人类的性质置于具体的个性之中,使人们得以从个别中发现一般。这就是典型。王国维讲境界着眼于把西方的典型理论与中国传统的意境理论结合起来。他认为"境界"就是从个别中揭示一般、暂时中揭示永久、有限中抓住无限、短暂中显示出不朽。他说:"夫境界之呈于吾心而见于外物者,皆须臾之物,镌诸不朽之文字,使读者自得之。遂觉诗人之言字字为我心中所欲言,而又非我所能自言,此大诗人之秘妙也。"③

王国维还认为境界是理想和现实的统一。他说:"有造境,有写境,此理想与写实二派之所由分。然二者颇难分别。因大诗人所造之境,必合乎自然,所写之境,亦必邻于理想故也。"④他认为,自然界是互相联系互相限制的,而艺术家描写现实,把自然事物

① 王国维:《人间词话》,《王国维全集》卷一,第 465、501 页。
② 王国维:《静庵文集·红楼梦评论》,《王国维全集》卷一,第 76 页。
③ 王国维:《清真先生遗事·尚论三》,《王国维全集》卷二,第 424 页。
④ 王国维:《人间词话》,《王国维全集》卷一,第 461 页。

间的关系、限制遗落了，选择一定的理想的形式表现出来，所以写实也就表现了理想；反过来，意境不管怎么理想化，材料总来源于现实，艺术构思并不违背自然原则。那么，艺术如何体现理想？王国维说："文学中有二原质焉：曰景曰情。"[①]艺术家可资利用的不外二种元素，一是感情，一是形象。艺术是在情景交融中体现审美理想，所以理想不是用抽象议论说明而是表现于情感，不是单纯记述事实而要诉诸艺术想象，要像屈原那样把"北方人之感情与南方人之想象合而为一。"他认为，艺术要求人们熟练地、毫无做作地运用艺术手段来表达真挚的感情和生动的形象，在情景交融中体现出艺术的理想，这就是意境。

王国维原来认为中国的叙事作品、戏剧不如西方人。后来他研究了宋元戏曲，写了《宋元戏曲考》，认为元曲是很伟大的，元曲的最佳处在有意境。这是一个很好的见解，把中国戏曲的重要特征揭示出来了。

王国维这样的意境理论，比起前人来说，确实可以说是探了本。当然，艺术要在情景交融中体现理想，王夫之、叶燮都已经讲过。但是王国维从理想与现实、个别与一般、有限与无限的关系来讲意境，这比前人前进了一大步。

二、梁启超

王国维的《人间词话》作于 1908 年。以后，梁启超、朱光潜、宗

---

① 王国维：《静庵文集续编·文学小言》，《王国维全集》卷十四，第 93 页。

白华又从不同的侧面考察了意境理论。

梁启超在本世纪初提出"诗界革命"、"小说界革命"的口号，主张"以旧风格含新意境"也就是要求在旧形式下写进新的时代内容。梁启超主张艺术要为社会变革服务，他认为艺术是具有功利性的。但是不是为艺术而艺术就错了呢？为艺术而艺术、为爱美而爱美也可以成为人生的目的。那么艺术对于人有什么样的作用呢？梁启超认为，美感就是快感。他说："美的作用、不外令自己或别人起快感。痛楚的刺激，也是快感之一。"[①]美感是一种快感，这也是西方的一种美学理论。

梁启超的主要美学著作发表于晚年（在《人间词话》之后）。他提出所谓"趣味主义"，趣味亦即快感。他说："趣味是生活的原动力。"趣味如果丧失掉，生活就毫无意义。他认为趣味的来源有三条：第一是"对境之赏会与复现"，即对自然美的欣赏，对良辰美景，赏心乐事的领略；第二是"心态之抽出与印契"，是指情感的快乐或痛苦能够自由地抒发出来；第三条是"他界之冥构与蓦进"，是指在超越现实的理想境界中享受自由。[②]梁启超认为，文学、音乐、美术的功用，就在于他们可以刺激人的感官，使人的感官敏锐起来，诱发人的趣味。而艺术可以有所侧重，或者刻画自然美，描摹风物；或者写心态，抒发人的主观感情，喜怒哀乐；或者构筑理想，给人一种超越现实的自由天地。这些都可以激发人的趣味，所以趣味可说是艺术的本质和作用。而艺术趣味既是由内心的情感和外部环境的作用引出来的，它便具有相对性。"就社会全

---

① 梁启超：《情圣杜甫》，《饮冰室合集》文集之三十八，第 50 页。
② 梁启超：《美术与生活》，《饮冰室合集》文集之三十九，第 21—25 页。

体论,各个时代趣味不同;就一个人而论,趣味亦刻刻变化。"①

梁启超的这种理论把美感归结为快感、趣味,从激发趣味来论艺术,实际上把艺术意境的三个因素割裂开来了。这种理论导致了相对主义。

三、朱光潜

朱光潜沿着王国维的路子,试图把西方美学和中国传统美学沟通起来,提出了一些富有启发性的见解。他对意境理论的探讨,比王国维更深化了。朱光潜在解放后已批判了自己过去的唯心论观点,转变到马克思主义的立场上来。我们这里谈的,仅限于他在解放前的理论。

朱光潜在 30 年代写的最主要的美学著作是《文艺心理学》,在该书中他说:"我们在分析美感经验时,大半采取由康德到克罗齐一线相传的态度。这个态度是偏重形式主义,而否认文艺与道德有何关联的。把美感经验划成独立区域来研究,我们相信'形象直觉'、'意象孤立'以及'无所为而为地观赏'诸说大致无可非难。"②他又说:"我们把美感经验解释为'形象的直觉',否认美感只是快感,排斥狭义的'为道德而文艺'的主张,肯定美不在物,也不在心,而在表现,都是跟着克罗齐走。"③这些话的意思是:第一,把审美经验解释为"形象的直觉";第二,认为美不在物不在心,而

---

① 梁启超:《晚清两大家诗钞题词》,《饮冰室合集》文集之四十三,第 70 页。
② 朱光潜:《文艺心理学》,《朱光潜全集》第 1 卷,安徽教育出版社 1989 年版,第 314 页。
③ 朱光潜:《文艺心理学》,《朱光潜全集》第 1 卷,第 359 页。

在主客观统一的"表现";第三,反对以功利态度来对待艺术,反对为人生而艺术、为道德而艺术,否认美感只是快感(如梁启超之说),认为艺术的创作和欣赏是"无所为而为的"。这些是形式主义美学的基本点。

朱光潜用美学上的表现说来解释艺术意境,把中国传统中讲的意境理论引向深入。他写了《诗论》。他说:艺术给人一完整的形象,"它便成为一种独立自足的小天地"。[①] 这便是王国维说的境界。

王国维指出文学有两个原质:一是情,一是景。朱光潜也说:"每个诗的境界都必有情趣和意象两个要素。"要形成一艺术意境必须具备两个条件:一个是形象的直觉,欣赏者或创造者在直觉中把握独立自足的意象,它是完整的形象,是一下子凭灵感,凭艺术的想象把捉到的整体。另外一个是要求"所见的意象必恰能表现一种情趣"。他以为,以凝神观照之际,"常致物我由两忘而同一,我的情趣与物的意态遂往复交流,不知不觉之中人情与物理互相渗透"。一方面"以人情衡物理",这就是移情的作用。另外一方面是"以物理移人情",这就是内模仿作用。内在的情趣和外来的意象相融合而互相影响,一方面情随景而变化,"睹鱼跃鸢飞而欣然自得,闻胡笳暮角则黯然神伤"。另一方面,景也随情而变化,"惜别是蜡烛似乎垂泪,兴到时青山亦觉点头"。总之在诗、艺术的境界中,情感表现于意象;被表现者是情感,表现者是意象,情感、意象经心的综合(即直觉)而融贯为一

---

① 朱光潜:《诗论》,《朱光潜全集》第 3 卷,第 50 页。

体，就构成意境。

朱光潜用这种理论，讨论了古典派和浪漫派的对立。他说：
"古典派偏重意象的完整优美；浪漫派则偏重情感的自然流露。
一重形式，一重实质。"①他也运用他这种理论来说明音乐、诗歌和
造型艺术的差别，说明尼采所说的酒神和日神两种精神的对立
（酒神偏重情感的奔放，日神偏重意象的和谐），等等。这些说法
我们不一定赞同，但有启发意义。他用美学上的"表现说"着重对
"情景交融"这一点加以阐发，比之王国维是更加缜密，更深入了
一步。

朱光潜用"表现说"来反对"模仿说"。他不赞成亚里士多德
以来的"艺术模仿自然"的理论。他说："要明白艺术的真性质，先
要推翻它们的'依样画葫芦'的办法。无论这葫芦是经过选择，或
是没有经过选择。"②他认为艺术上的自然主义、写实主义讲艺术
是模仿，这是没有经过选择地依样画葫芦；而理想主义则是"精炼
的写实主义"。因为理想主义要把握类型，"类型就是最富于代表
性的事物，代表性就是全类事物的共同性"③，这是有选择地依样
画葫芦。朱光潜以为，不论现实主义还是理想主义都是模仿，都
是不对的。他反对美学上的模仿说和典型化理论。这样，他的意
境学说，一方面脱离了现实主义的前提，另一方面忽视了意境的
理想性质，成了主观唯心主义。艺术意境要求在情景的交融中，
体现一定的艺术理想。朱光潜把意境的理想品格这一点忽视了。

---

① 朱光潜：《诗论》，《朱光潜全集》第 3 卷，第 64 页。
② 朱光潜：《谈美》，《朱光潜全集》第 2 卷，第 53 页。
③ 朱光潜：《文艺心理学》，《朱光潜全集》第 1 卷，第 331 页。

人物的典型性格是理想的体现,艺术意境也是理想的体现,就理想化这一点来说,是一样的(当然,意境和性格这两种艺术形象有很大的差别)。在中国传统美学中,也有一些人以为"诗有别材非关理也",王夫之、叶燮已批评了这种观点,肯定诗要求理、情、景三者统一。当然,这"理"不是抽象的概念而是理想。这是中国传统美学中关于意境理论的主流。朱光潜以为诗用不着讲"理",在这点上实际上比王国维倒退了。

四、宗白华

宗白华的美学理论(这里也只讲他在解放前的理论),主要也是讲意境理论。他不同于梁启超讲"趣味"和朱光潜讲"形相的直觉",特别强调了意境的理想性。他讲"道表象于艺",这个艺中之道其实就是艺术理想。关于"道"和"艺"的关系,他说:"灿烂的'艺'赋予'道'以形象和生命,'道'给予'艺'以深度和灵魂。""深沉的静照是飞动的活力的源泉。反过来说,也只有活跃的具体的生命舞姿、音乐的韵律、艺术的形象,才能使静照中的'道'具象化、肉身化。"[①]所以艺中之道不是抽象的,而是形象化了的,它为深沉的静照所把握,而表现于生动活跃的节奏。

宗白华认为谢赫的六法之所以以"气韵生动"为首,是因为中国画以"'生命的律动'为终始的对象",是以艺术来体现生命的节奏。他说:"中国画的主题'气韵生动',就是'生命的节奏'或'有

---

① 宗白华:《中国艺术意境之诞生》(增订稿),林同华主编:《宗白华全集》第 2 卷,安徽教育出版社 1994 年版,第 370 页。

节奏的生命'。伏羲画八卦，即是以最简单的线条结构表示宇宙万相的变化节奏。后来成为中国山水花鸟画的基本境界的老庄思想及禅宗思想也不外乎于静观寂照中，求返于自己深心的心灵节奏，以体合宇宙内部的生命节奏。"①在他看来，自我的心灵节奏和宇宙内在的生命节奏本是同一的，所以唐代画家张璪说"外师造化，中得心源"，确是创作和表现艺术意境的基本途径。他说："艺术家以心灵映射万象，代山川而立言，他所表现的是主观的生命情调与客观的自然景象的交融互摄，成就一个鸢飞鱼跃，活泼玲珑、渊然而深的灵境；这灵境就是构成艺术之所以为艺术的意境。"②因为是主观情调与客观景象的交融互摄，所以说"意境是情与景（意象）的结晶品"。③ 而这结晶品无非是借自然景象的色相、秩序、节奏、和谐，以窥见自我最深心灵的律动，于是"化实景而为虚境，创形象以为象征，使人类最高的心灵具体化、肉身化"④。

宗白华又认为，艺术意境不是单纯的写实，不是平面的再现自然，而是一个有层次的创造。他说："从直观感相的模写，活跃生命的传达，到最高灵境的启示，可以有三层次"。⑤ 第一层是写直观的形象，西洋艺术中的印象派，写实派属于这一层。第二层是传神，表达活跃的生意，浪漫主义、古典主义属于这一层。第三层是妙悟，如象征派、表现主义，后期印象派，就在于"最高灵境的启示"。达到最高灵境就可以把"鸿濛之理"表现出来。他说："艺

① 宗白华：《论中西画法的渊源与基础》，《宗白华全集》第 2 卷，第 109 页。
② 宗白华：《中国艺术意境之诞生》（增订稿），《宗白华全集》第 2 卷，第 361 页。
③ 同上书，第 358 页。
④ 同上书，第 366 页。
⑤ 同上书，第 362 页。

术意境之表现于作品,就是要透过秩序的网幕,使鸿濛之理闪闪发光。"①这种秩序的网幕要由艺术家的意匠,组织线条、色彩、形体、声音或文字等成为艺术形式来表现的。所以,文艺不只是一面镜子,不能要求它只管客观地描摹,它是独立自足的形相创造。"它凭着韵律、节奏、形式的和谐、彩色的配合,成立一个自己的有情有相的小宇宙;这宇宙是圆满的,自足的,而内部一切都是必然性的,因此是美的。"②他认为美就是圆满自足、具有必然性的形象。艺术境界内部的构成有必然性,这个必然性就是道,艺术家就要能拿特创的秩序的网幕,去把握住"道",表现那闪闪发光的真理。

宗白华还指出,"六法"以"气韵生动"为第一,次之以"骨法用笔",而把"应物象形"、"随类赋彩"之模仿自然,及"经营位置"之研究和谐、秩序、比例、匀称等形式美问题放在三四等地位。然而,在西方,"模仿自然"与"形式美"却是占据西方美学思想发展中的两大中心问题。这颇能说明中西美学传统的不同。

宗白华讲艺中有道,意境内部有必然性,艺术通过秩序的网幕表现生命的节奏,这些论点很有启发意义。然而他讲艺术理想,以泛神论为哲学基础,强调天人合一、宇宙的生命节奏与自我内心节奏合一,这种理论不足以说明艺术意境的多样性,也引导人脱离现实生活。

---

① 宗白华:《中国艺术意境之诞生》(增订稿),《宗白华全集》第 2 卷,第 369 页。
② 宗白华:《论文艺的空灵与充实》,《宗白华全集》第 2 卷,第 348 页。

五、鲁迅

在美学领域里，鲁迅赞同文艺为人生的思想。文艺必须是为人生的，这是五四时期启蒙思想家共同的观点。鲁迅在《南腔北调集·我怎么做起小说来》一文中写道："说到'为什么'做小说罢，我仍抱着十多年前的'启蒙主义'，以为必须是'为人生'而且要改良这人生。"[①]他说：他深恶先前的称小说为"闲书"，认为文艺不是无所为而为的，所谓"为艺术的艺术"不过是"消闲的新式的别号"。鲁迅在《二心集·艺术论译本序》中，同意普列汉诺夫关于劳动先于艺术生产的观点，并说："普力汗诺夫之所究明，是社会人之看事物和现象最初是从功利底观点的，到后来才移到审美底观点去。在一切人类所以为美的东西，就是于他有用——于为了生存而和自然以及别的社会人生的斗争上有着意义的东西。"[②]固然在欣赏美的事物时，几乎并不想到它的功用。唯心论者于是认为审美活动、艺术创作是无所为而为的，是超功利的，还说游戏的本能先于劳动等等。其实，艺术的功利性质，是可由科学的分析而被发现的。他说："美底享乐的特殊性，即在那直接性，然而美底愉快的根柢里，倘不伏着功用，那事物也就不见得美了。并非人为美而存在，乃是美为人而存在的。"[③]这是从美与美感的起源来论证美为人而存在，艺术是为人生的，而并非无所为而为。

---

① 鲁迅：《鲁迅全集》，第四卷，人民文学出版社 2005 年版，第 526 页。
② 同上书，第 269 页。
③ 同上书，第 269 页。

这是唯物论的观点，同唯心主义的形式主义的美学观点是相对立的。

朱光潜讲意境，特别强调静穆。鲁迅批评了这种观点。

朱光潜说："艺术的最高境界都不在热烈"，而在于和平静穆。他说古希腊人大都"把和平静穆看作诗的极境"，是诗的最高境界。朱光潜认为"这种境界在中国诗里不多见，屈原、阮籍、李白、杜甫都不免有些金刚怒目，忿忿不平的样子。陶渊明浑身是'静穆'，所以他伟大"。[①] 朱光潜不止一次地宣传这种观点。鲁迅在《且介亭杂文二集·题未定草（六至九）》中批评了他。鲁迅说：艺术趣味本来有种种不同，有的爱读《江赋》《海赋》那样描写大江大海的赋，有的欣赏《小园》《枯树》那样的小赋，这没有什么不好。但是，把和平静穆作为诗的极境，而厌恶那种金刚怒目、忿忿不平的样子，却是"徘徊于有无生灭之间的文人"的心情的表现。

鲁迅这样说，是因为他在美学理论上比较好地解决了艺术的永久性与相对性的辩证关系。讲艺术意境理论，梁启超强调相对性，朱光潜强调永久性，他们各执一端，却没有解决好艺术的普遍性与特殊性，永久性与暂时性的矛盾。鲁迅比较正确地阐述了这个问题。他说："文学有普遍性，但有界限；也有较为永久的，但因读者的社会体验而发生变化。北极的爱斯基摩人和非洲腹地的黑人，我认为是不会懂得"林黛玉型"的；健全而合理的好社会中人，也将不能懂得，他们大约要比我们的听讲秦始皇焚书，黄巢杀人更其隔膜。一有变化，即非永久，说文学独有仙骨，是做梦的人

① 朱光潜：《说"曲终人不见，江上数峰青"》，《欣慨室中国文学论集》，中华书局 2012 年版，第 38 页。

们的梦话。"①就是说，艺术品的欣赏是有条件的，与欣赏者的社会
体验有关。艺术价值的永久性、普遍性只能是相对的、有条件的。
林黛玉不是什么无条件的永恒的典型。因此，他说："普遍、永久、
完全，这三件宝贝自然是了不得的，不过也是作家的棺材钉，会将
他钉死。"②

　　鲁迅强调讲艺术意境，要把艺术和艺术家放到特定的具体的
社会历史条件下去考察，不要悬一个艺术上的"极境"，然后寻章
摘句地论证一番。这是个研究意境理论的方法论问题。是从唯
物史观具体地加以分析，还是形而上学地作孤立的考察，这是根
本不同的两种方法。

　　而且，鲁迅认为"金刚怒目"式的艺术意境更应当引起人们的
注意，因为那些是为人生的艺术。文艺家要敢于面对现实，对社
会的不平表示愤怒、抗争，才能创造伟大的作品。这是从屈原、司
马迁、韩愈到黄宗羲一脉相承的传统，即要求文学艺术反映社会
矛盾的传统。中国古代美学的"言志"说和艺术意境理论是源远
流长、丰富多彩的，其中有"温柔敦厚"的诗教，有"羚羊挂角、无迹
可求"的传统，也有"金刚怒目"式的传统。太史公说："《诗三百
篇》，大抵贤圣发愤之所为作也。此人皆意有所郁结，不得通其道
也，故述往事，思来者。"③韩愈进而提出"不平则鸣"之说。黄宗羲
赞美风雷之文，以为"豪杰之精神不能无所寓"，"苟不得其所寓，
则若龙挐虎跋，壮士囚缚，拥勇郁遏，坌愤激讦，溢而四出，天地为

---

① 鲁迅：《花边文学·看书琐记》，《鲁迅全集》第 5 卷，第 560 页。
② 鲁迅：《且介亭杂文·答〈戏〉周刊编者信》，《鲁迅全集》第 6 卷，第 151 页。
③ 司马迁：《太史公自序》，《史记》，第 3300 页。

之动色,而况于其他乎"!① 他以为,正是由于这种剧烈的矛盾冲突,产生了雄伟的艺术。所以,不能认为一讲艺术意境便要追求"和平静穆"、"羚羊挂角"。鲁迅实际上是叫人注意,中国古典美学中还有一个更值得重视的"金刚怒目"式的传统。

鲁迅在美学上的更重要的贡献,是在于他总结了自己的小说创作的经验,研究了中国小说史和中国传统艺术,又受了西方美学理论的启发,因而对典型性格理论作了比较深刻的探讨。这方面的贡献,我们不说了。

总起来看,中国近代美学关于意境理论的探讨,是有成绩的。王国维开始使传统的意境理论近代化,他运用西方的典型化学说来解释诗词的意境,有给人耳目一新之感。但他有形式主义、脱离现实的倾向,片面地强调了严羽、王渔洋等为艺术而艺术的传统,以致使后人产生一种错觉,以为一讲意境、境界,便是司空图、严羽那一套。王国维以后,梁启超讲趣味,朱光潜讲形相的直觉,宗白华讲艺中之道,他们各自强调了一个侧面。这样,他们把意境理论问题的探讨引向了深入,使理论内容更丰富了,但同时也都导致了唯心主义。鲁迅批评了艺术脱离现实、超功利的倾向,比较正确地解决了艺术趣味的相对性与永久性的问题。他要求在社会历史背景中来考察艺术意境,并强调指出要重视那"金刚怒目"式的传统。鲁迅对艺术意境理论和典型性格理论,都作了创造性贡献,他为建立中国化的马克思主义美学作了开拓性的工作。

---

① 黄宗羲:《靳熊封诗序》,《黄宗羲全集》第 10 册,第 62 页。

黄宗羲与近代历史主义方法[*]

　　黄宗羲是一位立足于当时的现实而又一脚跨进了未来的伟大思想家。他的思想充满了辩证法的光辉。他第一个为中国近代勾画了一幅民主主义的蓝图(尽管是粗略的),并以"风雷之文"召唤"豪杰之士"起来冲破"囚缚",为迎接新时代的到来而斗争。黄宗羲对中国近代思想产生了多方面的影响,我这里主要就历史主义这一侧面作一简要阐述。

　　中国近代经历了社会大变革,也经历了一次哲学革命,后者是在中西文化的冲突与合流过程中实现的,它现在还在继续着。哲学革命是思维方式的根本革命,包括逻辑和方法论的革命。近代哲学家在这方面作了许多探索。他们力图把西方文化中最优秀的成果移植到中国的合适土壤,找到中西哲学在逻辑方法上的交接点,以便促使中国哲学近代化,或者说,使中国哲学成为世界哲学的重要组成部分。黄宗羲的历史主义富于辩证法,因而成为方法论近代化的重要渊源。

　　在黄宗羲以前,王阳明把理看作一个过程,以为工夫与本体

---

* 本文是国际黄宗羲学术讨论会上的发言稿,原载《浙江学刊》1987 年第 1 期,并收入《黄宗羲论——国际黄宗羲学术讨论会论文集》。

是统一的。这一思想具有重大的方法论意义。黄宗羲进而提出了"心无本体,工夫所至,即是本体"①的著名论点。他否定心是虚寂的本体,把本体看作是随工夫(精神活动)而展开的过程。在这一过程中,此心"一本而万殊",于是表现为"殊途百虑之学"。那些学术卓然成家的学者从不同的途径去把握真理,虽深浅有异,醇疵互见,但对本体各有所见。学派纷争的历史,正体现了本体随工夫而展开的运动,而史家只有运用历史主义的态度来进行系统的批判考察,才能把握其"一本而万殊"的脉络。

黄宗羲的历史主义方法大致包括如下几个要点:第一,要把握各学派、学者的宗旨。只有详细占有材料,经过分析研究,认识"其人一生之精神",抓住他的要旨,头脑,才能真正把握哲学家的体系。第二,要着重研究各学派学者的独创见解。"道非一家之私,圣贤之血路,散殊于百家。"②学问贵有真知灼见。对史家来说,"有一偏之见,相反之论",正应"著眼理会"③。第三,进而把各学派联系起来进行考察,以求把握贯串其中的学脉,即把握其流变、发展的线索。第四,把握了一贯的学脉,著成书,使人们能从中吸取经验教训,并进一步去做切实的工夫。

中国明清之际达到了封建社会的自我批判阶段,各个领域都需要回顾,作批判性的反思,总结。所以,历史主义态度可说是明清之际时代精神的表现。王夫之提出了理势统一的历史观;顾炎

---

① 黄宗羲:《明儒学案·自序》,《黄宗羲全集》第 7 册,第 3 页。
② 黄宗羲:《南雷文定·清溪钱先生墓志铭》,《黄宗羲全集》第 10 册,第 351 页。
③ 黄宗羲:《明儒学案·发凡》,《黄宗羲全集》第 7 册,第 6 页。

武说"经学自有源流"①，论音韵则"列古今音之变，而究其所以不同"②；叶燮在《原诗》中写道："诗有源必有流、有本必有末"，"未有一日不相续相禅而或息者也"。这都是一种历史主义的态度。但黄宗羲的历史主义方法讲得最为全面。他以为学术史不应是偶然事件的堆集，不应是像禅宗《传灯录》那样的宗谱，而是有其一贯的脉络，即合乎规律的发展，而这种学脉是可以从"分源别派，使其宗旨历然"③中来把握的。这是全理的见解，包含有逻辑和历史统一的思想萌芽，所以不仅是学术史的方法，而且具有一般的方法论原理的意义。

黄宗羲的历史主义直接影响了浙东史学。"工夫所至，即是本体"④，而本体与工夫的关系，亦即理事，道器的关系。章学诚说："六经皆史也"⑤。这一命题本来是王阳明首先提出的，到章学诚得到充分发挥。他以为理在事中，道不离器，"六经皆史"即"六经皆器"⑥。六经是在一定历史条件下的政教典籍，其中所记载的是器，说明了当其"时会"应采取的措施，这就是"当然"。学者不但应知其"当然"，还应知其"所以然"，这就要求在"器"中、即在"史"中来认识"道"。

后来龚自珍更进一步，以为不仅六经皆史，而且诸子百家皆史。

---

① 顾炎武：《亭林文集》卷四《与人书四》，黄珅等主编：《顾炎武全集》第 21 册，上海古籍出版社 2011 年版，第 139 页。
② 顾炎武：《亭林文集》卷二《音学五书序》，《顾炎武全集》第 2 册，第 8 页。
③ 黄宗羲：《明儒学案·自序》，《黄宗羲全集》第 7 册，第 4 页。
④ 同上书，第 3 页。
⑤ 章学诚：《文史通义·易教上》，叶瑛校注：《文史通义校注》，中华书局 1985 年版，第 1 页。
⑥ 章学诚：《文史通义·原道中》，《文史通义校注》，第 132 页。

"出乎史，入乎道。欲知大道，必先为史。"①每一种学说都是一定条件下的产物，对一切历史文献，都应从史的观点来加以考察，历史地对待它们。这样"善入"而又"善出"，才能认识大道。正是根据这种历史主义态度，他提出"一代之治即一代之学"②的著名论点。

从黄宗羲、章学诚到龚自珍，都以为道展开为史，所以只有对对象作历史的考察，才能把握道。他们的历史主义态度都以历史变易观为根据，基本上是《易》"穷则变，变则通，通则久"的朴素辩证法思想，而并非近代意义的进化论。以上所述大致是历史主义方法演变的第一阶段。

戊戌变法时期，康有为提出"公羊三世"说，严复译述《天演论》，中国哲学进入了进化论阶段，并逐渐冲破经学外壳而取到近代化的形式。近代意义的进化论，以为"类"并非一成不变的，每一物种、每一社会形态各有独特的本质和规律，一个物种向另一个物种、一种社会形态向另一社会形态的转化，便是一种规律取代另一规律，这种转化、取代的过程表现为由低级到高级的进化运动。所以人类历史不是一治一乱的循环、不是回复到古代去，它是个向前发展的过程，理想在未来，而不是在太古。这是前所未有的观点，是哲学思想的革命变革。

从这时开始，历史主义与进化论结合起来了。梁启超、章太炎、王国维、胡适的历史主义方法，都是以进化论为其理论基础的。胡适在《中国哲学史大纲·导言》中阐述了其历史方法，认为研究哲学史要达到三个目的：（一）明变，即把握古今沿革变迁的

---

① 龚自珍：《尊史》，王佩诤校：《龚自珍全集》，上海古籍出版社 1999 年版，第 81 页。
② 龚自珍：《乙丙之际箸议第六》，《龚自珍全集》，第 4 页。

线索；（二）求因，即寻出这沿革变迁的原因；（三）评判，即从效果看这些学说有什么价值。在梁、章、王、胡那里，求因意味着比较具体地说明其"所以然"，而不是像章学诚那样笼统地即事求"道"。但是梁启超把原因归结到"心力"，胡适则主张多元论历史观，因而他们并未能真正阐明历史的因果律。以上大致可以看作是历史主义方法演进的第二阶段。

五四时期，李大钊第一个由进化论转向唯物史观。他开始"不求其原因于心的势力，而求之于物的势力。"[①]马克思主义者以唯物史观为依据，将历史主义建立在唯物辩证法之上，认为研究历史必须把握其原始的基本的关系即发展的根据，系统地考察矛盾展开、转化的过程，指明发展的可能性、趋势，以指导行动。如果说，章学诚主张即事而求道，进化论者提出由明变而求因，那末唯物史观则进而要求从历史与逻辑的统一中来揭示发展的真正根据，把握矛盾发展的全过程。后者即构成了历史主义方法演变的第三阶段。

近代历史主义方法大致经历了上述演变过程。从这一简要的考察中，我们看到：黄宗羲历史主义方法中的合理因素，即全面地考察一定时代的学术流派，揭示各家之宗旨，通过对"相反之论，一偏之见"的比较分析，并联系起来以把握一定时代的学脉等等，这些并没有被抛弃，而是经过进化论阶段的发展，进一步被安置在唯物史观的基础上，融入于唯物辩证法的历史主义之中。

---

① 李大钊：《李大钊全集》第 3 卷，第 218 页。

青年梁启超的自由学说*

戊戌变法时期,中国近代哲学进入了进化论和人道主义的发展阶段,康有为、严复、谭嗣同、梁启超是其代表人物。当时,青年梁启超以生花之笔,用人道主义冲决封建专制主义,用"自由"反对"奴性",从认识论和伦理学的角度探讨了"我之自由"的意义,起了广泛的思想解放的作用。诚如他自己所说:"梁启超可谓新思想界之陈涉。"[①]在 1903 年(梁卅一岁)以前,这称号对他来说是当之无愧的。现在我们来回顾青年梁启超的自由学说,重温他在这一时期写的《自由书》、《新民说》等著作,也仍然会感到字里行间洋溢着生气和活力,富有启发意义。

康、梁关于"自由"的争论

梁启超起初主要是宣传康有为的变法理论。在湖南时务学堂,他和谭嗣同、唐才常等举的是"两面旗帜":"一是陆王派的修

---

* 本文原发表于《学术月刊》1987 年 1 月号。
① 梁启超:《清代学术概论》,《饮冰室合集》专集之三十四,第 65 页。

论；一是借《公羊》、《孟子》发挥民权的政治论"，[①]这也是对康有为学说的发挥。当时反对派编的《翼教丛编》也说："梁启超主讲时务学堂，张其师说，……其言以康之《新学伪经考》、《孔子改制考》为主，而平等民权，孔子纪年诸学辅之。"（《翼教丛编·序》）

康有为一贯打着"孔教"的招牌。梁启超当时公开著论，托之《公羊》、《孟子》，并声称"启超之学，实无一字不出于南海"。[②] 但他实际上不赞成独尊孔教，以为定于一尊只能束缚人的心思才能。在《与严幼陵先生书》（1897 年春）中，他已表示十分赞赏严复"教不可保，而亦不必保"之说。他向往百家并作的局面，并以陈胜、吴广自许，说：

> 启超常持一论，谓凡任天下事者，宜自求为陈胜、吴广，无自求为汉高，则百事可办。[③]

就是说，他认为应该在思想界作揭竿起义的叛逆，打破定于一尊的传统，至于要为思想界"缔造一开国规模"，那是以后的事。正是这"自求为陈胜、吴广"的思想发展起来，使得梁启超同康有为产生了矛盾。

1900 年，康、梁之间发生了关于"自由"之义的争论。梁启超在给康有为的信中写道：

---

① 梁启超：《蔡松坡遗事》，丁文江、赵丰田编：《梁启超年谱长编》第 1 册，上海人民出版社 2009 年版，第 55 页。
② 梁启超：《致汪诒年书》，《梁启超年谱长编》第 1 册，第 65 页。
③ 梁启超：《与严幼陵先生书》，《饮冰室合集》文集之一，第 107 页。

来示于自由之义,深恶而痛绝之,而弟子始终不欲弃此义。窃以为天地之公理与中国之时势,皆非发明此义不为功也。弟子之言自由者,非对于压力而言之,对于奴隶性而言之,压力属于施者,奴隶性属于受者。(施者不足责亦不屑教诲,惟责教受者耳。)中国数千年之腐败,其祸极于今日,推其大原,皆必自奴隶性来,不除此性,中国万不能立于世界万国之间。而自由云者,正使人自知其本性,而不受钳制于他人。今日非施此药,万不能愈此病。①

他认为,"自由"既与"压迫"相对,也与"奴性"相对。对于残暴的压迫者(施者),不是批评教育的问题,而对于被压迫者(受者)的奴隶性,却必须用批评教育来加以破除。如何来破除奴性?首先必须施自由之药、兴民权之说。但康有为却说"但当言开民智,不当言兴民权"。梁启超反驳说:"弟子见此二语,不禁讶其与张之洞之言甚相类也。夫不兴民权,则民智乌可得开哉?"②兴民权,讲自由,使人有独立自主的人格,敢于去冲决三纲之压制和古学的束缚,这正是开民智的先决条件。他说:"故今日而知民智之为急,则舍自由无他道矣。中国于教学之界则守一先生之言,不敢稍有异想;于政治之界则服一王之制,不敢稍有异言。此实为滋愚滋弱之最大病源。"③他寻找中国之所以愚弱的病源,归之于奴隶性,而奴隶性就表现在两方面,即政治上"服一王之制"和学术

---

① 梁启超:《致南海夫子大人书》,《梁启超年谱长编》第 2 册,第 153 页。
② 同上书,第 154 页。
③ 同上注。

上"守一先生之言"。

而"一王之制"和"一先生之言"，即压迫者的专制主义，又正是造成国民奴性的原因。专制君主对人民"役之如奴隶，防之如盗贼"，久而久之，人民也"以奴隶盗贼自居"。孔教独尊，"强一国人之思想使出于一途"，久而久之，"全国之思想界销沈极矣！"所以他说："专制久而民性漓也"，"学说隘而思想窒也"。① 那么，对两千年来专制的政治统治和孔教独尊应该怎么办呢？梁启超提出"破坏主义"，说：

> 吾请以古今万国求进步者独一无二不可逃避之公例，正告我国民。其例维何？曰破坏而已。
>
> 必取数千年横暴混浊之政体，破碎而斋粉之，使数千万如虎、如狼、如蝗、如蝻、如蛾、如蛆之官吏，失其社鼠城狐之凭借，然后能涤荡肠胃以上于进步之途也。必取数千年腐败柔媚之学说，廓清而辞辟之，使数百万如蠹鱼、如鹦鹉、如水母、如畜犬之学子，毋得摇笔弄舌舞文嚼字为民贼之后援，然后能一新耳目以行进步之实也。而其所以达此目的之方法有二：一曰无血之破坏，二曰有血之破坏。无血之破坏者，如日本之类是也；有血之破坏者，如法国之类是也。②

他当时以为，中国如果不能像日本那样实行维新变法，那也应该像法国那样实行流血的革命。而为要实行"破坏主义"，便须唤

---

① 梁启超：《新民说·论进步》，《饮冰室合集》文集之四，第59页。
② 同上书，第64—65页。

起民族精神,把攻击的矛头针对向外国侵略者屈膝投降的清王朝统治者,所以他也赞成"排满"的口号。梁启超当时在政治上倡导"革命、排满、共和"之论,和资产阶级革命派的言论是一致的。

梁启超的破坏主义的影响主要在思想界。1902 年他写《保教非所以尊孔论》,反对把孔子视为教主,而主张还孔子以本来面目:"孔子者哲学家、经世家、教育家,而非宗教家也。"在他看来,孔子的学说中有"通义",有"别义":通义是"万世不易者",而别义则是"与时推移者"。假使孔子生在今日,他对他的教义一定会"有所损益"。所以不能把孔子学说看作宗教教条。但自汉武帝罢黜百家、独尊儒术之后,二千多年来,"言考据则争师法,言性理则争道统,各自以为孔教,而排斥他人以为非孔教",从董仲舒、郑玄、韩愈,以至程、朱、陆、王、纪昀、阮元等,无不"依傍"孔子,不能自开生面,而彼此互相攻讦,"如群猿得一果,跳掷以相攫;如群妪得一钱,诟骂以相夺,其情状抑何可怜哉!"为什么会造成这种可怜状况?"无他,暖暖姝姝,守一先生之言,其有稍在此范围外者,非惟不敢言之,抑亦不敢思之,此二千年来保教党所成就之结果也。"①

历史上的保教党是如此,那么今日之言保教者又如何呢? 他们花样翻新,取西方近代的新学理来比附,"曰某某者孔子所已知也,某某者孔子所曾言也"。梁启超以为这种比附的办法虽出于一片苦心,实际上却"重诬孔子而益阻人思想自由之路"。

① 参见梁启超:《保教非所以尊孔论》,《饮冰室合集》文集之九,第 50—59 页。

他说：

> 若必一一而比附之纳入之，然则非以此新学新理厘然有
> 当于吾心而从之也，不过以其暗合于我孔子而从之耳。是所
> 爱者仍在孔子，非在真理也。万一遍索之于四书六经，而终
> 无可比附者，则将明知为铁案不易之真理，而亦不敢从矣；万
> 一吾所比附者，有人从而剔之，曰孔子不如是，斯亦不敢不弃
> 之矣。若是乎真理之终不能饷遗我国民也。故吾最恶乎舞
> 文贱儒，动以西学缘附中学者，以其名为开新，实则保守，煽
> 思想界之奴性而滋益之也。①

梁启超自己本来也搞"不中不西、即中即西"之学，难免"以西学
缘附中学"。但他此时认识到这种"比附"的办法是在维护孔教
而非热爱真理，所以只能使思想界之奴性滋长。为要使思想
从孔教的束缚下解放出来，必须反对"比附"、"托古"。因此，
他感到"今是昨非，不能自默"，便"我操我矛以伐我"②。但"伐
我"实际上也是攻击老师。他后来在《清代学术概论》中说得很
明白：

> 中国思想之痼疾，确在"好依傍"与"名实混淆"。……康
> 有为之大同，空前创获，而必自谓出孔子。及至孔子之改制，
> 何为必托古？诸子何为皆托古？则亦依傍混淆也已。此病

---

① 梁启超：《论保教非所以尊孔》，《饮冰室合集》文集之九，第56页。
② 同上注。

根不拔,则思想终无独立自由之望。启超盖于此三致意焉。然持论既屡与其师不合,康、梁学派遂分。①

康、梁之间的矛盾,就在于梁启超用"自由"反对"奴性",于是倡"革命、排满、共和"之论,反对保教。

梁启超当时以一种"平易畅达"、"笔锋常带情感"的新文体,宣传破坏主义,猛烈抨击中国旧思想界之奴性,并"将世界学说为无制限的尽量输入",是具有启蒙作用的。但他总是"随有所见,随即发表",所以他的著作难免浅薄芜杂之病,并且多有前后矛盾之处。梁启超颇有自知之明。他批评自己说:"尝言,我读到'性本善'则教人以'人之初'而已。殊不思'性相近'以下尚未读通,恐并'人之初'一句亦不能解,以此教人,安见其不为误人?"然而,正如他自己所肯定的:

> 平心论之,以二十年前思想界之闭塞委靡,非用此卤莽疏阔手段,不能烈山泽以辟新局。就此点论,梁启超可谓新思想界之陈涉。②

这是他1920年说的话。其中的"二十年前"是指本世纪初。梁启超的主要功绩,在于他在本世纪初,发挥了"烈山泽以辟新局"的历史作用。

---

① 梁启超:《清代学术概论》,《饮冰室合集》专集之三十四,第65页。
② 同上注。

认识论上的"除心奴"说

从哲学来说，这个"新思想界之陈涉"的主旨，就在颂扬精神之自由，反对精神受奴役。

同严复一样，梁启超用"自由"一词，既具政治意义，也指哲学范畴。他说："自由者，天下之公理，人生之要具，无往而不适用者也。"[①]"数百年来世界之大事，何一非以'自由'二字为之原动力者耶？"[②]"自由云者，正使人自知其本性，而不受钳制于他人。"[③]在他看来，自由是人的本性（本质），是人生的一切活动的原动力，所以，它是"天下之公理"。但他认为，真正的自由可归结为"我之自由"、精神之自由。他说：

> 一身自由云者，我之自由也。虽然，人莫不有两我焉：其一，与众生对待之我，昂昂七尺立于人间者是也；其二，则与七尺对待之我，莹莹一点存于灵台者是也。（孟子曰："物交物，则引之而已矣"。物者，我之对待也，上物指众生，下物指七尺即耳目之官，要之，皆物而非我也。我者何？心之官是已。先立乎其大者，则其小者不能夺也。惟我为大，而两界之物皆小也。小不夺大，则自由之极轨焉矣。）[④]

---

① 梁启超：《新民说·论自由》，《饮冰室合集》专集之四，第 40 页。
② 同上书，第 44 页。
③ 梁启超：《致南海夫子大人书》，《梁启超年谱长编》，第 155 页。
④ 梁启超：《新民说·论自由》，《饮冰室合集》专集之四，第 46 页。

自近代之初，龚、魏便提出"我"和"物"的关系问题。龚自珍说："天地，人所造，众人自造。……众人之宰，非道非极，自名曰我。"①魏源进而说："物必本夫我。……善言我者，必有乘于物。"②这个"我"与"物"的关系，经梁启超明确指出，包含有两个方面问题：一是指我与众生，即我与人、己与群的关系，二是指心与物，即精神与物质的关系。关于前者，待下文再说。关于后者，梁启超着重从认识论角度作了探讨。在上述引文中，他以"心之官"为我，即以与形体（七尺之躯）相对待之精神、心灵为我。"唯我为大，而两界之物皆小也。"真正的自由在于先立乎其大者，以我役物，而不为物役。他说："辱莫大于心奴，而身奴斯为末矣。"③精神上的奴隶比之身体受奴役更为可耻。他列举了"心奴隶之种类"：诵法孔子，"为古人之奴隶"；俯仰随人，"为世俗之奴隶"；听从命运安排，"为境遇之奴隶"；心为形役，"为情欲之奴隶"。他说："若有欲求真自由者乎，其必自除心中之奴隶始。"④

梁启超特别把他的"除心奴"的学说，同培根、笛卡儿联系起来。在《近世文明初祖二大家之学说》一文中，他说："为数百年来学术界开一新国土者，实惟培根与笛卡儿。"又说："培氏笛氏之学派虽殊，至其所以有大功于世界者，则惟一而已，曰：破学界之奴性是也。"在他看来，培根主张打破各种"偶像"，笛卡儿运用"系统的怀疑"方法，都是反对奴性，而倡导一种精神，"即常有一种自由

---

① 龚自珍：《壬癸之际胎观第一》，《龚自珍全集》，第 12 页。
② 魏源：《皇朝经世文编叙》，贺长龄、盛康编：《皇朝经世文正续编》，广陵书社 2011 年版。
③ 梁启超：《新民说·论自由》，《饮冰室合集》专集之四，第 47 页。
④ 同上注。

独立、不傍门户、不拾唾余之气概而已。"正是这种自由独立的精神，促进了西方政治学术的迅猛发展。中国如果缺乏这种精神，那么即使天天读西书、讲西语，也依然是"奴性自若"。他召唤说：

> 呜呼！有闻培根笛卡儿之风而兴者乎！第一，勿为中国旧学之奴隶；第二，勿为西人新学之奴隶。我有耳目，我物我格；我有心思，我理我穷。车驱之，车驱之，何渠不若汉。①

梁启超把由培根开创的英国经验主义称为"格物派"，把由笛卡儿开创的欧洲大陆理性主义称为"穷理派"，而以"我有耳目，我物我格；我有心思，我理我穷"几句话加以综合，也就是把经验和理性统一于"我"，统一于精神。这虽是对培根和笛卡儿的折衷，实际上是偏袒笛卡儿的。如果说严复比较系统地介绍了英国经验主义，那么梁启超从王学出发，就比较偏向欧洲大陆理性主义了。下面这一段话就是理性主义者的口吻：

> 夫心固我有也，听一言，受一义，而曰我思之，我思之，若者我信之，若者我疑之。……高高山顶立，深深海底行，其于古人也，吾时而师之，时而友之，时而敌之，无容心焉，以公理为衡而已。自由何如也！②

---

① 梁启超：《近世文明初祖二大家之学说》，《饮冰室合集》文集之十三，第9页。
② 梁启超：《新民说·论自由》，《饮冰室合集》专集之九，第47页。

就是说,理性(心)是我固有的,我独立思考,高瞻远瞩,深入探索,完全以"公理"为权衡标准,对别人的意见和古人的著作,有的相信,有的怀疑,有的赞同,有的反对,这就是精神的自由。他又说:

> 我有耳目,我有心思,生今日文明灿烂之世界,罗列中外古今之学术,坐在堂上而判其曲直,可者取之,否者弃之,斯宁非丈夫第一快意事耶?"①

认为理性高踞在审判台上,中外古今的学说全被推到台前来受审,这是近代启蒙学者的革命气概和理性主义精神。它使我们自然地联想起:中国也到了如黑格尔所说的"世界用头立地的时代"②。

梁启超还说:"思想之自由,真理之所从出也。"③他深信,只要破除心中之奴隶,让理性自由活动,真理就会源源不绝地涌出来。他认为,这可以学术史为佐证:"古今诸学术中,其进化最速者,必其思想辩论,恢恢乎有自由之余地者也。"④数学、物理学进步最快,就是因为这些领域中,学者能自由发表见解,互相辩诘,无所顾忌,无所束缚。而政治学、宗教学、伦理学等则进步最慢,原因"大率为古来圣贤经典所束缚,为现今政术风俗所牵制",于是,

---

① 梁启超:《保教非所以尊孔论》,《饮冰室合集》文集之九,第56页。
② 参见恩格斯:《社会主义从空想到科学的发展》,《马克思恩格斯选集》第3卷,第356页。
③ 梁启超:《近世文明初祖二大家之学说》,《饮冰室合集》文集之十三,第9页。
④ 同上注。

"意识之自由，未能尽其用也"。①

在《近世第一大哲康德之学说》一文中，他也强调说："康氏以自由为一切学术人道之本。"又说，康德"以自由之发源全归于良心（即真我）"②。梁启超以为，真我即解脱了一切束缚的我，亦即王阳明所谓"良知"。在他看来，世界第一原理是真我即良知（理性），而自由是真我的本性，一切有价值的学术文化都是理性自由活动的结果。这就引导到先验论的唯心主义去了。

梁启超的唯心主义见解颇为芜杂。如说："三界唯心"，"境者心造也。一切物境皆虚幻，惟心所造之境为真实"③等等，都是陈腐的见解，我们无须多加论述。值得注意的是：他是由于反对奴性、强调精神的自由与理性的权威，而要求培养独立自由的人格，从而陷入片面性，导致唯心主义的。因此，剥去其唯心主义的外衣，里面有着合理的成份。

伦理学上的"新民"说

现在再来看梁启超如何从我与人、己与群的关系来论述"我之自由"，倡导伦理学上的"新民"说。

继严复用"群与群争"来解释历史进化之后，梁启超进而断言"群"是历史进化的主体（实体）。他说："欲求进化之迹，必于人群。使人人析而独立，则进化终不可期，而历史终不可起。盖人

---

① 梁启超：《近世文明初祖二大家之学说》，《饮冰室合集》文集之十三，第9页。
② 梁启超：《近世第一大哲康德之学说》，《饮冰室合集》文集之十三，第62页。
③ 梁启超：《自由书·唯心》，《饮冰室合集》专集之二，第45—46页。

类进化云者，一群之进也，非一人之进也。"①他以为，就各个人说，古人的肢体和今人无多大差别，而论性灵，则周公、孔子、柏拉图、亚里士多德决不比今人差。但今天的乳臭小儿也懂得许多周、孔所不能知、不能行之事，那是为什么呢？是"食群之福，享群之利"，是因为有群体代代相传，所以人类的智慧、才力、道德能够不断进化。他说："一个人，殆无进化也；进化者，则超于个人之上之一人格而已，即人群是也。"②"群"是"超于个人之上之一人格"，亦即所谓"大我"。大我指一定人群（社会集团）之共性，体现于所谓社会心理、民族精神、国民意识等之中。

梁启超从他的历史进化"以群为体"的观点来提出他的"新民"说。他在著名的《新民说》中写道："国也者，积民而成"，然而"聚群盲不能成一离娄，聚群聋不能成一师旷，聚群怯不能成一乌获"，中国要建立新国家、新群体，必须先有"新民"。他说："新民云者，非新者一人，而新之者又一人也，则在吾民之各自新而已。"③新民是民之自新，而不是靠他力强迫而新。他以为，"新之义有二：一曰淬厉其所本有而新之，二曰采补其所本无而新之。"④不论是淬厉所固有，还是采补所本无，都是出于民众之"自新"。

"自新"的主要内容就是"新民德"。而要"新民德"就要进行"道德革命"。他说：

---

① 梁启超：《新史学・史学之界学》，《饮冰室合集》文集之九，第9页。
② 同上注。
③ 梁启超：《新民说・论新民为今日中国第一急务》，《饮冰室合集》专集之四，第3页。
④ 梁启超：《新民说・释新民之义》，《饮冰室合集》专集之四，第5页。

> 且论者亦知道德所由起乎？道德之立，所以利群也。故因其群之文野之差等，而其所适宜之道德，亦往往不同。而要之，以能固其群善其群进其群者为归。[①]

道德的起源在于利群，而群是由野蛮而文明进化着的，因此道德也非一成不变："群之文野不同，则其所以为利益者不同，而其所以为道德者亦自不同。"当时的保守派总是说道德是永恒的，中国传统的伦理纲常是不能变的。而梁启超却说道德也"有发达有进步，一循天演之大例"。孔孟生于两千多年前，他们怎能制定适合今日之道德呢？所以他认为必须进行"道德革命"。而这却是一个当时最为警世骇俗的口号。他说：

> 呜呼！道德革命之论，吾知必为举国之所诟病。顾吾特恨吾才之不逮耳，若夫与一世之流俗人挑战决斗，吾所不惧，吾所不辞。世有以热诚之心爱群、爱国、爱真理者乎？吾愿为之执鞭，以研究此问题也。[②]

梁启超的"新民"说，当然是要培养资本主义的"新人"，有其历史的局限性。但他勇敢地向传统的封建道德挑战，无疑有其进步意义。他的道德革命的口号矛头针对三纲五伦，而且也批判了"让而不争"、"束身寡过"之类的弱者道德。梁启超认为，中国儒家教人礼让，本意是对有权力者"导之以让而勿使滥用其强权"，

---

① 梁启超：《新民说·论公德》，《饮冰室合集》专集之四，第14页。
② 同上书，第15页。

对无权力者"亦导之以让而勿使撄强权之锋也"。无奈,在事实上是"弱者让而强者不让",所以"但有让而无争,则弱者必愈弱,强者必愈强"。① 中国人要自强、自新,必须摒弃这种让而无争的旧道德,而应该根据"竞争者进化之母"的原理,提倡"争"。

梁启超把道德区分为公德与私德:"人人独善其身者谓之私德,人人相善其群者谓之公德,二者皆人生所不可或缺之具也。"② 但他以为,中国旧伦理偏于讲私德,多数人持"束身寡过主义",洁身自好,不关心国家兴亡;他们只注重一私人之所以自处和一私人对于他私人之间的应有的关系,而忽视了私人对群体(社会、国家)的伦理关系。以君臣之伦来说,君使臣以礼,臣事君以忠,"全属两个私人感恩效力之事",根本没涉及个人对国家应尽的道德责任问题。他以为中国由于长期专制主义统治,使得"知有一己而不知有国家之弊,深中于人心",那些持束身寡过主义者,"畏国事之为己累"而成为冷漠的旁观者;而那些"家奴走狗于一姓而自诩为忠者,为一己之爵禄也,势利所在,趋之若蚁,而更自造一种道德以饰其丑而美其名也"。③ 所以既要批评束身寡过主义,更要反对家奴道德,行道德革命,就是要树立国家思想、群体观念,让大家以独立自尊的人格来尽"报群报国之义务"。

梁启超从爱国主义立场强调了公德即合群之德,但同时又说:"合群云者,合多数之独而成群也。"④"团体自由者,个人自由

---

① 梁启超:《政治学学理撷言》,《饮冰室合集》文集之十,第68页。
② 梁启超:《新民说·论公德》,《饮冰室合集》专集之四,第12页。
③ 梁启超:《新民说·论国家思想》,《饮冰室合集》专集之四,第22页。
④ 梁启超:《十种德性相反相成义》,《饮冰室合集》文集之五,第44页。

之积也。"①就是说，只有各个人独立、自由，才有群体的独立、自由，所以不能把独立与合群、自由与社会制裁（法律、道德规范等）截然对立起来。他说："欲求国之自尊，必先自国民人人自尊始。"②如果人民缺乏自尊之心，丧失自主之权，成了妾妇、奴隶、机器人、盗贼，那便不可能有独立强盛之国。

梁启超也肯定人都是利己的，也认为一切道德法律，都是在利己的基础上建立起来的。他说：

> 彼芸芸万类，平等竞存于天演界中，其能利己者必优而胜，其不能利己者必劣而败，此实有生之公例矣。西语曰："天助自助者。"故生人之大患，莫甚于不自助而望人之助我，不自利而欲人之利我。③

因此，他以为杨朱以"为我"立教，也有道理。但是否说墨子讲"兼爱"是错了呢？也不是。他根据日本加藤弘之的说法，以为"人类皆有两种爱己心：一本来之爱己心，二变相之爱己心。变相之爱己心，即爱他心是也"。因为人不能离开群而生存，"故善能利己者，必先利其群，而后己之利亦从而进焉。……故真能爱己者，不得不推此心以爱家、爱国，不得不推此心以爱家人、爱国人，于是乎爱他之义生焉。凡所以爱他者，亦为我而已"。④ 从这方面说，

---

① 梁启超：《新民说·论自由》，《饮冰室合集》专集之四，第46页。
② 梁启超：《新民说·论自尊》，《饮冰室合集》专集之四，第70页。
③ 梁启超：《十种德性相反相成义》，《饮冰室合集》文集之五，第48页。
④ 同上注。

梁启超也赞成边沁的功利主义。

不过他又以为："教育不普及,则乐利主义万不可昌言。"①民智不开,便谈不上求最大多数之最大幸福。他说:

> 幸福生于权利,权利生于智慧。故《诗》曰:"自求多福"。幸福者,必自求之而自得之,非他人之所得而畀也。一群之人,其有智慧者少数。则其享幸福者少数;其有智慧者多数,则其享幸福者多数;其有智慧者最大多数,则其享幸福者亦最大多数。其比例殆有一定,而丝毫不能差忒者。②

他以为幸福与知识成正比例,人民的知识、觉悟程度提高了,就能自己努力去争取幸福、利益;如果人民多数处于愚昧状态,便提倡求最大多数之最大幸福,那只能造成像尼采所说的:"多数之愚者压制少数之智者,为今日群治之病"③。所以,归根到底,"新民德"在于"开民智"。

在梁启超看来,在由"新民"建立的新的伦理关系中,独立与合群、自利与利他是统一的,权利与义务、道德与知识也是统一的。他并不认为这些因素之间有矛盾,而以为它们全都出于人的天性。他说:

> 天生人而使之有求智之性也,有独立之性也,有合群之

---

① 梁启超:《乐利主义泰斗边沁之学说》,《饮冰室合集》文集之十三,第36页。
② 梁启超:《政治学学理摭言》,《饮冰室合集》文集之十,第68页。
③ 同上注。

性也。①

　　天生人而赋之以权利，且赋之以扩充此权利之智识，保
护此权利之能力，故听民之自由焉、自治焉、则群治必蒸蒸日
上。有桎梏之戕贼之者，始焉窒窒其生机，继焉失其本性，而
人道乃几乎息矣。②

　　他以为，求智、独立、合群都是人的天性；要发展合群之性，必须使个
人有独立人格、自主之权，而己与群要争取权利、幸福，又依赖于天
赋的知识、能力的发挥。总之，只要使人的天性自由发展，而不窒息
其生机，那便如树木岁岁抽芽，水井息息涌泉，人道自会不断进步。

　　这当然是抽象的人性论。梁启超的"新民"说有其阶级的局
限性，而且他不懂得唯物史观，也没有马克思主义的社会实践观
点，不可能真正科学地解决群和己的关系问题。但他首倡道德革
命，指斥封建道德漠视独立人格，缺乏群体观念，而新道德则要求
独立与合群、权利与义务的统一；"欲求国之自尊，必先自国民人
人自尊始"；"听民之自由焉、自治焉，则群治必蒸蒸日上"。这些
思想都包含有一定合理因素，在今天也仍有借鉴作用。

　　1903 年以后，梁启超在政治上倒退到保皇派立场，他在思想
界的影响便越来越小了。但青年梁启超大力破学界之奴性，颂扬
精神的自由和人的尊严，这种人道主义精神却一直为后代的革命
者所继承和发扬。他从认识论和伦理学探讨了"我之自由"的意
义，则构成了中国近代哲学对主体性的探索的环节。

---

① 梁启超：《中国积弱溯源论》，《饮冰室合集》文集之五，第 29 页。
② 梁启超：《新民说·论进步》，《饮冰室合集》专集之四，第 58 页。

《罗素哲学》跋*

　　20 世纪 60 年代初，我每次到北京去看望金龙荪（岳霖）师时，他总是告诉我：在写《罗素哲学》一书。但我一直没有机会读他的手稿。去年年初，周礼全同志把金先生这部遗著的誊写稿转到我手里来了。我便叫人打印了若干份，在华东师大哲学研究所的青年教师和博士生讨论班上共同学习和讨论了几次。参加者都觉得很受教益。我们把这部遗著稍作整理之后，交上海人民出版社公开出版。

　　这部书是金先生在解放后（即在他转变为马克思主义者之后）最主要的著作。它是中国当代的一位杰出哲学家对西方当代的一位杰出哲学家的评论，这种评论是作者多年探索和思考的结晶，是精深而富于智慧的，因而如果人们要求了解和研究罗素哲学、了解和研究金岳霖哲学，都可以从中吸取营养，得到启发。

　　金先生自己曾多次说过，罗素对他的影响很大。他在《逻辑》一书中系统地介绍了罗素的数理逻辑，在哲学上他也曾表示赞赏罗素的新实在论。但从《论道》到《知识论》，金先生已把罗素哲学

---

*　金岳霖著：《罗素哲学》，上海人民出版社 1988 年 8 月第 1 版。这篇"跋"先发表于《哲学研究》1988 年第 7 期。

远远抛在后面了。《知识论》批评了罗素的"唯主方式"（即以"主观的或此时此地的感觉现象"为知识论的出发点的方式），而《罗素哲学》则进一步抓住了罗素哲学的"中心骨架"进行了比较全面的评析。罗素一生哲学著作很多，他的哲学思想很复杂，前后有许多变化，使人感到眼花缭乱，难以理出个头绪来。但金先生这本书却把罗素哲学的"要领"，即最本质的东西，清清楚楚地揭示出来了。罗素同贝克莱、休谟和许多实证论者一样，以为感觉为人们认识划定了界限，越出这界限是非法的，所以经验不能在意识和外界对象之间建立任何直接的联系。不过罗素又有其独特之处：他企图以感觉材料为基本材料，运用形式逻辑的工具，来建立一个认识论的演绎系统。但是，当罗素这样做的时候，他实际上是对形式逻辑的工具作了歪曲，变成形而上学的方法了。他先试图从对感觉材料的直接认识，演绎地推论出对客观事物的间接知识。碰了壁，于是改变办法，用"逻辑构造"来代替推论。凭借他的形而上学的"构造论"，他从感觉材料（后来叫作"事素"）构造出物质和事物、心灵和"我"。这就是所谓"中立一元论"的体系。金先生细致地解剖了这个体系，揭露了它的主观唯心主义的实质，也指出了罗素的失败的尝试中包含有重要的理论思维的教训。

从金先生本人的哲学思想的发展来说，《罗素哲学》一书的重要性就更为明显了。它从辩证唯物主义的观点考察了认识论和逻辑学中的某些带根本性的问题，提出了创造性的见解，标志着金先生晚年的哲学思想经历了一次飞跃而达到了新的高度。例如关于感觉的学说，《知识论》虽已突破了实证论所设置的障碍，肯定感觉能给予客观实在，但金先生当时还没有马克思主义的实践观点，还不懂得对象的实在感首先是由实践提供的。《罗素哲学》则把社会实践观点作为认识论的基石，肯定感觉与实践不能分离，而实践就是社会的人与客观事物打交道；历史地考察，正确的感觉映象已包含有实践的检验和科学认识的影响在内。所以，感觉能给予客观实在，感觉映象以客观事物为"蓝本因"，正是社会实践和科学史所反复证实了的。显然，本书第五章所阐发的感觉论，比之《知识论》来是大大前进了。当然，《知识论》中提出的"所与是客观的呈现"的论点并没有被否定，"耳得之而为声，目遇之而成色"的命题得到新的论证。但金先生对《论道》中的不能以名言传达的"能"却作了自我批评（见本书第六章），因为引进了实践观点，以"能"即物质实体属于非名言世界的不可知论倾向就被克服了。

再如在形式逻辑的理论方面，罗素由于受维特根斯坦的影响，从客观唯心论的先验论转变为主观唯心论的约定论。金先生虽也吸取了维特根斯坦的成就，肯定逻辑命题都具有重言式的结构，但他始终拒绝约定论，而认为逻辑有其客观的根据，这就是《论道》中的"式"。当然这也仍然是先验论的观点。但《罗素哲学》则根本否定了先验论，对概念的定义、命题的结构、摹状词、类、逻辑构造等，都从唯物主义观点作了解释。那么，形式逻辑的基本思维规律（同一律、排中律、矛盾律）的客观基础是什么？金先生提出了一个新论点："它们是最直接地反映'客观事物的确实性只有一个，这样一条相当根本的客观规律的。"[1]关于这一问题，

---

[1] 见《罗素哲学》第三章。

金先生另有一篇文章:《客观事物的确实性和形式逻辑的头三条基本思维规律》,[①]读者可以参看。这是饶有兴味而需要研究再研究的重要问题,金先生的这一论点也可以继续讨论。重要的是:他在抛弃了先验论的"式"之后,沿着辩证唯物主义的道路把逻辑基本理论向前推进了。

不过金先生这部书也受到写作时的客观条件的限制和"左"的思潮的影响,这点,周礼全同志在《序》中已指出了。我们在整理这部稿子时,曾对第一章作了一些删节,其他各章也有个别字句作了订正(其中有些是誊写者写错了的字)。这些,我们都是估计到:如果金先生健在,他也一定会同意的。至于实质性的内容,我们没有权利作任何修改。

参加书稿整理工作的有陈卫平、童世骏、李福安、胡伟希等同志,他们除分别作了某些文字加工之外,还核对了书中所引资料,加了若干注释,并编写了《金岳霖主要哲学论著年表》、《罗素小传》、《罗素主要著作年表》以及《名词索引》作为本书附录,以便读者参考、查阅。

上海人民出版社积极支持出版金先生这部遗著,对此,我们十分感谢!

---

① 发表在《哲学研究》1962 年第 3 期。

《古代基督教史》序 *

　　本书是徐怀启教授的遗著。徐先生已于 1980 年 2 月逝世。华东师范大学出版社整理出版他这部未完成的遗著，是对徐先生的一个纪念，也是对中国学术界的一个贡献。

　　徐先生曾先后在圣约翰大学和华东师范大学任教，兼任中国社会科学院世界宗教研究所特约研究员。他是个学识渊博、精通多种外语的学者。在 50 年代，他决定要做两项重要工作：一是翻译亚里士多德的《工具论》和黑格尔的《宗教哲学讲演录》，二是基督教史的研究。他完全有条件、也有信心来完成这两项工作。《工具论》译出了一部分。《宗教哲学讲演录》是列入了贺麟教授负责的《黑格尔全集》翻译计划中的。《基督教史》他早已做了充分的资料工作。但是"文革"把他的计划整个儿冲垮了，徐先生被关进"牛棚"，受到了残酷迫害。直到"四人帮"被粉碎后，他才又有可能搞研究工作。但他的健康已远不如前，翻译的计划已不可能实现了，连把《工具论》的部分译稿再校阅一遍，也来不及了。他只希望还能在有生之年把《基督教史》写出来。他真是夜以继日地辛勤工作，写了三年，基本完成了第一卷的初稿，却突然病

* 徐怀启：《古代基督教史》，华东师范大学出版社 1988 年 7 月第 1 版。

倒了。

　　徐先生本来是一位虔诚的基督教徒，长期从事神学研究，资料是非常熟悉的。但是要写《基督教史》，意味着要把基督教作为一个科学对象来研究，这就不仅要求"能入"，而且要求"能出"。而要求一个教徒能够从宗教里面钻出来，以客观的立场来进行回顾考察，这是需要经历近乎脱胎换骨的痛苦过程的。在 50 年代，请徐先生教基督教史的课，他不敢；60 年代初，他讲课了，但公开申明："我只能介绍资料，不能分析批判。"而到 70 年代末，他终于动手写书了。他来跟我谈过他这部《基督教史》的结构和其中的某些见解，我也去听了他的专题学术报告。他在报告时不带讲稿，滔滔不绝地把从犹太教到原始基督教的神学观点的演变讲得条理分明，有血有肉。我感到很高兴，因为我认为他已经从神学的束缚中解脱出来了，他的《基督教史》将是一部真正的学术著作。却没想到他竟这么快就与世长辞，未能按计划完成这部著作，这实在是学术界的一个难以补偿的损失。

　　不过，现在整理出版的这本《古代基督教史》（即原计划的第一卷），也仍然有其独立存在的价值。它作为学术性与知识性兼备的著作，我相信，是会赢得广大读者的欢迎的。这有如下理由：

　　首先，本书是个知识性的读物。它对古代基督教的诞生和演变、经典与基本教义、教会组织与宗教生活等，都作了比较全面的阐述。对这一段历史，我们中国人多数是不熟悉的。有了这本书，人们便可以从中获得许多历史知识，这种知识对于一般读者，不论是基督徒或非基督徒，都是有价值的。而且本书文笔生动，许多部分富于故事情节，读者在汲取知识的同时，也可以获得不少乐趣。

其次，本书有助于对西方文化传统的了解。近年来，随着我国改革开放步伐的加快，兴起了中西文化比较研究的热潮。真正要作比较研究，就得了解西方文化的来龙去脉。西方文化有两个源头：一是希腊，一是希伯来。基督教是从希伯来的犹太教演变出来的，也受了希腊哲学的影响。所以要认识西方文化的源流，必须研究古代基督教的历史。本书对有志于作比较文化研究的同志是有参考价值的。

第三，本书对西方哲学的研究也有参考价值。西方哲学和基督教有着非常密切的关系。例如，三位一体、道成肉身、《约翰福音》说的"太初有道，道与神同在"等教义，在哲学史上都曾产生重要影响。这些教义的哲学意义，在本书中都得到了适当的阐明。对中国人来说，基督教的"原罪"说是难以理解的。因为在中国占统治地位的人性学说是性善说，启蒙教科书《三字经》的第一句便是："人之初，性本善。"持性善说者强调道德在于唤醒固有理性的自觉，而持原罪说者强调行善行恶出于意志的自由选择。两说各有道理，但也都有片面性，因为道德行为既要求自觉，又要求自愿。忽视理性的自觉便会导致唯意志论，忽视意志的自由便会导致宿命论。理智和意志的关系，宿命论和唯意志论的对立，是哲学史上的重大问题之一。本书对"原罪"和意志自由问题作了比较多的讨论（见第八章、第十一章），这对于研究比较哲学是会有启发的。

所以，本书写的虽是古代的和异国的事情，但仍然有其现实的意义和价值，是值得一读的。当然，这是一部未完成的初稿，尚有需要推敲之处。虽说作者"能入"又"能出"，旧观点的影响却是难以完全摆脱的。但作者已经去世，我们已无法和他讨论了。

我本人对基督教史并无研究。在这一领域，我过去经常向徐先生请教，请他帮助。例如，在编写《辞海》哲学分册时，有关神学的条目都曾经过他的手。我记得，他当时为了写"新托马斯主义"一条，亲自跑到上海图书馆去借有关的杂志和书籍，特地翻译了一篇马利坦的文章，然后概括地写成几百字一个条目。于此可见他的治学态度的谨严。我和徐先生多年共事，对他的治学态度有一种信赖感。因此我对基督教史虽是外行，却乐于写这篇序，把徐先生这一著作推荐给读者。

哲学要回答时代的问题[*]

　　哲学要反映时代精神。哲学家要善于把握时代的脉搏,回答时代的问题。

　　中国近代经历了一次哲学革命,这次革命就在回答一个时代的中心问题:"中国向何处去"? 从鸦片战争到 1949 年,我国第一流的思想家,都在考虑这个问题:灾难深重的中华民族,如何才能获得自由解放,摆脱帝国主义的压迫、欺凌和奴役? 一百多年来的志士仁人前仆后继,浴血奋战,就是为了解决这个"中国向何处去"的问题。先是找到了进化论作为哲学武器。从康有为、严复到孙中山,都运用进化论来解释历史,以求回答时代的问题。后来到"五四",中国先进人物李大钊、陈独秀等终于找到了马克思主义的哲学武器。马克思主义传入中国以后,经过多次论战(从"问题与主义"的论战、"科学与玄学"的论战到中国社会性质和社会史的论战等等),战胜了形形色色的封建主义和资产阶级的观点,同时也批判了革命阵营内部的各种"左"的和右的、教条主义和经验主义的错误倾向,逐步使马克思主义哲学和中国革命实际结合起来,从而正确地回答了中国向何处去的问题,取得了新民

＊ 原载《毛泽东哲学思想研究》1988 年第 1 期。

主主义革命的胜利，建立了社会主义国家。所以，在中国近代，正是哲学革命作了政治变革的前导。

中国近代哲学革命的最主要成果是什么？毛泽东在《新民主主义论》中用"能动的革命的反映论"的原理，既概括了辩证唯物主义认识论关于思维和存在关系问题的基本观点，也概括了唯物史观关于社会存在和社会意识关系问题的基本观点。这一原理具体表现为党的"实事求是"的思想路线：一方面要坚持唯物主义，从社会实际情况出发，力求把握客观事物固有的规律性；另一方面要尊重辩证法，要发挥人的自觉的能动性，在详细占有材料的基础上来引出规律性的认识，并用这种认识来指导实践。中国共产党人就是依据能动的革命的反映论的原理，贯彻了实事求是的路线，才科学地认识了中国的国情，找到了中国革命的道路，正确地回答了中国向何处去的问题。

但是哲学革命并没有结束。历史已经翻开新的一页。时代的中心问题已经由"中国向何处去"这个革命问题，转变为"如何在我国实现社会主义现代化"这个建设问题。如果说近代哲学要研究"革命的逻辑"，那么当代哲学便应研究"建设的逻辑"了。但建设的逻辑却是个新的必然王国，有待于人们去作新的艰苦的探索。从1958年的"大跃进"，到后来的"文化大革命"，社会主义建设受到了严重挫折，走了一段弯路。党的十一届三中全会恢复了实事求是的思想路线，才逐渐对国情的认识比较清醒了一些。现在我们提出了社会主义初级阶段的理论，要求在改革、开放中建设有中国特色的社会主义。在新的历史条件下，如何进一步发展哲学革命？更具体点说，哲学首先应作出什么样的努力，才能跟上时代的步伐,以求真正能从理论上回答时代的问题。我谈三点意见。

首先,哲学本身需要从改革的眼光来进行历史的反思。

我们回过头来看中国近代哲学革命,它的主要批判对象是什么?——孔子是伟大的思想家,但他提出:"君子有三畏:畏天命,畏大人,畏圣人之言"。(《论语·季氏》)以后正统派儒学从董仲舒到程朱,为维护封建名教,都鼓吹天命史观,在认识论上都以圣人之是非为是非,是一种经学的独断论学说。而一旦名教和圣贤的教训被戳穿,变成骗人的把戏,独断论便走向反面,转化为相对主义或虚无主义(虚无主义其实是变相的独断论)。这种唯心主义的天命论和经学的独断论,形成了中国哲学中的腐朽的传统,并广泛地影响了国民心理。近代的进步思想家经过艰巨而复杂的斗争,用进化论和唯物史观反对天命史观,用唯物辩证法反对独断论和虚无主义,最后归结到能动的革命的反映论,在认识论和历史观(以及一般的发展观)上基本战胜了这个腐朽的传统。但是近代哲学在方法论和价值观两个领域,虽作了若干探索,却并未得到系统的总结。同时,天命论和经学的独断论的思想影响是非常顽固的,它像变色龙那样善于改变色彩,甚至可以披上马克思主义的外衣。在十年动乱中,用引征"语录"代替科学论证,个人迷信代替群众路线和民主讨论,唯意志论泛滥,宿命论也泛滥。这样就使得能动的革命的反映论的原理,以及矛盾运动的法则,都遭到了肆意践踏。许多人为此感到迷惘,甚至坠入虚无主义泥坑,产生了所谓"信仰危机"。这正好说明上面说的腐朽的传统并没有真正克服。这种严重的失误,当然有其客观的社会历史的原因（我们这里不作详细分析），而从理论方面说，则也是和我们未能自觉地运用能动的革命的反映论观点对经学方法以及人生观上的唯意志论和宿命论进行彻底清算有关的。经过历史的反思，我们可以体会到，为了要用民主的方法进行群众的自我教育，克服顽固的传统习惯势力，中国人在逻辑思维方式和伦理价值观念上的民族特点（优点和弱点）需要进一步作深层次的探讨，有关逻辑和方法论、价值观和人的自由理论的某些基本原理，有待深入研究。这对发展我国科学文化和培养社会主义新人（他应该是平民化的自由人格）是有重要意义的。

第二，要加强哲学和自然科学的结合。

这一方面，中国近代哲学革命有它的明显不足之处，中国近代没有能像欧洲近代那样，让哲学和自然科学结成紧密的联盟。从哲学根源于社会实践来说，社会实践一方面通过政治思想领域的斗争，另一方面通过科学、特别是自然科学的发展，来促进哲学发展，两者不可偏废。但中国近代首先是解决"中国向何处去"的问题，这是一个非常迫切的问题，是关系到民族的生死存亡的问题。正是这个问题制约着中国近代哲学的发展。中国近代的进步思想家、哲学家，对自然科学是关心的，他们也富于科学精神。但是，他们首先要搞政治变革、社会变革，他们的热情在这一方面，问题的迫切性也在这一方面，他们没有时间和精力去深入研究自然科学。从康有为、孙中山到毛泽东都是如此。因此，中国近代哲学在自然观上没有做出多大的贡献，马克思主义者的辩证的发展观（如《矛盾论》）主要是从社会历史领域概括出来的。而现在正面临新的技术革命，自然科学发展非常迅速，向辩证唯物主义提出了许多新问题，需要回答。特别是我国正处于社会主义的初级阶段，运用现代科学技术，是发展商品经济、提高生产力的决定因素，所以加强哲学和自然科学的结合，尤其显得重要。当然，如何来实现这种结合，是一个很大的问题。哲学工作者如果不看到这个问题，就不符合时代精神。

第三，要看到我们正面临一个世界性的百家争鸣。

《易传》说"同归而殊途，一致而百虑"，这话表达了一个认识规律。只有通过不同意见的讨论、不同观点的争论（当然要用逻辑论证、实践检验），才能明辨是非，达到一致的正确结论，获得真理性认识。所以，要发展真理，就要贯彻百花齐放、百家争鸣的方针。而这对于彻底克服经学方法和培养平民化的自由人格也都是必要的。

在中国近代，正是通过百家争鸣，马克思主义哲学中国化而取得重大发展的。现在随着开放的潮流，东西文化之间的互相影响愈益广泛，东西哲学界之间的交往愈益频繁，现在我们正面临着世界范围的百家争鸣。而且，应该说，中西文化、中西哲学在中国土地上已开始汇合，这不仅表现在马克思主义哲学中国化，而且表现在某些专业哲学家尝试建立中西结合的哲学体系。今后也会如此，中国土地上还会出现这样那样的中西哲学的结合，结合得好的，便有生命力，而且在世界范围内可以独树一帜，成一家之言。辩证唯物主义要通过世界性的百家争鸣来发展自己，要以平等的自由讨论的态度，而不能以"定于一尊"的态度来对待各家（不论是马克思主义的学派还是非马克思主义的学派）。但由于"同归而殊途，一致而百虑"是认识的辩证规律，通过争鸣、自由讨论，必然是唯物辩证法的发展。

从书中汲取智慧[*]

明代王心斋写过一首《乐学歌》，说："乐是乐此学，学是学此乐；不乐不是学，不学不是乐。"他把学和乐视为一物，这是很好的见解。当然，学习不限于读书，但读书确是人生乐事，而且正因如此，便使许多知识分子嗜书成癖，好学成性。读书的乐趣有多方面：或增进知识，或提高思想，或陶冶性情，乃至猎取片言只语作谈资，偶获令人莞尔的笑语，都会使读者感到心有所得，乐以忘忧。

我的兴趣比较广泛，对经史子集、天文地理，都想涉猎一下。涉猎，当然只是浅尝。我是赞成陶渊明的"读书不求甚解"的。现在全世界的书籍不知有多少卷，其中我感兴趣的，也不知有多少种。生也有涯，知也无涯，只能满足于浅尝辄止了。"泛览周王传，流观山海图"，虽难以达到陶公"俯仰宇宙"的境界，却也能忽然会心，有所启发，令人大开眼界，而欣然忘餐。

不过，我也主张精读一些书。专业不同，口味不同，认为应当咀嚼消化者也就不同。我的专业是哲学，注意的自然是想从某些书中吸取哲人的智慧。智慧和知识有区别。论知识，今天中学生

---

[*] 本文原刊载于 1988 年 6 月 21 日《新民晚报》，并收入曹正文编：《一百名人谈读书》，上海教育出版社 1990 年 1 月版。

学到的数理化生史地等,比起孔子、老子、柏拉图、亚里士多德来,要丰富许多倍。但论智慧,就不能这么说。智慧是对宇宙人生的某种洞见,它和人性自由发展有着内在的联系。孔子、老子、柏拉图、亚里士多德以及其他先哲的著作,正因为其中包含有取之不尽的智慧,所以具有"永久的魅力",值得后代人不断地回顾。而且不只是这些哲学名著,在我看来,像《红楼梦》、石涛《画语录》等,也是富于智慧的。那么,怎样来从这些名著中汲取智慧呢?我的办法是按性之所近和时(时代)之所需来选择若干种,实行精读、反复读,并且开动脑筋,细细琢磨。孔子说:"学而不思则罔,思而不学则殆。"(《论语·为政》)只有学而且思,才可免于迷惘和危殆;而从积极方面说,熟读深思,把学问思辨结合起来,正是从书中汲取智慧的途径。

　　为要从书中汲取智慧,就要让自己的精神始终保持自由活动的状态,不受任何束缚。书是传播思想的,它能启发人去自己思考,但也能成为束缚人的框框。所以,善读哲学书者,既要把握其体系,又要克服其体系;既要能入,又要能出。只有自尊其心,运用自己的理性独立思考,才能从熟读精思中取得智慧。这里用得着《庄子》的话:"筌者所以在鱼,得鱼而忘筌;言者所以在意,得意而忘言。"(《庄子·外物》)书是由名言组成的,经过熟读深思,咀嚼消化,透过名言而得其精义,窥其洞见。而此洞见仿佛是我的理性固有的,"得其精义"亦即精神之自得。这便达到了"得意忘言"的境界。汉语"得意"一词,既指得书中之意、言外之意,又指我自得其意、自得其乐。这样的"得意",大概就是王心斋所说的"乐是乐此学,学是学此乐"了。

《价值与评价》＊中译本序

价值论，这是一个十分引人注目而有意义的领域。然而，遗憾的是，从本世纪初价值论成为一门独立的理论学科至今的 80 多年时间里，这个领域多半被误认为是资产阶级哲学的专利。大约从 50 年代起，它才引起了苏联及东欧国家的马克思主义哲学工作者的关注。而我国哲学界对这一荒僻之壤的开垦，严格地说，还是近几年的事。

随着中华民族改革开放步伐的加快，兴起了中西文化比较研究的热潮。文化的比较归结到价值观念的同异，因此价值论所涉及的许多问题便自然而然地引起了人们的注意。但这些问题在我们的哲学教科书中没有现成的答案，而热衷于到现代西方哲学家的著作中去寻找解释，也难免偏颇。唯一正确的途径是在马克思主义原理指导下作深入的探索和研究。捷克斯洛伐克著名学者弗·布罗日克的《价值与评价》是这种探索和研究的成果之一。它提出了一些很好的见解，正好说明马克思主义哲学完全应该，而且可以在价值和评价理论方面有所建树。这对我们无疑具有

＊ 弗·布罗日克著，李志林、盛宗范泽：《价值与评价》，知识出版社 1988 年 12 月第 1 版。

重要的借鉴作用。

关于本书的基本思想，苏联学者 Ю. Н. 索洛杜欣在"俄译本后记"中已作了介绍和论述，读者可以参看。我这里只想特别强调一下布罗日克这本著作的特色，那就是他力图根据马克思主义的观点，从评价论的角度来考察价值问题。他从《资本论》吸取了"价值对象性"的概念，把它提升为价值论的基本范畴，这是个富于独创性的见解。他所谓的价值对象性，就是我们通常说的"为我之物"（不论是自然的还是人造的）对社会的人具有的功能。人们通过社会实践来认识世界和改造世界，不断地化自在之物为为我之物。这个为我之物的领域虽仍然是客观的自然过程，但同时又是人的有意识的活动的产物，体现了人的需要、目的，并使人的本质力量对象化了。因此，对社会的人来说，它不仅是认识对象，而且也是评价对象。按布罗日克的看法，评价与价值不可分割，正是在评价中，客体的价值对象性才表现为价值。他考察了认识和评价的关系，指出：评价以认识为前提，而评价也制约着认识。他进而细致地分析了评价的机制、符号、意义和价值的关系等重要问题。通过这些考察、分析，他阐明了关于价值本性的辩证唯物主义观点，既批评了以价值为物的自然属性的自然主义理论，也批评了以主观兴趣为价值或把价值视作柏拉图式的"意义"世界的唯心主义理论。——总之，布罗日克从评价论的角度来研究价值问题，是颇有见地和富于成效的。

不过价值论本来可以从不同的角度来研究。选定了某一角度，便可能对其他角度的考察有所忽视。索洛杜欣的"后记"已经提到，本书没有专门讨论人的自由问题。当然，我们不应该要求一本书写得面面俱到毫无遗漏，因为这样反而会失去特色。但我想指出一点：人的自由问题在马克思主义的价值理论中，确实具有十分重要的地位。马克思在《1844 年经济学哲学手稿》中说过，人的劳动生产不同于动物的生产。动物的生产是片面的，不自由的，例如蜜蜂造巢和酿蜜，完全凭本能进行这种活动，一代一代地重复着，是这一物种在其肉体的直接需要的支配下进行的生产。而人类的生产则在本质上要求成为全面的，自由的。人既能够按照植物品种的特性来进行种植，如种稻、种麦；也能够按照动物品种的性能来进行畜牧，如养猪、养牛。而且，人能够自由地对待自己的产品，不仅使产品符合人的需要，而且在产品上面打上人的印记；使人的本质力量对象化，于是在他所创造的世界中直观自身。所以，马克思说："动物只是按照它所属的那个种的尺度和需要来建造，而人却懂得按照任何一个种的尺度来进行生产，并且懂得怎样处处都把内在的尺度运用到对象上去；因此，人也按照美的规律来建造。"①人的劳动生产，以及一般地说化自在之物为为我之物的实践活动，如果是真正自由的活动，那便既实现了人的真理性的认识，又实现了人的目的、要求（更确切地说，社会先进力量的要求即善的要求），并同时把人的本质力量对象化了，使得人们能够在人化的自然中直观自身（这也就是审美活动）。这样，为我之物便不仅是人的物质利益所在，而且也包含有真、善、美的精神价值的要素。正是在劳动生产的基础上，科学，道德、艺

① 马克思：《1844 年经济学哲学手稿》，《马克思恩格斯全集》第 42 卷，第 97 页。

术等有价值的文化发展起来了，而实践和文化的发展又转过来培养了人的能力和德性；音乐培养了欣赏音乐的耳朵，科学技术的成就培养了人的思维能力，合理的劳动组织培养了人的主动精神和自觉纪律，等等。文化和人的本质力量互相促进，人们在不断发展功利和真善美的价值的活动中，提高了自身的价值。而一切价值(不论是人自身的还是文化的)，都可以说是人的要求自由的本质的展现。所以，我认为，如果我们能注意从人的自由本质的历史发展的角度来研究马克思主义的价值论，那一定也是会有所建树和富于成效的。

据悉，布罗日克这本书不仅在捷克很有影响，而且其俄译本也重印了多次，在苏联青年中颇受欢迎。现在它由李志林、盛宗范同志译成中文，相信也会受到我国青年读者的欢迎，并有助于我国哲学工作者对价值论的研究。当然，要建立中国化的马克思主义的价值论，必须使理论和中国的实际与历史相结合。中国古代哲学家早已在探讨自由人格问题，提出了真善美统一的理想，对义和利、理和欲等关系问题展开了长期争论。而进入近代，与社会的大变革和中西文化的互相激荡、互相影响相联系，中国经历了一次巨大的思想革命，其中包括价值观念的革命。这种革命现在还在继续着，它涉及生活和文化的一切领域，使许多人受到鼓舞，也使许多人因新旧价值观念的冲突而感到苦恼、彷徨。因此，如何在批判地继承哲学遗产和回答当前现实问题的过程中来建立和发展马克思主义的价值论，是一个很迫切的课题，有待于我国哲学工作者的共同努力。为此，当然也必须借鉴外国学者的研究成果。

　　本书译成中文，无疑是一桩很值得欢迎的事。所以，我乐于写这篇简短的序言，把捷克学者的这本著作推荐给广大的中国读者。

"千古不可无之同异"
——《朱熹王守仁哲学研究》[*]序

　　这是亡友邓艾民同志的遗著。艾民在病危之际给我写信,嘱我为他整理关于"王守仁哲学研究"的稿子。我后来请他的爱人左启华同志把艾民这几年来写的有关朱熹、王阳明的文章都寄给我,经过选择,编成了这一本《朱熹王守仁哲学研究》。

　　我和艾民在20世纪40年代初就相识了。当时我们是昆明西南联大哲学系的同学。他比我班次要低一些,但有许多课是在一起听的。我们又都参加了地下党领导的"社会科学研究会",在同一个小组中学习马克思主义的哲学著作。20多岁的青年,正是世界观形成时期,思想是特别活跃的。同学们聚在一起,不论是在茶馆里、小酒馆里或是到翠湖堤上散步,总是议论风生,天南地北、中外古今,谈个不完,有时还争论得面红耳赤。艾民和我都是搞哲学的,共同语言自然更多些。我们当时都自以为已接受了马克思主义(虽然了解得很肤浅),同时也读了不少中国和外国的各派哲学著作,受了这样那样的影响。艾民特别喜爱《庄子》和陶渊明的诗,这使他在朋友中间得了个"道家"的绰号。他确实有点道

＊　邓艾民:《朱熹王守仁哲学研究》,华东师大出版社1989年3月版。

家风度,很达观,看问题比较超脱;但他并不像庄子那样随便,而是一旦认识了真理,便很执着,坚决为之奋斗。在那白色恐怖严重的岁月里,艾民毫不退缩,曾下乡参加革命工作,帮助过许多革命同志。

建国初期,艾民服从党组织的调动,做了几年教育行政工作。后来调回北大哲学系,又担任了系的行政工作。不过他个人的兴趣是在教学和研究。从 50 年代中期起,他便结合教学从事朱熹、王守仁哲学的对比研究,曾计划写一部比较大的著作。但这个计划被十年动乱冲垮了。在"文革"中,他长时期受到迫害。直到党的十一届三中全会后,才得到平反。于是他又能继续他所喜欢做的工作了,并且由于摆脱了行政工作,时间和精力都能集中使用,所以他满怀信心,以为原来的计划可以顺利完成。没料到1983 年3 月间他突然病倒了,一检查,才知是癌症,并且已经扩散,难以根治了。

艾民在医院里住了一年多。在病中,他还是同年轻时一样:达观,执着。他在给我写的信中说:"得恶疾后,已将生死置之度外",并引陶渊明的诗句:"应尽便须尽,无复独多虑"、"聊乘化以待尽,乐乎天命奚复疑"来说明自己的"坦然"的心境;还用朱熹的话,批评道教幻想成仙是"贪生",佛教追求涅槃是"怕死"等等。真可说是一个"哲人"的胸怀! 同时,他又是那么执着,在同病魔的搏斗中,表现出十分惊人的意志力! 他在病床上忍受着一切痛苦,"抢时间"做了许多工作:完成了《大百科·哲学卷》分配给他的关于"王守仁"和"王学"九个条目的编写,完成了《传习录》的疏释工作,力图把"王守仁哲学研究"作为一个完整的著作写出来,还指导两个研究生的学习,等等。但是,1984 年 8 月 6 日,死神终于夺去了他的生命。"王守仁哲学研究"没有完成,计划中的"王守仁与朱陆佛道的关系"、"王守仁的教育哲学"、"王守仁的方法论"、"王学的分化与演变"等篇没有动笔,实际上写成的(包括病前和病中)是本书所收的五章。至于"朱熹哲学研究",从他残留的手稿来看,原也计划要写近十篇,而实际上写成的是本书所收的三章。

所以这是一部未完成的著作。不过,虽未完成,却凝结着一个哲人的心血,有其显著的特色:

首先,它反映出作者掌握了非常丰富的资料。"朱子学"和"阳明学"早已不限于中国,而是国际性的。但中国人研究朱熹、王阳明,对国外的研究成果注意得不够,艾民看到了这一点,他认真做了这方面的资料工作,在他的论文中有所反映。这虽然是很初步的,却代表了哲学界对外开放的新方向。关于朱熹和王守仁原有的资料,本书强调要把朱熹本人著作(如《四书集注》、《四书或问》和《太极图说解》等)和《语类》作比较对照,要把《传习录》和王守仁的书信及其他著作联系起来考察,要注意他们的早期思想与晚年有什么不同,等等。这些,都说明本书在资料的掌握和处理方面有其独到之处。

其次,本书比较好地体现了百家争鸣精神,作者敢于提出自己的独立见解,同国内外学者展开平等的自由讨论。例如,在《论朱熹的太极说的历史地位》一文中,对太极本身是否能动的问题,提出和冯友兰教授不同的见解并展开讨论;在《王守仁唯心主义泛神论的世界观》一文中,对王守仁心学的泛神论性质提出了自己的独立见解，并对日本久须本文雄教授、英国李约瑟教授、美国德巴里教授、贝梯教授等人的说法进行了分析。当然，作者的见解未必全是正确的。但重要的是他并不因袭前人，依样画葫芦；即使是一偏之见，他也是经过比较研究而提出来的，用商量的口气和别人讨论，而决不独断地强加于人。

又次，本书也颇能体现作者的分析精神，如《论朱熹的格物说》、《王守仁的知行合一说》、《四句教》等篇，其中许多段落分析得很细致。一篇好的哲学文章，不仅要提出新见解，而且要"持之有故，言之成理"，通过精深的分析和严密的逻辑论证来阐明自己的见解。对于本书所收论文，读者粗粗一看，可能会觉得分析过于琐碎；但若能细读，则会觉得如黄宗羲所说："牛毛茧丝，无不辨析"，正反映了作者的思辨水平。

正因为有这些特色，我以为本书对于哲学史工作者有参考价值，对于培养年轻一代的理论思维能力和实事求是的学风也会有帮助。所以我乐于把它推荐给读者。

当然，我不是说本书毫无缺点，也不是说我完全同意书中的见解。在我看来，艾民对王守仁有所偏爱，个别提法未必精当。但作者已经去世，我不可能和他进行讨论，也没有权利来作修改。只有《论朱熹的格物说》一章，有几句话被我删去了，那是一些残留有"左"的思想影响的词句，如果作者在世，自己编纂集子，也一定会删去的。另外，《王守仁的致良知说》一章，是艾民在病床上写的，写到最后，他显然精疲力尽了，所以结尾处显得草率，我便根据他为《大百科·哲学卷》写的条目，把结尾改写了一下。其他各篇，我都没有作实质性的改动，只是作点文字加工而已。

这里我想附带说明一下把朱熹和王阳明放在一起进行对比研究的重要性。章学诚说过:"宋儒有朱陆,千古不可合之同异,亦千古不可无之同异也。"①说"千古不可合",并不正确。但程朱与陆王的对立,确实有其深刻的"千古不可无"的认识论意义。从哲学史来说,围绕思维和存在关系问题而展开的哲学论争,不论是在中国还是在西方,演变到后来都集中到黑格尔所谓"哲学的三项",即"逻辑理念、自然界和精神"。对此,列宁从唯物主义观点作了解释,说:"在这里的确客观上是**三项**;(1)自然界;(2)人的认识=**人脑**(就是那同一个自然界的最高产物);(3)自然界在人的认识中的反映形式,这种形式就是概念、规律、范畴等等。"②这三项在宋明时期哲学家那里被称为"气"(物质)、"心"(精神)、"理"(或道)。因此,当时思维和存在关系问题就表现为"理气"之辩和"心物"之辩;而对这两个论争作出不同回答,就有三个主要哲学派别,即气一元论,理一元论、心一元论,张载、程朱、陆王分别是这些派别的主要代表。朱熹完成了理一元论体系,王守仁完成了心一元论体系,而王夫之则对宋明理学作了批判的总结,发展了张载的学说,使气一元论取得完成的形态。同时,自张载提出"一物两体,气也"的论点之后,对"两"和"一"、"分"和"合"的考察深化了:朱熹虽持"理一分殊",却强调"严密理会,铢分毫析";王守仁则强调"合一",但又以为"一理"在过程中展开,正如植物抽芽、发干、生枝生叶地发育一样,王夫之在作批判的总结时,既反对片面的"分析而各一之",又反对片面的"抟聚而合之一",比

① 章学诚:《文史通义·朱陆》,《文史通义校注》,第262页。
② 列宁:《黑格尔〈逻辑学〉一书摘要》,《列宁全集》第55卷,第153页。

较正确地阐明了"两"和"一"，分析和综合相结合的道理，把朴素的辩证法提高到一个新的高度。所以，从宋明时期哲学的逻辑发展来看，朱熹和王守仁的哲学，同张载和王夫之的哲学一样，都有其重要的历史地位，从辩证法的观点（或者说从王夫之的角度）来看，程朱和陆王的对立，确实是"千古不可无之同异"。两派虽同是唯心主义体系，但都是从"人类认识运动"这棵活生生的大树上生长出来的，包含有人类认识的不同的重要环节，只不过这些环节被夸大了，变成脱离物质、脱离现实的绝对化的东西。因此，对"朱子学"和"阳明学"，无疑需要研究再研究，把两派从各方面作对比，力求用唯物主义的逻辑和历史统一的方法来揭示出其中所包含的认识的环节，并考察它们在理论上失足的教训，这对于我们后人是有重要意义的。

艾民多年从事朱熹、王守仁哲学的对比研究，未能给后人留下更多的成果，是令人痛惜的。不过留下这一本颇有特色的论文集，再加上他为校点《朱子语类》和疏释《传习录》付出的劳动，后人是不会忘记他的。

本书在付印前由华东师范大学哲学系李志林同志帮助作了编辑加工，他为此花了不少时间和精力。华东师范大学出版社为本书的出版提供了便利条件，谨此致谢！

"五四"精神与哲学革命 *

"五四"开辟了哲学革命的新阶段

"五四"新文化运动被称为"中国的文艺复兴",它标志着中国人在走出中世纪,迈向近代化(现代化)的转变中跨出了具有决定意义的一步,使得中国近代史(它可以从1840年算起)进入了新的发展阶段,即新民主主义革命的阶段。

中国近代经历了空前的民族灾难和巨大的社会变革,同时在文化领域,也经历了一场"古今、中西"之争和一次伟大的哲学革命。"五四"时期,新文化运动的主将陈独秀、李大钊、胡适、鲁迅等高举"德先生"和"赛先生"的旗帜,提出"打倒孔家店"的口号,对尊孔复古思潮和封建礼教发动了疾风暴雨式的攻击,并大力鼓吹"文学革命"和提倡白话文,获得了广大青年的热烈拥护。新文化运动促进了学术思想的活跃。西方各种思潮蜂拥而入。马克思主义、无政府主义和各种社会主义流派,西方流行的各种哲学

---

* 本文原发表于上海中西哲学与文化交流中心编《时代与思潮》第1辑:《五四反思》,华东师范大学出版社1989年版。

理论和社会学说，都被当作"新思潮"介绍过来。在输入"新思潮"的同时，人们回顾历史，面对现实，提出种种见解，于是展开了李大钊所谓"新旧思潮之激战"。如何对待学术上的论战？蔡元培公开提出"循思想自由原则，取兼容并包主义"，主张"无论为何种学派，苟其言之成理，持之有故，尚不达自然淘汰之运命者，虽彼此相反，而悉听其自由发展"。（《致〈公言报〉函并答林琴南函》）正是通过各种思想流派的自由争鸣，把哲学革命引向深入，达到了新的发展阶段。

这个由"五四"开辟的哲学革命的新阶段有些什么特点呢？

首先，"古今、中西"之争深入了。在中国近代，时代的中心问题就是"中国向何处去？"正是为了回答这个问题，展开了长期的"古今、中西"之争，其内容就是如何向西方学习，并且对传统文化进行反省，来寻求救国救民的真理，以便使中华民族走上自由解放的道路。这个论争始终制约着近代哲学的演变。到了"五四"时期，这场论争深入到哲学领域本身了。梁漱溟写《东西文化及其哲学》，回顾了西方文化输入中国的历史之后，说：当前"最应做的莫过于思想之改革——文化运动"，这已经触及"两种文化最后的根本"，即哲学基础了。梁漱溟所说，大体符合历史事实，不过他是"东方文化派"的代表，力图从哲学上来替"孔家的路"作辩护。胡适也认为，只有在中国文化中找到那"可以有机地联系现代欧美思想体系的合适的基础"，我们才能"以最有效的方式吸收现代文化"。他在《先秦名学史》中指出："中国哲学的将来，有赖于从儒家的道德伦理和理性的枷锁中得到解放"，而在先秦的"非儒学派"（墨家、名家等）中，"可望找到移植西方哲学和科学最佳成果的合适土壤；关于方法论问题，尤其是如此"。可见在"古今、中西"的关系问题上，胡适和梁漱溟虽然见解截然不同，但都要求深入到哲学的层次来解决问题。这种要求，也是陈独秀、李大钊等人所共有的。

其次，"五四"以后，马克思主义哲学（首先是唯物史观）开始在中国传播。一些先进分子，如陈独秀、李大钊、鲁迅等或先或后地在政治上经历了由激进的民主主义向科学的社会主义的转变，在世界观上经历了由进化论到唯物史观的转变。在此之前，在戊戌变法和辛亥革命时期，整整一代革命者都信奉进化论，用它作武器来反对顽固派和保守主义。当然，在进化论的范围内，还有革命和改良之争：改良派认为进化是渐变，革命派则认为进化包含有跃进。但不论哪一派的进化论都不能真正科学地解释历史的演变，因此也就不能正确地回答"古今、中西"之争和"中国向何处去"的问题。于是，中国人便进一步向西方寻求真理，终于找到了马克思主义。通过一系列的论战（从"问题与主义的论战"到"科学与玄学的论战"等），唯物史观战胜了"五四"时期有重要影响的实用主义和柏格森生命哲学等流派，得到了广泛的传播。后来，马克思主义者就深入到群众革命斗争中去，运用唯物史观和辩证唯物主义的理论，具体地分析中国的情况，总结中国革命的经验，对中国社会的性质、中国革命的性质和道路有了愈来愈清楚的认识，终于达到马克思主义与中国革命实践相结合，科学地回答了"中国向何处去"的问题，取得了民主革命和民族解放运动的胜利。

又次，"五四"以后，还出现了哲学群众化和专业化并进的趋势。一方面，同白话文代替文言文的总趋势相联系，哲学语言近代化了，这也意味着它在趋向通俗化、群众化。特别是对马克思主义者来说，因为要动员和组织群众参加革命斗争，哲学的群众化便尤其显得重要。另一方面，哲学需要不断改进表达工具，不断丰富自己的积累。为了对哲学命题作精深的分析和严密的论证，并使哲学与科学和其他文化部门保持巩固的联系，这就需要有一批人专门从事哲学研究。从 20 年代开始，不论是马克思主义者还是非马克思主义者中，都产生了一些专门从事哲学的学者，他们在大学里讲课，并著书立说，运用新的方法从事学术研究，在若干领域中（例如在中国思想史、哲学史、中国佛学、魏晋玄学、先秦名学以及中国古典美学等领域）作出显著成绩。有的还试图融合中西哲学，建立自己的独特的体系。他们的体系不仅在形式上是近代的，有别于古代，而且在内容上也有某些创造性的见解。哲学既要普及，也要提高。所以，群众化和专业化都是必要的。尽管哲学工作者可以有所分工，但总的发展方向应该是把这双重趋势统一起来。

以上所说，就是以"五四"为标志的哲学革命新阶段的主要特点，而这些特点也就足以说明"五四"在中国哲学的近代化进程中的重要历史地位。

近代哲学革命的积极成果

"五四"以后，哲学革命获得迅速发展，中国哲学的近代化进程大大加快了。

　　哲学,以及一般地说文化,要迈向近代化,便必须批判中世纪的意识形态。"打倒孔家店"的口号虽然被某些人视为过分激烈了,但当时是完全必要的,它使近代哲学革命的批判对象明确起来了。李大钊已作了解释:"余之掊击孔子,非掊击孔子之本身,乃掊击孔子为历代君王所雕塑之偶像的权威也;非掊击孔子,乃掊击专制政治之灵魂也。"①孔子早已失去其本来面目,他被权势者奉为偶像,成为专制政治之灵魂,所以反封建便非"打倒孔家店"不可。就哲学理论本身来说,近代进步思想家的批判矛头,首先集中在反对天命论(天命史观和宿命论的人生观)和经学的独断论(独断论的认识论和经学方法)。而正是孔子,他首先提出所谓"君子有三畏:畏天命,畏大人,畏圣人之言"。以后,正统派儒学从董仲舒到程朱,便都跟着讲天命论和独断论。他们把维护封建等级制度的纲常名教形而上学化,称之为"天命"、"天理",而"天命之谓性"、"性即理",纲常教义便被说成是出于人性的"天下之定理",谁也不能违抗的了。他们还断言,孔孟之道和四书五经已具备了全部的真理,后人只能对这些经典作注释,如果提出什么新见解,也一定要引经据典作论证(所谓"六经注我")。而一旦这种圣贤的教训被戳穿,变成了骗人的把戏,独断论便走向反面,转化为相对主义或虚无主义(即佛老的学说)。唯心主义的天命论、独断论与虚无主义互相补充,形成了中国哲学中的腐朽的传统,它严重地束缚了人们的思想,阻碍着中国走向近代化的道路。这个腐朽传统就是中国近代哲学革命的主要对象。

---

① 李大钊:《自然的伦理观与孔子》,《李大钊全集》第一卷,第247页。

　　哲学从批判中走向近代化，在历史观和认识论两个领域取得了最显著的成就。中国近代哲学主要是为了回答"中国向何处去"的问题。而为了回答"古今、中西"之争，就必须认识人类历史和中国历史如何从过去演变到现在，又如何向将来发展这样的规律性，因此历史观的问题就显得非常突出。同时，要回答"古今、中西"之争，就必须把从西方学到的先进理论与中国的具体实际结合起来，以便付诸实践。这里就牵涉到一个很重要的认识论问题，即知和行、主观和客观的关系问题。在中国近代，哲学论争首先集中在历史观和认识论两个领域，许多进步思想家在批判天命史观中由进化论走向唯物史观，在批判经学的独断论中探讨认识论上的知和行、主观和客观的关系问题。最后，在马克思主义哲学中国化的过程中，这两个领域的论争结合为一。毛泽东在《新民主主义论》中用"能动的革命的反映论"来概括辩证唯物主义的认识论关于思维与存在关系的规定，同时也用它来概括历史唯物主义关于社会意识与社会存在关系的规定。能动的革命的反映论这一概念，极好地体现了辩证唯物论与历史唯物论的统一。

　　哲学是时代精神的精华。历史观和认识论上的心物之辩，集中地反映了时代的问题。所以对它作出正确答复，也就找到了解决时代的中心问题（"中国向何处去"）的钥匙。能动的革命的反映论体现在党的实事求是的思想路线之中。正是在它的指引下，中国人民取得了政治革命的胜利。

　　时代精神不仅体现在马克思主义者身上，而且也曲折地反映在某些专业哲学家的著作中。例如，金岳霖在《知识论》中论证了"感觉能给予客观实在",阐明了感性与理性、事与理的统一,并用"以得自经验之道还治经验之身"来概括他的全部认识论,也正是把认识了解为客观过程的反映和主观能动性的作用。

与上述历史观和认识论领域的心物之辩相联系,哲学革命还包括着思维方式和价值观念的重大变革。"五四"提出的科学和民主两个口号,当然有多方面的含义,但对哲学的近代化来说,就是要求在思维方式上用科学方法取代经学方法;在价值观念上用近代的自由原则取代封建的权威主义。在这两方面,哲学家们也作了很多探索。

为要取代经学方法,应当用什么样的科学方法呢?严复批评了中国人从"诗云"、"子曰"出发的"论辩常法",认为真正要获得新知识,就必须运用科学的归纳法。章太炎与严复不同,他比较注重演绎法。王国维、梁启超的贡献则主要在历史主义的方法。到了"五四",胡适试图把前人的探索加以总结。他提出的方法论,首先一条是"拿证据来",没有证据便只能"存疑"。在这个前提下,他讲两个基本方法——"科学试验室的态度"即"大胆假设,小心求证";"历史的态度"即用进化论的观点寻求历史演变的线索和原因,并加以评判。胡适的方法论具有科学精神,在当时起了积极影响,不过他讲"大胆假设",未免忽视了数学的论证和推导在形成科学假设中的重要性,他主张多元论的历史观,因而并未能真正阐明历史的因果律。

这以后,金岳霖强调了形式逻辑对科学系统化的重要性,并对方法论基本原理作了比较深入的探讨。他说:"所谓科学方法,即以自然律去接受自然，或以自然律为手段或工具去研究自然。"①就是说，科学家在观察、实验中运用自然律作为接受方式，即以自然过程之"理"还治自然过程之身，科学理论便成了工具、转化为方法了。这样讲实验科学方法的基本原理，已接近辩证法的观点。

在马克思主义哲学中国化的过程中，辩证逻辑的方法论获得了较大的发展。毛泽东很重视方法论的研究。从他的《论持久战》等著作中，可以概括出辩证思维方式的主要环节：从实际出发，客观地全面地考察历史和现状，把握事物变化发展的根据；通过对"根据"作矛盾分析来指出不同的发展的可能性，并说明其中什么是占优势的可能性，如何创设条件来使之变为现实；归纳和演绎相结合，历史和逻辑相结合；每一步都用事实来检验，理论和实际相联系的原则贯串于整个思维过程中。——《论持久战》和《新民主主义论》等著作所提出的关于抗日战争和中国新民主主义革命进程的科学预见，都已为实践所证实。这也就证明了这些著作中的辩证方法的现实性和力量。

至于价值观念的变革，集中表现在新的社会理想和新的人生理想要求贯彻自由原则，反对维护纲常名教的权威主义和宿命论的人生观。严复明确提出："自由为体，民主为用"，章太炎说"人本独生，非为他生"，主张"依自不依他"。他们都强调个性的解放。但中国是一个受帝国主义侵略的国家，由资本主义扩张势力造成的祸害，使中国面临亡国灭种的危险。所以，同反对帝国主

---

① 金岳霖：《知识论》，《金岳霖全集》，第 3 卷，第 558 页。

义相联系,中国比较早地兴起了社会主义的运动。康有为的《大同书》,描绘了一个自由平等博爱的乌托邦。孙中山讲"天下为公",先是以"民有、民治、民享"为内容,后又强调民生主义和共产主义的一致性。到"五四"时期,李大钊开始把社会理想建立在唯物史观的基础上,说:"一方面是个性解放,一方面是大同团结。这个性解放的运动,同时伴着一个大同团结的运动。这两种运动,似乎相反,实在是相成。"①又说:"我们主张以人道主义改造人类精神,同时以社会主义改造经济组织。"②他的结论是个性解放和大同团结的统一、人道主义和社会主义的统一,这和《共产党宣言》所说的"每个人的自由发展是一切人的自由发展的条件"的联合体是相一致的。

同时,鲁迅也描绘了一个平民化的自由人格的精神面貌。他在《门外文谈》中讲到了"觉悟的智识者"的品格,应该是"有研究、能思考、有决断,而且有毅力",即能够把清醒的理智和强毅的意志统一起来,进行韧性的战斗。并说:"他也用权,却不是骗人,他利导,却并非迎合。他不看轻自己,以为是大家的戏子;也不看轻别人,当作自己的娄罗。他只是大众中的一个人。"就是说,这种自由人格具有群体意识和个性自由统一的特点,在处于领导岗位时,决不以权谋私,他善于对群众采取因势利导的办法,而并不迎合落后心理;他把自己看作大众中的一员,即尊重自己,也尊重别人,所以决不会前台一套、后台又一套地"做戏"骗人,也不会把别人看作是唯命是听的小娄罗。鲁迅以为,用权骗人是寇盗,小娄

---

① 李大钊:《平民主义》,《李大钊全集》第四卷,人民出版社 2006 年版,第 122 页。
② 李大钊:《我的马克思主义观》,《李大钊全集》第三卷,第 35 页。

罗是奴才，封建专制制度就是由寇盗、奴才组成的秩序，革命或革新旨在破坏这种旧秩序，所以一定要有完全清除寇盗心和奴才气的自由人格。

总之，哲学在批判中走向近代化，不论在对腐朽传统的批判方面，还是在历史观与认识论、方法论与自由理论的积极建树方面，都取得了显著成就。正是这些成就，使得哲学革命成了政治变革的前导，促进了科学文化的发展，并有助于人的素质的提高。

而这些成就之所以能取得，又是同中国传统中的优秀的东西得到发扬相联系着的：一方面，中国古代哲学有着特别深厚的朴素唯物主义和朴素辩证法的传统，曾出现战国和明清之际两个发展的高峰，这对近代哲学（特别是对马克思主义哲学的中国化）起了积极影响。中国历史上曾产生许多进步思想家，他们满怀爱国热忱，具有"富贵不能淫，贫贱不能移，威武不能屈"的大无畏精神。正是这种崇高的精神，在我们的民族处于灾难深重的时候，激励着无数志士仁人前赴后继地去寻求救国救民的真理。另一方面，中国的民众，正如鲁迅所说，既相信运命，而又相信运命可以由人想办法来改变，这是值得乐观的。[①] 只不过原来想用迷信的办法（从请道士禳解到信拜上帝教等）来改变，所以毫无结果。等到科学取代了迷信，自觉代替了自发，人民才真正掌握自己的命运。近代哲学的革命过程，作为中国人民的革命世界观由自在而自为的发展过程，突出地表现在"通过群众的革命斗争来实现

---

① 参见鲁迅：《且介亭杂文·运命》，《鲁迅全集》第 6 卷。

社会理想"这种观念的发展上。这种观念在太平天国那里是潜在的，经康有为、孙中山，到"五四"以后出现了共产党人，才取得比较自觉、比较科学的形态。所以，历史地进行考察，正是由于知识精英与民众相结合，哲学家的优秀传统与民众中潜在的革命世界观相结合，才促使中国哲学在走向近代化过程中取得丰硕的成果。

重要的理论思维教训

但是，中国近代哲学革命也有着缺点。在近代，"中国向何处去"这个关系到民族生死存亡的迫切问题，推动着哲学向前发展。许多进步思想家从社会政治斗争中获得动力和革命精神，并鲜明地为政治斗争服务。这是优点，但同时也带来了缺点：中国近代哲学家（包括马克思主义者）过分注意了哲学作为意识形态的政治功能，对于哲学作为系统理论的科学性质及其与具体科学的联系则未免有所忽视。正因为此，他们没有能给哲学提供深厚的自然科学基础，在自然观上也没有取得比较大的成就。

就"中西"关系说，中国近代思想家往往在急切的政治斗争催促下，迫不及待地将西方某种理论搬来，运用于指导社会改革，因而他们对于西方文化的理解和吸取往往是肤浅的。马克思主义哲学中国化是中西哲学合流的伟大成果，但中国人主要是通过苏联的著作（这些著作里有不少僵化的教条）来学习马克思主义的，而对马克思主义所赖以产生的西方文化背景及其演变，缺乏全面的了解和系统的研究。某些教条主义者甚至把马克思主义中国化与学习西方文化对立起来，他们所谓的马克思主义便成了封闭的体系。

就"古今"关系说，中国近代的先进思想家急于解决当前实际斗争中的问题，为了要打破强大封建传统对于人们的束缚，往往容易提出比较激烈的抨击传统文化的口号和主张，而在激励人们的民族自信心的时候，又常常较多地肯定传统文化。这说明在中国近代哲学革命过程中对悠久的文化传统及其现实影响，缺乏深入的具体分析。中国近代有一个可注意的现象：很多向西方寻求真理而对传统文化作过猛烈批判的先行者，在其晚年却回归于故纸堆里，这正是对传统陷入盲目性的表现。中国的马克思主义者虽然对传统文化作过一些初步的分析和研究，但从总体上说，也是研究得不够深入，并且对传统的惰性力量未免估计不足，以至于在十年动乱中，传统文化中的腐朽东西可以在马克思主义的旗号下得到泛滥。

事实上，近代哲学革命的积极成果，首先是能动的革命的反映论（以及实事求是的思想路线），在"文革"中遭到了肆意践踏。个人迷信代替了民主讨论，也就是权威主义扼杀了自由原则，打语录仗代替了科学论证，也就是经学方法扼杀了科学思维。可见在十年动乱期间，思维方式和价值观念都倒退到中世纪去了。民族经历了像"文革"那样的巨大灾难，是应该认真总结历史教训，让子孙后代永远牢记着的。但那不是本文的任务。这里只想指出一点，在经历了十年动乱之后来作历史的反思，使我们比较清楚地看到了中国传统文化在近代哲学演变中的消极影响。以往，对于这种影响是估计不足的，这可以从下面三点来说明。

首先，近代哲学革命的主要批判对象——天命论和经学的独断论(以及走向反面成为虚无主义),不仅是哲学的理论,而且体现于一种历史悠久和善于伪装的社会势力,所以要真正克服它,决不是轻而易举的事。自汉代以来,儒学定于一尊,而实际上是王霸杂用、儒法合流。封建专制主义者惯用董仲舒所谓"居阴而为阳"的统治术,公开标榜天命垂教,尊孔崇经,而把暴力刑罚的一手掩盖起来,这就是伪装。这样,在儒学独尊的传统下,却造成了王夫之所说的"其上申韩,其下佛老"的情况。专制统治者打着"礼教"、"天命"的招牌,实行"以理杀人",庶民(包括一般儒生)无力和"天命"、"天理"相对抗,就变成或者麻木不仁,随波逐流,或者消极厌世,看破红尘,到佛教、道教中去求安慰。这就是天命论、独断论与虚无主义互相补充的腐朽传统。

到了近代,这种腐朽传统有了新的特点。随着封建制度的日趋崩溃,名教、经学、天命虽已成了"僵尸",但僵尸披上戏装,还能继续用"居阴而为阳"的办法进行讹诈、欺压。这就是鲁迅所说的"做戏的虚无党"①。做戏,便有两个特点:一是"戏场小天地,天地大戏场"②,人生既然是一出戏,便用不着认真;二是"一做戏,则前台的架子,总与后台的面目不相同"。中国近代那些善于"做戏"的"上等人"(官僚、买办),他们作为权力与金钱结合成为异化力量的代表,把"居阴而为阳"的权术与流氓手段结合起来了。什么礼乐、尊孔,说得天花乱坠,甚至还接过爱国、革命、振兴实业等口号,而在骨子里却是什么都不信奉的,唯有权力迷信和拜金主义。在他们那里,一切庄严的口号都成了伪装的外套,而裹在外套里

① 鲁迅:《马上支日记》,《鲁迅全集》第 3 卷,第 346 页。
② 同上书,第 344 页。

面的是价值的虚无主义者和实用主义者。这些人对社会起了极大破坏作用，因为他们不仅居于统治地位，直接干祸国殃民的事，而且他们和他们的御用文人，以其所作所为（表里不一，言行相悖，看风使舵，毫无操守），在社会上广泛散布虚无主义和引起普遍"狐疑"的情绪。可以说，"其上做戏，其下狐疑"就是"其上申韩，其下佛老"在近代的发展。年深日久，社会上便形成一种以"无特操"为特征的习惯势力或国民心理，即鲁迅所说的"劣根性"。

鲁迅所说的是旧社会的情况。但新社会是从旧社会演变过来的。千百年来形成的社会习惯势力非常顽固，它能使马克思主义也变成"戏装"，把独断论与虚无主义互相补充的腐朽传统乔装打扮，登台表演。"文革"掀起个人崇拜的狂热，一小撮"居阴而为阳"的野心家、文痞趁机兴风作浪，终至造成了严重的"信仰危机"，正证明了这一点。

第二，农民意识的两重性给中国近代哲学以深刻影响。上面说过，中国近代哲学的革命过程，可说是中国民众（其主体是农民）中潜在的革命世界观逐步达到自觉的过程。但任何"自觉"都是相对的，科学与神话往往以不同比例交织在一起。中国共产党依靠革命的农民，走农村包围城市的道路，取得革命的成功。但革命的、勤劳的农民和保守的、迷信的农民是同一个农民阶级。与自然经济相联系的小农，不是新生产力的代表，他们怀着农业社会主义的空想，迷信那高高站在他们上面的权威，而在失去权威时便如一盘散沙，受自发势力的支配。这种小农意识非常顽强，它与上面说的专制统治下形成的国民心理相结合，使近代中国一直处于矛盾的境地：在散漫的小农经济的条件下，为要抵抗外侮，进行革命和建设，必须有集中的权力把分散的革命力量（包括工人、农民、知识分子、企业家等）组织起来，但是这却难免造成政治权力支配社会的现象，而由于旧的体制缺乏民主和习惯势力的影响，掌权者极易成为言行不一、无特操的"做戏的虚无党"，转过来又助长了一盘散沙的状态和自发势力的泛滥，使集中的力量趋于瓦解。从晚清以来，中国经历了几度这样的反复，虽然有所前进，却始终未能摆脱这种困境。

　这种反复反映到理论领域，便使革命的世界观由自在而自为的发展表现为曲折的历程：前进中有后退，成就后有挫折。近代哲学革命在取得重大积极成果之后，却遭到"文革"那样的严重破坏，这同农民意识具有两重性是相联系着的。

　　第三，中国的马克思主义者由于革命斗争的需要和国际共产主义运动的影响，产生了过分强调阶级斗争（政治斗争、意识形态的斗争）的偏向，这种偏向因为受了儒家重视政治、伦理的传统的影响而得到加强。30 年代以后，马克思主义者中有把人视为"历史工具"而忽视个性解放和自愿原则的偏向；虽反对教条主义，却对传统的经学方法清算不力。这些都是同儒学的思想影响分不开的。特别是在建国后，利用行政手段多次发动批判运动，以求意识形态领域"定于一尊"，这实际上在变相地重复"罢黜百家、独尊儒术"的办法（虽然它可以以"批儒"的面目出现），使得"百花齐放、百家争鸣"的方针受到严重歪曲（甚至变成"引蛇出洞"的"阳谋"！），而最后竟演变为"文革"那样的意识形态领域"全面专政"，达到了"万马齐喑"的地步。

　　以上说明，对传统文化在近代哲学演变中的消极影响，决不可低估。这就是主要教训。传统是个庞杂的库藏，精华与糟粕难分难解。中国固有的优秀传统——朴素唯物主义和朴素辩证法的理论，历代进步思想家的深厚的爱国热忱和不屈不挠为真理而战斗的精神，人民大众中潜在的革命的世界观等——在近代哲学革命和马克思主义中国化过程中，起了极重要的作用。但是传统文化中的糟粕——天命论、独断论与虚无主义，儒学独尊下的"居阴而为阳"的统治术，小农的狭隘眼界与迷信等——也继续在起作用。随着近代哲学革命的展开，精华有了发展，显得前途无量；糟粕也在演变，并不自行消亡。腐朽的东西还要挣扎、反抗，伪装骗人，散播毒素，直至最后被消灭。这里正体现了新陈代谢的必然规律，而必然性是通过偶然性来开辟道路的。不能否认，像毛泽东这样的杰出人物的个性特点和文化修养，在历史发展中有其重要影响。毛泽东敢于藐视权威，真正深入地把握了中国传统文化的精髓，所以能在马克思主义中国化的过程中作出重大的贡献；但他在后期鼓励个人崇拜，正说明他也难免受了传统文化中糟粕的浸润，吸取了其中的毒汁。当个人崇拜的狂热达到沸点，以致全民族只许一个头脑思考时，这种腐朽传统的破坏作用就达到史无前例的规模了。

　　对传统文化的影响作历史的考察与分析，需要许多门学科共同协作；对"文革"造成的后遗症，以及至今仍在社会中广泛起作用的腐朽传统的毒害，也需要从经济、政治、教育、文化等各方面来共同研究和综合治理。我们这里只是就"文革"来回顾传统文化对近代哲学的影响，粗略地谈了一下理论思维的教训。

　　反思"五四"在中国近代哲学革命中的意义,结论是:成果是令人鼓舞的,教训也很沉痛。尤其是"五四"为哲学革命提出的任务——反对天命论、独断论与虚无主义互相补充的腐朽传统,用科学思维取代经学方法,用自由原则取代权威主义——至今尚没有完成。所以,今天我们应该继承和发扬"五四"精神,进一步发展哲学革命。

《中国传统伦理思想史》序[*]

近几年来，在中国伦理思想史的研究方面，先后发表了许多文章，出版了几种专著。这是一个很可喜的现象。研究历史，是为了现实。许多同志之所以热衷于中国传统伦理思想的研究，正是因为看到在改革、开放的潮流中，人们正经历着伦理价值观念的剧烈变革，所以迫切需要进行历史的反思，总结历史规律和吸取历史教训，作为现实生活中的观念变革的借鉴。

由朱贻庭同志主编的集体著作《中国传统伦理思想史》一书，就是在这样的背景中诞生的。我读了这本书的大部分原稿，感到各章的作者都力求站在现实的高度来回顾历史，因而使本书具有较强的现实感，读后发人深省。这无疑是一个优点。同时，作者也不满足于对历史仅作归纳和描述，而努力根据马克思主义理论来进行具体分析，运用历史和逻辑统一的方法，来揭示中国传统伦理思想的基本特点及其演变规律。这种对特点和规律的理论探讨，在"绪论"中作了简明扼要的阐述，并贯串于全书之中，因此使得本书比较好地体现了"史"与"论"的结合。这也是本书的一

---

* 《中国传统伦理思想史》，朱贻庭（主编）、张善城、翁金墩、江万秀编著，张岱年任编写顾问，华东师范大学出版社 1989 年 6 月版。序言先发表于《哲学研究》1989 年第 2 期。

个优点。此外，本书的作者都是大学教师，他们根据亲身的教学经验来编写这本书，写得条理分明，行文流畅，比较适合青年人的需要。它既是一本教材，也是一本具有可读性的知识性读物。我以为，它将会受到读者的欢迎的。

讲到中国传统伦理思想，大家便自然联想到历史遗产（包括传统道德与伦理学说）的批判与继承问题。这是个复杂的问题，从20世纪50年代以来，学术界为此争论不休。要回答这个问题，当然需要首先认识中国传统思想或历史遗产有些什么民族特点（包括优点和缺点）。本书对如何考察中国传统伦理思想的民族特点问题提出了自己的见解，认为这需要从把握中国古代社会结构和中国传统哲学的特点着手：一方面，以血缘为纽带的宗法制的长期存在，构成了中国古代社会人际关系的"天然"形式，而在非常分散的自然经济的基础上形成了高度集中的君主专制的统治。另一方面，中国传统哲学从一开始就面向"人道"，把伦理道德作为哲学思考的重点，使道德观与宇宙观、认识论交织一体，形成所谓"天人合一"的思想模式。以这两方面的结合作为观察问题的视角，本书作者提出了中国传统伦理思想的若干具体特点，如人道（仁爱）精神屈从于宗法等级关系（"爱有差等"），把"必然之理"（天道）与"当然之则"（人道）合而为一，德性主义的人性论与"义利之辩"上的道义论成为伦理学说的主流，强调道德的政治功能和重视道德修养论，等等。这些具体特点的概括是否精当、完备，这是可以讨论的。不过我认为，采取上述观察问题的视角，正是力图运用马克思主义观点来研究中国传统伦理思想的表现，这是许多同志都会首肯的。

　　马克思曾把人类社会结构分为三种形态或三个阶段。他说："人的依赖关系（起初完全是自然发生的），是最初的社会形态，在这种形态下，人的生产能力只是在狭窄的范围内和孤立的地点上发展着。以物的依赖性为基础的人的独立性，是第二大形态，在这种形态下，才形成普遍的社会物质变换，全面的关系，多方面的需求以及全面的能力的体系。建立在个人全面发展和他们共同的社会生产能力成为他们的社会财富这一个基础上的自由个性，是第三个阶段。"①马克思说的最初形态是以自然经济为主的社会，第二阶段是以商品经济为主的社会，第三阶段是共产主义的社会。中国传统伦理思想是在社会经历了第一阶段产生和发展起来的，它始终以"人的依赖关系"（从自然发生的脐带关系演变而来的宗法制以及封建等级制）为其基础，它所维护的纲常名教后来便成了社会进步的阻力，严重地束缚着商品经济和人的独立性的发展。一直到今天，从一些阻挠改革、开放的保守思想中，还常常可以窥见那和自然经济与"人的依赖关系"相联系着的伦理价值观念。可见从理论上对中国传统伦理思想作分析批判的工作，还需要深入地进行下去。

　　但是，批判并不是简单地说个"不"字，而是要从辩证法的意义上来扬弃它：弃其糟粕，取其精华。虽然在人类历史的第一阶段，人的生产能力（物质的和精神的）"只是在狭窄的范围内和孤立的地点上发展着"，但中国已有几千年的文明史，这种能力以及它所创造的文化已经积累得相当可观，这是后人必须批判地加以

① 马克思：《政治经济学批判》，《马克思恩格斯全集》第 46 卷（上），人民出版社 1979 年版，第 104 页。

继承的。文化包括着道德与伦理思想，而伦理思想就是人们的道德生活与道德品质的理论表现。我们常说中国人具有勤劳、智慧、勇敢的品质和爱国主义精神等，这种优秀的传统如何反映在伦理学说中，是值得深入研究的。例如，虽然小农经济有其极大局限性，但在农村公社解体以后，小家庭农业（和家庭手工业相结合）是劳动力和劳动条件（土地）保持统一的主要形式。正是这种统一，激发了劳动兴趣，培养了劳动技能和劳动习惯，逐渐形成中国人民的勤劳的美德，而在某些思想家那里（如墨子、王充等），勤劳便成了一个重要的道德范畴。这种可贵的传统观念，在克服了小生产者的局限性之后，在社会主义条件下也还需要继续加以发扬。又如，封建专制主义当然必须彻底清除，但同时也应看到，正由于中华民族早已建成了大一统的封建国家，长期的共同生活方式，悠久的文化传统便使中国人养成了共同的民族心理。保卫祖国和发展民族优良传统，早就成了中国人民的政治和伦理的重要准则之一，这在某些思想家那里（如明清之际黄、顾、王等）也得到了理论的表现。这种传统的爱国主义思想和民族自豪感，在清除了封建的杂质（如夜郎自大、闭关自守心理）之后，在社会主义条件下也是需要继续加以发扬的。

所以，对传统的道德和伦理思想应作辩证的历史分析。而这也正是思想史和哲学史本身给我们的重要教训。中国古代哲学家往往从天人关系来论人性，为其伦理学说提供本体论和认识论的根据，但这里面也有形而上学和辩证法之分。封建时代的正统派儒家，从董仲舒到程朱，把一定历史条件下的道德规范——纲常名教形而上学化，把它们说成是超历史的存在，称之为"天命"、

"天理"；而转过来，"天命之谓性"、"性即理"，出于人性的纲常教义即人道，当然就"无所逃于天地之间"了。这种独断论的"天人合一"的伦理学说，后来成了"道学之口实"、"假人之渊薮"、"以理杀人"的软刀子。这正如老子早说过的："智慧出，有大伪。"（《老子·十八章》）"天下皆知善之为善，斯不善矣。"（《老子·二章》）但是，不能因此而引导到道德相对主义或虚无主义去，也不能因此一般地否定"天人合一"的思维模式。《易传》说："天行健，君子以自强不息。""一阴一阳之谓道，继之者善也，成之者性也。"这是辩证法的"天人合一"论，对后世产生了积极的影响。王夫之发挥了"继善成性"说，把人性看作是不断地（自强不息地）接受自然的赋予而"日生则日成"的过程。他说："色声味之授我也以道，吾之受之也以性。吾授色声味也以性，色声味之受我也各以其道。"[1]就是说，客观事物的色声等感性性质给予我以"道"（客观规律与当然之则），我接受和择取了"道"而使"性"日生日成；我通过感性活动而使"性"得以显现，具有色声等性质的客观事物各以其"道"（不同的途径和规律）而使人的"性"对象化了。这一性与天道交互作用的理论，充满辩证法的光辉，是中国传统哲学的人性论的重要成就。如果把它安置在社会实践的基础上，就可以被理解为：人们在实践中认识世界和认识自己，一方面不断地化自在之物为为我之物，使自然物人化；另一方面又凭着人化的自然（为我之物），不断地发展人的本质力量（人性）。正是在这种天与人的交互作用中，人获得越来越多的自由，奔向马克思所说的"建立在个人全

---

[1]　王夫之：《尚书引义·顾命》，《船山全书》第2册，第409页。

面发展和他们共同的社会生产能力成为他们的社会财富这一基础上的自由个性"的阶段。

　　以上所说，也无非是以社会结构和哲学传统两者的结合作为观察问题的视角，来考察和分析中国传统伦理思想。在读了《中国传统伦理思想史》的书稿后，促使我对如何把握中国传统伦理思想的特点和如何批判与继承历史遗产的问题作了一点思考，产生了一点感想。朱贻庭同志约我为本书写一篇序言，我只好把这点感想写下来，聊以塞责。

关于中国近代伦理思想研究的几个问题[*]

就像政治学说史不同于政治革命史一样,中国近代伦理思想史主要是阐述近代伦理学说的演变、发展,而不是讲道德变革史。伦理学说是人们的道德生活、伦理关系和道德品质的理论表现,其中也有关于道德革命的学说,但不是讲道德生活的变革过程本身。中国近代社会变革引起人们道德生活的变化,这些变化如何反映在伦理思想、伦理学说中? 近代不少思想家倡导道德革命,提出近代伦理学说,是不是客观上引起道德革命,即引起社会伦理关系、人们的道德品质的变化,或者说在什么意义上引起了变化? 这都是要认真研究的。

下面谈谈与中国近代伦理思想史研究有关的五个问题。

一、近代价值观的变革

中国近代哲学革命为政治革命作了准备。近代哲学革命主要在历史观和认识论上表现出来,能动的革命的反映论的提出,

---

* 本文根据作者与"中国近代伦理思想研究"课题研究小组的谈话记录,由何锡蓉同志整理而成。刊载于《学术月刊》1989 年第 9 期,并收入徐顺教、季甄馥主编的《中国近代伦理思想研究》(华东师范大学出版社 1993 年版),作为该书绪论。

对认识论上的存在和意识的关系、历史观上的社会存在和社会意识的关系,作了科学的规定,这标志着哲学革命的一个飞跃。但近代哲学革命还包括另外两个方面:第一,思维方式的革命,即逻辑思想和方法论的革命,要求用科学方法取代古代的经学方法,用自由讨论代替独断论。在这方面,中国近代哲学家作了很多探索,取得了一定的成就,但没有得到总结,尤其是对经学方法清算不力,后来有人甚至披着革命的外衣来贩卖经学方法,以至在十年动乱期间,个人迷信代替了民主讨论,引征语录代替了科学论证。其次,价值观的变革。这方面的情况更差。价值观变革集中表现在新的社会理想和新的人生理想要求用近代的自由原则取代权威主义。封建的权威主义可以追溯到孔子的"三畏"。孔子说:"君子有三畏:畏天命,畏大人,畏圣人之言。"(《论语·季氏》)大人就是社会的统治者,圣人之言就是经典里的训言,圣人在经典里讲的话就是权威。大人和圣人都自称是天命的代表,权威主义就是以天命为根据的。价值领域的权威主义还表现在纲常名教中。"三纲"就是要求在下者服从在上者的权威。在近代,价值观的革命也没有得到总结。价值观的变革虽有成绩,但并不大。个人迷信就是迷信权威,群众没有自由。如果自由原则得到盛行,也就没有个人崇拜了。所以近代哲学革命有成绩,而在价值观的变革方面,却是很差的。

　　人类创造了文化,文化的核心就是价值。怎样叫作创造了价值?即人提出理想,并通过社会实践,使理想化为现实,这就创造了价值。一切创造就是创造价值。文化就是在社会实践基础上人的各种创造。所以价值观依赖于社会实践,价值观的变革是受社会的演变、变革制约的。如马克思在《政治经济学批判（1857—1858年手稿）》里所说，人类社会结构随社会的变革经历了三个阶段或三个形态。最初的形态是以"人的依赖关系"为特征、以自然经济为主的社会。在这种社会形态中，"人的依赖关系"最初完全是自然发生的，是在自然经济基础上从氏族部落的纽带演变为家长制、以至后来进一步形成奴隶制、封建等级制。这阶段的价值观反映了"人的依赖关系"、即在下者对在上者、奴隶对奴隶主、农奴对农奴主的人身依附关系。所以价值观就集中表现为孔子讲的"三畏"，权威说了算。第二阶段，是以商品经济为主的社会，这种社会形态以"物的依赖性为基础的人的独立性"为特征。在商品经济条件下，工人自由了，对人的依赖关系解脱了，成为自由的、独立的商品生产者或雇佣劳动者。人的独立性代替了人的依赖关系，可是对物的依赖关系却发展了。人的独立性建立在对物的依赖性的基础上，这与过去在自然经济的条件下有很大的不同。在自然经济条件下，物质生产和精神生产发展缓慢，人的生产能力是在很狭窄的范围内和孤立的地点上发展着，而在资本主义商品经济条件下，形成了普遍、全面的社会物质交换关系，物质生产和精神生产以意想不到的速度发展起来。马克思说："资产阶级在它的不到一百年的阶级统治中所创造的生产力，比过去一切世代所创造的全部生产力还要多，还要大。"[①]人的才能也得到比较充分的发展。但商品货币关系（本质是"社会关系"），却作为"物的关系"以一种凌驾于人并且支配人的命运的强大力量出现

---

① 马克思、恩格斯：《共产党宣言》，《马克思恩格斯选集》第1卷，第277页。

在人们面前，因而在对物的依赖的条件下，产生商品拜物教、金钱拜物教（拜金主义），造成了对人的新的束缚。从异化现象来看，在第一阶段，即在自然经济条件下，异化现象主要表现为权力迷信，在上者有权力，要依赖它，它处于超经济的地位。第二阶段，即在商品经济条件下，异化现象主要表现为商品拜物教、拜金主义。既然社会有异化，可见人还没有真正自由。马克思运用历史和逻辑统一的方法来考察人类社会的过去和未来，指出人类社会的未来必然是共产主义。马克思说共产主义是人类社会发展的第三阶段。在第三阶段，既摆脱了直接的"人的依赖关系"，也摆脱了"物的依赖关系"，人能够完全自由地支配社会生产过程和自身的生活过程，人的能力真正得到了自由的、全面的发展。这个阶段是以"建立在个人全面发展和他们共同的社会生产能力成为他们的社会财富"基础上的"自由个性"为特征的。人们的社会关系将采取自由人联合体的形式。在联合体中人们的关系是完全平等的关系。正如马克思在《共产党宣言》里所讲的："在那里，每个人的自由发展是一切人的自由发展的条件。"[1]这即是共产主义社会，真正自由的社会。只有到了共产主义社会，人才真正获得了自由，进行自由的劳动。总之，要从人类社会历史的演变来考察价值观的变革。

中国近代价值观的变革如何呢？中国近代经历了伟大的社会革命，与此相联系，开展了哲学革命，包括价值观的革命。从社会历史演变来说，中国近代经历了从自然经济向商品经济的革命

---

① 马克思、恩格斯：《共产党宣言》，《马克思恩格斯选集》第 1 卷，第 294 页。

转变,反映到意识形态领域,与自然经济相联系的权威主义的价值观成了革命的对象。出自封建的依附关系的权威主义是束缚人、奴役人的网罗,近代先进的思想家都要求个性自由,反对和批判权威主义。近代伊始,龚自珍提出"众人之宰,非道非极,自名曰我"。[①] 标志着近代"自我"开始觉醒,反映了与商品经济相联系的人的独立性的要求,这是近代价值观根本变革的开端。其后,谭嗣同主张"冲决网罗";梁启超大声疾呼要求"除心奴";严复讲"自由为体,民主为用";章太炎强调"依自不依他","自尊无畏"。五四新文化运动中,陈独秀、李大钊、鲁迅都强调个性解放、个性自由,反对权威主义的价值观,胡适也对权威主义持批判态度,要求"重新估定一切价值"。由于近代中国遭受外国帝国主义的欺压,中华民族与帝国主义的矛盾是中国近代社会的主要矛盾,所以近代中国革命不仅反对封建主义,而且首先反对帝国主义。在中国,资本主义没有得到顺利发展,与反帝的民族民主革命相联系,却较早地掀起社会主义运动。洪秀全重新提出大同理想,康有为写《大同书》,孙中山讲"天下为公",也是讲大同。"大同"是旧的观念,但中国近代的大同理想是一种崭新的社会理想。最大的区别在于,过去讲大同,认为理想社会是在远古,是复古主义;近代讲大同,认为理想社会不是在远古,而是在未来,它指引人们为未来的社会而奋斗。这是哲学思想的一个根本性的变化。近代强调理想在未来,在康有为那里是以进化论原理作根据的。孙中山也是这样。

---

① 龚自珍:《壬癸之际胎观第一》,《龚自珍全集》,第 12 页。

　　在近代，一方面提出个性解放的人生理想，另一方面提出大同的社会理想。个性解放的理想与封建时代的做圣贤是不同的，近代的大同社会理想与古代《礼运》里讲的大同也不同。这两种理想或价值观的变革就是人道主义和社会主义。人道主义要求个性解放，社会主义要求实现大同理想。五四运动以后，迎来了马克思主义。回顾前一段历史，李大钊作了总结。李大钊依据马克思主义观点，开始把大同理想建立在唯物史观的科学基础上，指出科学社会主义和人道主义的统一。他说，近代有两个运动：一个是个性解放，即人道主义和民主主义运动，另一个是大同团结，即社会主义运动。"这个个性解放运动，同时伴着一个大同团结的运动。这两种运动，似乎是相反，实在是相成。"①他强调"我们主张以人道主义改造人类精神，同时以社会主义改造经济组织"②。在这里，李大钊提出了一个崭新的观念：个性解放和大同团结的统一、人道主义和社会主义的统一。在李大钊看来，这也就是共产党人的理想。这是符合《共产党宣言》所说的："代替那存在着阶级和阶级对立的资产阶级旧社会的，将是这样一个联合体，在那里，每个人的自由发展是一切人的自由发展的条件。"③

　　当然李大钊讲的还是很朴素的，但他提出了一种新的价值观，这种新价值观也体现在鲁迅所说的觉悟的知识者、革命的先驱者的理想人格上。鲁迅在《门外文谈》中说：一个先驱者应既有清新的理智，又有坚毅的意志；既有明确的群体意识，又有明确的

① 李大钊：《平民主义》，《李大钊全集》第 4 卷，第 122 页。
② 李大钊：《我的马克思主义观》，《李大钊全集》第 3 卷，第 35 页。
③ 马克思、恩格斯：《共产党宣言》，《马克思恩格斯选集》第 1 卷，第 294 页。

自我意识；既有独立的人格且自尊，同时也尊重别人；他处在领导岗位，他也用权，却不以权谋私；善于引导群众，但不迎合；他始终是大众的一员。这样的人格就是体现了个性解放和大同团结相统一的人格。李大钊、鲁迅、瞿秋白等五四时期成长起来的共产主义者确实提出了新的价值观，也可以说是继承和发展了龚自珍、洪秀全等先进人物的价值观的结果，也是马克思主义中国化的开始。正因为有这种新的价值观，无数的共产主义者忘我地为共产主义理想奋斗，许多人为革命献出了宝贵的生命，革命者之间体现了个性解放与大同团结统一的精神境界。在这时期，中国民族精神显出长江黄河那样的雄健气魄，这在很多革命者身上得到了体现。但这些成就在理论上没有得到总结。

由于来自共产国际"左"的影响，从 30 年代开始有一种偏向，教条主义者把阶级观点绝对化，把个性解放看成是资产阶级的要求。毛泽东 1944 年 8 月 31 日致秦邦宪的信中说："……解放个性，这也是民主对封建革命必然包括的……被束缚的个性如不得解放，就没有民主主义，也没有社会主义。"[1]他在《论联合政府》中又说，我们主张新民主主义制度的任务，正是"保障广大人民能够自由发展其在共同生活中的个性。"[2]这些话都很好。可是后来他把这些话都忘记了，这就产生了比较严重的情况，在个人崇拜下，权威主义、经学方法变相地复活了。所以虽然中国革命取得伟大成就，民族解放运动、民主革命取得伟大胜利，中国社会进入了一个新时代，但后来在实践上有失误，以至发生"文革"那么大的灾

---

[1]　毛泽东：《毛泽东书信选集》，人民出版社 1983 年版，第 239 页。
[2]　毛泽东：《毛泽东选集》第 3 卷，第 1058 页。

难,国家遭到很大破坏。从价值观来说,为什么原来新的价值观提出来,许多革命者为之奋斗,在他们身上得到体现,后来则不行了? 尤其是在"文革"中,民族的素质下降了、倒退了。这需要大家来认真总结教训。

价值观与科学、生产力不同,科学、生产力被破坏了,还是容易恢复,再会前进的。价值观就不是这样能一直往前发展,在价值这个领域,当传统的价值观被抛弃了,新的价值观又确立不起来的时候,许多人就彷徨不知所措,就会形成对价值的失落感。这个时候给人的感觉是道德败坏,不是前进,而是倒退,一切坏的东西都会出现。正像希腊神话中的潘朵拉的盒子,一打开,所有坏东西都飞出来,只留下"希望"被关在盒子里;或如庄子讲的邯郸学步的故事,故步失去了,国步未学会,只好匍匐而行。中国近代经历了多次反复,有革命高涨、道德向上的时期,也有道德败坏、形成价值真空的时期。在封建社会稳定的时候,总有一套价值观维系着,可是在近代,有时显得蓬勃发展,有时却似乎完全失控了。

二、义和利的关系

义利之辩是伦理学中的重要问题,从古以来就争论这个问题,近代则继续探讨这个问题。在戊戌变法时期,有些人比较多地讲功利,如严复把英国的功利主义介绍到中国来,把利归结为快乐。他讲的功利主义是合理的利己主义。近代义利之辩与群己之辩结合在一起,强调个性解放。"利"首先就是个人利益。近代的功利主义与古代的有所不同。（古代如墨子也公开讲功利，他说："义，利也。"（《墨子·经说下》）他把道德价值归结为公利，或天下之大利。墨子讲兼爱，要爱人如己，使得人人能免于饥寒、痛苦，过快乐和富庶的生活。墨子还讲"尚同"，他不重视个性。）近代另外一些人则不讲功利主义，认为把功利归结到个人苦乐，是为利己主义辩护，如章太炎就反对功利主义而强调道义。但章太炎讲道义论，强调"依自不依他"，也强调个性解放。章太炎和严复都重视个性，但章太炎认为献身革命和民族解放是义不容辞的责任，不是出于利己。这个争论到"五四"时期还继续着。陈独秀讲功利主义，李大钊讲理性主义，后来都接受了马克思主义。而在资产阶级学者中，如胡适讲功利主义，从实用主义观点讲个人主义人生观。梁漱溟鼓吹变相的中体西用论，讲伦理本位，旧的色彩较浓。当时争论人生观的问题，归结起来实质上是义利、群己之辩。

马克思主义者从唯物史观出发提出革命的功利主义，以人民大众的利益为基础，这并不是说道德不重要。但马克思主义者对义利关系问题在理论上也没有解决好。按照马克思主义的观点，人民大众的利益是基本的，但人民大众的利益又不能离开个人，所以应该把集体利益、群众利益与个人利益结合起来，这是一方面。另一方面，道德是为了人民的利益，道德是工具，是为人民谋利益的手段。但手段和目的可以转化。真善美这些精神价值作为人的本质力量的自由表现和发展，也是目的。德行本身就是目的，人的德性、素质的提高本身就是目的。所以道德作为工具与道德作为目的的辩证关系这个理论，是应该认真地加以探讨的。

由于伦理学本身的理论没有很好总结,所以常常偏来偏去,尤其是后来,把阶级观点绝对化,把道德与政治捆在一起,强调道德是阶级斗争的工具(只强调工具的一面),就忽视了道德是目的,每个人有独立人格也被忽视了,道德成为强加于人的工具。片面强调道德的工具意义,道德就成为束缚人的桎梏。这样一来走向反面,就成为道德的虚无主义,或道德的实用主义。50—60 年代,政治挂帅、思想政治教育强调到极点,可是现在有些人却又走到另一个极端,只讲利,讲短期行为,眼前利益,其他什么也不讲。所以正确阐明义和利的关系,在理论上和实践上都是十分重要的。

三、理智与意志的关系

道德行为涉及理智与意志、自觉与自愿的关系。中国正统派儒家强调自觉,强调道德出于理性认识。强调自觉的原则虽然是重要的,但是正统派儒家却忽视了道德上的自愿原则、意志自由的原则。近代的观念有了变化。从龚自珍开始,强调"心力",道德行为要以自由意志为前提。严复和章太炎在伦理学上虽然有功利主义和非功利主义的对立,但他们都肯定每个人有独立人格,都强调意志自由,强调道德行为要出于自愿的原则。只有具有独立人格的人,才有责任感,在言行中就必然是"言必信,行必果"。可是孔孟则认为这并不重要。孔子讲"言必信,行必果",是"硁硁然小人哉"!《论语·子路》严复、章太炎都批评孔子这句话,这是自由原则与权威主义不同的地方。个人有独立人格、自由意志,对自己的言行就有高度的道德责任感,这是自由意志的表现,这也是后来新文化运动中许多进步人士共同的观点。当然，意志自由强调过分，就会导致唯意志论。近代从龚自珍开始，唯意志论成为一股强大的力量。谭嗣同、章太炎、陈独秀以及早期的鲁迅等许多进步思想家和革命者都有唯意志论倾向。这是因为中国近代要反对道学家的宿命论和理性专制主义，同时政治上要解放，要自由，要实现大同理想，就必须去斗争，就必须发挥意志力量，充分发挥人的主观能动性。所以许多人强调斗争，强调意志自由，强调要发挥意志力量，这就容易导致唯意志论。这与中国古代不同，中国古代没有一个强大的唯意志论传统，真正的唯意志论较少。但是唯意志论又会引导到盲目行动。实用主义有唯意志论倾向，尼采哲学的唯意志论直接引导到法西斯主义。因此到了 20 年代后期，革命者反对唯意志论，一些资产阶级学者也改变了提法，如梁漱溟后来用理性代替了意欲，熊十力讲生命哲学，后来他也批评唯意志论。

就道德领域来说，既要求自觉，即遵循理性原则，按理性认识办事，又要求自愿，即出于意志的自由选择。如果意志不是自由的，那就谈不上道德责任。自觉是理智的品格，自愿是意志的品格。在道德行为中理智与意志、自觉原则与自愿原则应该是统一的。古代一些大哲学家都有这个意思，如孟、荀、柳宗元、王夫之、黄宗羲等。在近代，这个问题特别突出了，却没有从理论上加以很好的总结。

道德理想需要通过自觉自愿的活动，达到理智与意志的统一才能实现。理智认识它，意志自由来执行，道德理想、道德规范通过实践得到贯彻、实现了，现实化的结果就表现在两个方面：一方面是社会伦理关系的变革，另一方面是个人道德品质的提高，即人的品德的提高。

四、关于社会伦理关系

道德理想的实现就是要建立一种合乎道德的社会伦理关系，如学校中要建立尊师爱生的伦理关系，企业中也要建立一种合理的互助合作关系，等等。如果社会各个方面都建立起一种比较合理的社会伦理关系，那么这个社会就会有一种道德的凝聚力，善行就会到处涌现。在近代，如抗日战争时期以及共产党领导人民反对法西斯的斗争中，道德凝聚力就表现得很突出。在50年代初期社会中也具有这样一股强大的道德凝聚力。当然，伦理关系有很多层次、很多方面，如学校、家庭、企业，等等，是很复杂的。道德行为就其内容来说，就是巩固和发展人际关系，使社会组织具有道德凝聚力，在形式上则是要有文明交际方式。封建礼教要批判，但文明礼貌、文明的交际方式在任何社会都是需要的。社会主义也要用"礼"来调节人们的关系，要讲文明行为、文明礼貌。过去讲"礼"有"节"和"文"的双重作用。"节"是节制，就是说对人的情感、欲望、意愿有所节制。"文"是文饰、美化，就是说，讲礼貌、仪式、礼节，对群体对个人的行为有美化、艺术化的作用。一个社会的道德水平高不高，要看人际关系中的道德凝聚力，也要看有没有文明礼貌。这些问题在近代探讨得很不够。

在社会伦理领域，道德和法的关系是一个很重要的问题。中国古代有礼法之争、德力之争，即道德和法之争。近代也比较注意这个问题。要民主就要法制，民主制度下的法要保护人民，贯彻道德原则，但法与道德又不同，道德约束与法律制裁不同。法有外在的强制力量，而道德则诉之于社会舆论和个人良心的约束。法对敌人是暴力，只有当敌人放下武器，才不采用暴力；国民违反法令也要受处罚，这就是法的制裁。但是人民的法律，应该贯彻道德精神，体现人道原则。毛泽东关于两类社会矛盾的学说，可以说在原则上解决了道德和法的关系，但在实际上，既没有建立完备的法制，也没有很好研究道德的特殊性，认为政治就是阶级斗争，道德则是阶级斗争的工具，把阶级斗争扩大化了，所以并没有真正解决道德与法的关系。在革命时期，把旧的法制破坏了，人民的道德的凝聚力加强了。可是 50 年代以来，一次一次的批判斗争，以至发展到"文革"，法的制裁被蔑视，道德凝聚力遭到大破坏，这是个悲剧！

五、道德品质的培养

伦理学说包括道德品质的培养，更根本一点，就是理想人格的培养。近代与古代不同，提出了培养新人的要求。古代儒家要求把人培养成圣人、贤人，并且认为人皆可以为尧舜。这种说法包含了对人的尊重，是可以肯定的，但是他们不是培养平民化的自由人格。近代思想家提出平民化的自由人格来取代封建时代的圣贤，观念上与过去不同。龚自珍强调众人自作主宰，他以为不论是皮匠、木工，还是冶金工人，只要是有所发明、有所创造的劳动者，就都是"天下豪杰"。后来梁启超写《新民说》，以为民众之"自新"在于既养成独立自尊之人格，又树立国家、群体的观念。显然，他们的理想人格已经平民化了，不再是高不可攀的圣贤。平民化的自由人格如何培养？龚自珍提出"各因其性情之近，而人成才"①。

前面已说过，李大钊提出个性解散和大同团结的统一的理想，鲁迅描述了平民化的自由人格的精神面貌。鲁迅认为有觉悟的智识者，既自尊，又尊重别人，始终把自己看成是大众中的一员，是完全消除寇盗心和奴才气的自由人格。这样的人格观念是正确的，当时起了积极的作用，尤其在革命者中间，确实使这种理想变成了自己的品德。那么，这种品德是怎样培养成的？共产党总结了经验，把党作为教育人、培养人的组织。党培养人要有三大作风（理论和实际相结合、和人民群众紧密联系在一起和批评与自我批评的作风），这样的人有理论（理性认识），也有实际行动（意志力量）；能联系群众，既不搞命令主义，也不做群众的尾巴；能开展批评，尤其是勇于作自我批评。这就在一定程度上达到了李大钊、鲁迅提出的理想，培养了大批有道德的人。党之所以取得胜利，正因为它有道德的凝聚力，培养了有道德的人，这是很重要的贡献。

一般地说，培养平民化的自由人格的途径，大体包括这样几方面：实践与教育相结合；世界观的教育与德育、智育、美育相结合；集体帮助与个人努力相结合。如果从这几方面来衡量，我们过去在培养人方面也有缺点：过去搞革命，不可能充分利用学校

---

① 龚自珍：《与人笺五》，《龚自珍全集》，第 338 页。

教育、社会教育。在旧社会，培养人不仅家庭起作用，尤其是学校（书院）的老师起很大作用。儒家很尊重老师，把老师放在"传道、授业、解惑"的很重要地位。我们党对如何通过学校来培养人还缺乏研究。毛泽东后期对学校、知识分子持不信任感，认为学校教育应以阶级斗争为主课，要大家搞大批判。现在有些同志还没有认识到共产主义最根本的事业是培养人、培养共产主义新人。人不能培养出来，即便生产上去了，也建不成共产主义。这是需要引起重视，并且迫切要求得到解决的问题。

王阳明在中国哲学史上的地位 [*]

女士们，先生们，首先让我代表中国哲学史学会、代表上海市中西哲学与文化交流研究中心，向这次国际阳明学讨论会表示热烈祝贺！这是我们盼望已久的盛会，是浙江社科院和余姚市政府共同努力的结果。

王阳明是一位有国际声望的哲学家。这样的哲学家，世界上也为数不多。阳明学、朱子学不仅是中国的学说，而是早已成为国际性的了。今天我只就王阳明在中国哲学史上的地位谈三点意见。

第一，我们从宋明理学来看王阳明的学术地位。中国和西方的哲学发展到后来，都可以归结到"哲学的三项"。黑格尔说哲学的三项是逻辑理念、自然界和精神，所以他的哲学体系，是由逻辑学、自然哲学和精神哲学构成的。这个概括，对于中国哲学和西方哲学来说都是适当的，不管是唯物论还是唯心论，总是要涉及到这样哲学的三项。这三项在宋明理学里面，就是气、理和心。因此有的哲学家讲气一元论，如张载；有的哲学家讲理一元论，如

---

* 本文原为阳明学国际研讨会上的演讲稿，由滕复同志整理而成。发表于《浙江学刊》1989 年第 4 期。

程朱;有的哲学家讲心一元论,那就是陆王。正是在这个意义上,章学诚说:"宋儒有朱陆,千古不可合之同异,亦千古不可无之同异也。"①程朱和陆王有同也有异,这是千古不可无的。章学诚的话相当有道理。理学中张载、程朱和陆王,他们各自形成了不同的学派,展开了反复的争论。而到了明清之际顾炎武、黄宗羲、王夫之等大思想家来回顾理学进行批判总结的时候,他们仍然是各有所偏的。王夫之是继承张载的,顾炎武讲考证的方法是更多地来自朱熹,而黄宗羲则非常推崇王阳明。尽管他们都是对整个宋明理学作总结,对理学各派都有所批判,但仍然是各有所偏。这就说明,理学各派之间的分歧,确实是千古不可无之同异,千古难以合之同异。因此,对朱子学阳明学这样的学派,会永远讨论下去。

　　第二,既然王阳明在宋明理学中有重要地位,那么,他的独特的贡献到底在哪里? 对此我提一点自己的看法。从辩证法的发展来看,张载讨论了一和两的关系,他说:"一物两体,气也,一故神;两故化。"②这很好地表达了对立统一的原理。这之后,对两和一、分和合的考察逐步深化。程朱学派尤其是朱熹,特别强调分析。他认为做学问就要"严密理会,铢分毫析。"陆象山反对他,认为应该先立乎其大者。他批评朱熹支离破碎,说"支离事业终消沉"。但陆象山讲综合有点囫囵吞枣,把分析完全丢了。王阳明则纠正了陆象山的这一缺点,他还是强调"合一",认为"心一而已","理一而已","性一而已"。但是他认为理(或心,或性)有一

---

① 章学诚:《文史通义·朱陆》,《文史通义校注》,第 262 页。
② 张载:《正蒙·参两篇》,《张载集》,第 10 页。

个发展过程,就如婴儿发育、树木发芽成长一般。最初的本原具体而微,要经过若干阶段,然后才能发展完成。这样在讲"合"的时候就包含了"分"了。后来明清之际的思想家在对宋明理学做总结的时候,他们一般都是强调分析和综合的结合。特别是王夫之更强调这一点。所以从宋明理学的辩证发展来看,王阳明思想是个很重要的环节。

王阳明在中国哲学史上的贡献,用他自己的话来说,就是致良知说,致良知说我们可以不赞成,但里面包涵着哲学思辨上很有价值的东西,那就是把理或心看作是一个发展过程,这也就是致良知说所强调的工夫和本体的统一。王阳明自己说,本体即工夫,本体是良知,工夫是致良知。本体在工夫中展开为过程,这在哲学上有什么意义呢? 这即是说本体论与获得本体的智慧的学说是统一的,与广义的认识论是统一的。这一点我认为是王阳明哲学的一个很突出的贡献。照王阳明说来,本体原是完满无缺的,它通过致良知工夫展开为一个过程,这样把人性看作是一个发展过程,把精神看作是一个发展过程,就把中国哲学的思辨水平提高到一个新的高度。

王阳明这一理论,还产生了两个方面的推论,有重大影响:一、从人类的历史和文化的发展来看,王阳明提出了一个很重要的论断,即"六经皆史"。"道"在过程中展开,六经都被看成一定历史条件下的产物,这就大大降低了经学的权威。这一论断后来为浙东史学所发展,产生了非常深远的影响。后人从历史主义的观点看问题,便要反对经学的独断论。对经学的批判,可以说是在王阳明的六经皆史的思想中有了萌芽。二、从个人的成长发育来说，王阳明的即工夫即本体的思想实际上是提出了一个非常重要的关于自由人格的培养、教育的理论。人的精神发展有个过程，要经历许多阶段，因而就要"随才成就"，因才施教，根据不同的人不同的情况进行培养、教育。特别是对于儿童，王阳明认为不应该有所束缚，应该让其自由地发展。这样的见解在当时是很可贵的。由这样一种观点，就可以导致要求个性解放的思想。如李贽提出不以圣人是非为是非的论点，提出对文学艺术具有很大影响的"童心说"等等，都是受王阳明的影响。

　　第三，王阳明的思想对中国近代也产生过重大的影响。康、梁和谭嗣同都是讲王学的。王学在戊戌变法时期是一种革命的理论。梁启超在湖南时务学堂就是举的两面旗帜，其一是王学，另一面则是民权思想。这也与日本明治维新有关。中国人认为若要维新成功，就得学日本，知道阳明学在日本明治维新时起了很好的作用，因此，许多中国人也讲阳明学。但是严复当时反对讲阳明学，认为阳明学不利于科学的发展。他是从这个角度看到王学有流于空疏的一面，因而批评王学。不过这之后阳明学一直为很多人所发挥。五四时，吴虞是最推崇李贽的。李大钊、郭沫若等革命者都是推崇阳明学的。梁漱溟等则从维护中国儒学传统的角度来推崇阳明学，特别是泰州学派。后来熊十力也讲自己和阳明学是"同一路向"的。所以，在中国近代，阳明学不仅在社会变革领域起了积极的作用，而且在学者中间也起了重大的影响。不过，后来由于"左"的影响，对整个传统文化批判过多。对王阳明也给予了极不公正的待遇。"左"的影响实际上是类似于经学的东西，只不过是以马克思主义的词句出现的。王阳明并不盲目崇拜经学的权威,要求人们致良知,发扬自由的思考。我认为这是很了不起的,在今天还是很值得发扬光大的。阳明学派当时培养了一种生动活泼的学风,"铿然舍瑟春风里,点也虽狂得我情",可说是与孔门师友的学风是很相似的。我认为我们今天应该发扬这样一种学风。

儒家的理想和近代中国的自由学说 [*]

一、儒家的人生理想和社会理想

先秦儒家提出的理想包括人生理想和社会理想。人生的最高理想是成为尧舜那样的圣人。圣人作统治者,便能施行王道,建立理想的社会制度。这便是所谓"内圣外王之道"。

就人生理想说,孔子以仁智统一为理想人格(圣人)的主要特征。《论语》一书中多次以"仁"与"知"并举。《孟子》写道:"昔者子贡问于孔子曰:'夫子圣矣乎?'孔子曰:'圣则吾不能,我学不厌,而教不倦也。'子贡曰:'学不厌,智也;教不倦,仁也。仁且智,夫子既圣矣。'"(《孟子·公孙丑上》)孔、孟、荀都是教育家,如何通过教育来培养仁且智的理想人格,是儒家的理论和实践所要解决的主要问题。

孔子的仁智统一学说体现了人道原则与理性原则的统一。仁是人道原则,即肯定人的尊严,主张人和人之间要互相尊重,建

---

[*] 本文是作者在 1989 年 12 月上海"儒家思想与未来社会"国际学术讨论会上的发言稿。发表于上海中西哲学与文化交流研究中心编《时代与思潮》第 3 辑:《中西文化交汇》,并刊载于复旦大学编《儒家思想与未来社会》,上海人民出版社 1991 年 4 月第 1 版。

立爱和信任的关系。智是理性原则,即肯定人同此心,每个人的理性能判断是非、善恶,提高人的理性认识,就能使人自觉为善。正是根据这两个原则,所以儒家认为人人可以通过推己及人的方式、即忠恕之道来实行仁;也是根据这两个原则,所以肯定人的德性是可以培养教育成的,人皆可以为尧舜。

儒家的人道原则、理性精神是可贵的。不过孔子也有其保守一面。他讲"君子有三畏:畏天命,畏大人,畏圣人之言"(《论语·季氏》)。他要求一般人都敬畏天命,而圣人就是能实行克己复礼,达到知天命、顺天命,从心所欲不逾矩的人。儒家的天命论和权威主义适应了统治者的需要。

先秦儒家也提出了一种社会理想。孔子向往尧舜三代。孟子区分王道和霸道,说"以德行仁者王"。他把人道原则贯彻到政治、经济领域,提出"民贵君轻"的著名论点。《礼记·礼运》勾画了大同社会的图景,说"大道之行也,天下为公。选贤与能,讲信修睦。故人不独亲其亲,不独子其子。使老有所终,壮有所用,幼有所长,矜寡孤独废疾者皆有所养……"那是个没有私有财产,人人各尽所能,各得其所的社会,没有国家,也无需礼制,选举贤能进行管理,人与人之间普遍建立爱和信任的关系,"讲信修睦",不用什么计谋,当然更不会有盗贼了。

儒家所描绘的理想社会,不是佛教的西方极乐世界,不是基督教的天国,而是人世间的充满爱和信任的社会。它在此岸而不在彼岸,是可以借人力来实现的。事实上,人们在家庭中、朋友、师生之间,都可以体验到爱和信任的关系,所以儒家的大同理想是切近人生经验的,并不像天国那样虚无缥缈。这是可贵的。不过《礼运》以为大同之世在远古，它实际上是原始社会的理想化，是一种复古主义理论。孔子说："唯天为大，唯尧则之。"他用天命来解释历史，并认为只有圣王才能效法天命，建立制度。这当然又是适应统治者需要的。

总之，儒家关于理想人格和理想社会的学说有其两重性：它的人道原则和理性精神，强调通过教育来培养人格，提出切近人生的大同理想，在民族历史上起了极为积极的深远的影响。但是，儒学也有其适应专制统治者需要的一面。汉代以后，儒术独尊，它和封建专制主义的权力相结合，便使得天命论、复古主义、独断论的经学方法和权威主义的价值观等得到发展，在历史上也产生了长期的消极影响。

二、近代思想家的自由学说

进入近代，中国遭遇了空前的民族灾难，经历了巨大的社会变革，在哲学上也发生了一次深刻的革命。近代的进步思想家提出了新的理想、新的自由学说。这种学说是从对儒学的批判中产生的，但又包含有对儒学的积极方面的继承和发扬。

就人生理想说，近代哲学家提出培养"新人"的口号，用培养平民化的自由人格来取代古代儒家的圣贤。龚自珍提出"众人之宰，非道非极，自名曰我"[①]的命题，已包含有一种具有近代气息的要求人格独立、个性解放的人生理想，标志着近代人道主义的开

---

① 龚自珍：《壬癸之际胎观第一》，《龚自珍全集》，第12页。

端。近代人道主义强调人的尊严，是儒家的人道原则的发展。但它以个性解放为内容，反对封建礼教，又是对儒家的批判。龚自珍期望"不拘一格降人材"，以为不论是皮匠、木匠，还是冶金工人，只要有所发明，有所创造，都是"天下豪杰"。梁启超写《新民说》，以为民众之"自新"，在于既培养独立自尊的人格，又树立国家、群体观念。他们的理想人格已平民化了，不再是高不可攀的圣贤。道学家教人"以醇儒自律"，做"存天理、灭人欲"的工夫，以求达到"忘情"、"无欲"、"无我"的境界，以为这种境界给人以最高的"受用"、"乐趣"。近代哲学家反对这种贬低情意的倾向，而用一种新眼光来对待人的精神力量。魏源说："才生于情，未有无情而有才者也。"龚自珍、谭嗣同、梁启超等都强调"心力"，首先是指意志力。他们重视情意的作用，是为了反对道学家的宿命论和理性专制主义。"自由"的概念发生了根本变化，它不再被理解为乐天安命、毫无物欲，而是看作应该在竞争、斗争中争取的果实。"智慧"的范畴也发生了根本变化。章太炎说"竞争生智慧，革命开民智"。所以思想不能停留于静观，理论并不是冷冰冰的概念结构，而是灌注着热情，能鼓舞人的斗志和培养人的信念，有助于革命行动的。近代哲学家的理想人格不再是纯金一般的圣者，平民化的自由人格是多样化的，各有其面目，虽难免有这样那样的缺点，但都是有独立人格有真性情的"新人"。

　　这种"新人"的理想，无疑是对正统派儒家的圣贤理想的否定。但是同时也应该说，它包含有对儒家的真精神的继承。孔子的仁智统一学说、孟子的"民为贵"的思想，在新的历史条件下得到了发扬，人道原则和理性原则并没有被抛弃，在批判了正统派儒学的宿命论和理性专制主义之后，人的个性，人的理智、意志和情感才能得到更健康和比较全面的发展。

对于儒家的社会理想，近代思想家也是既有批判又有继承。洪秀全砸碎孔子的牌位，但又在《原道醒世训》中引用了《礼记·礼运》的"大道之行也"一段话，把大同理想重新提出来。不过太平天国讲"新天新地新人新世界"，已朦胧地含有理想在未来和要由群众经过革命斗争来争取的意思。康有为用历史进化论来解释"公羊三世"说，他明确地提出理想社会不是在远古，而是在未来。这是哲学思想的一个根本性变化，康有为的《大同书》描绘了一个自由平等博爱的人道主义的乌托邦。孙中山讲"天下为公"，则是先以林肯所说的"民有、民治、民享"为主要内容，后来又强调它与共产主义的一致性。中国近代的革命思想家，总是以宽广的胸怀把"中国向何处去"的问题同世界的前途联系起来，把中国革命的理想同人类到达大同之路联系起来，而随着革命形势的发展，思想家们所设计的方案，在保留大同理想的形式下，由民主主义向社会主义、由空想的社会主义向科学的社会主义发展着。

近代的大同理想当然已不同于《礼运》所说，它不再是以复古主义和天命论为前提，而是以历史进化论为理论根据；不再是依靠圣王来建立的社会制度，而是通过群众的革命斗争来实现的自由的新社会。但同时也应该说，先秦儒家的大同理想，不仅在名词上保留着，而且从内容上说，那种要求天下为公而不是天下为家的愿望，在此岸而不是在彼岸的切近人生的目标，肯定人与人之间能够普遍建立爱和信任关系的信念，在近代中国的进步思想家那里得到了发展。

三、人道主义和社会主义、个性解放和大同团结的统一

五四新文化运动在中国近代思想史上是个转折点,它是 80 年来的批判儒学的思潮推向高潮,而近代中国的自由学说则经过李大钊等人的总结而发展到了新的阶段。

新文化运动的主将们对尊孔思潮和封建礼教发动了空前猛烈的抨击,提出了"打倒孔家店"的口号。这口号虽被某些人视为过分激烈了,但在当时是完全必要的。李大钊已作了解释:"余之掊击孔子,非掊击孔子之本身,乃掊击孔子为历代君主所雕塑之偶像的权威也。"[1]五四时期这些先进人物之所以如此激烈地反对孔子,是因为孔子早已"非复个人之名称",而成了"专制政治之灵魂",成了天命论、复古主义和权威主义的代表者。——应该说,儒学的这一方面,至今也仍应加以批判。

但"五四"不仅有破坏,更重要的是有建树。近代思想家对自由理想的求索,李大钊从马克思主义观点作了总结,说:"我们主张以人道主义改造人类精神,同时以社会主义改造经济组织。"[2]人道主义要求个性解放,社会主义在实现大同团结。他以为两者如"车的两轮,鸟的双翼",不可偏废。不论是西方还是中国,近代社会进化都遵循共同的轨道:开始于要求个性解放的反封建的斗争,随后又兴起了社会主义运动,而其目标就在于实现人道主义与社会主义统一、个性解放与大同团结统一的社会新秩序。

---

① 李大钊:《自然的伦理观与孔子》,《李大钊全集》第 1 卷,第 247 页。
② 李大钊:《我的马克思主义观》,《李大钊全集》第 3 卷,第 35 页。

李大钊这种社会理想，同时也是人生理想。个性解放与大同团结的统一，是自由人之间的新秩序，也是合理的社会秩序中的自由人格。但他以为，真实的自由"不是完成的终极境界，是进展的向上行程"①。自由是历史的产物，是要人们自己去争取的。有了唯物史观，我们看到了历史是人民所创造，现在已到了平民的时代，于是意识到自己的力量，出于自由意志，积极投身于人民的事业，坚定地为人道主义和社会主义统一的理想而奋斗，这是当前便能达到的自由人格。这种自由人格，正如鲁迅所说，"他内心有理想的光"，完全清除了寇盗心和奴才气；他自尊，也尊重别人，始终"只是大众中的一个人"。

以李大钊和鲁迅为代表的新的社会理想和自由人格学说，在理论根据上是同儒家的天命史观、独断论和权威主义相反对的。但是，在批判的同时，我们也看到了儒家的积极影响。儒家的人道原则、理性精神以及切近人生的大同理想，在更高的层次上得到了发扬。

就近代中国的自由学说来说，我认为李大钊的提法是最值得重视的。思想史上常常出现这样的情况：一种学说的创始人说得比较简单、朴素，却比后来的继承者更正确些。李大钊（以及鲁迅）关于人道主义和社会主义统一、个性解放和大同团结统一的学说是富于智慧和远见的。李大钊坚决反对对圣智、英雄的崇拜。瞿秋白也说鲁迅"从来没有摆过诸葛亮的臭架子"。他们不以导师自居，而真正以平等的态度待人，强调群众自己解放自己。

① 李大钊：《自由与秩序》，《李大钊全集》第3卷，第254页。

他们就是平民化的自由人格的榜样。

但是，理想、现实和传统之间的交互作用是个非常复杂的过程。儒学已有数千年的传统，对民族文化的发展有着深远的影响，要从辩证法的意义上来扬弃它，经过分析批判来弃其糟粕，继承和发扬其真精神，仍然是很艰巨的事。现实走着自己的路，人们对它的发展规律的认识是相对的、有限的，往往见到一步便看不见第二步，因而陷入偏见、犯错误。理想无非是现实与传统所提供的有利于人民的可能性，它随着人们对现实与传统的认识的发展而发展着，因此也表现为曲折的过程。中国的革命和建设已取得了重大成就，但也有许多失误，包括像"文革"那样的重大失误，那是显然违背李大钊提出的人道主义和社会主义统一的原理，也违背先秦儒家的理想的真精神。不过，正如孙中山所说："世界潮流的趋势，好比长江、黄河的水流一样，水流的方向或者有许多曲折，向北流或向南流的，但是流到最后一定是向东的。无论是怎么样都阻止不住的。"①我们的民族历史早已汇入世界潮流之中。正如长江、黄河奔流向东那样，不管过程如何曲折，中华民族必将战胜困难，克服障碍，向着人道主义和社会主义统一、个性解放和大同团结统一的人类理想目标浩荡前进。

---

① 孙中山:《三民主义·民权主义》,《孙中山全集》第 9 卷,中华书局 2011 年版,第 267 页。

《王学通论——从王阳明到熊十力》*序

《王学通论——从王阳明到熊十力》一书是杨国荣同志的博士论文。在进行论文答辩时，几位前辈专家曾给予肯定的评价，给他许多鼓励。部分内容在有关杂志发表后，也引起了学术界的注意。现在经作者修改后正式出版，相信它是会受到读者欢迎的。

作为他的导师，我对杨国荣同志在研究这一课题时所花的辛勤劳动和其中的甘苦是了解的；对他的实事求是的治学态度和独立研究能力，有信赖感；对他最后取得的成果即这本著作，也是满意的。

我以为他这本著作有一些显著的特色：一、从考察王学的二重性入手，对它的内在结构及其在后学中的历史展开过程，作了深入的分析，从而揭示了王学融合普遍之理与个体意识及其肯定本体（良知）与工夫（致良知）之统一这一极为重要的理论特质。二、由对王学体系的内在矛盾的揭露，进而说明王门后学的分化，着重考察了志（意）知之辩的演进，李贽把王学引向异端，黄宗羲完成对王学的自我否定，并在"历史的余响"的标题下讨论了王学

---

* 杨国荣：《王学通论——从王阳明到熊十力》，上海三联书店 1990 年 12 月第 1 版。

在中国哲学近代化中的双重作用等。这一系统的有条不紊的考察，比较好地贯彻了逻辑方法与历史方法的统一，因此许多论断显得很有说服力。三、作者比较充分地掌握了第一手资料，参考了前人和时贤、包括海外学者的大量研究成果，加以评析、折衷，提出自己的见解，因此本书既具有较广的理论视野，又能在许多环节上作深入的微观考察，是一部既有广度又有深度的理论著作。

当然，我说本书有这些特色，并不是说它完美无缺。在答辩时，已经有专家指出，"天泉问答"引起的纷争未及细论，是不足之处。但尽管有这样那样的缺点，一个青年人能写出这样水平的著作，已可使人赞叹"后生可畏"了！

不过，我还想在这里就王阳明在中国哲学史上的独特贡献问题，谈一点个人看法，对杨国荣同志这本书，也可算是一点补充。

王阳明用"致良知"三字来概括他的全部学说。致良知说，我们可以不赞成，但其中包含有很有价值的见解，即关于工夫和本体统一、把真理了解为过程的思想，那是不能忽视的。用王阳明自己的话说，良知是本体，致良知是工夫，即本体即工夫，本体在工夫中展开为过程。这意味着：本体论和智慧学说是统一的，而本体和智慧并非固定不变的东西，应把二者的统一了解为动态的统一，了解为过程。虽说"心一而已"、"理一而已"、"性一而已"，但理（或心或性）有一个发展过程，就如婴儿发育、树木发芽成长一般，最初的本原（胎儿、萌芽）虽具体而微，但要经过若干发育阶段，才能充分展现。这种以本体与智慧展现为过程的思想，是王阳明的独特贡献。它把中国哲学的思辨水平提到了一个新的高度,是富于生命力的。虽然王阳明的学说本身包含有矛盾,因而使得王门后学展开了关于工夫与本体关系的争论,但到黄宗羲提出"心无本体,工夫所至,即是本体"的论点,王夫之又以天人交互作用来阐明"性日生而日成"的学说,他们便把哲学的思辨水平更向前推进了。

王阳明从他的本体与工夫统一、真理展开为过程的理论,还引导出两方面的推论,产生了重大影响:一、从人类的历史和文化的发展来看,"道"在历史过程中展开,被记载在典籍中。由此,王阳明提出一个很重要的论断,即"六经皆史"。儒家的经典都被看成是一定历史条件下的产物,这就大大降低了经学的权威。这一论断后来为浙东史学所发展,一直影响到近代。近代学者用历史主义态度来批判经学独断论,正是发端于"六经皆史"的思想。二、从个人的成长发育来说,人的精神发展有个过程,德性、知识和才能的发展都要经历许多阶段,因而从教育理论来说,一定要"随才成就",因材施教,根据不同的人,不同的情况进行培养、教育。特别是对于儿童,王阳明强调不应该有所束缚,而应任其自由发展,让他们像草木在时雨春风中那样日长月化。从这样的观点,便可引导出李贽的"童心说"。而近代人要求个性自由解放的思想,在这里也已有了萌芽。

所以,从哲学的历史发展来看,王学是个很重要的环节,它的影响是深远的。但有一个时期,我国理论界由于"左"的思想影响,对整个传统文化采取否定态度,对王学给予尤为不公正的待遇。"左"的思想实际上是类似于经学的东西,只不过它是以马克思主义的词句代替了"子曰"、"诗云"。王阳明并不盲目崇拜经学的权威,他要求人们进行自由的思考,培养了一种生动活泼的学风。我们今天要克服教条主义,正需要发扬这种学风。因此,研究王学,不仅有重要的理论意义,而且有重要的现实意义。而杨国荣同志这本著作,我相信,在推进王学研究和提高哲学思辨水平方面,是会发挥一定作用的。

马克思主义美学有待于发展
——《普列汉诺夫美学思想研究》*序

在我国，普列汉诺夫的名字并不陌生。特别是在美学方面，由于鲁迅的译介，影响尤为显著。但是，尽管普氏的三种著作，曾于1963年被我党中央列入30本干部必读的马列主义著作书目之中，《普列汉诺夫哲学著作选集》5卷也先后译成中文，我们理论界对普氏的思想仍缺乏系统的深入的研究。由于极左思潮的影响，自"文革"以来，普氏著作（包括他的美学著作），实际已被打入了冷宫，渐渐地被人淡忘了。这不能不说是一件令人遗憾的事，直到近几年来，才开始有人涉足这一领域。

楼昔勇同志甘于寂寞，多年来埋头研究普氏的美学著作，写成了《普列汉诺夫美学思想研究》一书。我读了全部书稿，为他孜孜不倦的治学精神所感动，为他辛勤劳动取得可喜的成果而高兴。我认为，作者对普列汉诺夫的美学思想已经作了真正系统的深入的研究，使本书在内容上具有许多显著的特色。

首先，本书勾画了普列汉诺夫美学思想的体系。普氏的美学思想很丰富，除了《没有地址的信》、《艺术与社会生活》等专著外，

---

* 楼昔勇：《普列汉诺夫美学思想研究》，上海人民出版社1990年12月版。序言先发表于《文艺理论研究》1990年第6期。

还散见于其他许多论文、著作之中。楼昔勇同志比较全面地掌握了资料，经过深入研究，按"审美的一般理论"、"艺术的一般理论"、"艺术批评的理论"分三编十二章来论述，这样便把普氏的美学思想体系勾画出来了。马克思主义的美学新大厦是由马克思、恩格斯奠定坚实基石的，而普列汉诺夫则是新大厦的最早的重要建设者之一。所以，把普氏美学思想体系勾画出来，也就是描绘了马克思主义美学体系的早期面貌（普列汉诺夫阶段的面貌）。

其次，本书从历史联系中来考察普列汉诺夫的美学思想。书中说明普氏如何以马克思、恩格斯的学说为指导，对西方美学史上探讨过的许多问题进行重新审查，给以马克思主义的解决。如美与人生的关系、审美活动的特点和性质、艺术的起源和发展、文艺批评的标准和方法等，都是争论了几千年的问题。本书在讨论这些问题时，都是从历史的考察中来阐明普列汉诺夫的见解，说明他如何对以前的各种学说作了分析批判，舍其所短，取其所长，经过改造，以充实马克思主义的美学体系。因此，本书不能不讨论到西方美学史上的许多重要学说、学派、人物，特别是对俄国的革命民主主义者（别林斯基、车尔尼雪夫斯基、杜勃罗留波夫等）和普列汉诺夫之间的关系，讨论得尤为详细。这些讨论涉及面甚广，能开阔读者的眼界，是富于启发的。

第三，本书对普列汉诺夫的美学思想作了比较公正的评价。长期以来，普列汉诺夫在政治、哲学、美学诸领域都是个有争议的人物。他的理论贡献往往因为他的政治错误而被贬低，他的某些论点受到歪曲和遭到教条主义者的攻击。所以他的哲学和美学思想是没有得到公正的对待的。楼昔勇同志此书，力求纠正这种偏向，对普列汉诺夫美学上的论点作出全面的分析和公允的评价。例如，苏联学者曾批评普列汉诺夫"把人的美感的起源生物学化了"，"有时忘记社会关系在艺术发展上的决定性作用"，陷入人性论的错误，这种批评在中国也颇为流行。本书对此作了细致的分析，指出上述批评是过分的，普列汉诺夫"在达尔文的终点起步"，明确指出：文学艺术不是"人们本性"的产物，而是"那些创造这个本性的历史条件本身的产物。"又如，苏联以及中国学者还批评普列汉诺夫在文艺批评领域中宣扬"客观主义"，忽视党性原则。本书对此也作了细致的分析，认为普列汉诺夫要求文艺批评尊重客观、尊重历史，提出"不偏不倚"、"不给艺术任何指示"的口号，都是有道理的。不过，也应指出，普列汉诺夫对作为批评家的"我"确有所忽视，这一点才是他真正的不足之处。……如此等等的分析评价，冲破了教条主义的框框，都是比较公允和有说服力的。

　　以上几点特色，可以说，也正反映了本书作者在美学研究方面的马克思主义水平。马克思主义的辩证方法要求把理论、历史与现状三者联系起来进行研究，亦即要求运用马克思主义的原理，从历史的演变来考察现状，从现实的高度来回顾历史。楼昔勇同志比较自觉地运用了这种方法，所以他能把历史的叙述和现实的思考结合起来，对普列汉诺夫的美学思想作出比较系统的论述和中肯的评价。当然，这是相对而言的，不是说本书的论断都是定论。对美学上的一些重大问题，普列汉诺夫提出了不同于前人的见解，如针对康德的审美判断超功利说，他提出"使用价值先于审美价值"、"功利在先审美在后"的论点；针对托尔斯泰的艺术活动在以形象传达感情之说,他提出"艺术既表现人们的感情,也表现人们的思想,但是并非抽象地表现,而是用生动的形象来表现"的命题。像这类重大问题的争论,不断引起后人的浓厚兴趣和新的思考,无疑是值得研究再研究的。

普列汉诺夫喜欢跟着黑格尔说:"没有抽象的真理,真理总是具体的。"所谓具体真理,就是展开为过程而趋于全面的真理。本书作者把马克思主义美学的建立比之为新大厦的建设,这个"建设"也应该被了解为是个过程,它经历着不同的发展阶段而越来越深化、越来越全面。普列汉诺夫是个早期的马克思主义者,他对马克思主义美学的建立作出了创造性的贡献,但也难免有其时代局限性。不说别的,普氏生前未能读到马克思的《1844年经济学哲学手稿》和马恩合著的《德意志意识形态》等重要著作,便是一种明显的局限。马克思在《1844年经济学哲学手稿》中说,人的劳动生产不同于动物的生产:动物的生产是片面的,不自由的,如蜜蜂造巢和酿蜜,只是按照它所属的那个种的尺度和需要来进行生产,一代一代地重复着,完全是本能的活动。而人类的生产则在本质上要求成为全面的、自由的。人能够按照任何一个物种的尺度进行生产,如种庄稼、养家畜、制造工业品等,并且,人能够自由地对待自己的产品,不仅使产品符合人们需要(因而具有功利性),而且在产品上打上人的印记,使人的本质力量对象化,于是在他所创造的世界中、在"人化的自然"中直观自身(这就是审美活动,亦即马克思说的"人也按照美的规律来建造")。马克思这种从人的要求自由劳动的本性来说明审美活动的思想,在今天已为人们所熟知,并曾引起热烈讨论,而普列汉诺夫是不知道的。

普列汉诺夫于 1918 年去世。70 多年来，美学的领域中已发生了许多变化。在西方，现代美学出现了形形色色的流派，其中有的可能是昙花一现，有的则是有生命力的。它们关于审美心理、原始艺术和艺术评论等作了许多实证研究，分别使美学与心理学、社会学、人类学、语言学等相结合而提出种种新课题、新观念。对这种流派纷呈、殊途异趋的现象，我们应该表示欢迎。但如何运用马克思主义观点加以分析批判，从中吸取营养而弃其糟粕，则是一个艰巨的任务。而在中国，我们还有个批判地继承遗产的问题。我们有非常悠久、非常丰富的文学艺术的传统，它与西方人的传统颇为不同。马克思主义美学是从西方的传统中发展出来的，必须使它与中国的传统有机地结合起来，才能在中国的土地上生根。对此，自鲁迅、瞿秋白以来，已做了许多工作。近年来中国美学史的研究也是有成绩的。但是，这些工作成绩都还是初步的，有待于进一步推进。总之，不论从西方还是从中国来看，马克思主义美学都有待于发展。

温故而知新。正是为了发展马克思主义美学，所以我们要重温历史。重温普氏在建设马克思主义美学新大厦中所做的工作，从中吸取经验教训，对于我们今天发展马克思主义美学，无疑具有重要的借鉴作用。楼昔勇同志这本书，讲的是上世纪末和本世纪初的事情，但他把历史的叙述和现实的思考结合起来，以阐述普列汉诺夫对马克思主义美学的贡献，因此，它也是一本很有现实意义的著作，对于提高美学领域中的马克思主义水平，是能起到良好作用的。

《易传》的辩证逻辑思想 *

中国具有非常深远的善于辩证思维的传统,而《周易》则是其最初的源头。《周易》分为《经》和《传》两大部分。成书于西周初年的《易经》,由八卦重叠组合而形成六十四卦。八卦是由"—"和"– –"两个具有对立性质的符号排列组合而成的。这表明《易经》试图用两个对立性质的符号以及它们之间的排列组合来概括自然界和人类社会的种种现象。这就是以理论思维方式来掌握世界的开始。显然,这个开始包含着朴素的辩证思维的因素。在这部用来卜筮的书里,这种辩证思维的科学因素是与迷信、神话掺杂在一起的。这就像蕴含于矿石之中的美玉,由于未经剖析、琢磨,还未能显露出来。随着先秦时期的社会实践和自然科学的发展,经过诸子百家争鸣,成书于战国末期的《易传》,将潜藏于《易经》中的辩证思维因素揭示出来,孕育成了辩证逻辑的雏形。《易传》的辩证逻辑的雏形,在中国以后的逻辑思维发展过程中得到不断的补充、引申和发挥。我们在这里着重阐述《易传》的辩证逻辑思想,也将适当涉及它与中国古代辩证逻辑历史发展的内在

---

* 本文是作者在"中国逻辑史研究会第 4 次年会暨《易经》逻辑方法论研讨会"(1990 年 10 月 26 日至 28 日在华东师范大学举行)上的发言稿,原发表于《周易研究》1991 年第 4 期。

联系。

一、《易传》与"言意"之辩

在先秦，关于逻辑问题的争论，是围绕着"名实"之辩而展开的。诸子在名实关系上提出不同的学说即不同的逻辑理论：孔子讲"正名"、老子讲"无名"、墨子讲"以名举实"。我们不在这里讨论这些逻辑理论，而是要指出"名实"之辩包含着"言意"关系问题。"言意"关系问题就是讨论"言"能否达"意"，特别是"言"和"意"能否把握"道"（即逻辑思维能否把握世界统一原理和宇宙发展法则）的问题。这对哲学家是个尖锐的问题，这也是辩证逻辑的根本问题。

老子说："道可道，非常道；名可名，非常名。"（《老子·一章》）认为可以用普通语言、概念表达的"道"和"名"，就不是恒常的"道"和"名"。他说："道常无名。"（《老子·三十二章》）认为"道"处于"无名"的领域，名言、概念不足以把握它。庄子则更为尖锐地提出了"言"和"意"能否把握"道"的问题。他说："筌者所以在鱼，得鱼而忘筌；蹄者所以在兔，得兔而忘蹄；言者所以在意，得意而忘言。"（《庄子·外物》）认为名言如同"筌"和"蹄"一样，只是工具，而只有忘"言"之人才能得"意"。庄子在这里强调"言"与"意"之间的矛盾。不仅如此，庄子还进一步地强调，"道"不仅不能用"言"来表达，也不能用"意"来把握。因为在他看来：第一，抽象的名言不能把握具体的事物。他说："道未始有封，言未始有常。"（《庄子·齐物论》）道不能分割，而人的概念、语言总是进行抽象，把具体事物分割开来把握；而一经分割，就有了界限，那就不是整体了。所以，抽象概念无法把握具体的道。第二，概念是静止的，无法表达变化。庄子说："夫言非吹也，言者有言；其所言者，特未定也。"（《庄子·齐物论》）认为言和吹风不同，言必有所言之对象，人的认识只有与对象相符才是正确的，但对象是不确定的，瞬息万变的，所以，要用概念来表达绝对变化着的道是不可能的。第三，有限的概念不能表达无限。庄子说："可以言论者，物之粗也；可以意致者，物之精也。言之所不能论，意之所不能察致者，不期精粗焉。"（《庄子·秋水》）认为用言论可以表达物之粗略，用思想可以达到物之精微，但都限于有形、有限的领域。可是道是无形、无限的，所以道不能用语言和概念来把握。

老、庄特别是庄子，揭露出逻辑思维中的抽象和具体、静止和运动、有限和无限的矛盾。他们由此对逻辑思维（言、意）能否把握宇宙发展规律的问题作出了否定性的回答。列宁指出："辩证的环节"包含着"从肯定到否定——从否定到与肯定的东西的'统一'。"[①]老、庄对于逻辑思维中的矛盾的揭示，虽然有见于思维"从肯定到否定"的辩证环节，但没有进一步达到"从否定到与肯定的东西的'统一'"这个环节。正是《易传》达到了老庄所没有达到的环节，肯定了"言"、"意"是能把握"道"的。

《易传》指出："子曰：书不尽言，言不尽意，然则圣人之意其不可见乎？子曰：圣人立象以尽意，设卦以尽情伪，系辞焉以尽其

---

① 列宁：《黑格尔〈逻辑学〉一书摘要》，《列宁全集》第 55 卷，第 196 页。这里保留了冯契引用的 1959 年版的《列宁全集》第 38 卷第 245 页的引文。新版译为"从肯定到否定——从否定到保存着肯定的东西的'统一'"。——增订版编者

言，变而通之以尽利，鼓之舞之以尽神。"(《系辞上》)这里比较充分地表现了《易传》对待"言意"之辩的辩证观点。《易传》认为言与意是有矛盾的，"言不尽意"，语言形式有其限制，确实不能完全表达意蕴；但是"圣人之情见乎辞"，圣人还是要利用名言来表示真意，以求"修辞立其诚"。换句话说，真理("诚")还是可以用"言""意"来表达的，《易》的卦象以及说明这些卦和爻的许多判断，是能充分地来表达"圣人之意""圣人之情"的。所谓"圣人之意""圣人之情"也就是"道"。《易传》还说："夫《易》，彰往而察来，而微显阐幽，开而当名辩物，正言断辞，则备矣。"(《系辞下》)认为《易》根据对过去的了解来考察将来，揭示出隐微的本质，用恰当的名称来辨别事物，用正确的语言作判断，是能够把握完备的真理的。《易传》强调《易》这样的卦象体系是合乎变化之道的，因而能用它来把握天地之道，"《易》与天地准，故能弥纶天地之道。"(《系辞上》)这就是说，《易》的概念辩证法和客观辩证法是同一的。这就对逻辑思维能否把握宇宙发展法则这个问题作了肯定的回答。

那么，在《易传》里作为辩证思维形式的"当名""正言"是如何的呢？分析上面引用的关于言意关系这段话，可说有三层意思，即"立象尽意""系辞尽言""变通尽利"。

首先，立象。圣人设卦观象，建立一个"易有太极，是生两仪，两仪生四象，四象生八卦"(同上注)，八卦两两重迭而有六十四卦的体系。在这个体系里贯串了对立面统一的原理，归结为"乾坤成列，而易立乎其中矣，乾坤毁，则无以见易"(同上注)。《易传》以为，这个卦象体系足以"尽意"，即全面地把握真理。

　　其次,系辞。即在卦爻下"系辞焉以断其吉凶"。(同上注)庄子认为抽象的语言无法表示具体,静止的概念无法表示变化。《易传》则与庄子不同。它认为,"系辞焉而命之,动在其中矣。"(《系辞下》)"鼓天下之动者存乎辞"(《系辞上》)。《易传》认为,六十四卦刚柔相推,互相转化,世界万物的变化就都在其中了,每个卦的爻适时而动,用卦、爻辞来说明它的吉凶,人间万事的变动也都在其中了。那么,用什么样的辞来"拟议以成其变化"(同上注)呢?《易传》认为要用类似"一阴一阳之谓道"、"一阖一辟之谓变"、"刚柔相推而生变化"、"天下同归而殊涂,一致而百虑"这样的否定和肯定相统一的语言来表示变化。

　　再次,变通。"易穷则变,变则通,通则久,是以自天祐之,吉无不利。"(《系辞下》)这既是客观辩证法又是主观辩证法。《易传》对"变"和"通"的解释是:"化而裁之谓之变,推而行之谓之通。"(《系辞上》)以后的张载、王夫之就是根据这两句话来发挥他们的判断和推理的学说"裁"即裁断,把"化"即绝对运动划分为相对静止的过程和阶段,用判断来反映相对静止的过程、阶段,从而把握运动和转化。这就是"化而裁之谓之变"。"推"就是根据相通之理来进行推理,推其情之所必至和势之所必反,并据此而指导行动,这就是"推而行之谓之通"。《易传》认为,真正要做到"变而通之以尽利"(《系辞上》),关键在于"神而明之存乎其人"(同上注)。这就把圣人神化,表现出某种神秘主义的色彩。

　　但是,从上面的分析来看,《易传》的"当名"、"正言"确是辩证思维形式的雏形。它正是以这样的辩证思维形式对逻辑思维能否把握宇宙发展法则和世界统一原理作了肯定的回答。

二、《易传》中的"类、故、理"范畴

任何逻辑思维都要运用范畴。最基本的逻辑范畴就是"类、故、理"。这是墨家首先概括出来的。《墨子·大取》篇说："夫辞以故生，以理长，以类行也者。"认为在论证和驳斥时，提出论断要有理由，要按照逻辑规则和依据类的包含关系进行推理。这是第一次完整地把类、故、理作为形式逻辑的基本范畴提了出来，从而建立起形式逻辑的科学体系。以后，荀子说："辨异而不过，推类而不悖；听则合文，辨则尽故；以正道而辨奸，犹引绳以持曲直。"《荀子·正名》强调要全面地看问题。这已经是在辩证逻辑的意义上来运用类、故、理范畴了。《易传》同样是在辩证逻辑意义上来运用类、故、理范畴，以下就此作点分析。

关于"类"范畴。《墨经》曾用"有以同"来解释"类同"《经说上》，认为不同的个体，凡有相同的属性，即属同类，并指出逻辑推理的原则是"以类取，以类予"《小取》，即依据种属关系进行推理。荀子讲"统类"《荀子·性恶》要求把握一贯的全面的道理。显然，《墨经》是从形式逻辑意义上讲"类"，而荀子则从辩证逻辑意义上讲"类"。

《易传》进一步考察了"类"范畴的辩证逻辑意义。它讲"类万物之情"，以为《易》的卦象"其称名也小，其取类也大"。《系辞下》每个卦象代表一个类概念。因此，"当名辨物"也就是"以类族辨物《同人·象》。《易传》在运用类范畴分辨事物时，认为每一类包含着矛盾，是同和异的统一，异中有同，同中有异。例如，《睽卦》

的《彖传》和《象传》说："天地睽而其事同也,男女睽而其志通也,万物睽而其事类也。""上火下泽,睽,君子以同而异"。《睽》的卦象是上火下泽,火与泽互相排斥但又是统一的,所以应该把每一类都看作是对立统一的。同时,《易传》认为不仅类本身包含矛盾,而且类又是发展变化的。如《序卦》讲到困、井、革、鼎等互相转化过程时说:"困乎上者必反下,故受之以井。井道不可不革,故受之以革。革物者莫若鼎,故受之以鼎。"其它如剥、复、无妄、大畜等,都体现了类的互相转化。《易传》这样的"以类族辨物",就是从相反相成的观点来考察类本身的矛盾运动以及类之间的互相转化。这和《墨经》讲的类范畴显然是有差别的。

《易传》从辩证逻辑意义上运用类范畴,在方法论上便提出了辩证逻辑的比较法。这就是易学家所谓"比类"(或"别异比类")的方法,它包括取象和运数。"象"和"数"是不可分割的,"极其数,遂定天下之象"(《系辞上》)。取象和运数的基本点,都是要求从普遍联系中来比较各类事物的同异,从而把握所考察对象的矛盾运动。但取象侧重于定性,运数侧重于定量,因而将它们运用于具体科学时也有所侧重。在中国古代,医学中侧重于取象,在律学、历法中侧重于运数。《易传》从哲学上奠定了取象和运数的辩证逻辑比较法的基础。

当然,《易传》的"以类族辨物"有许多牵强附会之处。如说"乾"为天、父、马、龙,"坤"为地、母、牛等,这样的类比只能说是"前科学的",缺乏严格的科学根据。《易传》有一段著名的话:"同声相应,同气相求,水流湿,火就燥,云从龙,风从虎,圣人作而万物睹,本乎天者亲上,本乎地者亲下,则各从其类也。"(《乾·文言》)

显然，这里把云和龙、风和虎归为同类，是想像的而非真实的本质联系。这些同当时科学水平的限制有关。但是，重要的是《易传》在作这样的归类时，实际上是把卦象（类概念）看作代数符号，运用这些代数符号来规范现实，从而为现象世界各种事物、各种过程以及它们之间的有机联系和互相转化，提供了广泛的类比和推测，这种类比和推测，如能与事实验证密切结合，便是很好的科学方法。同时，《易传》作这种类比时，概念并不脱离形象，而且有直观性的优点。抽象概念要规范现实，都须借助想象力，使之成为具有时空形式的蓝图，从而来指导行动。《易》的类概念与形象紧密相联，每一卦可以看作一个"时"，卦中的每一爻是"位"。这样从"时"和"位"来考察"通变"，使得概念趋于具体化，推理过程与时空秩序结合为一。这样的象数秩序，既是抽象的，但又和具体形象相结合，抽象与具体结合为一。所以，我们在清除了《易传》中附会、迷信的杂质之后，可以看到在它的象数体系中包含有运用比类方法来把握具体真理的合理内核。

关于"故"范畴。《墨经》讲："以说出故。"（《小取》）认为推理就是要提出"故"来作立论根据。它把"故"分为"大故"和"小故"。"大故"指充足而必要的条件；"小故"则指必要条件，但不充足。这都是在形式逻辑范围内说的。以后，荀子说："辩则尽故"，认为辩说要全面地阐明所以然之故，这是在辩证逻辑意义上运用"故"范畴。

《易传》和荀子一样，也是从辩证逻辑的意义上考察"故"范畴的。它说："仰以观于天文，俯以察于地理，是故知幽明之故，原始反终，故知死生之说。"（《系辞上》）就是说，用易道去仰观俯察，就能认识一切事物隐蔽的和明显的原因,把握事物的原始和归宿,就能明白死生的道理。那么,什么是"幽明之故"呢?《易传》认为"幽明之故"或贯串于一切事物的始终的原因,归根结底是阴和阳、乾和坤的对立统一。它说:"乾知大始,坤作成物。"(《系辞上》)认为乾主管一切事物的开始,坤则使一切事物成就,乾元是万物赖以开始的原因,坤元是万物赖以生成的原因,两者统一于太极,展开为"生生之谓易","一阴一阳之谓道"(同上注)。如果就人的活动来说,则"成象之谓乾,效法之谓坤"(同上注)。就是说,人的作为开始时,有一个概念或计划作为"象",就叫做乾;而效法这个象来制作器物,成就功业,就叫做坤。成象属"知",效法属"能",所以又说:"乾以易知,坤以简能"(同上注)。总之,不论自然界现象还是人的活动,一切变化发展都可归结为:"乾坤成列,而易立乎其中矣。"(同上注)

　　当然,《易传》讲"天尊地卑,乾坤定矣。卑高以陈,贵贱位矣"(同上注),是替封建等级制度作辩护的。但"乾知大始,坤作成物"的理论的要义在于:一切变化和发展有其开始和完成,而其原因就是阴阳的对立统一。这就是说,在《易传》看来,并不是有个外力来推动变化,变化的动力即在自始至终的运动过程中,原因是内在的。这是合乎辩证思维的。就健和顺、阴和阳的对立而言,《易传》和老子有所不同。老子侧重阴柔,《易传》强调阳刚。它根据乾的原理,说:"天行健,君子以自强不息。"(《乾·象》)表现了积极、乐观的人生态度和进取精神。就事物的演变、范畴的推移来说,《易传》固然重视坤,但更重视乾,就是说,事物的完成是重要的,但更重要的是事物既成状态的突破,因为这是新事物的开端。

所以，《易传》包含有进化观念。另外，在《易传》看来，易的范畴体系是开放的而不是封闭的。《易》在"既济"（第63卦）之后，受之以"未济"（第64卦）为终，正说明一切完成是相对的，发展是无止境的。这是优于黑格尔封闭的逻辑学的地方。

关于"理"范畴。《墨经》讲"以理长"《大取》，要求按正确的推理形式和逻辑规则来进行思维，接触到了形式逻辑的基本思维规律。荀子讲"以正道而辨奸"，反对"蔽于一曲而暗于大理"《荀子·解蔽》，要求克服片面性，以两点论来把握全面的道理。这是在辩证逻辑意义上考察"理"范畴。

《易传》比荀子更深入地从辩证逻辑的角度来把握"理"范畴。它说："一阴一阳之谓道，""乾坤成列，而易立乎其中矣"，真正确立了发展是对立面统一的原理。《易传》也把这作为逻辑思维的根本原理。它说："天下何思何虑？天下同归而殊涂，一致而百虑，天下何思何虑！"《系辞下》认为正是通过不同方面和不同途径的思考、探索，达到了一致的正确结论，这就是思维的规律。在《易传》看来，客观辩证法就是"一阴一阳之谓道，继之者善也，成之者性也"《系辞上》。从认识论来说，《易传》认为人"穷理尽性以至于命"《说卦》，能达到与天地合德。于是，便建立起范畴体系，以拟议变化之道，而圣人"明于天之道而察于人之故"《系辞上》，把自然规律和人的目的结合起来，便把握了有利于人的现实的可能性，即"知几"，并创设条件而促其实现，以成就事业。这个过程就是所谓"制而用之谓之法"《系辞上》。

"法"在《墨经》中是重要的逻辑范畴。《墨经》说："效者，为之法也。"《小取》是指建立一个法式、模型作标准来进行推导的演绎法。《易传》所说的"效法",也具有演绎的意思,比如它说:"作结绳而为罔罟,以佃以渔,盖取诸离","斫木为耜,揉木为耒,耒耨之利,以教天下,盖取诸益"(《系辞下》)等。但《易传》认为,易的体系是动态的,在运用中要以地方、时间等诸多条件为转移,所以,它说:"《易》之为书也不可远,为道也屡迁,变动不居,周流六虚,上下无常,刚柔相易,不可为典要,唯变所适。"(同上注)每门科学都需要建立一些原理作为模式、范型,以之作为规范现实的"法"。然而随着实践的发展和科学的进步,在这些原理中,有的继续有效,但需要在不同的条件下灵活地加以运用,有的则可能被修正或淘汰。所以,一方面建立模式、范型是必要的,因为模式、范型可以作为推导的根据;另一方面,又不可将模式、范型凝固化,而必须灵活运用之。《易传》强调易理"唯变所适",是富有辩证思维精神的。当然,它说《易》的体系"引而伸之,触类而长之,天下之能事毕矣"(《系辞上》)。认为《易》是包罗了天下所有东西的终极真理,这显然是形而上学的。

总之,从"类、故、理"的逻辑范畴来看,《易传》都已有了辩证逻辑思维的雏形。

三、《易传》辩证逻辑思想的历史影响

《易传》的辩证逻辑思想,对先秦以后的中国古代辩证逻辑思想的发展有着深远的影响。

"言意"之辩在先秦以后仍然继续着。在魏晋时期,"言意"之辩成为突出的哲学争论之一。王弼依据《易传》的"言不尽意"和

庄子的"得鱼忘筌"之说，提出了新的看法。他在《周易略例·明象》中，一方面认为"寻言以观象"、"寻象以观意"，要用言和象来把握意；另一方面又认为"得意在忘象，得象在忘言"。他强调的是后一方面。这在当时虽然有反对汉儒治《易》烦琐而不注重义理的学风的意义，但过分强调了只有"忘言"、"忘象"才能真正"得意"，夸大了意和言、象的矛盾，也有片面性。由此王弼继老、庄之后，对"言"、"意"（逻辑思维）能否把握"道"的问题又提出了责难。他说："可道之道，可名之名，指事造形，非其常也。"①"名以定形。混成无形，不可得而定，故曰'不知其名'也"。② 认为名言、概念用以"指事造形"，就是把对象凝固起来和分解开来，而道是无形的、混成的，所以非名言、概念所能把握。王弼玄学的这种得意忘言的理论，发展到禅宗那里就成了相对主义了。禅宗比老、庄和王弼更尖锐地提出了言、意能否把握道的问题。禅宗否定一切感觉经验和概念判断，主张"无念"、"无相"，提出"不立文字，直指本心"，认为"说似一物即不中"，任何语言都不足以表达"真如"。

宋代的张载对玄学和禅宗对逻辑思维的责难作了回答，发挥了《易传》的思想，肯定语言、概念是能够把握变化之道的。他在《易说·系辞上》指出："形而上者，得辞斯得象矣，故变化之理须存乎辞""著爻象之辞所以成变化之道，拟议以教之也。"认为《易》关于爻象的判断，都是对变化之道的"拟议"，人们可以通过辞（判断）来把握易道的变化，而在这同时，也就把握了易象（范畴）了，因为道无非是象的联系。这是对《易传》"立象以尽意"、"系辞焉

---

① 王弼：《老子注·第一章》，《王弼集校释》，第1页。
② 王弼：《老子注·第二十五章》，《王弼集校释》，第63页。

以尽其言"的发展。张载还发展了《易传》"一阴一阳之谓道"的思想,认为拟议易道的最基本的范畴是一("太极")和两("两仪"),其中贯串着阴阳对立统一的原理。这样,张载肯定运用对立统一的范畴(象)和判断(辞)足以拟议变化之道。

明清之际的王夫之,继承《易传》和张载的思想,进一步深入地回答了言、意能否把握道的问题。他反对"无念"之类的说法,提出了"克念"的概念理论,强调概念的运动是前后相续、彼此相涵的过程。王夫之认为在这个过程中,每一个概念既是现在的,又超乎一时一地的局限而具有概括的性质,因而逻辑思维有可能从现象深入到本质,揭示出现实的变化法则。王夫之也多次批驳了王弼玄学的"得象忘言,得意忘象"。他说:"象者像器者也","辞者辨器者也。"①认为"道"内在于"器",而"言"、"象"正是通过摹写、辨别器物来得"道"之"意",因而不可能"得意"而"忘象"、"忘言"。他提出"言、象、意、道,固合而无畛"②,强调"言、象、意、道"的统一。他认为"言"是"意"的表达形式,"意"是"言"的思想内容,内容和形式是不可分割的,而"道"和"象"则既指"言"之所指的客观对象,也指"意"所把握的规律和范畴,"象"和"道"也是不可分割的,"汇象以成易,举易而皆象"③,"象"汇集成一个体系,就是《易》道。可以说,王夫之对先秦以来的"言意"之辩作了总结,在更高的历史阶段上发展了《易传》肯定"言、意"能把握"道"的辩证逻辑思想。

---

① 王夫之:《周易外传·系辞上传第十二章》,《船山全书》第 1 册,第 1028 页。
② 王夫之:《周易外传·系辞下传第三章》,《船山全书》第 1 册,第 1040 页。
③ 同上书,第 1039 页。

同样，《易传》考察"类、故、理"范畴的辩证逻辑思想，也对先秦以后的辩证逻辑的发展有很大影响。

先秦虽然提出了"类、故、理"范畴，但主要是考察了"类"范畴。前面已说过，《易传》奠定了辩证逻辑比较法即易学家所谓的"比类"方法的基础。比类，或偏于取象，或偏于运数，成为汉代各门科学广泛运用的方法。象数之学和历法、音律有特别密切的关系，当时的科学家认为律和历可以用共同的数量关系来说明，这种数量关系所反映的阴阳对立力量的消长，正是可以从《易》理中推演出来的。《内经》讲"别异比类"，本与《易》理相通，东汉魏伯阳写《周易参同契》，被称为丹经之祖。这些说明象数之学对医学和炼丹术（古代的化学）也产生了重大的影响。不过，《易传》的比类方法如果加以主观地运用，就不可避免地流于烦琐、比附，导致神秘主义。汉代的易学就有这种倾向。宋代的邵雍倡先天象数之学，虽然其中不乏合理因素，整个体系却是虚构的、神秘的，所以受到了沈括和王夫之等的批判。但批判了"先天之学"，象数仍是必要的，正是在沈括的《梦溪笔谈》中，取象和运数的方法都深化了。王夫之进而提出"象数相倚"的观点，指出作为类概念的"象"是和"数"相联系的：人可以从数量关系上把握事物的种类，又可以依据数量关系来制作各种器物。这是在更高阶段上发展了《易传》象数不可分割的思想。

汉代哲学家展开"或使"、"莫为"之争，讨论世界第一因（"万物之祖"）是什么的问题，着重从宇宙形成论考察"故"范畴。魏晋玄学则侧重于本体论的研究，提出了"体用不二"的思想，使得对"故"范畴的考察深化了。所谓"体用不二"，是指实体自己运动，事物运动的原因在于自身固有的矛盾。于是,《易传》"乾坤成列,而易立乎其中"的思想得到了进一步的阐发。这表现在从唐代刘禹锡首先在辩证法意义上使用"矛盾"这个概念,以"倚伏之矛盾"来概括作为事物运动原因的阴阳的对立统一;到北宋,王安石、张载讲"耦中有耦"、"一物两体";再到明清之际王夫之认为"易之为道,乾、坤而已……天地人物屈伸往来之故尽于此"。①《易传》把事物发展原因归结于自身矛盾运动的思想一直发生着历史影响,并有了长足的进步。"体用不二"、"矛盾倚伏"的思想对哲学和科学都具有重要的方法论意义。不过佛、道和理学家在讲"体用一源"时却往往强调体的虚静而陷入形而上学。为此,王夫之着重指出,要把握事物的矛盾运动的规律,应当"由用以得体"②,即从作用的实有、从"物物相依"(全面联系)和"推故致新"(变化日新)中来了解实体的自己运动。可以说王夫之把《易传》以至汉魏、唐宋、明清之际对"故"范畴的辩证思维,从理论的内在联系上作了总结,是在更高阶段上对《易传》的复归。

　　宋明时期,哲学家更多地考察"理"范畴,提出了"理一分殊"的思想。朱熹讲格物穷理,侧重"分殊",主张"铢分毫析"的分析方法;王阳明讲心外无理,侧重"理一",把"理一"视为过程,主张"合一"的综合方法。王夫之既批评了道家和朱学的"分析而各一之",也反对了佛学、王学的"抟聚而合之一",认为应当用"微言以明道"③。所谓"微言",王夫之举《易传》所阐明的"一阴一阳之谓

①　王夫之:《正蒙注·太和篇》,《船山全书》第12册,第23—24页。
②　王夫之:《周易外传·大有》,《船山全书》第1册,第862页。
③　王夫之:《周易外传·系辞上传第五章》,《船山全书》第1册,第1002页。

道"为例，认为它既是分析的又是综合的。这就是说，"一阴一阳
之谓道"这样的辩证法语言，既是对作为客观辩证法的对立统一
原理的表达，也体现了运用这一原理作为辩证思维的方法即分析
与综合相结合。王夫之还指出，"理一分殊"并非是把执着"理"视
为终极真理，使之绝对化，而是应当灵活生动的，否则，就是"穷理
而失其和顺"（《周易外传·说卦传》）。这是对《易传》以易理为"法"而
又"唯变所适"思想的发挥。可以说，王夫之对"理"范畴的考察，
不仅是对"理一分殊"的阐发，同时也把《易传》关于"理"范畴的辩
证考察发展到了一个新的高度。

　　从上面的简略分析，我们可以看到《易传》的辩证逻辑思想和
整个中国古代辩证逻辑的发展有着深刻的内在联系。古代哲学
家通过言意之辩来探讨逻辑思维能否把握具体真理（首先是世界
统一原理和宇宙发展法则、即天道）的问题，从中窥到了或自发地
概括出辩证思维的对立统一原理。而随着实践和科学的发展，辩
证思维在运用类、故、理范畴中展开，使得"别异比类"（取象、运
数）、"体用不二"、"理一分殊"等思想（也作为方法）受到越来越全
面和深化的考察。这样就形成了深远的辩证思维的民族传统。
这个传统，发源于《易经》，而到《易传》便具体而微地有了辩证逻
辑的雏形，所以它在中国古代辩证逻辑发展史上有其特别重要的
地位。

"新理学"的理性精神[*]

在我为"冯友兰哲学思想国际研讨会"准备这篇发言稿时,传来了令人震惊的消息:冯芝生师已与世长辞。这是中国学术界的一个重大损失!我个人曾多年亲聆教诲,尤感悲痛。

我不禁想起了许多往事。我于1935年考入清华大学哲学系,到校不久,便到先生家(清华园乙所)去拜望他。一见面,便觉得冯先生平易近人,和蔼可亲。他向我介绍了哲学系的情况,说:"清华哲学系有个特点,特别重视逻辑学和逻辑分析方法。"他要我一年级便选金岳霖先生的逻辑课,我照办了。到二年级,我选了冯先生的中国哲学史课,与他接触更多了些。我逐渐地了解到当时冯先生、金先生和张申府先生等都自称赞成实在论,清华哲学系可说是个实在论学派,它与西方以摩尔、罗素为代表的分析哲学有血缘关系,但又与中国的理性主义传统相结合,有其自己的特色。

清华实在论学派,是中国近代哲学史上真正有影响的哲学学派之一。"五四"时期,胡适的实用主义和梁漱溟的直觉主义都是

---

* 本文是作者在"冯友兰哲学思想国际研讨会"(1990年12月4日至6日在北京举行)上的发言稿。原发表于《学术月刊》1991年2月号。

颇为流行的。清华实在论兴起较晚，它用理性主义来取代实用主义和直觉主义，产生了相当广泛的影响，涉及哲学、逻辑学、伦理学、中国哲学史等领域。尤为可贵的是，它的理性主义包含有唯物主义因素。冯先生的《中国哲学史》、特别是《秦汉历史哲学》一文，已吸取了唯物史观的某些观点；张申府、张岱年先生提出要把罗素哲学和辩证唯物论结合起来；金先生的《知识论》在批评罗素的"唯主方式"（即主观唯心主义）时，也表达了明显的唯物主义倾向。他们的这种倾向对青年人产生了积极的影响，促使我们这些学生在参加"一·二九"运动和抗战的经历中，能比较快地接受马克思主义。而金先生和冯先生本人，随着时代前进，后来都通过自己的道路，顺理成章地转向马克思主义了。

作为一个哲学学派，清华实在论已尽了它的历史使命，清华哲学系也早已并入北大了。我之所以提起这些旧事，是因为觉得，我们今天要讨论冯友兰的哲学思想，就必须把它放在中国近代哲学思潮的历史演变中来考察，脱离历史演变来孤立地考察一种思想，便不可能对它有正确的了解。冯先生在抗日战争期间随校南迁，经南岳到昆明，他满怀爱国热情，在非常艰苦的条件下著有《贞元六书》，创立了"新理学"的体系，"新理学"曾引起了许多争论，这里不可能详细地加以评述。我只想说明一点：我以为"新理学"的真正贡献在于它将逻辑分析方法运用于中国哲学，使得蕴藏在中国传统哲学中的理性精神得到了发扬。所以，它正是清华实在论学派的重要成果之一。

下面我对"新理学"的理性精神作一些阐述。

逻辑分析方法

中国人一接触到西方的文化,就不能不意识到逻辑思维方式上的差异和中国人的弱点。严复已经尖锐地指出,中国传统学术由于不重视逻辑,所以许多"名"或概念往往歧义百出。他举"气"字为例,说:"老儒先生之言气",有"正气"、"邪气"、"淫气"、"厉气"等等,还说什么"鬼神者,二气之良能",而今人又讲什么"电气"之类。他慨叹:"出言用字如此,欲使治精深严确之科学哲学,庸有当乎?"不但"气"字,他若"心"、"天"、"道"、"仁"、"义"等等,都是意义歧混,有待廓清。如何来廓清呢? 需要学习逻辑。为此,他特别翻译了《穆勒名学》、《名学浅说》等,把西方的逻辑学介绍到中国来。

自严复以后,不少思想家都重视逻辑学的研究。到30年代,金先生把罗素的数理逻辑系统地介绍进来,对逻辑哲学问题作了深刻的探讨,并大力倡导逻辑分析方法。冯先生进而运用逻辑分析方法来研究中国哲学,给人以耳目一新之感,并克服了严复所说的中国传统哲学的术语意义歧混的毛病。

例如,"气"这个重要范畴,冯先生分析其用法有如下区别:(一)"真元之气":"绝对底料,我们名之曰真元之气,有时亦简称曰气。"这在"新理学"系统中,完全是一逻辑的观念,它不可名状,"气"之名应视为私名。(二)程朱所说之气,是质料的意义,但"不似一完全逻辑底观念",如他们常说清气、浊气等。冯先生以为,"气之有清浊可说者,即不是气,而是气之依照清之理或浊之理者"。① （三）张载等气一元论或唯物论者所说的"气"，是一种实际的物，"主张此说者，多以为一件一件底实际底物之成毁，由于其所谓气之聚散。"这"完全是一科学底概念"②（四）至于孟子所谓"浩然之气"，它与"勇气"、"士气"之气"在性质上是一类底，其不同在于其是浩然"，这是指一种精神状态，"有浩然之气，则可以堂堂立于宇宙间而无惧"。③

再如"道"这个范畴，冯先生分析"道"字有六义：（一）道之本义为路，"人之道"即人在道德上当行之路；（二）指真理或最高真理，如孔子说："朝闻道，夕死可矣"；（三）道家所谓道，无形无名，能生成万物；（四）在"新理学"中，"真元之气，一切理，及由气至理之一切程序"，总而言之，统而言之，名之曰道，此道指动的宇宙；（五）"新理学"又说："无极而太极，此'而'即是道"，这是宋儒所谓道体，也就是《易·系辞》说的"一阴一阳之谓道"，包括实际世界的阴阳变化的一切程序；（六）道亦可指"宇宙间一切事物变化所依照之理"，如程朱所说的"形而上者谓之道"。④

其他如"天"、"理"、"性"、"命"、"心"、"德"、"仁"、"义"等等，几乎对中国传统哲学中的所有重要范畴，在《贞元六书》中，都作了细致分析。经过这样的逻辑分析，一方面说明了历史上各派哲学在使用这些范畴、术语时的本来意义，另一方面又为它们在"新理学"系统中的含义作了明确的规定，使哲学思想克服了素朴性和

---

① 冯友兰：《新理学》，《三松堂全集》第四卷，河南人民出版社2001年版，第45页。
② 同上书，第50页。
③ 冯友兰：《新原道》，《三松堂全集》第五卷，第11—23页。
④ 冯友兰：《新理学》，《三松堂全集》第四卷，第42—79页。

意义含混之病,得到净化而显得清楚明晰了。从哲学史的研究来说,正是由于从严复、王国维到汤用彤先生、冯友兰先生等许多学者重视对传统哲学范畴作逻辑分析,才使得其中所蕴藏的深刻的智慧显得清晰起来了。从哲学理论的探讨来说,冯先生的《贞元六书》、金先生的《论道》和《知识论》,都运用了逻辑分析方法,主张提出概念应有其明确的界说,作出论断应经过严密的论证,从而把理论编织成为秩序井然的系统。这正是哲学近代化的一个重要标志。冯先生说:"西方哲学对中国哲学的永久性贡献是逻辑分析方法。"[①]这种贡献要通过学者和哲学家来作出,冯先生正是其中的重要代表人物之一。

　　不过,正如荀子所说,诸子百家有所见也有所蔽,而"见"和"蔽"是互相联系着的。冯先生运用逻辑分析于哲学研究,作出了重大贡献,无疑包含有真知灼见,但这也使他有所蔽,他当时缺乏辩证法的具体观念,以为哲学命题都是形式的、逻辑的,"不着实际",由此导致了柏拉图主义。对此,冯先生在50年代已多次作了自我批评。

"人生境界"说

　　我说冯先生将逻辑分析方法运用于中国哲学,使得蕴藏在中国传统哲学中的理性精神得到了发扬,这表现在哪里呢? 冯先生在《中国哲学史》中对先秦名家两派的分析,对程朱理学的阐述,

---

① 冯友兰:《中国哲学简史》,《三松堂全集》第六卷,第277页。

都着眼于揭示其理性精神而提出了崭新的见解。他"接着"（而不是"照着"）理学的传统而建立"新理学"的系统，也可说是朱熹那种"严密理会，铢分毫析"的理性精神的发展。不过在我看来，冯先生对中国传统哲学的理性精神的继承和发扬，最突出地表现在《新原人》提出的"人生境界"说。

冯先生以为，人之所以异于禽兽者，在于人有觉解。人做一件事情，总是了解这是怎么回事，并且自觉到在做这件事。了解是一种运用概念的活动，自觉则是一种心理状态；了解而又自觉，合称为"觉解"。不过，人对宇宙人生的觉解程度是有差别的，由此，宇宙人生对人的意义也有差别。冯先生以为，正是这种差别，使人的精神境界不同。他说："人对宇宙人生在某种程度上所有的觉解，因此宇宙人生对人所有底某种不同底意义，即构成人所有底某种境界。"①《新原人》以为，同一宇宙人生，按照人的觉解不同可以分为四种境界：自然境界、功利境界、道德境界和天地境界。

中国近代有几位哲学家都用"境界"一词，而含义颇不相同。熊十力《新唯识论》讲境界，其旨趣在辨真妄；王国维、朱光潜、宗白华讲艺术境界，其旨趣在论美的创造；而冯先生的"人生境界"说，其旨趣则在论善有等级。他说，由觉解而有意义，意义构成境界。一件事的意义不但是它为人所了解的性质和关系，而且包括它所可能达到的目的或其所可能引起的后果等。这样讲意义，包含有人的要求在内，是有关"好"与"善"的问题。所以我认为，应

---

① 冯友兰：《新原人》，《三松堂全集》第四卷，第 496 页。

该把冯先生的境界说首先看作是一种人生哲学或伦理学说。

冯先生指出,中国古代儒家已经阐明,道德行为必同时是有觉解的行为。只有对道德价值有觉解,自觉遵循道德的准则行动,才是真正道德的行为。就是说,道德行为必须出于理性认识,如果没有理性认识,没有自觉性,那么,善行就只是自发地合乎道德的行为。所以同样做一件事,对做这件事是否自觉、是否理解,意义和思想境界是不同的。这种看法,是孔、孟、荀以来的儒家反复论述过的。孔子讲"仁智统一",说:"未知,焉得仁?"(《论语·公冶长》)孟子说:"人之所以异于禽兽者几希",认为人与动物的区别就在于人有理性,而禽兽没有理性。他接着说:"舜明于庶物,察于人伦,由仁义行,非行仁义也。"(《孟子·离娄下》)舜对于事物、人伦有"明察",有理性认识,所以他"由仁义行",即能自觉地依照仁义而行动,而不是自发地"行仁义"。孟子区别了有明察和没有明察、自觉和不自觉。以后的儒家大都强调道德行为的自觉原则。这是儒家的理性主义精神,它在民族历史上有持久的影响。在20世纪30—40年代,当法西斯主义者大肆鼓吹唯意志论的时候,冯先生强调理性精神和自觉原则,是有积极意义的。

冯先生说,由于人们对宇宙人生的觉解程度不同,因而思想境界就有差别。这话也颇有道理。从辩证的观点看,人的思想境界的提高和德性的形成要经历由自在而自为、自发而自觉的过程(而且是反复的螺旋式的运动)。它以自在状态为出发点,正确地解决了义和利、群和己的关系而形成自觉的人生观,并进而要求提高到科学的宇宙观。冯先生的人生境界说涉及了这辩证发展过程中的一些基本问题,对后人有参考价值。

不过，我以为冯先生的人生哲学也有其不足之处，他同道学家一样，有一种离开社会实践来谈觉解与学养的倾向，片面强调道德行为的自觉原则而忽视了自愿原则。《新原人》中虽谈到意志自由，却强调其从属于觉解；而在谈到"命"时，冯先生指出它有两种含义：一是"天命之谓性"之命，一是命运之命，即偶然遭遇。对天命，人不能违抗，而只能认识它、自觉地依照着它；对偶然遭遇，则只能"知其不可奈何而安之"。所以，两种意义的命，都是"只能顺受，不能与斗底"①。这便引导到宿命论观点去了。中国的正统派儒家（从董仲舒到程朱），一直忽视道德行为以意志自由为前提的自愿原则，因而陷于宿命论。冯先生难免受其影响。

对智慧学说的探索

"新理学"对中国传统哲学的理性精神的发扬，还表现在它对智慧学说的探索上。冯先生用知识和智慧来区分科学和哲学，并提出如何"转识成智"问题。这是富有启发意义的。

冯先生认为，科学能给人以积极的知识，而哲学则不给人们增加任何关于实际事物的知识。在《新理学》中，他给哲学下定义说："哲学乃自纯思之观点，对于经验作理智底分析，总结及解释，而又以名言说出之者。哲学之有靠人之思与辨。"②他运用思辨对经验作逻辑的分析、总括及解释，结果得到几个超越的观念：理、气、道体和大全。在《新原人》中，他说："哲学是由一种自反底思想

① 冯友兰：《新原人》，《三松堂全集》第四卷，第 598—631 页。
② 冯友兰：《新理学》，《三松堂全集》第四卷，第 6 页。

出发。所谓自反者,即觉解自觉解其自己。……科学使人有了解,哲学使人觉解其觉解。""科学家如能本其所有底知识,自反而了解其知识的性质及其与宇宙人生底关系,则此自反即是觉解的自觉解。……如此,则此以前所有底知识,即转成智慧。借用佛家的话说,此可谓之'转识成智'。"①"转识成智",才是透得朱熹所谓梦觉关,其结果是提高了人的精神境。在《新知言》中,他又进而指出,"真正形上学的方法有两种:一种是正底方法,一种是负底方法。"②新理学用的是正的方法,而道家、禅宗等所用的"破"的方法则是负的方法。他后来说:"一个完全的形上学系统,应当始于正的方法,而终于负的方法。如果它不终于负的方法,它就不能达到哲学的最后顶点。"③

　　从以上引文可以看出,冯先生关于智慧的学说,从强调逻辑分析到"自反",从强调"以名言说出"到"不可说"(因而要终于负的方法),前后颇有不一致之处。但正是这种不一致,说明他对"转识成智"的问题作了认真的探索。中国传统哲学中蕴藏着的最深邃的智慧是关于性与天道的理论。不论儒家、道家,还是玄学、佛学、理学、心学,都以为本体论(即关于性与天道的理论)和智慧学说是统一的。而在中国哲人看来,所谓智慧就是关于宇宙人生的真理性认识,它和理想人格(或自由人格)的培养是内在地相联系着的。因此,哲学不仅要认识世界(认识天道),而且要认识自己("自反"以求尽心、知性),并在认识世界与认识自己的交

---

① 冯友兰:《新原人》,《三松堂全集》第四卷,第 488、490 页。
② 冯友兰:《新知言》,《三松堂全集》第五卷,第 149 页。
③ 冯友兰:《中国哲学简史》,《三松堂全集》第六卷,第 288 页。

互作用中"转识成智"和培养自由人格。而"转识成智"包含有飞跃，即通常所谓"悟"或理性的直觉。因此，智慧的表达虽离不开名言，也遵守逻辑，却又总有"言不尽意"的情况，要求突破形式逻辑的界限。所以，正的方法和负的方法都是需要的。冯先生对"转识成智"问题的探索，揭示出其中的一些环节，把问题引向深入了，这是一个贡献。

不过，对智慧学说的探索是无止境的。哲学在向前发展，哲学家达到了一个新的理论高度，便能对传统哲学中蕴藏着的智慧作更深一层的发掘。根据唯物辩证法的观点，"从肯定到否定——从否定到与肯定的东西的'统一'"①，是辩证思维的对立统一规律，运用这一规律作为辩证思维的方法就是分析与综合相结合。从这一高度来回顾中国传统哲学，我们便会对王夫之在辩证法上的成就给以很高的评价。王夫之说："《易》曰：'一阴一阳之谓道'。或曰，抟聚而合之一也；或曰，分析而各一之也。呜呼！此微言所以绝也。"②"微言"即辩证法语言，应是分析与综合的统一。而道家、程朱片面强调分析，佛家、陆王则片面强调综合，他们都破坏了"微言"，不是真正的客观的辩证法。王夫之提出"相反而善会其通"③的论点，以为既要"乐观其反"，不使"穷理失其和顺"，又要善"会其通"，不能"惊于相反而无所不疑"。这表明他已经在一定程度上把握了逻辑思维的辩证规律。王夫之还强调智

---

① 列宁：《黑格尔〈逻辑学〉一书摘要》，《列宁全集》第 55 卷，第 196 页。这里保留了冯契引用的 1959 年版《列宁全集》第 38 卷第 245 页的引文。新版译为"从肯定到否定——从否定到保存着肯定的东西的'统一'"。——增订版编者
② 王夫之：《周易外传·系辞上传第五章》，《船山全书》第 1 册，第 1002 页。
③ 王夫之：《周易外传·杂卦传》，《船山全书》第 1 册，第 1112 页。

慧和德性的统一，并以为这是一个天与人、性与天道交互作用的过程。他说："色、声、味之授我也以道，吾之受之也以性。吾授色、声、味也以性，色、声、味之受我也各以其道。"[1]他以为，人与天、性与道是通过感性活动的桥梁而互相授受的，是一个日新不已的运动。所以他说"命日受，性日生"。这是一种充满辩证法光辉的理论。

我这里之所以讲一点王夫之的辩证逻辑思想和性与天道的理论，是为了说明一个事实：冯先生在转向马克思主义之后，对智慧学说的探索更前进了一步，这突出表现在他对船山哲学的态度上。在 50 年代，他已意识到他的《中国哲学史》(旧著)讲明清之际失于简略，"像王夫之那样的大家，书中亦是捎带而过"；他也意识到在《新理学》中批评王夫之"无其器则无其道"之说是个错误。他专门写了论文，对王夫之的哲学作了很高的评价。这些都说明他早已超越"新理学"的眼界，并在更深入地发掘中国传统哲学中的智慧了。这种更深入的探索的成果，便是他最近完成的巨著《中国哲学史新编》。虽然我还没有通读完冯先生的这部新著，但相信，他对"转识成智"问题的探索应达到了新的高度。

---

[1]　王夫之：《尚书引义·顾命》，《船山全书》第 2 册，第 409 页。

儒家与教育
——《儒家理想人格与中国文化》*序

最近若干年来，孔子和儒学又成了海内外学者的热门话题。其所以出现这种"热"，我以为是和"中国如何实现现代化"这个时代的中心问题密切相关的。我国要实现社会主义现代化，不能脱离现实的国情，也不能离开历史的传统。传统是既与的，非接受不可的。而如何接受传统？如何批判继承民族文化遗产？这在很大程度上是如何对待儒学的问题。因为在两千多年的封建社会中，儒学曾长期占支配地位，对社会生活的各方面产生了广泛影响，这种影响至今仍或隐或显地存在着，对我国的现代化进程起着或阻挠或促进的作用。所以，研究和讨论儒家与传统文化的关系，不仅是历史的问题，而且有重要的现实意义。

朱义禄同志有鉴于此，经过数年时间的研究，写成了《儒家理想人格与中国文化》一书。他拿了书稿来征求我的意见。我读了以后，觉得他从一个特定角度（从人生理想及其实现的角度）来考察儒家与传统文化的关系，是前人尚未做过的工作，因此书中颇多新意和特色。我为他辛勤劳动获得的成果感到高兴。

＊ 朱义禄：《儒家理想人格与中国文化》，辽宁教育出版社 1991 年 9 月版。

　　我说他的书稿有"新意和特色",主要是指:第一,他对儒家典籍中常见的圣贤、君子、成人、醇儒、豪杰、大人、大丈夫等理想人格称谓,作了较为细致的剖析,揭示出其中所包含的多方面的意蕴,并进而指出,儒家的理想人格学说的理论基础是"人贵在于'有义'"的价值观,这种价值观使得儒家在人类固有的理想意向(求真、向善、爱美)中特别突出了道德精神,因而有所"见"亦有所"蔽"。第二,作者着重论述了:中国历代士大夫信奉的"兼济"与"独善"相统一的人生哲学,乃是对儒家理想人格模式化认同的结果;而圣人崇拜作为儒家对理想人格憧憬的衍生物,则集中体现在"道统"与"治统"合一的历史哲学中。此外,作者还从思维方式、生死观、法和礼、对科学和艺术的态度等,多方面、多层次地考察了儒家理想人格学说的社会文化效应,因而全书显得羽毛丰满,内容充实。第三,在写作方法上,作者对儒家的理想人格及其表现采取了具体分析的态度,既指出其对民族传统文化的积极影响,也考察了它的消极作用;并运用宏观把握与微观研究相结合的方式,从典型事例来说明一般(如第五章从对陶渊明、白居易、王禹偁三人所作的个案研究来论述士大夫的立身处世之道),从而增加了生动性、可读性。所以,本书作为一本学术性和知识性的著作,我相信,是会有雅俗共赏的效果的。

　　朱义禄同志这本书已经相当全面地研究了儒家理想人格和民族传统文化的关系,但我以为,还可以从教育的角度作一些补充。孔、孟、荀以至程、朱、陆、王等大儒都是教育家,他们的理想人格学说和教育有着紧密联系。《孟子》写道:"昔者子贡问于孔子曰:'夫子圣矣乎?'孔子曰:'圣则吾不能,我学不厌,而教不倦也'。子贡曰：'学不厌，智也；教不倦，仁也。仁且智，夫子既圣矣。"《孟子·公孙丑上》可见，先秦儒家以仁智统一为理想人格（圣人）的主要特征，正是从教学实践中总结出来的。如何通过教育来培养仁且智的理想人格，是儒家的理论和实践所要解决的主要问题。孔子首先以"学而不厌，诲人不倦"的品德为学生树立了榜样，他还说："二三子以我为隐乎？吾无隐乎尔。吾无行而不与二三子者，是丘也。"《论语·述而》他坦白地把自己的心交给学生，毫无隐瞒，师生间形成了一种互相了解、充满爱和信任的关系，使得教和学成为生气蓬勃的创造性劳动。今天我们读到《论语》中师友切磋与共同"言志"的那些章节，还能深切感受到当时弦歌诵读声中的那些生动情景，这确实是有利于人的真实性格的培养的。自孔子开端，历代大儒都致力于通过教育来培养人，因而使儒家的理想人格学说深入人心，对民族文化产生了深远影响。当然，这种影响是具有两重性的：儒家办教育是为当时的封建统治服务，引导人们走"学而优则仕"的路，有其消极的一面；但通过教育来提高民族文化水平和人的素质，增强了人与人之间的道德凝聚力，无疑是积极的。

从事教学活动必须有教材。司马迁说："孔子以《诗》、《书》、《礼》、《乐》教弟子，盖三千焉。身通六艺者，七十有二人。"[①]孔子以六艺为教材，培养了许多通经致用的人才。后来的儒者继续以五经、十三经、四书教授弟子，并不断踵事增华，对这些传统的经典作出新的解释，先是作"传"、作"注"，然后是"疏"、"集解"、"正

---

① 司马迁：《史记·孔子世家》，《史记》，第 1938 页。

义"等等,同滚雪球一样,"经解"越积越多,并产生了不同派别,引起古今文之争、汉学宋学之争,宋学中有程朱、陆王之争,汉学中有吴派、皖派之争等。在漫长的封建社会中,儒家一直用这种"我注六经,六经注我"的办法来积累经义,推进传统。这种办法好不好? 显然也有两重性:一方面,它培养了经学的思维方法,助长了独断论。正统派儒家鼓吹,四书五经已具备全部真理,"考诸三王而不缪,建诸天地而不悖,质诸鬼神而无疑,百世以俟圣人而不惑。"(《中庸》)后人只需要引经据典,根据"子曰"、"诗云"来进行论辩,而决不能别开生面。这种独断论的经学态度,是违背科学的。另一方面,儒家在其历史演变中也孕育出了一批善于"通古今之变",具有"兼容并包"精神的大师。他们博览古今,因而并不泥古,而能够"以今持古"(《荀子·儒效》),站在"今"的立场来回顾历史,从前人的遗产中吸取智慧,以求通变、创新。他们有宽广的胸怀,认为道非一家之私,"万物并育而不相害,道并行而不相悖"(《中庸》),不仅儒家内部容许不同学派存在,而且有些学者(如柳宗元、王安石、黄宗羲等)认为诸子百家和佛、道等皆有其可取之处。这是一种富于辩证法的宽容精神的观点,是反独断论的。

同其他各学派和佛教、道教等相比,儒家对民族传统文化的影响确实显得更大一些。其所以能如此,除了儒家教义特别适应封建宗法制度的需要之外,还有两方面的原因:一方面,自汉代儒术独尊以来,儒术和专制主义的政治权力相结合,得到了统治者的提倡;另一方面,儒家长期从事教育事业,既培养了接班人,又做了整理典籍的工作,促进了民族文化的持续发展。由于前者,便使正统派儒学成为帝王御用之学,在学术上助长了独断论的经学态度，并产生了许多依附权势者的"陋儒"。由于后者，儒家对提高民族素质和增强民族的凝聚力起了积极作用，产生了许多能以身作则的教师，也造就了一批为真理和正义献身的志士，博古通今，具有宽广胸怀的"通儒"、"鸿儒"。前面已说，朱义禄同志这本书对儒家的理想人格与民族传统文化的关系采取了具体分析的态度，既指出其积极影响，也考察了它的消极作用，我这里从教育的角度作了一点补充，也正说明儒家理想人格学说具有两重性。因此，我的补充也可说是对朱义禄同志的论点的一个证明。

《天命的没落——中国近代唯意志论思潮研究》*序

中国近代遭遇了空前的民族灾难,经历了巨大的社会变革,同时在思想领域也展开了一场伟大的哲学革命,其中包括价值观的变革。讲到价值观,便涉及人的自由以及人所创造的价值同人的本质力量(劳动能力和知、情、意等)之间的关系问题。当人们提出要"重新估定一切价值"和批判旧的价值观时,也就要求用一种新的态度对待物质生产能力和理智、意志、情感等精神力量。这里且不谈物质生产能力,就精神力量来说,拿中国近代哲学和古代哲学相比较,便可以看到有明显不同的态度。

中国古代哲学家讲理想人格,往往包含有贬低情、意的倾向。不论是通过克己复礼而达到知天命、顺天命的圣贤,或是通过心斋、坐忘而达到与造物者游的至人,或是通过止观双修而达到豁然顿悟的佛祖,他们的智慧都是静观的,思辨和直觉是纯净的光辉,排除了情感和意欲的色彩。这种"忘情"、"无欲"、"无我"的境界,似乎给人以最高的"受用"、"乐趣",但宋代道学家提出"存天

* 高瑞泉:《天命的没落——中国近代唯意志论思潮研究》,上海人民出版社 1991 年 10 月版。

理、灭人欲"的口号，发展到极端，却成了理性专制主义，严重地损害了人性的自由发展；因之到了近代，它就成了主要的批判对象。

从龚自珍开始，近代哲学便用一种新的眼光来看待人的精神力量，他推崇"心力"，"剑气箫心"增强了他的理论的感染力，竟使得梁启超赞叹不止："初读《定庵文集》，若受电然。"[①]民族面临着危机，时代充满着矛盾，近代先进思想家们通过个人遭遇和切身体验而感受到时代的脉搏，感到心中有郁结、有块垒、有不得已者而后言，于是发为歌哭，赋为风雷之文，表现了"心力"的雄伟，而使那些面壁静坐的僧侣和衍辑语录的儒生黯然失色。"忘情"、"无欲"、"无我"的境界被一脚踢开了。近代哲学家的理想人格再不是毫无物欲的"醇儒"、纯金一样的圣贤，而是平民化的自由人格。他们是多样化的，各有其面目；虽难免有这样那样的缺点，但都是要求个性解放的具有真性情的"新人"。"自由"的概念发生了根本变化，它不再被理解为乐天安命、逍遥无为，而是看作应该在竞争、斗争中争取的果实。"智慧"的范畴也发生了根本变化。章太炎说："竞争生智慧，革命开民智。"所以思想不能停留于静观，理论并不是冷冰冰的概念结构，而是灌注着热情、能鼓舞人的斗志和培养人的信念，有助于革命行动的。——这就是近代的进步思想家对待人的精神力量（知、意、情等）的基本态度。

正因为中国近代哲学家在对待知、意、情的态度上和古代哲学家有此不同，所以在哲学理论上产生了一个令人注目的现象：在古代，儒家的天命论占统治地位，以"遇"为命的学说也很有势

---

① 梁启超：《清代学术概论》，《饮冰室合集》专集之三十四，第 54 页。

力，却始终没有强大的唯意志论传统；但到了近代，却确实有了唯意志论传统，并长期形成了唯意志论与宿命论两极对峙的局面，成为行动上产生"左"的和右的错误的思想根源。这一现象虽早被人注意到了，却一直没有人作系统的考察，这是中国近代哲学史研究中的一段空白。

高瑞泉同志的博士论文《天命的没落——中国近代唯意志论思潮研究》做了前人没有做的工作，填补了这段空白。他比较系统地研究了中国近代唯意志论思潮的发生、发展、演变及其转入没落的历史过程，主要沿着伦理学和历史观两条线索，研究这一思潮的演变，写成这部 20 万字的论著。在进行博士论文的评审、答辩时，曾得到前辈专家们的肯定评价；部分内容在报刊上发表后，也引起了学术界的注意。现在经作者修改后正式出版，相信它是会受到读者欢迎的。

作为这篇论文的指导教师和最早的读者，我对它所达到的成就是满意的。我以为它有一些独到之处：首先，对中国近代唯意志论思潮作了历史的分析。一方面指出它反映中国近代政治上反封建、哲学上反天命的历史要求，因而唯意志论曾以其特殊的形式包含着相当激进的革命内容——反对以天命论为中心的旧价值观，提倡斗争和创造原则；反对正统儒学的理性专制主义和禁欲主义，提倡自由意志、自然情感，要求个性解放、独立人格。另一方面，研究的结果也表明，唯意志论本身仍然是一种理论偏颇，它并不能完全诊治宿命论的痼疾，相反可能导致无政府主义或者法西斯主义——它们都需要非理性主义的恶性发挥。这样的分析是比较辩证的，纠正了某些人在这个问题上的形而上学态度。其次，对中国近代哲学中唯意志论与宿命论相对峙的客观原因作了深入考察，指出我们民族中既有长久深厚的宿命论原素，又有接受唯意志论、形成狂热的非理性运动的原素；民族生活中常常是权势者搞唯意志论，普通民众相信宿命论，由此必然引导到政治上高度集权和广泛的无政府状态两极对峙——"大跃进"和"文革"就是典型的例子。这些考察富有启发意义，也表现了作者的理论勇气。第三，作者视野比较宽广，采用了中西比较的方法，除了对一些中国哲学家的西方思想渊源作实证的研究外，还探讨了中西唯意志论的某些共同规律性与特殊性。同时，还努力拓宽研究领域，多方面地探讨了唯意志论与中国近代佛教、文学、政治思想等的关系，因而显得羽毛丰满，能广泛引起读者兴趣。

不过，正因为涉及面广，又是开拓性的研究，论文的某些部分便难免显得粗糙，有些问题尚有待进一步深入探索。论文宣告了"天命的没落"，但通过"超越哲学的思考"，作者得出结论说："要根本上消除宿命论与唯意志论的对立，除了哲学健全自身、发展科学以外，必须经过政治、经济体制的改革。这大约是一个漫长的过程，但却是必不可少的过程。如果我们能够在理论上保持清醒，那它也将是一个有希望的过程。"[①]作者用了乐观的语气，给人指出希望；但又用了颇为犹豫的口吻："大约是一个漫长的过程"。多长呢？难说。对有数千年文明史的中华民族来说，无疑只是瞬间。但对年命短促的个人来说，这"漫长"二字便令人忧郁了。我们的民族反复地陷入两极对峙的迷途而不能自拔，使得无数爱国

---

① 见《天命的没落》第五章第二节。

者心有郁结。司马迁说:"《诗三百篇》大抵贤圣发愤之所为作也。此人皆意有所郁结,不得通其道也,故述往事、思来者。"[①]高瑞泉同志发愤著书,他这部"述往事、思来者"的著作,其理论成就如何,将接受时间的考验,但它在"意有所郁结"的读者中会引起共鸣,则是可以肯定的。

---

① 司马迁:《史记·太史公自序》,《史记》,第 3300 页。

《中国近代逻辑思想史论》[*]序

　　中国近代进行了一次哲学革命（它现在还在继续着），其中包括逻辑思想和方法论的革命。逻辑和方法论问题的讨论，是中国近代哲学的主要论争之一。哲学家和逻辑学家作了很多探索，有积极成就，也有不足之处。

　　中国人一旦接触到西方的文化，就不能不意识到逻辑思维方式上的民族差异。严复是第一个认真比较了中西文化特点的人。在他看来，中国传统学术有个重要弱点，就是概念不明确，逻辑不严密。中国人习惯于从"诗云"、"子曰"出发的经学方法，极易导致独断论的"师心自用"。这就是由于中国人长期不重视形式逻辑和科学方法的研究所造成的。严复指出，逻辑学对近代科学来说，"如培根言，是学为一切法之法，一切学之学"。^① 西方数百年来"学运昌明"，首先应归功于培根的破除"偶像"和提倡科学方法。中国要自强，就要向西方学习科学，就必须重视逻辑和科学方法的研究。正是有见于此，严复翻译了《穆勒名学》、《名学浅说》等著作，系统地把西方的形式逻辑和实验科学方法介绍到中

* 彭漪涟：《中国近代逻辑思想史论》，上海人民出版社 1991 年 5 月版。
① 穆勒著，严复译：《穆勒名学》按语，《穆勒名学》，商务印书馆 1981 年版，第 2 页。

国。严复的影响是深远的，自他以后，许多进步的思想家如梁启超、王国维、章太炎等，都很重视逻辑学的研究，强调要用近代的科学方法来取代传统的经学方法。经过"五四"新文化运动，"孔家店"的经学独断论受到猛烈冲击，随着民主和科学的口号深入人心，逻辑学和方法论的研究也取得了重大成就。胡适的"大胆假设、小心求证"的方法产生了广泛影响。到20世纪30年代，西方的数理逻辑被系统地介绍过来了，马克思主义者在运用唯物主义的辩证方法于现实与历史的研究方面，也取得了可喜的成绩。

　　但是，尽管有很多成绩，中国近代关于逻辑和方法论的探讨始终未能得到系统的总结。理论的演变只有通过自由讨论和系统的总结，才能提高自觉性。如果得不到科学的总结，那便会陷于盲目性。30年代展开了一场所谓"唯物辩证法论战"，随后又引起如何改造形式逻辑问题的争论。这本来是一个通过自由讨论来进行总结的好机会，然而实际并非如此。这场论战正好暴露了当时哲学界在逻辑问题上的盲目性和缺点：首先，方法论革命的最本质的要求是用近代科学方法来取代古代经学方法，对此，许多参加论战者并无明确的意识。叶青、张东荪之流一味强词夺理，是不必说了。马克思主义者也习惯于引经据典来作论证，运用了变相的经学方法。其次，从总体上说，参加论战者的逻辑理论水平不高。关于逻辑和方法论的一些基本原理（如形式逻辑和辩证逻辑的关系，认识论、逻辑和方法论之间的关系，思想解放和科学方法的关系等），都还缺乏真正深入的研究。就30年代的中国的马克思主义者来说，既未能阐明形式逻辑与辩证法的关系，也未能划清形式逻辑与形而上学的界限，并且对形式逻辑有否定过多的倾向（这种倾向也存在于当时苏联哲学界，并可追溯到黑格尔）。

解放后，在 50 年代又展开关于逻辑问题的热烈讨论，这比之 30 年代是深入得多了。但是上述两个缺点也还未能完全克服。例如，相当长一段时期，摆不正形式逻辑和辩证法的关系：不敢对经典作家关于初等数学和高等数学的比喻提出不同意见；有一些人贬低形式逻辑和忽视数理逻辑的作用，另一些人则否认辩证逻辑的存在；等等。这种缺点之所以难以克服，是同中国近代逻辑思想的演变缺乏科学的总结有关的。

彭漪涟同志多年从事普通逻辑和辩证逻辑的研究，已发表不少论著，取得显著成绩。他在研究解放后逻辑科学发展的现状及其所存在的一系列问题时，深感不能割断历史，许多问题需要作历史的考察才能得到解决。于是便着手研究中国近代逻辑思想发展史，花了数年工夫，写成了这本书。我读了他的书稿，感到他在一个前人很少涉足的领域中做了开拓性的工作，是难能可贵的。而且我认为，他这本书亦颇具自己的特色：

第一，作者运用了逻辑和历史统一的方法。逻辑思想本身有其发展的"逻辑"，这种"逻辑"是在具体的历史过程中逐步展开的。因此，决不能离开具体的历史条件来孤立地考察逻辑思想的演变。作者正因为考虑到每一时代逻辑思想的发展，总有其一定的社会历史条件，包括一定的科学和哲学前提，所以，他在考察中国近代逻辑思想的发展时，并不拘泥于谁是逻辑学家，谁不是逻辑学家，而是注意从那些对中国近代哲学和科学发展产生过重大影响的学者那里，去发掘他们必然固有的逻辑思想，并将其与他们所处的社会历史条件、所面临的逻辑-方法论问题结合起来考察,历史地、具体地阐明其在中国近代逻辑思想发展史上的地位,以便连贯起来揭示其发展的"逻辑"。

第二,作者综观中国近代逻辑思想发展史,从总体上概括其特点。认为主要特点有三:(1)适应中国近代自然科学发展的需要,突出进行了归纳法与归纳逻辑的宣传与介绍(但当时对已在西方迅速发展的数理逻辑,迟迟未加重视和研究)。(2)西方逻辑思想的翻译和介绍,推动了对中国古代逻辑思想的发掘,特别是促进了对墨家逻辑的研究。(3)外国逻辑的译介和对《墨辩》的再研究,促进了对世界上三种逻辑体系的对比研究。本书紧紧围绕这几个方面对各家的逻辑思想和成就进行了分析,揭示其在历史发展中的层次性和连续性,显得脉络分明。

第三,书中还比较鲜明地揭示出各家逻辑-方法论思想的个性特点。例如,突出地论述了严复在中国近代逻辑思想史上的开山祖地位;详细地阐发了章太炎如何用他的"辩说之道"的模式来对三种逻辑作对比研究;对王国维的"二重证据法",结合他本人的论著和同时代学者的有关评述,作了充分的分析;对胡适的"大胆的假说,小心的求证"的方法,针对各种分歧的意见,作了有说服力的辩护;……这些抓住个性特点的论述和评析,会给读者以深刻的印象。

总之,本书对中国近代逻辑思想史的研究已作了颇具特色的开拓性工作。当然,开拓性工作总难免有不足之处,某些问题可能没有抓住,某些论断可能不够恰当、全面。本书对六个思想家和学者的逻辑思想进行了论述和评析,实际上只考察到 20 年代为止。对此，读者可能会感到不满足，要求继续前进：30 年代有"论战"，金岳霖系统地介绍了罗素的数理逻辑并对逻辑哲学问题作了真正深刻的探讨，毛泽东的《论持久战》和《新民主主义论》则可说是运用辩证逻辑的典范，……这些都是近代逻辑思想发展史上的大事，需要作深入考察的。作者可能认为对这些重要问题的考察需要更多的时间，只好俟诸异日，但既已开始了开拓性工作，想来他一定会继续做下去的。我还期待着更多的同志参加这一工作，有更多的研究中国近代逻辑思想的论著出现，以便通过生动活泼的自由讨论来对中国近代逻辑思想和方法论的发展、演变作出比较全面的总结，这对于发展我国的逻辑科学和提高民族的逻辑思维水平，对于进一步发展哲学革命，都是有重要意义的。

"究天人之际"与"通古今之变" *

司马迁说他的《史记》"欲以究天人之际,通古今之变,成一家之言"。中国历史上的大思想家、大科学家一般都有这样的抱负。天和人的关系、古和今的关系,是历代思想家和科学家反复探讨的重大问题,抓住这两个问题,我以为,就可能抓住传统思想的特点。所谓特点,应该包括优点和缺点。我的看法是:从天人关系说,中国传统思想的优点在于讲天人交互作用的辩证法,而它的缺点则是长期受天命论的影响。从古今关系说,中国传统思想的优点在于通达历史之变,而它的缺点则在于复古主义和经学独断论倾向。

一、天人关系

曾经有一种流行见解,说中国哲学着重讲做人,反求诸己,西方哲学着重讲求知,面向自然。我不同意这种见解。古代中国在科学技术方面有那么多的成就,决不能说中国人不重视认识自

---

* 本文为作者在 1990 年 4 月于华东师范大学举行的"传统思想与科学技术"研讨会上的发言稿。原发表于《社会科学》1991 年第 5 期,并收入袁运开、周瀚光主编:《中国科学思想史论》,浙江教育出版社 1992 年 11 月版。

然。而在古希腊，德尔菲神庙早有了"认识你自己"的箴言，所以也决不能说西方人不重视认识自己。但关于天和人、认识自然和认识自己之间的关系，中西方传统思想确实各有其特点，各有所偏至。一般说来，西方哲学比较侧重考察人和自然、我和世界的对立，而中国哲学就比较侧重两者的统一、两者的交互作用和辩证关系。在中国人看来，自然界是一个有机的整体，人是宇宙的缩影，人和自然应该通过相互作用而达到辩证统一。这种观点我们可以追溯到《易经》、《老子》，可说是源远流长，影响到文化的各个领域。在中国，很明显的没有西方那种把心和物截然对立起来的心物二元论；而随着墨学的衰微，把自然界归结为原子的机械运动的学说，也没有像西方那样得到发展。

那么，是不是可以把中国传统思想的特点概括为"天人合一"呢？有不少人这样主张。但我以为对"天人合一"这个词还应该分析。"合一"既可以理解为辩证法的统一，也可以理解为形而上学的统一。自汉代儒术独尊以来，正统派儒家把三纲五常形而上学化，称之为"天命"、"天理"，而"天命之谓性，率性之谓道"，人之道就在于知天命之性，绝对顺从天命，达到与天合一。这样一种天人合一说，是形而上学的天命论，实际上是宿命论。它叫人安于命运、无所作为，所以是反科学而不是促进科学的。

有些同志因此便提出另一种主张，认为中国哲学有个"天人相分"的进步传统，那是和"天人合一"说相对立的。但我觉得"天人相分"这个词也值得商榷。荀子说"明于天人之分"，是说自然界和人类各有其职分。"不为而成，不求而得"是"天职"。人不与天争职，不对自然界作任何主观的附加，力求如实地反映自然，利用自然规律来为人类谋福利，这才是人的职分。荀子认为，只有明于天人之分，才能"制天命而用之"，达到人与天地参、即人与自然统一的境界。

这样讲天人的统一，是通过交互作用、包括矛盾斗争而实现的。所以刘禹锡说"天人交相胜"，王夫之指出人不能"任天"而要"相天"、"造命"。而陶渊明的诗："精卫衔微木，将以填沧海。刑天舞干戚，猛志固常在"（《读山海经》），也高度颂扬了对天命的反抗斗争。中国人民确是勇于斗争和富于反抗精神的。不过，同时也要看到，除了韩非说"上下一日百战"之外，中国的哲人一般都认为自然是和谐的，人和自然的交互作用（包括矛盾斗争）的结果是达到和谐一致。老子说："万物负阴而抱阳，冲气以为和。"（《老子·四十二章》）这是从自然观说的。荀子说："所志于阴阳者，已（记）其见和之可以治者矣。"（《荀子·天论》）这是从认识论说的。自然界变化本是阴阳和调的运动，人类认识了阴阳和调之理，便可以运用自然规律来治理，达到人与自然的统一。这就是辩证的天人统一的观点。

这种辩证法的自然观和认识论对科学技术产生了极为深远的影响。这可以从下面三点来说明。

首先，自然和人生有机地相联系，有其统一的原理。这可说是中国古代科学家的共同的信念。例如，在医学上，《内经》强调人体和自然界之间的内在联系，说："自古通天者生之本，本于阴阳……。九窍、五脏、十二节皆通乎天气。"①以为人体各部分和自

---

① 《生气通天论》，《黄帝内经》，第12—13页。

然界的阴阳之气的运动息息相关，一个人若能按自然规律养生，做到人与天、内与外、阴与阳互相调和，便不致受邪气的侵害，而能长久享有天赋的生命。又如，古代的象数之学认为，从《易》推演出来的象数足以范围天地之化，"夫推历、生律、制器，规圆矩方，权重衡平，准绳嘉量，探赜索隐，钩深致远，莫不用焉"（《汉书·律历志》）。就是说，根据《易》的象数，可以推衍历法，规定乐律，制作器物，并订立度量衡的制度等等。自然界和人类活动的一切奥秘，都可以用《易》的"取象"、"运数"的方法来把握。这种象数之学的方法若被夸大和被主观地运用，当然可以导致神秘主义。但其中包含有合理成分，即肯定天和人有其统一的象数秩序，因此人们从数量关系来考察对立力量（阴阳）的消长的方法是普遍适用的。这对中国古代科学（天文、历法、律学、数学等）的发展起了积极作用。

其次，认知与评价相结合，理论与技艺相结合。所谓认知，就是如实地反映自然，了解其事实与规律；所谓评价，则是考察自然物的性能和人的需要之间的关系，评定其对人的价值。二者虽可区分，但在中国古代的科学著作中，通常总是结合在一起的。例如，贾思勰《齐民要术》中提出分类的理论。"凡谷：成熟有早晚，苗秆有高下，收实有多少，质性有强弱，米味有美恶，粒实有息耗"。[①] 这里，既包括对谷子固有的本质特性的认知（成熟期、苗秆高度、质性强弱等），又包括它对人的需要的关系的评价（产量、米味、出米率等），分类标准是相当全面的。贾思勰的分类标准又可归结为"性"与"能"两项，他在谈到家畜的饲养管理时说："服牛乘

[①]　贾思勰：《种谷》，《齐民要术今释》，第 44 页。

马,量其力能;寒温饮饲,适其天性;如不肥充繁息者,未之有也。"①他要求根据对家畜的天性和力能的理论认识(包括认知和评价)来畜养和利用它们,以满足人的需要。所以,饲养管理的技艺和对家畜的理论认识也是统一的。《齐民要术》只是一例。中国古代的许多重要科学著作都具有把认知与评价、理论与技艺结合在一起的特征。这种特征,同西方近代的科学著作相比较,应该承认它包含有缺点,即实用性太强,理论的系统性不足。但我认为,不能因此贬低中国古代科学著作的价值。从整体上说,科学是要求天和人、认知和评价、理论和技艺辩证地统一的。

第三,客观规律和主观能动性的统一。尊重自然规律和发挥人的主观能动性,二者是互相促进,不可偏废的。原来老子讲:"道法自然",尊重客观规律,却未免忽视人力;而道教讲人能"夺天地造化之机",又不免夸大了人的主观力量,导致神学迷信。但荀子、王夫之等则能辩证地对待这一问题,许多大科学家也是如此。如李时珍在《本草纲目》中,在谈到药物有升降浮沉之性时,说:"酸咸无升,甘辛无降,寒无浮,热无沉,其性然也。而升者引之以咸寒,则沉而直达下焦;沉者引之以酒,则浮而上到颠顶。此非窥天地之奥而达造化之权者,不能至此。"就是说,升降浮沉本来是各种不同药物的自然属性,但人们认识了自然规律的奥秘,就能主动地创设条件,使升者降,沉者浮,灵活地改变其性能。所以他说:"是升降在物亦在人也。"②

---

① 贾思勰:《养牛马驴骡》,《齐民要术今释》,第493页。
② 李时珍:《本草纲目·序例》,刘衡如、刘山永校注:《本草纲目》,华夏出版社2013年版,第56页。

以上几点，说明中国古代的科学著作是贯彻了通过天和人的交互作用来达到天人统一的辩证法的。这种优秀的传统思想，同形而上学的天命论是正相反对的。

二、古今关系

世界上有许多古文化中断了。而中国的文化持续发展了几千年之久，始终没有中断，这是一个奇迹。文化中断的原因，通常是由于自身的活力趋于衰竭，同时又遇到了外力的摧残。中国在历史上也不断遇到天灾，不断遇到外国的侵略，但文化没有因此中断，这正说明中华民族的文化具有非常强大的生命力。

正因为有悠久的文化传统，所以古今关系问题显得特别重要。如何对待民族传统，是复古、还是革新？就是一个如何处理古和今的关系，以求更好地积累文化的问题。应该说，中国人很重视积累文化，儒家尤其如此。自孔子开端，历代儒者大多从事教育工作。办教育必须有教材。孔子以六艺为教材，后来的儒者继续以五经、十三经、四书教授弟子，并不断对这些传统的经典作出新的解释，先是作"传"、作"注"，然后是"疏"、"集解"、"正义"等等，同滚雪球一样，"经解"越积越多，并产生了不同派别，引起今古文之争，汉学宋学之争，宋学中有程朱、陆王之争，汉学中有吴派皖派之争等。在漫长的封建社会中，儒家一直用这种"我注六经、六经注我"的办法来积累经义，推进传统。佛教、道教等也用了类似的办法。

用这样的办法来积累文化好不好呢？显然会产生一种副作

用,那就是培养了经学的思维方法,助长了复古主义和独断论。在正统派儒家看来,《四书》、《五经》已经有了全部的真理,"考诸三王而不缪,建诸天地而不悖,质诸鬼神而无疑,百世以俟圣人而不惑"。(《中庸》后代的人只要引证这些经典,根据"子曰"、"诗云"来加以发挥就行了。如果要提出什么新见解,也一定要用"六经注我"的办法。这种经学独断论的传统当然不能使学术研究别开生面,也不利于科学的创新和发展。所以自严复以来,近代思想家为了引进西方的科学,便不断地对儒家的经学独断论进行冲击。

但是中国确实又有一个尊重历史辩证发展的传统,即善于通达古今之变的传统。《易传》说:"穷则变,变则通,通则久。"荀子说:"善言古者必有节于今。"这就是要求站在今天的立场上回顾历史,把历史看作是不断推陈出新、不断变通而持久发展的运动。从前人的遗产中吸取智慧是必要的,但不能泥古,要立足现实,敢于创新,提出自己的新鲜见解。正是这种"通古今之变"的优秀传统,对科学技术的发展产生积极的影响,这可以从下面三点来说明。

首先,同经学独断论相对立,古代不少大思想家,大科学家都敢于坚持真理,富于批判精神。比如王充反对谶纬神学,反对董仲舒的"奉天而法古",嵇康提出"非汤武而薄周孔",祖冲之不怕别人说他"诬天背经",贾思勰批评孔子"五谷不分"等等,他们的批判精神是彼此相通的。这种批判精神使得人们从经学独断论的束缚中解放出来,而思想解放便促进了科学发展,科学发展又推动了思想解放。这样,哲学和科学便都形成了通达古今之变的传统。

　　其次，所谓通变，包括批判、继承和创新等环节。中国古代许多重要科学著作，也是用类似儒家的传经方式写成的。前人已经获得的成就，经过分析批判和综合解释，被保存在后人的著作中，而后人更推陈出新，把新的实践经验和理论成就增添进去。这样不断地踵事增华，最后便出现了沈括的《梦溪笔谈》、徐光启的《农政全书》、李时珍的《本草纲目》、宋应星的《天工开物》等百科全书式的大著作。以《本草纲目》为例，李时珍总结了自汉代《神农本草经》以来 41 种本草著作的成果，又增添了亲身调查研究所得的新贡献，对 1892 种药物（其中作者新增者为 347 种），分 16 部、60 类，一一加以说明。每种药物的说明包括：释名、集解、正误、修治、气味、主治、发明、附方等。其中"集解"是对历代本草关于此药物的"出产、形状、采取"等的论述加以分析；"正误"是对前人所说者"辨其可疑，正其谬误"；"发明"，"疏义也"，即提出自己的独到的评论和见解。[①] 显然，李时珍是相当自觉地把批判、继承和创新作为"通古今之变"的环节的。

　　第三，善于通变，便使科学形成了自己的历史传统和理论特色。曾经有不少人以为中国古代的科学只是一些零碎的经验，没有提高到理论。这种看法对不对呢？拿西方近代科学作参照系，中国古代科学显得比较朴素，缺乏形式上的理论系统，这确是弱点。但不能因此否认中国古代科学有理论。一门科学形成了历史传统，便一定有理论贯穿其中，如果没有理论，便不可能形成持久发展的传统。中国的医药学有其独特的理论体系，已为大家所

---

① 李时珍：《本草纲目·序例》，第 66—89 页。

公认。它由《内经》奠定基础,汉末张仲景进而提出辨证施治的原则,其后历代都有发展,并通过不同学派的争论而使理论不断丰富。近年来,对中国数学史的研究比较深入了,那种认为中国传统数学缺乏理论体系的成见已被打破。吴文俊教授在《关于研究数学在中国的历史与现状》一文中说:"我国传统数学在从问题出发以解决问题为主旨的发展过程中建立了以构造性与机械化为其特色的算法体系,这与西方数学以欧几里得《几何原本》为代表的所谓公理化演绎体系正好遥遥相对。"①《九章算术》与刘徽注已为这一数学机械化算法体系奠定了基础,其后历代名家辈出,到宋元之际达到了高峰,这是一个很有生命力和创造性的传统。其他如天文学和宇宙论、历法和律学、农学和生物学、地学、炼丹术等,都有自己的历史传统。李约瑟博士已为我们做了开拓性的工作,但科学史家还有许多工作要做。特别是对于我们研究科技思想史的同志来说,也有一个通古今之变的任务,那就是要运用逻辑和历史相统一的方法,力求把中国各门传统科学的理论体系及其独特发展规律揭示出来。

以上几点,说明中国古代的科学家具有善于通达古今之变的胸怀,因而促进了科学持续地发展。这种优秀的传统思想,同复古主义和经学独断论是正相反对的。

总之,就天人关系、古今关系而言,中国传统思想有优点也有缺点,对科学技术有促进作用也有阻碍作用。进入近代,有西学作比较,其中的缺点被揭发出来了。严复说:"中国委天数,西人

---

① 载《自然辩证法通讯》1990 年第 4 期。

恃人力"，"中之人好古而忽今，西之人力今以胜古。"①他把批判的矛头直指唯心主义天命论、复古主义和经学独断论。这种批判是必要的，有成绩的，到"五四"新文化运动达到高潮。正是在"五四"以后，现代科学在中国获得了比较快的发展。不过，批判工作也远未结束，而在批判传统的同时，更重要的是要继承和发扬其优秀之处。古代杰出的科学家和思想家那种善于"究天人之际、通古今之变"的深邃智慧，是富于生命力的优秀传统。如果我们能在各个科学领域中把它深入而具体地揭示出来，并使之与现代科学相结合，这对我国当前的科学技术的发展一定会起极大的促进作用。

---

① 严复：《论世变之亟》，《严复集》第 1 册，中华书局 1986 年版，第 1 页。

智慧的民族特征
——从中国传统哲学的特点看中国传统文化*

像中国这样具有悠久历史的国家，在世界上是不多的，而能与悠久、丰富、灿烂的中国文化相媲美的文化，则更是寥寥无几了。中国传统文化是整个人类文化中的宝贵财富，在世界文化的历史中占有重要的地位。

我们有理由为中国传统文化而自豪，但不能仅仅停留于此。今天，古老的中华民族正朝着现代化的新纪元前进，需要建设新的文化。这就必须对自己的传统文化进行全面系统的研究评价。这是一项有待于许多人从许多方面来共同努力的重要工作。这里只是从中国传统哲学特点的角度来看中国文化，就它在对精神价值（真、善、美）的探求中所表现的智慧的民族特征作一点分析。

文化与价值

"文化是什么？"我们研究中国文化，首先要碰到这个问题。

---

* 本文由陈卫平根据作者的讲稿整理而成，他在整理时还增加了一些资料。先刊载于《同济大学学报》（人文·社会科学版）1990 年第 1 期，后收入上海文艺出版社编：《反思：传统与价值》，1991 年 4 月版。

对于这个问题，人们已经发表了很多见解，可谓仁者见仁，智者见智，我们无需——加以评论。这里只指出一点，"文化"一词的用法，可分为广义和狭义两种。早在"五四"时期，梁漱溟曾对文化下过定义："你且看文化是什么东西呢？不过是那一民族生活的样法罢了。"①他把"文化"解释为"民族生活的样法"，是在广义上使用文化一词。他认为"生活就是没尽的意欲"，把"意欲"作为文化的根源，是唯心论的文化观。瞿秋白也在"五四"时期讨论了"文化是什么"的问题，他说："所谓'文化'，是人类之一切'所作'"，"文化只是征服天行"。②他把"文化"理解为"人类之所作"，也是在广义上使用文化一词，并且把文化安置在人类社会实践的基础上，表现了唯物论的文化观。他和梁漱溟尽管在文化观上有唯物论和唯心论之分，但在对"文化"采取广义的用法上是一致的。后来，毛泽东在著名的《新民主主义论》里也谈到了"文化"。他说："一定的文化（当作观念形态的文化）是一定社会的政治和经济的反映，又给予伟大影响和作用于一定社会的政治和经济。"显然，毛泽东以社会存在决定社会意识的唯物史观来解释文化，和瞿秋白的文化观是同样的，但他把文化理解为观念形态，则是在狭义上使用"文化"一词，这和瞿秋白又是不同的。

　　文化产生于人类的社会实践，是人在社会实践基础上的各种创造。广义的文化包括生产力的状况、经济的关系、社会政治组

---

① 梁漱溟：《东西文化及其哲学》，《梁漱溟全集》第一卷，山东人民出版社 2005 年版，第352 页。
② 瞿秋白：《东西文化与世界革命》，《瞿秋白文集·政治理论编》第 2 卷，人民出版社 1988年版，第 20、22 页。

织、社会心理、各种意识形态和科学等。所有这些都是人类在一定时间和空间中的创作，都是人的社会实践的结果，即人在自然物上面加工的结果。对自然物进行加工的过程，就是人的精神把现实可能性和人的需要结合起来，使观念取得理想形态，并通过实践使理想化为现实，把理想形态的观念对象化。这样就创造了价值（这里指在一定历史条件下对人类具有肯定意义的正价值，当然它和负价值是相比较而存在的）。我们通常讲不同时代的文化或不同民族的文化，是不同的文化体系，这就意味着它们包含着不同的价值观、不同的价值体系。原始文化、奴隶社会文化、封建社会文化、资本主义文化，或者中国文化和西方文化、佛教文化和儒家文化等等，都是不同的文化体系，包含有不同的价值观、不同的价值体系。所以，可以说价值问题是文化理论的核心问题。

　　谈到价值观和价值体系，便涉及人的自由以及人所创造的价值同人的本质力量之间的关系问题。人的本质力量包括自然的和社会的、物质的和精神的；人所创造的价值包括功利和真、善、美等，具体表现在物质生产、社会事业和科学、道德、艺术等精神活动领域，从人类历史的总体来说，自由劳动是合理的价值体系的基石，而人民群众的真实利益是最基本的"好"。在此基础上产生真、善、美的理想，那是和人的精神力量——理智、意志、情感等相联系着的。但自由是历史的产物，人的物质的和精神的力量都是历史地发展着的。因此，在不同时代、不同民族、不同文化体系中，人的本质力量及其在价值领域的表现，往往具有不同的时代特点和民族特色。

　　那么，中国传统文化的民族特色是什么？这是个非常广泛的有待于多种学科共同研究的课题。本文将限于从哲学的角度来考察民族文化在探求精神价值方面的某些特征。哲学的认识论、伦理学和美学分别研究真、善和美的领域，如果我们把握了中国传统哲学关于真、善、美理论的特点，就能了解中国人在探索、创造这些精神价值的活动中，在运用、培养和发展其精神力量的方式上（包括理论思维、道德行为和审美活动等），具有什么样的民族特点。哲学是文化的精华。我们把握了中国传统哲学的特点，就从本质上了解了传统文化所包含的智慧的民族特征。

现在我们讲民族特点，是同西方文化相比较而言的。特点包括优点和缺点，优缺点往往互相联系着。中国文化在几千年的历史长河里，始终持续地发展着。尽管它受到佛教文化和西方文化的两次冲击和挑战，但它并未因此而中断，这表明它的价值体系以及体现于其中的民族的精神力量，有其富于生命力的合理因素。但中国传统文化在近代落后于西方的事实，也表明它的价值体系包含有缺点和不合理因素。中国传统文化已发生了走向近代化的伟大变革，这个变革还远未完成，但它始终是（过去是、将来也是）批判地继承传统文化、发扬其优点和纠正其缺点的过程。

下面分别论述中国传统哲学在逻辑思想、伦理学说、美学理论等方面的特点，由此来观照中国文化，看它在求真、明善、审美等方面有些什么特点（包括优点和缺点）。

求真——善于辩证思维与冷落形式逻辑

求真，便要运用理论思维。恩格斯说："一个民族想要站在科学的最高峰,就一刻也不能没有理论思维",而要锻炼理论思维的能力,"除了学习以往的哲学,直到现在还没有别的手段。"①哲学之所以成为这样的手段,是因为它以理论思维的方式从总体上来把握世界。理论思维以逻辑思维为根基,我们民族曾经站立在世界古代科学的最高峰,这与我们民族的逻辑思维的特点是有密切关系的。

爱因斯坦曾说:"西方科学的发展是以两个伟大成就为基础,那就是:希腊哲学家发明形式逻辑体系(在欧几里得几何学中),以及在文艺复兴时期发现通过系统的实验有可能找出因果关系。在我看来,中国的贤哲没有走上这两步,那是用不着惊奇的。令人惊奇的倒是这些发现毕竟做出来了。"②爱因斯坦提出了一个令人惊奇和需要认真研究的问题。但中国古代有那么多的科学发现和创造,表明中国人有着不同于西方形式逻辑那样的逻辑思维方式,这样的逻辑思维方式是什么? 这也是需要认真研究的问题。另一位西方著名科学史家李约瑟根据大量的中国科学史资料,探讨了这个问题。他说:"当希腊人和印度人很早就仔细地考虑形式逻辑的时候,中国人则一直倾向于发展辩证逻辑。与此相应,在希腊人和印度人发展机械原子论的时候,中国人则发展了有机宇宙的哲学。"③李约瑟认为,丰富而又确凿的资料证明,在明代中叶前,中国的科学技术在许多领域一直居于世界领先地位,重要的原因之一可能是中国人的逻辑思维具有善于辩证思维的

---

① 恩格斯:《自然辩证法》,《马克思恩格斯选集》第 3 卷,人民出版社 1995 年版,第 467 页。
② 爱因斯坦著,许良英等编译:《给 J・E・斯威策的信》,《爱因斯坦文集(增补本)》第 1 卷,第 574 页。
③ 李约瑟:《中国科学技术史》第 3 卷,第 337 页。

特点,具体表现在逻辑学上的辩证逻辑和自然观上把宇宙看作有机整体的元气论。

我认为李约瑟关于中国人逻辑思维特点的论点是正确的。比较中西哲学的历史,可以看到中国人热衷于辩证逻辑的研究,而将形成逻辑冷落在一旁。

西方在古希腊时,也有辩证逻辑的思想,但形式逻辑比较发展,亚里士多德建立的形式逻辑体系,在欧几里得几何学中得到了完美的体现。中世纪的欧洲,基督教神学占据支配地位,它把古希腊的形式逻辑吸收进教义中,使之成为神学的婢女。但是,与此同时,形式逻辑不仅得到了保存和延续,而且得到了更多的研究。到文艺复兴时期,培根、笛卡尔和伽利略等又进而制订了实验科学方法,这就为近代科学在西方的崛起提供了逻辑思维方式。随着近代科学的产生和发展,实验科学方法和形式逻辑在西方近代有了长足的进步,取得了显著的成就。

在中国的先秦,《墨经》建立了比较完备的形式逻辑体系,它强调以"彼"称彼,以"此"称此,名和实要有一一对应关系,它反对"两可"之说,认为对矛盾命题的双方不能"两可",也不能"两不可",两个矛盾的命题也不能"俱当",这已触及形式逻辑的基本思维规律——同一律、排中律、矛盾律。所以,《墨经》的形式逻辑体系完全不比古希腊的形式逻辑逊色,正如李约瑟所指出的:"墨家思想所遵循的路线如果继续发展下去,可能已经产生欧几里得式的几何学体系了。"①先秦以后,曾与儒家并称"显学"的墨家逐渐

---

① 李约瑟:《中国科学技术史》第3卷,第212页。

衰微,它的形式逻辑就再也得不到发展。以后唐代的玄奘,介绍印度的因明,但很快就被人们遗忘了(除藏族地区外)。明代末叶的徐光启翻译《几何原本》,但对中国思想文化没有发生重大的影响,以至徐光启慨叹道:"习者益寡。"(《几何原本杂议》)所以,李约瑟说:形式逻辑的"幼芽没有得到发展是中国文化的特征之一"。①

曾经有相当多的人,根据中国传统哲学冷落形式逻辑的事实而得出了中国人逻辑思维不发达的结论。这是片面的。缺乏研究形式逻辑的传统,只是中国人逻辑思维特点的一个方面;中国人在逻辑思维上的特点的另一方面,则是有着发展辩证逻辑的传统。辩证逻辑在中国古代经历了长期的发展,它虽然还是朴素的(缺乏近代科学的基础),但已经有很大的成就。

在先秦,《老子》"反者道之动"(《老子·四十章》)的命题,提出了辩证法的否定原理和"正言若反"的表述方式。到了荀子和《易传》,辩证逻辑已具雏形。荀子明确地提出,名(概念)、辞(判断)、辩说(论证和推理)都是同一之中包含差异,都具有矛盾,所以一方面不能偷换概念,要遵守形式逻辑的同一律,另一方面概念又必须是灵活的、生动的,思维形式本身应是动静的统一。荀子不仅指出辩证法是普通逻辑思维所固有的,而且还提出逻辑思维贵有"辩合"、"符验"的观点,阐述了辩证逻辑方法论的基本原理——分析和综合的统一、理论和事实的统一。他还强调"以道观尽"和"解蔽",即从道的观点全面地看问题,对各种谬误观点进

---

① 李约瑟:《中国科学技术史》第3卷,第202页。

行分析批判,他提出的"以一行万"(《荀子·王制》),则要求个别与一般、归纳与演绎的统一。这些辩证逻辑的思想是很宝贵的。《易传》提出"一阴一阳之谓道","乾坤成列,而易立乎其中矣",明确地表述了概念范畴的对立统一原理。它还考察了"类"范畴(卦象)的辩证逻辑意义,认为每一类包含着矛盾,是同和异的统一,而且类又是变化发展的,要求思维从全面联系的观点出发,比较各类事物之间的同异,把握所考察的类的矛盾运动。

先秦所奠定的辩证逻辑的雏形,在以后得到了持续的发展。至魏晋,哲学家们在考察"体"与"用"这对范畴时,提出了"体用不二"的思想,即实体以自身为原因,运动是实体的作用和表现。唐代的刘禹锡、柳宗元又进一步指出物质自己运动的原因在于其本身的矛盾,刘禹锡首先从辩证法的意义上使用"矛盾"这个概念,说:"倚伏之矛盾也,其理甚明。""体用不二"和"矛盾倚伏"都具有重要的方法论意义。宋代的张载肯定"变化之理存乎辞",认为运用对立统一的范畴(象)和论断(辞)足以拟议变化之道,使"两"和"一"、"分"和"合"的考察深化了。明清之际的王夫之反对"抟聚而合之一"即片面强调综合,也反对"分析而各一之"即片面强调分析,认为应当把分析与综合相结合,用概念的对立统一来表达道。他提出"克念"的思想,认为概念的运动是前后相续、彼此相涵的过程,既不可执著概念而使之成为僵死的,也不可把概念的运动看作刹那生灭,不留痕迹的,概念的辩证本性也表现在判断、推理的矛盾运动中。他还提出"比类相观"和"象数相倚",把比较各类事物同异的方法和从数量关系来把握各类事物的方法相统一。他的"由用以得体"的思想,进一步发展了魏晋以来的"体用

不二"的观点。总之,王夫之在明清之际比较全面地总结和发展
了中国传统的辩证逻辑。

中国哲学善于辩证思维的特点不仅在逻辑学上表现为注重
研究辩证逻辑,而且也表现在自然观上以把宇宙作为有机整体的
元气论贯串始终。这种自然观认为,气分为阴阳,阴阳的对立统
一就是道,即自然发展的规律。因此,它要求从阴阳的对立统一
的运动过程去把握自然规律。

这种充满辩证思维的元气论自然观,在中国哲学的童年时代
先秦就诞生了。西周末年的伯阳父指出,"天地之气"分为阴阳,
有着自然的秩序,如果阳气受阴气的压迫而不能蒸生,就要发生
地震。这已有了元气论自然观的萌芽。战国时期,《管子》把气看
成天地万物的本原,说:"有气则生,无气则死,生者以其气。"(《枢
言》)荀子则进一步把万物的生成和变化归结于天地合气、阴阳交
接,说:"天地合而万物生,阴阳接而变化起。"(《荀子·礼论》)先秦以
后,哲学家进一步发展了元气论自然观。汉代的《淮南子》说:"天
地之合和,阴阳之陶化万物,皆乘一气者也。"[1]王充说:"天地合
气,万物自生。"[2]唐代的柳宗元说:"吁炎吹冷,交错而功。"[3]认为
元气缓慢地运动就造成炎热,迅速地吹动则造成寒冷,寒暑交错,
阴阳二气相互作用,就形成万物的变化。宋代张载更明确地指
出,气本身包含"虚实动静之机,阴阳刚柔之始"[4],因而气生化万

---

① 《淮南子·本经训》,刘安等著,何宁校释:《淮南子集释》,中华书局 1998 年版,第 565 页。
② 王充:《论衡·自然》,《论衡校释》,第 775 页。
③ 柳宗元:《天对》,尹古华、韩文奇校注:《柳宗元集校注》,中华书局 2013 年版,第 917 页。
④ 张载:《正蒙·太和》,《张载集》,第 8 页。

物的过程就是虚实、阴阳的对立统一的过程。明清之际的王夫之在张载的基础上，进一步阐发了气化之道即是对立统一过程的思想。他说："盖阳阴者气之二体，动静者气之二几"①，认为气具有阴阳两个方面，而动静是阴阳矛盾作用的表现，万物生成运动的原因，就在于气所固有的矛盾。

元气论的自然观，不仅为中国古代的唯物主义哲学家所坚持，而且也是某些唯心论的哲学家所主张的。如宋代周敦颐说："（阴阳）二气交感，化生万物。"②朱熹也讲："天地只是一气，便自分阴阳，缘有阴阳二气相感化生万物。"③当然，这些唯心论的哲学家总是强调在"气"的后面有一个精神性的本体，如"太极"、"理"等等。但是，从这里可以说明，在中国古代哲学家中尽管有唯物论者和唯心论者之分，但在自然观上大都是以元气论为基础的。

现在，已有学者指出，中国传统哲学所谓的"气"，很接近于近代物理学的"场"。在西方的古代，类似"场"的思想也有，但是直到19世纪电磁场理论提出后，才受到充分重视。西方的自然观，从古希腊的德谟克利特、伊壁鸠鲁直到近代的培根和伽桑狄，都是和原子论相联系的。中国古代也有类似原子论的思想，如《墨辩》认为具有一定特性的物体是由不可分割的粒子构成的。不过，这种原子论思想在中国古代没有得到进一步发展。相反，辩证的元气论自然观则如上所述，是一脉相承，绵延不断。

中国古代的辉煌的科学成就，正是在朴素的辩证的元气论自

---

① 王夫之：《正蒙注·太和篇》，《船山全书》第12册，第23页。
② 周敦颐：《太极图说》，陈克明点校《周敦颐集》，中华书局2009年版，第5页。
③ 朱熹：《语类》卷五十三，《朱子全书》第15册，第1763页。

然观的指导下取得的。中国古代社会以农业为主,与农业相联系的科学,如天文学、农学、医学、生物学等有较大的发展。中国古代这些科学把人和自然看作是有机联系、相互作用的,这和元气论自然观的影响是分不开的。比如,奠定中医理论基础的《黄帝内经》从人和自然有机联系的观点来考察人体时说,"自古通天者生之本,本于阴阳。……九窍、五脏、十二节,皆通乎天气。"①再比如,把音律和历法相配,是中国古代科学中的一大特色。早在春秋战国时期,中国人已提出了音律上的十二律,在《礼记·月令》和《吕氏春秋》中都以十二律和十二月相配,以为律和历都体现了阴阳对立势力的消长,在数量关系上有其共同秩序。这说明中国古代对医学和音律、历法等的研究,正是从把天体的运行、自然界万物以及人类本身的生长发育和演变,都看作阴阳之气对立统一的矛盾运动过程的元气论出发的。

中国古代科学还从朴素的辩证逻辑那里取得了方法论的指导。从荀子到《易传》,他们所讲的"比类",已提出了辩证逻辑比较法的基本点,即从普遍联系中来比较各类事物的同异,从而把握所考察对象的矛盾运动(阴阳的消长)。这一方法运用于中国古代科学领域时,有的学科侧重度量(运数),如音律、历法等着重用数量关系来刻画阴阳的矛盾运动;有的学科侧重取象,如医学、农学等着重对对象进行分类,把握事物的质和性能。例如,中国古代对律历的研究,首先是用"三分损益法"即数量上的比例关系来说明音律的不同,即以黄钟律管为 9 寸,为阳律,三分损一,下生

---

① 《生气通天论》,《黄帝内经》,第 12—13 页。

林钟；林钟律管长 6 寸，为阴律，三分益一，上生太簇；太簇律管长
8 寸，为阳律，三分损一，下生南吕；……如此阴阳相生，共六阳律、
六阴律，合十二律；然后再以十二律和十二月相配，以数量关系来
说明日夜长短的变化，寒往暑来的周转。在医学方面，《黄帝内
经》说，在诊病时，"脉之小、大、滑、涩、浮、沉，可以指别；五藏之
象，可以类推"。① 就是要求运用阴阳、五行这样的对立统一的范
畴来对现象作观察、比较和推测。在农学领域，《齐民要术》对谷
物进行分类，是以成熟期的早晚、苗秆的高矮、产量的多少、质性
的强弱、米味的美恶、出米率的高低等性状作为谷子的分类标准，
即以生物的本质特征作为分类的根据，而它又把生物的特征归结
为"性"与"能"两方面。它说的"性"与"能"相当于古代哲学里的
"体"和"用"。可见，《齐民要术》是运用了"体用不二"的辩证思维
方式来比类取象的。

　　中国古代科学到宋代达到鼎盛时期，这个期间的科学家沈括
是"中国整部科学史中最卓越的人物"②(李约瑟语)。沈括在众多的
科学领域均有建树，因而他的方法论也比较全面，既注意"运数"
又注意"取象"。他一方面重视事物形象间的真实的数量关系，要
求把握客观事物的"真数"，如从数量关系上来刻画天体运动的匀
与不匀、连续与间断的矛盾运动；另一方面又要求按事物的性能
进行分类，比如在比较几种盐类晶体时，从晶体的形状、色泽、潮
解等性能来鉴别"太阴玄精"(石膏晶体)的真伪。可见，沈括成为
中国古代杰出的科学家，同他在方法论上全面运用辩证逻辑的比

---

① 《五藏生成论》，《黄帝内经》，第 31 页。
② 李约瑟：《中国科学技术史》第 1 卷，第 289 页。

较法是分不开的。后来的王夫之讲"比类相观"、"象数相倚",可以说是在哲学上对中国古代科学所运用的辩证逻辑的比较法作了进一步的概括。

数学在中国古代也有很高的成就。数学是必须遵守形式逻辑的。中国古代的数学理论,虽然也遵守形式逻辑,但注重的是揭示数学的逻辑思维中的辩证法因素。这在奠定中国古代数学理论基础的《九章算术注》(刘徽著)中得到充分的反映。刘徽在全书中多次阐明了演绎法的基本原理,但他的特点在于注意揭示数学的逻辑思维中的辩证法因素。如他用"得失相反"来说明正负数的含义,揭示了正与负的对立统一关系;他的割圆术用极限的方法,揭示了曲线与直线可以互相转化,有限和无限是对立统一;他的几何学理论明显地体现了形与数、几何与代数的统一。刘徽以后的中国数学是循着《九章算术注》的理论向前发展的。数学和逻辑的关系特别密切。因此,从中国古代数学理论中,更可以看到中国古代科学是以辩证逻辑作为方法论的。

中国传统哲学在逻辑思维方面所表现的善于辩证思维的特点,对于"自然界还被当作一个整体而从总的方面来观察"[1]的古代科学的发展,起了极大的推动作用。但冷落形式逻辑则是其逻辑思维方面的弱点,这个弱点,是妨碍中国迟迟不能进入近代科学殿堂的原因之一。近代科学的发展是从机械力学开始的,而对机械力学理论起到奠基作用的圆锥曲线研究,实际上是欧氏几何理论体系的直接延伸。并且近代科学提出假设和设计实验,离不

---

[1]　恩格斯:《〈反杜林论〉旧序·论辩证法》,《马克思恩格斯全集》第 22 卷,人民出版社 1971 年版,第 385 页。

开严格的数学推导，也正说明它特别需要借助形式逻辑的思维方法。因此，忽视形式逻辑成了妨碍中国人在明清之际制订出近代科学方法的一个重要原因。

科学和哲学同样，也是以理论思维方式来掌握世界的，所以，中国传统哲学在逻辑思维上的特点，对于中国科学的发展有特别深重的影响。但是，中国传统哲学善于辩证思维的特点，不仅影响了科学，也影响到中国文化的其他方面。比如，几乎渗透在各个文化领域里的表达工具——语言文字，就明显地和传统的辩证思维方式有紧密联系。在中国的语言文字里，许多词包含着对立的概念，如阴阳、虚实、东西、是非、好恶、曲直等等；中国的诗词格律讲究声调平仄相间和用词对仗工整；春节时，民间家家贴春联，春联要求上联和下联互相对照而成为对联。同样，在中国人运用的语言文字里，也反映了在逻辑思维上不重视形式逻辑的特点，即很多重要的概念歧义甚多而没有明晰的界说。如"气"字，既可指精神状态的"浩然之气"、"勇气"、"志气"，也可以指弥漫于空间的物质性的精微的东西，"虚空即气"，还有什么"正气"、"邪气"等等。

总之，中国传统哲学在逻辑思维上的特点，是善于辩证思维而冷落形式逻辑。这个特点的两方面都对中国文化的发展产生重要的影响。

明善——高扬自觉原则与漠视自愿原则

明善，即阐明道德行为和伦理关系中的价值，这是伦理学的任务。人们都一致地公认，中国以儒家为主体的传统哲学是重人生、重伦理的。那么，这里所谓的"重人生"和"重伦理"是什么意思呢？是不是意味着西方哲学就不重人生、不重伦理了呢？恐怕是不能这样说的。因为西方哲学从古希腊直至近现代，从未中断过对人生问题和伦理道德问题的讨论。所以，应当更深入一步探讨的问题是：中国传统哲学和西方哲学在伦理学上有什么不同的特点？

这个问题，早在四百多年前已被最初来到中国的西方传教士们注意到了。当时最为著名的传教士利玛窦在《天主实义》中，假设"中士"与"西士"的对话以讨论宋明理学"复性"说和基督教"原罪"说在伦理学上的差别。他说："中士曰：……夫顺理者即为善，……犯理者即为恶，……于意似无相属"；"西士曰：……意者心之发也。金石草木无心，则无意，……善恶是非之心内之意为定。……吾发意从理，即为德行君子，天主佑之；吾溺意兽心，即为犯罪小人，天主且弃之矣"。① 利玛窦认为，宋明理学的"复性"说以为人性即"天理"，人如能认识"天理"，自觉地顺理而行，就是行善；反之，则是作恶；无论行善作恶均与意志自由无关。这种观点是"西士"不能同意的，"西士"认为无论是行善或作恶都是出于意志自由的选择，如果不是出于意志自由，就谈不上善或恶，如同金石草木一般。

利玛窦所揭示的宋明理学"复性"说和基督教"原罪"说在伦理学上的这一差异，是有所见的。虽然，宋明理学和基督教神学有着共同的性质——中世纪的官方哲学，但是两者在伦理学上

---

① 利玛窦：《天主实义》，朱维铮主编：《利玛窦中文著译集》，复旦大学出版社 2001 年版，第59—72 页。

则有明显的不同。西方基督教的"原罪"说包含意志自由的思想，认为人在道德和信仰领域，意志选择都是自由的，人服从神或不服从神，信仰基督或不信仰基督，都是自愿选择的，唯此上帝的赏善罚恶才是有意义的。宋明理学以"天理"代替了基督教的"上帝"，但它是把封建道德（礼教）形而上学化为"天理"，而"天理"是不可违抗的，只能去认识它、顺从它。所以，在西方，信仰上帝往往是盲目而自愿；在中国，遵守礼教往往是自觉而不乐意。基督教和宋明理学的这种差异，实际上表现了整个西方哲学和中国儒家哲学在伦理学上的各自的特点：前者比较强调自愿原则，而容易导致唯意志论；后者比较强调自觉原则，而容易陷入宿命论。

　　道德行为，即合乎道德规范的行为，包含着三个要素：第一，道德理想表现于人的行为，在行为中具体化为处理人和人关系的准则（规范）；第二，合乎规范的行为应该是合理的，是以理性认识为根据的，因此是自觉的行为；第三，道德行为应该是自愿的，是出于意志自由的活动，如果不是出于自愿选择而是出于被迫，那就谈不上行善或作恶。在中国和西方的古代哲学家那里，都已指出道德行为应是自觉原则和自愿原则的统一。亚里士多德说："美德是牵涉到选择时的一种性格"[①]，因此"德行由于我们自己，出于我们自愿"[②]。他在指出道德行为出于自愿的同时，也注意到了自觉原则。他认为人是理性的动物，因而美德还应出自理性的

[①] 北京大学哲学系外国哲学教研室编：《西方哲学原著选读》上卷，商务印书馆1981年版，第156页。

[②] 周辅成编：《西方伦理学名著选辑》上卷，商务印书馆1996年版，第310页。

自觉，"对于人，符合于理性的生活就是最好的和最愉快的"。① 先秦儒家孔子讲仁智统一，孟子讲仁义礼智四德，都认为道德行为既是自觉地遵守道德规范，也是出于同情心的自然要求，包含有自觉与自愿、理性与意志统一的意思。荀子对此更是十分强调。他既指出："心不可劫而使易意"、"其择也无禁"《荀子·解蔽》，即意志能自主地进行选择，不受外力的强制；又要求"心之所可中理"，不能"离道而内自择"（同上注），即要求根据理性认识来判断是非，自觉地按照"道"来选择；这样自觉而又自愿地以"道"（礼义）作为准则，在行动中坚持不懈地加以贯彻，日积月累，就能"积善成德"《荀子·劝学》。

虽然，中国和西方的古代哲学家都认为，真正的道德行为应当是自觉原则和自愿原则的统一，但是，自觉是理性的品格，自愿是意志的品格，二者是有区别的，因此在伦理学上可以产生或强调自觉或强调自愿的不同偏向。中国古代哲学和西方哲学正表现了这两种偏向。

在西方，古代的伊壁鸠鲁用原子的偏离运动来论证意志自由，认为原子的自动倾斜或偏离表明了偶然性的存在，人们不能把必然性绝对化，以致把它变成不可抗拒的"命运"，每个人的意志应当是自由的。卢克莱修在《物性论》中进一步用原子的偏离运动来说明生物的自由意志、自由运动的能力，提出"割断命运的约束"，反对了斯多葛派所宣扬的命运不可抗拒的宿命论思想。基督教神学家（从教父到经院哲学家）无不热衷于讨论原罪是否

---

① 北京大学哲学系外国哲学教研室编：《古希腊罗马哲学》，三联书店 1957 年版，第 328 页。

出于意志自由的问题。奥古斯丁说，原罪是"败坏的意志叛离了最高的本体"而"自趋下流"造成的[①]。安瑟伦同意此说，并补充道：尽管这样，上帝还是赋予人选择做善事的自由，"当上帝赐给他有做一件事，或不做一件事的自由时，他就有选择的权利"[②]。托马斯把灵魂不灭与意志自由相联系，声称人类有了灵魂，在现实生活中才有了选择从善或作恶的意志自由。他们都认为人最终能否从原罪的深渊里获救，则取决于上帝的意志。站在这些正统神学家对立面的，是斐拉鸠斯、阿柏拉尔、邓斯·司各脱等，他们认为人凭借自己的自由意志选择从善从恶，人也能依靠意志自由来获救，即使没有上帝的恩赐，意志也能够按照自然的道德去行动。可见，从古代到中世纪，基督教神学各派都强调道德行为的自愿原则和意志自由。

在文艺复兴时期，西方人道主义思想家站在肯定人的尊严的立场上，赞美意志自由和自愿原则。但丁说："自由的第一原则就是意志自由"[③]，认为人通过出于意志自由的行动来达到幸福。瓦拉说："上帝虽能预见到人做的某些将来的行为，可是这行为不是在强制下干的"[④]，认为上帝的预知并不是自由意志的障碍，在上帝的控制下，自由意志的存在是可能的，因此，人做的事还是他自愿干的。皮科说，人可以"凭自己的自由意志来决定你本性的界

① 奥古斯丁著，周士良译：《忏悔录》，商务印书馆 1963 年版，第 130 页。
② 波伊丢斯等著，徐庆誉等译：《中世纪基督教思想家文选》，基督教辅侨出版社 1962 年版，第 305 页。
③ 周辅成编：《从文艺复兴到十九世纪资产阶级哲学家政治思想家有关人道主义人性论言论选辑》，商务印书馆 1966 年版，第 19 页。
④ 同上书，第 25、33—34 页。

限","将你自己造成你所喜欢的任何模样"①。

　　在近代,西方哲学家尤其强调了道德行为的自愿原则和意志自由这一方面。正如恩格斯所说:"自路德和加尔文的宗教改革以来,就牢固地确立了一个原则,即一个人只有在他把握有意志的完全自由去行动时,他才能对他的这些行为负完全的责任,而对于任何强迫人从事不道德行为的做法进行反抗,乃是道德上的义务。"②但是,把意志自由的原则强调过分,便要引导到唯意志论去。在西方近代伦理学说史上,从卢梭、康德、费希特、叔本华、尼采、詹姆士、柏格森以至存在主义者,形成一个很深远的唯意志论传统。

　　从上述可以看到,西方哲学一直比较多地考察了伦理学上的自愿原则和意志自由的问题。而中国传统哲学则对此考察得较少,陷于唯意志论的也不多。虽然也有某些哲学家有唯意志论的倾向,比如唐代道教学者李筌的"盗机"理论,认为只要认识和掌握五行更相制伏之道而付诸实行,人的每个意图就必定合乎天道,因此他便法术无边,宇宙万物都听从他的意图;又如明代王学的泰州学派提出的"造命由我"、"意为心之主宰"等命题,反对"天命",认为意志比理智居于更重要的地位。但是,从总体上说,中国古代没有形成像西方那样注重自愿原则和意志自由的强大传统(当然,到了近代,由于社会条件的改变和受了西方的影响,情

---

① 周辅成编:《从文艺复兴到十九世纪资产阶级哲学家政治思想家有关人道主义人性论言论选辑》,第 25、33—34 页。
② 《家庭、私有制和国家的起源》,《马克思恩格斯选集》第 4 卷,人民出版社 1995 年版,第 78 页。

况有了改变）。

　　与西方哲学相比较，中国以儒家为主体的传统哲学，则有一以贯之的注重自觉原则和"为学之方"（道德的教育和修养）的悠久传统。

　　在先秦，如前所述，儒家的孔子、孟子虽然都已注意到了道德行为是自觉与自愿、理性与意志的统一，但是，他们较多地考察了自觉原则，而较少讨论自愿原则。孔子哲学思想的中心是"仁智统一"的学说。他的这一学说把"知"作为"仁"的必要条件，"未知，焉得仁？"（《论语·公冶长》）认为对伦理关系没有正确的认识，就不可能有自觉的仁德。显然，孔子强调的是道德行为出于理性的自觉。孟子则更突出地强调了真正的道德行为是自觉的，是和理性认识相联系的。他指出：人之所以异于禽兽者，在于人有理性，人有了理性，才有可能对人道有明白的认识；"舜明于庶物，察于人伦，由仁义行，非行仁义也"。（《孟子·离娄下》）认为舜把理性充分发挥了，明察万事万物的规律和人们之间的伦理关系，从而能自觉地"由仁义行"而不是像一般人那样自发地"行仁义"。

　　更应当加以指出的是，孔子哲学的最高原理是"天命"，他要人"畏天命"、"知天命"、"顺天命"，这在实际上已经包含有忽视自愿原则和导致宿命论的倾向，给后世以消极影响。孟子也以为"天命"非人力所能为、所能致，"莫之为而为者天也，莫之致而至者命也"（《孟子·万章上》）。不过孟子以为对仁义礼智和天道是"命也，有性焉，君子不谓命也"，使宿命论倾向有所削弱。在先秦儒家中，荀子提出"制天命而用之"（《荀子·天论》），是明确反对宿命论的。但是，汉代以降，荀子的地位越来越被贬低，最终被排斥于

"道统"之外,占据统治地位的正统派儒家,从董仲舒到程朱理学用天命论来替封建专制主义辩护,完全漠视自愿原则,片面地强调自觉原则,认为道德出于天命、天理,对于天命、天理,只能认识它,自觉地顺应它、服从它,而决不能抗拒。不管你愿意与否,都得服从。这就完全成了宿命论。

董仲舒首倡独尊儒术,他把封建的三纲五常说成是永恒不可改变的"天道"、"天命"的表现,认为"教化成性"即经过教育而养成自觉的德性,就在于"顺命",完全服从天的意志和命令,这样讲自觉,就完全忽视了自愿原则,而使宿命论处于支配地位。在中国封建社会后期长期居于统治地位的程朱理学,把三纲五常形而上学化为"天理","父子君臣,天下之定理,无所逃于天地之间"。① "天理"是不以人的意志为转移的必然规律和当然之则,必须通过教育来认识"天理","讲明义理以修其身",认识了"天理"的不得不然,就必定会自觉地遵循它,"苟知其理之当然,而责其身以必然"。② 朱熹强调只要自觉,即使是痛苦的事也会自愿。他说:"且如今人被些子灯花落手便说痛,到灼艾时,因甚不以为痛? 只缘知道自家病,合当灼艾,出于情愿,自不以为痛也。"③因而他教人忍痛做"存天理、灭人欲"的功夫。这就是片面地张扬自觉原则而彻底地否定了自愿原则,并使得宿命论更加精致化了。

儒家注重自觉原则,因而认为道德是可以教育而成的。他们在强调自觉原则的同时,也热衷于讨论道德的教育和修养的方法

① 《二程遗书》卷五,程颢、程颐著,王孝鱼点校:《二程集》,中华书局2014年版,第77页。
② 朱熹:《朱子文集》卷七十四,《朱子全书》第24册,第3587页。
③ 朱熹:《朱子语类》卷二十二,《朱子全书》第14册,第760页。

即"为学之方"。正统派儒学的"为学之方"主要是两条：一是通过教育，对道德规范有明察，但每个人明察的程度有不同，要靠用功学习来提高；二是以明觉的心理状态遵循道德规范行事，当然明觉的心态也有程度的不同，要用修养工夫来提高。这两条用理学家的话来说，就是"识得此理，以诚敬存之"。或者说，"涵养须用敬，进学在致知"①。明理（致知）和诚敬不可分割，学习和修养的坚持都要由意志力来贯彻。所以，正统派儒学在讨论"为学之方"时，也重视"志"。但是，意志有双重的品格：自愿与专一。自愿即通过自由选择来作出决定，专一即在行动中一贯地坚持下去。正统派儒学在"为学之方"中讲的意志，主要是指意志的"专一"的品格。程朱强调为去人欲而要让"天理"永存于人心之中，须用"敬"来涵养。"所谓敬者，主一之谓敬，所谓一者，无适之谓一。"②就是说，"敬"就是用意志的力量，使人一心专注于天理，灭尽人欲。可见，程朱理学在讨论"为学之方"中宣扬的"敬"、"诚"，是强调意志的专一，而把意志的自主选择完全摈弃了。他们的"性善"论和"复性"说，认为善恶都是命定而非选择的产物：善是天赋的善性（天命之性即理）的必然展开；恶则是由于天赋的气质驳杂所致。不过专心一志地做存天理灭人欲的工夫，便可以变化气质而达到纯乎天理，这就是所谓"复性"。

当然，中国传统儒学并非是正统派儒学的一统天下。孔孟、董仲舒到宋明理学家是儒家，从荀子、柳宗元到王夫之、黄宗羲也是儒家。儒家作为一个总体来看，他们在伦理学的共同观点是：

---

① 《二程遗书》卷十八，《二程集》，第188页。
② 《二程遗书》卷十五，《二程集》，第169页。

理想人格应在人与人的伦理关系中来培养，要通过教育和修养来培养人的德性。但荀子、柳宗元、王夫之、黄宗羲等与正统派儒学片面强调自觉原则不同，他们强调自觉与自愿相统一。荀子在这方面的观点，前面已说过了。柳宗元提出"明以鉴之，志以取之"《天爵论》的观点，认为自然界赋予人意志（志）与理智（明）两种能力，用理智明鉴而"敏以求之"，靠意志择取而"为之不厌"，就能不断提高道德水平。这就包含了自觉原则和自愿原则相统一的思想。王夫之重视意志的力量，强调人格的培养以"正志为本"[①]，人性的形成是与人能进行权衡和选择而"自取自用"[②]分不开的；同时他又强调"正其志于道"[③]，使志向服从于对道的理性认识，并锲而不舍地坚持下去。这也阐明了道德行为应是自觉原则与自愿原则的统一。黄宗羲既指出要成为"豪杰之士"首先要立"志"，把志向坚持贯彻于言行，又指出"养气持志"、而"气亦无非理义矣"，说明了理智和意志的统一才能造就"豪杰"。正因为他们都强调自觉原则与自愿原则的统一，所以他们都反对天命论和复性说，即反对正统派儒学的宿命论。

但是，在两千多年的封建专制统治下，从董仲舒到程朱的正统派儒学一直占据统治地位，荀子、柳宗元、王夫之、黄宗羲等人的思想是受压抑的。因此，儒家哲学在伦理学上就形成了高扬自觉原则而漠视自愿原则的特点。这在理论上就有着宿命论和束缚个性的严重缺陷，造成了中国人听天由命，仰仗权威的心理。

---

① 张载：《正蒙注·中正篇》，《张载集》，第 160 页。
② 王夫之：《尚书引义·太甲二》，《船山全书》第 2 册，第 300 页。
③ 张载：《正蒙注·中正篇》，《张载集》，第 188 页。

这对中国文化的发展显然是不利的。

不过，我们也应当看到儒家注重自觉原则和意志的专一，也是有合理因素的。因为道德行为确实需要出自理性的自觉和意志的坚定。孔孟认为一个人有了对道德价值的自觉的理解，就能始终不渝地发挥意志的力量，把在艰苦环境中"苦其心志，劳其筋骨，饿其体肤，空乏其身，行拂乱其所为"（《孟子·告子下》）看作是锻炼自己的机会，在任何时候都能做到"慎独"（《礼记·中庸》），都不放松对自己的言行作自我检查的"自省"（《论语·里仁》），通过这样持久不懈的修养，以求把自己培养成为"富贵不能淫，贫贱不能移，威武不能屈"的"大丈夫"（《孟子·滕文公下》），达到"仁者不忧，智者不惑，勇者不惧"（《论语·宪问》）的思想境界，在必须作出牺牲时能自觉地"杀身以成仁"（《论语·卫灵公》）和"舍生取义"（《孟子·告子上》）。这种高度推崇理性的自觉与意志的坚定的理论，对于培养民族正气起到了持久的积极作用。

总之，中国以儒学为主体的伦理学注重的是自觉原则而忽视自愿原则，这对中国人的伦理道德产生了正面和负面的影响。

审美──艺术意境理论的早熟和典型性格理论的晚出

审美活动包括鉴赏与创作，是美学研究的领域。传统文化中有非常丰富的诗词、戏剧、小说、音乐、绘画、雕塑、建筑、园林等文学艺术遗产，它们至今仍然具有审美价值和艺术魅力。我们民族在非常悠久的文学艺术传统里，也表现出有自己民族特点的美学思想。

闻一多先生说过，世界上四个古老民族差不多同时开始唱歌：印度人和希腊人是在歌中讲故事，而《旧约》里的《希伯来诗篇》和中国人的《三百篇》则是抒情诗。希腊人早就写了史诗、悲剧、喜剧，这些著作描绘了很多典型性格。还有人物雕塑，在古希腊也已达到了完美的程度。中国人从《诗经》、《楚辞》到唐诗宋词，一直热衷于写抒情诗，而讲故事、写小说、演戏则是比较晚出的，要到宋以后才繁荣起来。中国人对其他各种艺术（包括造型艺术）也注意发挥其抒情的功能。艺术作品是一定要表现艺术理想的，而艺术理想表现在艺术作品之中，就取得意境和典型性格这样的形象。因为艺术是通过造型因素和表情因素结合而表现理想。这两种因素不可分割，但可以有所侧重。在艺术作品中，一定的艺术理想体现于灌注着感情的生动的形象，构成了艺术形象。如果这种艺术形象侧重于抒情，就叫做意境；如侧重于人物造型，那就是描写了典型性格。因此，与西方侧重于人物造型的文学艺术传统相联系，西方人比较早地提出了美学上的模仿说（再现说）和典型性格理论；与中国侧重于抒情的文学艺术传统相联系，中国人比较早地发展了美学上的言志说（表现说）和意境理论，这是中西美学思想上的不同的特点。

　　亚里士多德的《诗学》总结了希腊人的艺术创造，特别是研究了希腊人的史诗和悲剧，提出"悲剧是对于比一般人好的人的摹仿"，犹如画家画出一个人的特殊面貌，求其相似而又比原来的人更美。[1]　这种模仿说就是最早的典型性格理论。黑格尔把人物性格看作"理想艺术表现的真正中心"，[2]理想艺术就是要写典型性

---

① 亚里士多德著，罗念生译：《诗学》，人民文学出版社 2002 年版，第 42—43 页。
② 黑格尔著，朱光潜译：《美学》第 1 卷，商务印书馆 1979 年版，第 300 页。

格。直至恩格斯在论述现实主义时提出："现实主义的意思是，除细节的真实外，还要真实地再现典型环境中的典型人物。"①典型人物的性格在叙事作品如小说、戏剧里，是通过一些动作和情节来表现的，而这些动作和情节在不同的场景中发生，这些场景则是典型环境的反映。有的艺术，如雕塑、绘画往往只能选择一个场面、一个情节来表现人物性格，这是因为艺术手段有限制。所以，西方人在发展侧重人物造型的艺术过程中，比较充分地考察了典型性格的理论。

中国与西方不同，抒情艺术发展得比较早。抒情艺术，按照中国的传统说法在于"言志"。在先秦儒家的"言志"说和庄子的寓言里，意境理论已具体而微。

《尚书·尧典》开始提出"诗言志"的理论。汉代的《毛诗序》把以往儒家零散的诗论，综合为一篇比较系统完整的诗论，对"言志"说作了阐发。它说："诗者，志之所之也，在心为志，发言为诗。情动于中而形于言，言之不足故嗟叹之。嗟叹之不足故永歌之，永歌之不足，不知手之舞之，足之蹈之也。"认为诗歌、音乐和舞蹈都在于言志。这在荀子的《乐论》和《礼记·乐记》中都已有论述：人心感于物而动，于是有喜怒哀乐，发而为声，声音有节奏，就成为音乐；音乐、舞蹈、诗歌都是人的情志体现于有节奏的艺术形象。在这些儒家著作里讲的"言志"包括感情和志向即吟咏情性和抒写怀抱这两个方面。抒写怀抱，就要抒发对现实的美刺，所以孔子说："《诗》，可以兴，可以观，可以群，可以怨。"（《论语·阳货》）

---

① 恩格斯：《致玛·哈克奈斯》，《马克思恩格斯选集》第 4 卷，第 683 页。

吟咏情性,就是描写爱情和其他各种情感。抒写怀抱和吟咏情性,两者可以有所侧重,但往往不能分割。人的本质力量表现为人的情志,都是人感于物而动;应感而动,总要有物的形象,所以抒情要寄托于形和声这些形象。艺术家、诗人用灌注了感情的形象来表现人的本质力量,就构成艺术意境。所以,先秦儒家的"言志"说所讨论的正是情志如何表现为艺术意境的问题。

先秦道家的庄子写了很多充满哲理的寓言,他是哲学家,也是诗人。在著名的"庖丁解牛"这则寓言里,庄子用十分生动的诗的语言形容庖丁解牛时的一举一动:"手之所触,肩之所倚,足之所履,膝之所踦,砉然响然,奏刀騞然,莫不中音,合于桑林之舞,乃中经首之会。"(《庄子·养生主》)庄子还写了"轮扁斫轮"、"痀偻者承蜩"、"津人操舟若神"、"吕梁丈夫蹈水"、"梓庆削木为镰"等寓言。这些寓言都是讲,劳动的技艺达到神化的境界,成了完全自由的劳动,成了美的享受。而这种自由之所以能获得,是由于长期的锻炼,对事物的规律有深刻的认识,达到了完全忘我而与自然为一。这些寓言,一方面朴素地把"自由是对必然的认识"的哲学思想体现于具体生动的艺术形象之中,成了诗的意境;另一方面也触及了艺术创造的规律性,如何由"技"而进于"道",由必然王国进于自由王国。庄子寓言中所包含的这些思想和先秦儒家的言志说相结合,就逐渐发展成为中国美学史上的艺术意境理论。

"意境"这个词,最早出现于王昌龄的《诗格》。唐代诗僧皎然在《诗式》中已专有《取境》一节,以为取境或高或逸,都是"先积精思,因神王而得",并把"境"和"情"联系起来。他说:"情,缘境不尽曰情。"后来许多人便使用"意境"这个词。但实际上，发端于先秦的意境理论，到魏晋南北朝时便已奠定了基础。

魏晋南北朝的艺术意境理论，主要有"风骨"和"兴寄"这两个核心概念。刘勰在《文心雕龙·风骨篇》中说："怊怅述情，必始乎风；沈吟铺辞，莫先于骨"，"练于骨者析辞必精；深乎风者，述情必显。"这里讲了两个方面：首先，如果情志能够很好地得到表现，就是有"风"。气动则有风，艺术家的情志表现为气势，具有强烈的感染力，可称之为有风力。其次，作品的内在结构，而不是表面形式，就是"文骨"，所谓有"骨"，就是说作品的内在结构是挺拔的、劲直的。这样，所谓作品有"风骨"，就作者而言则是情志表现为气势、气韵，所以清代纪昀说"气即风骨"。

"风骨"这个词，在与刘勰同时代的谢赫的《古画品录》中也讲到了，如评曹不兴的画，说："观其风骨，名岂虚成？"谢赫说画有六法，第一是"气韵生动"，第二是"骨法用笔"，然后才是"应物象形"、"随类赋彩"、"经营位置"、"传移模写"。所谓气韵生动和骨法用笔就是讲风骨。画能传神、能感动人就是气韵生动，或者说作品有神韵、神气；画还要求有骨劲，"骨法用笔"就是用笔来树立作品的骨。气韵和骨法即内容和形式的统一，是好作品的最根本的要求，在这个前提下，才有其他的要求。唐代张彦远认为谢赫"六法"是"本于立意而归乎用笔"。他评东晋画家顾恺之画时说道："意存笔先，画尽意在，所以全神气也。"①意就是理想，理想表现为神气，而神气又靠骨法用笔来表现。一幅画既有动人的

---

① 张彦远：《历代名画记》，浙江人民美术出版社2015年版，第26页。

感染力,又有骨劲,于是形似也就有了。"象物必在于形似,形似须全其骨气。"①中国画首先要求表现神韵,就是强调要给人以意境。

　　意境要求有风骨,这主要是就吟咏情性方面而说的。但言志还须抒写怀抱,从诗可以兴、可以观、可以群、可以怨这方面来说,艺术要有兴寄。诗人托物起兴,因物喻志,这样他写的诗对认识社会、进行教化和移风易俗有积极作用。魏晋南北朝时期的意境理论也讨论了兴寄,主张艺术要为人生。如《文心雕龙·比兴》说:"比则畜愤以斥言,兴则环譬以托讽。"强调诗用比兴的方法,以寄托讽谕、忧愤,发挥其抒写怀抱、批评社会的功能。

　　魏晋南北朝在美学理论上提出了风骨和兴寄,但当时的诗歌作品并未能做到这两个方面。所以唐代诗人陈子昂批评道:"汉魏风骨,晋宋莫传","齐梁间诗,彩丽竞繁,而兴寄都绝"。② 唐代诗人认为南北朝的诗缺乏风骨,没有兴寄,强调要重风骨兴寄。但是不能否认正是由于魏晋南北朝提出了艺术意境理论和讨论了风骨兴寄,从而为唐代的文学艺术的繁荣作了理论准备。

　　魏晋南北朝时期还讨论了艺术意境创作过程中的形象思维。陆机的《文赋》考察了艺术想象的特点,说:"课虚无以责有,叩寂寞而求音。"认为艺术的形象思维是"有无"、"动静"的统一,是从有限中揭示无限,"观古今于须臾,抚四海于一瞬"。刘勰说:"陶钧文思,贵在虚静。……夫神思方运,万涂竞萌,规矩虚位,刻镂

①　张彦远:《历代名画记》,第 16 页。
②　陈子昂:《与东方左史虬修竹篇序》,《陈子昂集》,第 16 页。

无形，登山则情满于山，观海则意溢于海。"①他把艺术的形象思维看作是神与形、情与景、虚与实、静与动的辩证的统一。这些都说明中国传统美学的意境理论深刻地揭示了艺术创作中的形象思维的辩证法。这和中国人在逻辑思维上善于辩证思维是有着联系的。

从先秦到魏晋南北朝，言志说和意境理论已趋于成熟，并在这以后一直成为中国美学思想的传统。这个传统是丰富多彩的。其中有儒家温柔敦厚的诗教，这种诗教与礼教相联系，注重诗的抒写怀抱的作用和兴、观、群、怨的功能。主张兴寄就是属于这一类。但是这类传统也可以由此而产生宋明道学家的"文以载道"②的偏向，甚至说"学诗妨事，作文害道"③。于是，就以语录教条代替文艺，把诗歌变成干巴巴的道德说教，这就破坏了艺术。此外，也有接近于庄子、禅宗讲的诗在于妙悟的传统，譬如唐代司空图主张超然物外的空灵意境的诗歌理论，宋代的严羽继承和发展了司空图的理论，说："诗有别材，非关书也；诗有别趣，非关理也。……所谓不涉理路、不落言筌者，上也。诗者，吟咏情性也。盛唐诸人惟在兴趣，羚羊挂角，无迹可求。"④这种传统注重诗的吟咏情性方面，强调"妙悟"即理性的直觉，看到了形象思维的特点。但是，这一传统也有忽视美要以真和善为前提的片面性，忽视了艺术要为人生。这实际上并不是真正的盛唐的传统。

---

① 刘勰：《文心雕龙·神思》，《增订文心雕龙校注》，第369页。
② 周敦颐：《通书·文辞》，《周敦颐集》，第35页。
③ 见《二程遗书》卷十八，《二程集》，第239页。
④ 张健校笺：《沧浪诗话校笺》，第129页。

　　盛唐要求艺术具有风骨和兴寄统一的传统,才真正是中国文学艺术的主流。这个传统在白居易、韩愈的理论中得到发展,白居易说:"文章合为时而著,歌诗合为事而作。"①强调诗的美刺比兴的作用。韩愈提出"不平则鸣"的论点,认为文学艺术是人类社会矛盾斗争的反映,作家真切地感受到社会矛盾("不平"),感到心中有"不得已者"、于是借助于一定艺术手段,形象地把这种"不平"表现出来。明清之际的黄宗羲又进一步发挥了"不平则鸣"的思想,说:"文章,天地之元气也。""阳气在下,重阴锢之,则击而为雷;阴气在下,重阳包之,则搏而为风。"认为社会矛盾激发为奔雷、为巨风,表现为雄伟的艺术,悲怆动人,长久地具有兴、观、群、怨的作用。明清之际的王夫之,批评了宋明道学家"文以载道"和严羽忽视艺术为人生的两种片面性的倾向,说:诗"不得以名言之理相求"②;但无理不能有诗,"非理抑将何悟?"③他既肯定艺术要"意为主",要表现理想,起陶冶性情的作用;又指出艺术意境是"意"在情景交融中表现为"势",而不是抽象概念。这可以说是关于中国传统的艺术意境理论的批判总结。

　　如果说,言志说和意境理论在中国是早熟的话,那么模仿说和典型性格的理论在中国则是晚出的。宋代以后,叙事的文学作品开始得到较大的发展,戏曲和小说在当时的文学艺术中占有重要的地位。戏曲、小说等叙事作品所描绘的情节、动作也都渗透了感情,而人物性格正是通过情节、场面来展开的。这样的性格

① 白居易:《与元九书》,《白居易文集校注》,第 324 页。
② 王夫之:《古诗评选》卷四,《船山全书》第 14 册,第 687 页。
③ 王夫之:《诗译》,《船山全书》第 15 册,第 813 页。

是个别和一般的统一，是形神皆备的性格，所以称之为典型。典型性格具有一般意义，但必须是一个活生生的个性，有独特性。如《红楼梦》中描写了众多的女性，但每个人都有她的个性。所以，随着戏曲、小说等叙事作品在宋代以后的崛起，到清初有了比较完整的戏剧、小说的理论，有了关于叙事作品结构怎样形成和典型性格怎样描写的理论。这主要体现在金圣叹、李渔、脂砚斋的有关论著里。

金圣叹说："《水浒》所叙，叙一百八人，人有其性情，人有其气质，人有其形状，人有其声口。"①强调典型人物必须具有独特的个性。但这个个性是和共性统一的，共性正寓于个性之中，金圣叹说："《水浒传》只是写人粗鲁处，便有许多写法，如鲁达粗鲁是性急，史进粗鲁是少年任气，李逵粗鲁是蛮……。"②他还说明塑造典型人物，要凭借人物肖像、动作和语言的性格化。例如他说："'黑凛凛'三字，不惟画出李逵形状，兼画出李逵顾盼、李逵性格、李逵心地来。"③李渔认为，戏剧中的典型形象是作家凭虚构创造出来的，这种艺术典型比之实际生活的原型更集中、更强烈、更带有普遍性和概括性。他说：戏剧"欲劝人为孝，则举一孝子出名，但有一行可纪，则不必尽有其事，凡属孝亲所应有者，悉取而加之。"认为写孝子可以把许多孝子的行为集中于一个人，这就是要求把表现某一种人的本质特征的材料集中在一个人身上。脂砚斋关于

---

① 金圣叹：《水浒传序三》，周锡山编校：《金圣叹全集》第一册，万卷出版公司 2009 年版，第 7 页。
② 金圣叹：《读第五才子书法》，同上书，第 16 页。
③ 金圣叹：《水浒传》第三十七回批语，同上书，第 535 页。

《红楼梦》的批语认为,《红楼梦》的人物形象是对于实际生活中某一种人的"摹写",《红楼梦》作者的神奇之处就在于"摹一人,一人必到纸上活见"。但所谓"摹写"并不是实录,而是作家创造的艺术典型,所以,他又说贾宝玉这个人物"是我辈于书中见而知有此人,实未目曾亲睹者。"他还强调典型人物应具有多侧面的复杂性格,因而绝不可千篇一律地"凡写奸人则鼠耳鹰腮等语",凡写女子"皆是如花似玉一副脸面"。上述这些都是关于描写典型性格的理论。

　　李渔的戏剧理论对于戏曲的结构也作了研究,他指出,在结构上要避免头绪繁多,必须确定"一人一事"作为"主脑",并且要"一线到底",做到"始终无二事,贯串只一人";戏一开场就要抓住观众,使观众"一见而惊,不敢弃去";情节的发展要曲折,使观众"想不到,猜不着";在戏上半部结束时("小收煞"),"宜紧,忌宽;宜热,忌冷","令人揣摩下文,不知此事如何结果",使观念有悬念;全剧结束时("大收煞")应当是"或先惊而后喜,或始疑而终信,或喜极信极而反致惊疑,务使一折之中,七情具备"。① 如此种种,都是关于怎样形成戏剧结构的问题。

　　可见,类似西方的模仿说和典型性格学说在中国直至清初才出现比较完整的理论。但是,由于中国长期发展了言志说和意境理论,所以造型艺术和叙事作品也受了抒情的影响。例如,绘画是造型艺术,但中国画就很强调抒情,特别是山水画抒写人在精神上超脱世俗的意境。这里也有偏失,中国的人物画强调意境,

---

① 李渔:《闲情偶寄·词曲部》,王翼奇点校:《李渔全集》卷三,浙江古籍出版社 1991 年版,第 8、13、63、64 页。

重神似而对形似未免有所忽视，中国人没有像西方人那样重视对于人体解剖和色彩的科学研究，所以在人物画方面的成就及不上西方。中国在宋代以后发展的戏曲和小说，也很富于抒情色彩，也讲究意境。例如，明代大戏剧家汤显祖强调戏剧艺术的本质在于"情"，他说："因情成梦，因梦成戏。"①明代思想家李贽用"不平则鸣"的观点来解释小说、戏剧，他说："《水浒传》者，发愤之所作也"②，《拜月亭》、《西厢记》是"诉心中之不平，感数奇于千载"③。金圣叹也说《水浒传》是作者"发愤作书"④。李渔虽然研究了戏曲结构问题，但中国人的戏剧在结构上，不像西方那样严密，一部戏可以分为一折一折的演，每一折都给人以意境，近代王国维已注意到了这点，他说："元剧最佳之处，不在其思想结构，……曰：有意境而已矣。"⑤当然，像《红楼梦》那样的小说，处处体现了叙事和抒情的统一，性格和意境的统一，在艺术上达到了完美的境地，那确是民族文化足以自豪的成就。

总之，中国传统文学艺术上的成就和弱点，是同传统美学思想上艺术意境理论的早熟和典型性格理论的晚出相联系的。

从上面的论述可以看到，中国传统文化在逻辑思维上善于辩证思维，在伦理学上注重道德行为的自觉原则，在美学上较早提

---

① 汤显祖：《玉茗堂尺牍四·复甘义麓》，徐朔方笺校：《汤显祖全集》，北京古籍出版社 1999 年版，第 1464 页。
② 李贽：《焚书·卷三·杂述·忠义水浒传序》，《焚书·续焚书校释》，第 188 页。
③ 李贽：《焚书·卷三·杂述·杂说》，《焚书·续焚书校释》，第 169—170 页。
④ 金圣叹：《金圣叹全集》第一卷，第 137 页。
⑤ 王国维：《宋元戏曲考》十二，《王国维全集》卷三，第 114 页。

出了言志说和艺术意境理论,这些都是不同于西方文化的民族特点。这些特点往往既是优点又包含着缺点,所以吸取西方文化的特长来弥补我们传统文化的不足,也是很重要的。例如西方的形式逻辑传统、在伦理学上强调自愿原则以及美学上的模仿说和典型性格理论,都是值得我们建设新文化中吸取的。"五四"新文化的先驱者李大钊说过:"我们的扬子江、黄河可以代表我们的民族精神,扬子江及黄河遇见沙漠、遇见山峡都是浩浩荡荡往前流过去,以成其浊流滚滚,一泻万里的魄势。"[①]我们民族的新文化一定会在中西会通的过程中,犹如扬子江、黄河一般,无畏地冲过障碍,奔腾前进。

---

① 李大钊:《艰难的国运与雄健的国民》,《李大钊全集》第 4 卷,第 375 页。

对数百年中西文化比较的思考

——《第一页与胚胎——明清之际的中西文化比较》*序

对中西文化作比较研究，是具有十分重要的理论意义和现实意义的课题，这需要有许多人从不同的方面、不同的领域去探索。有一个不容忽视的事实，就是中国人在自己的土地上作中西文化的比较，实际上已有数百年历史。自晚明西方传教士到中国开始，中西文化的异同问题便提上了日程。由西学东渐引起"夷夏之防"传统观念的初步松动，到清朝盛世君主采取闭关锁国政策。经过 1840 年后多次战争的失败，先进人物不断向西方寻求真理，直至今天进行社会主义现代化建设，实行改革、开放——始终贯串着如何处理中西文化关系的问题。这种关系是复杂的：既有辨异、排斥的一面，甚至在反侵略战争中表现为激烈对抗；也有认同、融合的一面，如从西方学得先进理论使之与中国实际结合起来。但不论是辨异或认同、排斥或融合，都是对中西两种文化作了比较。显然，这数百年的中西文化比较史，包含有非常丰富的经验和教训。对它进行系统的历史考察，作出理论的总结，那是值得我们的青年学者花毕生精力去从事的。

---

* 陈卫平：《第一页与胚胎——明清之际的中西文化比较》，上海人民出版社 1992 年 4 月版。序文同时发表于《哲学研究》1992 年第 4 期。

　　陈卫平同志有志于此,在这个方面已作了许多探索,发表过多篇论文。最近他写成了《第一页与胚胎——明清之际的中西文化比较》一书,对明清之际(16 世纪末至 18 世纪末)约二百年间的中西文化由相遇、相识而尝试会通,又发生冲突、抵制以至关系中断的历史,作了颇为系统的论述。我读了全部书稿,为他所取得的成绩感到欣慰。我认为,作者在广泛搜集和发掘史料的基础上,作了较深入的理论分析,已使本书具有如下的显著特色:

　　首先,作者有宽广的理论视野,将明清之际至近代的中西文化比较史连贯起来进行考察,把它看作是文化结构和认识过程的合乎逻辑的展开,是时代性和民族性、工具价值和内在价值、“中国化”和不“失真”这三对矛盾的运动过程。由此出发,作者在“绪论”中说明近代中西文化比较的内在矛盾及其历史逻辑,在明清之际已初露端倪和略有轨迹可寻,从而论证了他提出的明清之际文化是近代的“胚胎”之说,这是有说服力的。

　　其次,本书把明清之际中西文化比较置于当时历史背景下进行具体分析,得出了若干新颖的见解。比如,指出王学风行和实学高涨可说是西学东渐的思想张力,比较细致地说明了中国传统思想蕴含着接受西学的内在因素。这是以往的研究者没有予以充分注意的。又如,着重对明清之际思想家在评价和吸取西学方面的得失作了分析,特别是详细论述了当时对西方科技从“会通以求超胜”到“西学东源”说盛行的演变过程,由一个侧面说明了中国何以未能在明清之际产生近代科学的原因,把对这一问题的探讨推进了一步。

　　第三,明清之际西学东渐是与天主教的传入相联系着的。本书对天主教与儒学的冲突及融合，作了具体考察和分析，从中总结外来文化如何中国化的经验教训。同时，对西方传教士所作的中西哲学比较研究，也给以实事求是的评析，肯定其中有价值的见解。这也是前人没有做过的工作。

这些，都说明本书是一本有相当高的学术价值的著作。此外，作者文笔流畅，颇能引人入胜。全书条理清楚，脉络分明，比较好地做到了史料和观点有机结合。所以我以为它出版后是会赢得广大读者的赞赏的。

我自己对这段历史并未作过深入研究，读了这部书稿，觉得颇有启发，促使我思考了一个问题：如作者所说，明清之际的中西文化比较已粗具胚胎，然而它流产了，使历史发生了曲折。那么，造成这种曲折的原因是什么？由此可以得出什么一般性的论断？

在晚明传教士把西方的一些科学文化输入中国时，曾引起当时有识之士的重大兴趣。如徐光启，他确实是满腔热情地引进西学，与利玛窦共同翻译《几何原本》，并提出"欲求超胜，必先会通"的主张，在他所从事的天文历法、数学等领域中付诸实践。明清之际学者在"会通"中西科学方面是有成绩的，然而中国并未因受西学的刺激而发生哥白尼式的近代科学革命。演变到后来，反而是"西学东源"说占了优势，引进的西学竟被纳入传统经学的体系。这样的"会通"，便不是创新以超胜，而是复古倒退了。

一般说来，一种外来文化输入像中国这样有悠久传统的国家，需要通过特定的社会文化机制，使之由外来变为内在，才能逐步与本土的传统文化相会通。这种特定"机制"指什么？主要包括两方面：一是要有某种社会力量，作为会通文化的主体；二是要找到外来文化与本土文化相结合的生长点,加以培植、灌溉。在明清之际,中国封建社会进入了"自我批判"阶段,但尚未到崩溃时期;资本主义的萌芽已经出现,但很微弱;经过明末的剧烈震荡,封建专制主义的政治统治在清初又稳定下来了。在这样的历史条件下,社会还没有提供强大的动力促使人们去发展商品经济和探索自然奥秘,还缺乏要求大力发展近代实验科学的社会力量。而若不从事实验科学的研究和不把科学技术运用于商品生产,那是无法领会西方近代科学的真精神的。尽管当时的进步思想家和科学家在会通中西文化方面做了许多工作,在历算等领域也开始找到了中西结合的生长点,但这种"结合"、"会通"毕竟是浅层次的,因为他们对西方文化缺乏全面的系统的了解,还不可能真正深入到社会制度和哲学基础的层次上进行中西文化的比较。当然,如果得到扶植,"会通"的生长点是可能由浅层向深层发展的;但由于传统文化的强大和"华夏中心"论根深蒂固,使得浅层的"会通"蜕变成"西学东源"的比附,由中西结合而萌发的生长点便趋于萎缩;再加上正统士大夫的顽固排外心理和封建统治者实行闭关锁国政策,"胚胎"终于流产了。

　　进入近代,鸦片战争的炮火轰开了中国的大门,情况才发生根本变化。接踵而来的帝国主义列强的侵入,使中国沦为半殖民地,经受了空前的屈辱和灾难;但同时也使中国封建的自然经济急剧解体,而城乡的商品经济则有了发展。新的阶级(资产阶级和无产阶级)出现了,新的社会组织(生产组织、政治组织、学校、文化组织等)发育壮大了。中国人民在反帝反封建的艰苦斗争中增强了力量,增长了见识,创造出近代新文化。在文化的创造中,

"中西"之争与"古今"之争密切相联系，中国人民站在"今天"的立场来比较、会通中西文化，在反击帝国主义文化的同时，一次又一次地向顽固的腐朽传统进行冲击，逐步提高了自己的文化意识。自魏源提出"师夷之长技"开始，继而早期改良派倡"中体西用"说，康有为、孙中山先后宣称要建立自由、平等、博爱的大同社会，"五四"新文化运动高举民主和科学的旗帜并展开热烈的"东西文化"论战，然后是中国人民选择了马克思主义并使之中国化——这些就是自 1840 年以来中国人（首先是其中的先进人物）在文化意识上所经历的主要环节，它们构成了近代中西文化比较和会通的线索，体现了浅层结合到深层结合的生长发展，反映了中国人在民主革命进程中的认识的逐步提高。这种提高，从历史观的演变来说，那就是从历史变易观到历史进化论、再到唯物史观的辩证发展过程。总之，中国近代史上的中西文化比较是富有成果的，它也正好证明了徐光启的"会通以求超胜"的论断是正确的。

1949 年以后，中国进入了新的历史时代。时代的中心问题已经由近代的"中国向何处去"的革命问题，转变为当代的"如何使我国现代化"的建设问题。进行建设，更迫切地要求将中西文化"会通以求超胜"，不过会通的内容已和革命年代大不相同，更不用说明清之际了。从世界范围来看，即将来临的新世纪，将是一个东西方各国文化既互相影响、趋于合流，又各自发扬其民族特色的新时代。所以讨论当前建设中的中西文化比较问题，需要从世界的联系来考察，要求我们有更广阔的视野。而且这个问题很复杂，现在是否已能具体说明其机制，理出其发展线索，我不敢说。尽管如此，以史为鉴始终是重要的。陈卫平同志此书，说明在中国土地上发生的中西文化比较的第一页既有经验又有教训，对我们今天仍有其重要的借鉴意义。

当然，此书是个阶段性成果，整个研究还有待于继续。本书只写到 18 世纪末。从 19 世纪以来，又近两百年过去了，而这后两百年比之前两百年，其重要性要超过许多倍。所以更艰巨的研究工作还在后头。既然作者已完成"第一页"，读者自然怀着殷切期待，盼望他继续前进，早日完成整个研究计划。而当作者把"第二页"、"第三页"写出来时，回头来看这"第一页"，他可能会对本书中的某些提法作进一步琢磨，贡献出更新的见解。

秦汉哲学的特点与民族传统 *

我们的民族文化传统，是以汉族为主的中华各族人民共同创造的。它在先秦至秦汉时期奠定了深厚的基础，以后历代又在其基础上不断有所发展。我们今天来回顾秦汉时代，想到我们的祖先在那么早的年代已经创造了如此灿烂的伟大文化，确实感到无比自豪！自秦汉开始，中华民族在亚洲东方建立了伟大的统一的国家，两千多年来，共同的生活方式和悠久的文化传统使中国人养成共同的民族心理。保卫祖国和发展民族优良传统（同时又善于吸取外来优秀文化以营养自己），早就成了中国人民的政治和伦理的重要准则之一。爱国主义始终是我国文化发展的重要动力。而哲学是民族文化的精华，最集中地体现了民族思维方式和价值观念的特点。我以为，我们若能把握秦汉哲学的精神，将有助于理解秦汉时代的思想文化以至两千年来的民族传统。所以我以"秦汉哲学的特点与民族传统"为题发个言。这是个大题目，我只谈两点粗浅的意见，向与会专家们请教。

---

* 本文是作者在"秦汉思想文化和华夏民族传统国际学术讨论会"上的发言稿。会议于1991年10月23日在上海举行。原发表于《哲学研究》1992年第9期。收入祝瑞开主编：《秦汉文化和华夏传统》，学林出版社1993年9月版。

一、兼综百家之学

1. "一致而百虑"的认识规律

秦汉哲学的首要特点在于：当时的思想家都力求综合百家之学，具有兼容并包精神。秦汉建成了统一的大帝国，这是前所未有的伟大功业。与泱泱大国风度相适应，思想家、文学家、史学家等都具有雄伟气魄、宽广胸怀。虽然与先秦的诸子蜂起、百家并作相比，秦汉时期由于要求统一思想而显得自由讨论不足，不够丰富多彩，这是其不足之处。但那种要求兼综百家、会通百代的气魄却是可贵的。《易传》说："天下同归而殊涂，一致而百虑"，表述了一个认识的规律。人类的认识只有通过不同意见（包括不同观点）的争论，经过逻辑论证和实践检验，才能明辨是非，达到一致结论。而随着社会实践的发展，一致又化为百虑，百虑再化为一致，表现为一个螺旋式上升的无限前进的运动。在这种辩证的认识运动中，在不同的历史阶段，可以有所偏重：先秦诸子偏于殊途百虑之学；而至秦汉，思想家则多偏于同归一致之说。这是时代条件不同造成的。从辩证法的观点看，百虑不应忘记一致，一致亦不应排斥百虑。求一致而能兼综百虑，便具有兼容并包精神，这是秦汉哲学的特点之一。

2. 杂家、黄老之学和儒家

要兼综百家之学，便容易成为杂家。《吕氏春秋》是杂家的代表作。它"兼儒墨，合名法"，包括了先秦各家学说，以及天文、历法、音律、医学、农学等各方面的科学成就。杂是个缺点，理论不成体系，缺乏独创性。但第一个杂家提出折衷主义理论，也可算是个创造。《吕氏春秋·用众》说："天下无粹白之狐，而有粹白之裘，取之众白也。""物固莫不有长，莫不有短；人亦然。故善学者假人之长，以补其短"。① 以为天下虽无纯白的狐狸，但经剪裁拼接，集众狐之白，就可以制成纯白的狐裘。诸子也各有所长，各有所短，若能采众家之长，折衷起来，那就成为最完美的著作了。用这种折衷主义态度对待诸子百家，虽然并非融会贯通而自成体系，但也颇有兼收并蓄的宽容精神。

在先秦诸子中，最具有兼综百家的资格的是两家，即黄老之学与儒家。西汉初期，"黎民得离战争之苦，君臣俱欲休息于无为"，主张无为而治的黄老之学曾风行一时。这时的道家，正如司马谈《论六家要旨》中所说："其为术也，因阴阳之大顺，采儒、墨之善，撮名、法之要"②，已吸收各家学说之所长，而归结到"以虚无为本，以因循为用"的君人南面之术。《淮南子》一书，可视为西汉道家的代表作，它以为"百家之言，指奏相反，其合道一体也"③，也显然具有折衷诸子的杂家色彩。经过文景时期的休养生息，国力强盛了，统治者便又不满足于"无为而治"，于是董仲舒等人向汉武帝提出"独尊儒术"的口号。以董仲舒为代表的公羊学派，实际上是儒学与阴阳家的结合，并掺杂有黄老刑名之术，所以也是具有折衷诸子的杂家色彩的。

---

① 参见吕不韦等编，许维遹校释：《吕氏春秋集释》，中华书局 2009 年版，第 102、101 页。
② 司马迁：《史记·太史公自序》，《史记》，第 3289 页。
③ 《淮南子·齐俗训》，《淮南子集释》，第 799—800 页。

3. 儒术独尊的两重性

汉武帝独尊儒术，当然是为了加强封建专制主义的政治统治。儒家被定于一尊所带来的后果具有两重性：一方面，有了统一的指导思想，从而促进了国家的统一和社会的安定，使生产和科学获得了较大发展；另一方面，儒学成为经学，助长了复古主义和独断论的思维方式，生动活泼的百家争鸣气氛被窒息了。

儒学之所以盛行，除了因为封建统治者大力提倡之外，还由于儒家大多从事教育事业，既培养了接班人，又做了整理典籍（首先是六经）的工作，对民族文化产生了深远影响。当然，这种影响也具有两重性：儒家办教育是为当时的封建统治服务，引导人们走"学而优则仕"的道路，它使正统派儒学成为帝王御用之学，并造成了许多依附权贵的"陋儒"。这是消极的一面。但通过教育来提高民族文化水平和人的素质，增强人与人之间的道德凝聚力，却无疑是积极的。不少儒生真诚地献身于传道授业和积累文化的工作，某些"鸿儒"、"通儒"更是博古通今，要求站在"今"的立场来"通古今之变"。而儒家本来就有一个"易穷则变，变则通，通则久"的尊重历史的辩证发展的传统。要通变，便不仅要继承，而且要批判、创新。可见儒学本身也包含有批判经学独断论的因素。随着生产和科学的发展、教育文化的进步，帝王御用之学的弊端越来越暴露，汉代哲学（包括儒学）的批判精神便越来越得到了发扬。

4. 汉代哲学的批判精神

就总体上说，汉代哲学因要求兼综百家之学而把不同成分结合在一起，所以本身包含有矛盾而能够由于矛盾运动而自我批判，从而获得发展。儒家经典虽因与专制主义的政治权力相结合而教条化，但经学内部展开了古文与今文之争，便在某种程度上作了自我批判。黄老之学的影响并不因统治者提倡儒术而减弱。扬雄自称儒者，但又说："老子之言道德，吾有取焉耳。"①王充讲天道自然无为，自称"虽违儒家之说，合黄老之义也"②。特别是《论衡》一书，以"疾虚妄"为主旨，其批判的锋芒涉及非常广阔的领域，充分体现了唯物主义者为真理而斗争的精神。章太炎在《訄书》中称道王充作《论衡》："趣以正虚妄，审乡背；怀疑之论，分析百端，有所发擿，不避孔氏。汉得一人焉，足以振耻。"③王充代表了汉代哲学的最高成就，他的"疾虚妄"正是时代精神的反映。当然，在封建专制统治下，批判精神总是要受到种种限制，但东汉两百年间，自桓谭、王充以至王符、张衡、仲长统、崔寔、荀悦等许多进步思想家，其著作都富于唯物主义的批判精神，这是很可贵的。

　　兼综百家之学而又富于批判精神，哲学便克服了杂家倾向，而成为能够融会贯通和自我完善的具有创造性的理论了。汉代哲学所具有的兼容并包而又能自我批判的特色，深刻地影响到民族文化的各方面。两千多年来的民族传统文化之所以能持续地发展，就在于它善于吸取和融会不同成分（本土的和外来的），并能通过批判使自己不断完善起来。这是汉代哲学的真精神，也是"一致而百虑"的认识规律的体现。

---

① 扬雄著，汪荣宝疏证，陈仲夫点校：《法言义疏》，中华书局1987年版，第114页。
② 王充：《论衡·自然》，《论衡校释》，第785页。
③ 章太炎：《訄书重订本·学变》，沈延国等点校：《章太炎全集》第3册，上海人民出版社1982年版，第144页。

二、穷究天人之际

1. "善言天者必有征于人"

天人之辩和古今之辩是中国古代哲学的两个主要论争。荀子有两句名言："善言古者必有节于今，善言天者必有征于人。"《荀子·性恶》善于谈论古训的要有现实作验证，善于谈论天道的要以人事为验证。这两句话，《内经》（大约成书于秦汉之际）引用了，汉武帝"举贤良文学策问"也引用了，可见其重要性。从这两句话也可看出秦汉哲学的重视现实、重视人生的精神。

"通古今之变"的问题上面已提到了。这里着重谈"究天人之际"的问题。天和人、自然界和精神之间的关系问题是哲学家所要考察的根本问题，这在中国和西方是一样的。但是在考察这一根本问题时，中国和西方的传统思想却各有其特点。一般地说，西方哲学比较侧重考察人和自然、自我和世界的对立，强调要客观地（离开人的立场）来研究自然；而中国哲学究天人之际，说"善言天者必有征于人"，则比较侧重考察人和自然两者的统一，两者的交互作用和辩证关系。在中国，没有西方那种把心物截然对立的二元论，而随着墨学的衰微，把自然界归结为原子的机械运动的学说，也没有像西方那样获得发展。在中国人看来，自然界是一有机的整体，天、地、人息息相关，人是宇宙的缩影，自然和人生有其统一原理，人和自然通过交互作用（包括矛盾斗争）而达到和谐一致，是人类一切活动的总目标。这是中国古代哲学家、科学家的共同信念，它可以追溯到《易经》，经过先秦诸子，发展到秦汉时期,已形成为根深蒂固的传统。

2. 哲学和科学的联系

在秦汉时期,哲学和自然科学虽已开始分化,但仍密切联系着,都以究天人之际为其主旨。这种密切联系给哲学和科学都带来了积极影响,它使得哲学家们热衷于探讨自然哲学和宇宙论问题,也使得科学家们能运用辩证的自然观于科学研究。

汉代哲学的突出贡献之一,就是着重探讨了宇宙论。汉人把天人关系问题归结到万物与其本原的关系问题,对宇宙的本原、演变与结构提出了各种学说。汉人以为,人类有祖先,天地万物也有祖先,这原始的"祖"或"元",即第一因。董仲舒说:"天者,万物之祖。"①以为万物出于天意,第一因是目的因。《淮南子·原道训》说:"无形者,物之大祖也。"②以为有形生于无形,第一因是质料因。《易纬·乾凿度》说:"乾坤者,阴阳之根本,万物之祖宗也。"以为阴阳之气和天地万物是从乾坤的原理派生的,第一因是形式因。经过各派学说的争论,而后王充用"莫为"说反对了"或使"说,说"自然之道,非或为之也"③,否认有超越自然之外的第一因,肯定"气自变"、"万物自生",物质自己运动,动力因在实体自身。这种自己运动的思想,到魏晋南北朝被哲学家表述为"体用不二"(或"质用统一"),成为民族传统中的根本观念之一。

哲学上的天人统一学说贯彻到各门自然科学,使得秦汉时期

---

① 董仲舒:《春秋繁露·顺命》,《春秋繁露校释》,第 940 页。
② 参见何宁校释:《淮南子集释》,第 57 页。
③ 王充:《论衡·自然》,《论衡校释》,第 779 页。

的科学富于辩证法的意蕴。例如,《内经》强调人体和自然界之间有内在联系,说:"自古通天者生之本,本于阴阳。……九窍、五脏、十二节,皆通乎天气。""内外调和,邪不能害"。① 以为人体的各部分和自然界的阴阳之气的运动息息相关,一个人要健康长寿,便必须做到人与天、内与外、阴与阳互相调和,不受邪气的侵害。又如,以《易纬》为代表的象数之学,以为自然界和人类活动的一切奥秘,都可以用《易》的"取象"、"运数"的方法来把握。根据《易》的象数,可以推衍历法,规定乐律,制作器物,并订立度量衡制度等。这种象数之学的方法,若被主观地运用,当然要导致神秘主义。但其中包含有合理成分,即肯定天和人有其统一的象数秩序,因此人们从数量关系来考察对立力量(阴阳)的消长的方法是普遍适用的。这对中国古代科学(天文、历法、音律学、数学等)的发展起了积极作用。

3. 儒家的神学和圣学

把天人统一的思想了解为"天人感应",便可能引导到神学迷信。按照董仲舒的说法:"以类合之,天人一也。"② 以为自然现象和人事会互相感应,因为它们都是天意的表现。在他看来,自然界的灾变是上天对人的谴告,而人的善行也能感动天,招致种种祥瑞。这种天人感应论的神学,在儒学定于一尊后得到迅速发展。谶纬盛行,编造出许多有关孔子的荒唐神话,儒学一度成了名副其实的"孔教"。儒家的造神运动到西汉末年达到高峰,王

---

① 《生气通天论》,《黄帝内经》,第 12—13、14 页。
② 董仲舒:《春秋繁露·阴阳义》,《春秋繁露校释》,第 767 页。

莽、刘秀先后都利用了图谶。

但"子不语怪、力、乱、神"，儒家本来有无神论传统。谶纬神学遭到了许多进步思想家的批判，汉代儒学的造神运动并未成功。"善言天者必有征于人"，真正拿人事即人的社会实践来检验有关天道的学说，那便一定会克服天人感应的迷信，达到天人统一的辩证法观点。于是儒学由神学恢复到圣学，孔子由"神"恢复到"圣"。儒家圣学的"成人之道"，即关于理想人格的学说，就如刘向《说苑·辨物》所说："既知天道，行躬以仁义，饬身以礼乐。夫仁义礼乐，成人之行也；穷神知化，德之盛也。"①圣人亲身实践仁义礼乐而又有穷神知化之德，在他身上，正体现了人道与天道的统一。所以，按照儒家的圣学，人生的终极目标不是到天国和上帝生活在一起，而是在日常的道德践履和观天文、察地理等活动中来"达乎情性之理，通乎物类之变"，进而达到穷神知化、与天地合德的境界。

4. 终极关怀问题

西方的宗教把人世和天国、此岸与彼岸截然对立起来，以为人类的终极关怀问题，就在于如何超脱这短暂的污浊的人世，到达那永恒的洁净的天国。中国的儒学和道家都否认有在人世彼岸的天国。道家不同于儒家，即在于老庄以为"为道日损"，只有废弃仁义礼乐，复归自然，人才能获得逍遥（自由）。但儒、道两家认为人生的终极目标是在此岸、在现实世界中实现理想，获得自

---

① 刘向撰，向宗鲁校证：《说苑校证》，中华书局 1987 年版，第 442 页。

由,则是一样的。

当然,汉人也有宗教信仰。儒家的造神运动失败了,而黄老与神仙方术相结合,抬出老子作太上老君,在东汉出现了《太平经》等书,道教终于形成了。但道教以为人能夺天地造化之机,经过修炼能肉身成仙,成了神仙还是游戏人间,所以这是一种富于入世精神的宗教。佛教也是在汉代传入中国的,印度佛教以涅槃寂灭为最高境界,至虚无生为第一原理,这和中国传统思想以为"天地之大德曰生"、对人生持肯定的态度是很不同的。但佛教传入中国后,便逐渐与中国传统结合,起了显著变化。中国佛教自汉魏发展到隋唐,至禅宗南宗达到极盛。慧能《坛经》说:"勿离世间上,外求出世间。""听说依此修行,西方只在目前。"①以为一念顿悟,凡夫便成佛,世间便成了净土,目前所作所为如担水砍柴等都体现了妙道。这类说教,显然也富于入世精神。可见,中国人的宗教信仰,其特点也在于要求在此岸解决终极关怀问题。

以上,我讲了秦汉哲学的两个特点:一是力求综合百家之学和通变,具有兼容并包和自我批判精神;一是热衷于穷究天人之际,提出了切近人生的天道观和要求在现世间实现人的理想。这两点,对民族传统文化起了深远的影响。正是由于具有兼容并包的气概,所以我国文化能持久发展,没有中断,并善于吸收外来文化,使之中国化。正是由于具有切近人生的特色,所以我国文化总是引导人们关心这现实的人世和改善这人世,以求实现美好的

---

① 慧能著,李申、方广锠校注:《敦煌坛经合校简注》,山西古籍出版社1999年版,第52页。

社会理想和培养自由的人格。民族传统的这种兼容并包和切近
现实人生的精神，对我们今天建设社会主义文化来说，也是需要
批判地加以继承和发扬的。

性善说与理想主义
——《孟子思想评析与探源》*序

翟廷晋同志是一位沉潜笃实的学者，多年来从事中国哲学史的研究，好学深思，孜孜不倦。他最近写成了《孟子思想评析与探源》一书，来征求我的意见。我读了全部书稿，觉得它具有几个显著的优点：一、作者力图运用历史唯物主义的观点和方法，对孟子的思想进行全面的分析。全书十章，大致涵盖了孟子思想的各个方面及其历史背景。当前学术界还少见这样用马克思主义观点全面评述孟子思想的著作。二、本书在评析孟子思想时，对其精华与糟粕作了比较辩证的考察，既注意防止虚无主义态度，也注意防止良莠不分的全盘肯定的倾向。三、作者在对孟子思想的各方面作评述时，结合讨论了学术界的许多争论问题，一一提出了自己的看法，其中有些是独特的新见解。虽然这些看法和见解还可以继续讨论，但作者在提出时都是作了认真论证的，有一定的理论深度。要之，我认为这是一部花了辛勤劳动的力作，既体现了作者的深厚学力，也反映了作者的马克思主义的理论水平。所以我很乐意把它推荐给读者。

---

* 翟廷晋：《孟子思想评析与探源》，上海社会科学院出版社 1992 年 5 月第 1 版。

作者在本书中正确地指出："'孟子道性善，言必称尧舜'。这是孟子的弟子对老师一生思想言论的集中概括。"①这话真正抓住了孟子全部思想的"宗旨"或"要领"。性善说是孟子哲学思想的核心。他认为性源于天，是天所赋予，所以是善的。而人的任务就在于尽心、知性以知天，达到与天为一的境界。这样，性善说便把天道与人道、认识论与伦理学统一起来了。以此为基石，孟子建立其理想主义学说。在人格理想方面，他提出"人皆可以为尧舜"的命题，以为只要把人性中的善端扩大发展，人人可以成为圣贤。在社会理想方面，他以为正因人皆有不忍人之心，所以先王可以行"不忍人之政"，即实现尧舜之世那样的仁政、王道。可见，本书十章，虽涉及许多方面，抓住了"道性善、称尧舜"的主旨，便可"一以贯之"了。

当然，孟子的性善说和理想主义是一种唯心主义理论。读者也许要问：一种唯心主义理论为什么会产生那么大的影响？封建统治者"独尊儒术"是一个原因。但只说这一点是不够的，因为专制的统治者运用政治权力来提倡某种学说，往往只能使之成为僵死的教条，而并不能增强它的活力。归根到底，理论的生命力在于它植根现实的土壤和人民的实践之中，孟子哲学也不例外。就孟子本人参与的实践活动而言，他在政治上并不得意，被讥为"迂远而阔于事情"，但他在教育实践中却是成功的，并且正是这种实践及其现实背景为他的哲学思想提供了土壤、养料。孟子和孔子一样，也是个大教育家，他一生以"得天下英才而教育之"为乐事。在他看来，在教学活动中，教师对学生要有爱心，要充分信任学生

———————————

① 翟廷晋：《孟子思想评析与探源》，第100—101页。

有求真(理)的倾向和为善(仁义)的可能,于是因材施教,启发、诱导他们自觉自愿地接受教育,使人生理想化为现实。告子批评孟子以人性为仁义,犹如以杞柳为桮棬,把原材料(可能)和制成品(现实)混为一谈了。孟子反驳说:"子能顺杞柳之性而以为桮棬乎? 将戕贼杞柳而后以为桮棬也? 如将戕贼杞柳而以为桮棬,则亦将戕贼人以为仁义与?"孟子强调要顺杞柳之性而为桮棬,同样,只有顺着人性具有的可能性而促其发展,才能培养成居仁由义的理想人格。这种主张显然是从教育实践中总结出来的。此外,孟子还诉诸普遍存在的经验来论证人人有培养成为仁义之人的可能性,如说"今人乍见孺子将入于井,皆有怵惕恻隐之心;……恻隐之心,仁之端也","孩提之童,无不知爱其亲者;及其长也,无不知敬其兄也。亲亲,仁也;敬长,义也",等等。由此,他得出结论说:"乃若其情,则可以为善矣,乃所谓善也。若夫为不善,非才之罪也。"孟子认为,人性真实具有的材质,是可以经教化而发展为仁义,实现善的理想的。这种见解确实包含有合理成分。虽然孟子从"可以为善"推论出"人性本善",作了在逻辑上不能容许的跳跃,因而陷入唯心论。但剥去其唯心论,却可看到孟子哲学在"人类认识这棵活生生的树"上有其根基,所以是有生命力的。

不过关于人性与仁义、材质与成品的关系问题的争论还在继续。与孟子相对立,荀子主性恶说,以为斫木成器,是生于工人之伪(人为);人性并无仁义,礼义法度之所以成的根据在于圣人的作为。后来王安石综合告子与孟、荀之说,以为"礼始于天而成于人",树木必须"削之以斧斤,直之以绳墨",[①]才能成器;"然圣人舍

① 王安石:《礼论》,《王安石全集》,第 252—253 页。

木而不为器，舍马而不为驾者，固亦因其天资之材也”。按孟子一派学说，理想人格的培养在于“求放心”，“复其初”，即经教育修养以恢复人的本性。这是“复性”说。而按荀子一派学说，人是环境和教育的产物，“积善成德”，“习以成性”，则“长迁而不反其初”。这是“成性”说，两说经过长期争论，后来由王夫之作了总结，认为《易传》所说的“继善成性”，就是人与天（自然）交互作用而“命日受、性日生”的过程。这可说是中国古代哲学在人性论上所达到的最高成就。当然，古代哲学家都没有马克思主义的社会实践观点，不懂得人性是在社会关系中历史地形成发展的，因而都有其局限性。不过人体解剖是猴体解剖的钥匙，从马克思主义的高度来回顾哲学史，对各种在“人类认识这棵活生生的树”上有其根基的学说，经过分析批判，都应指出其包含有一定合理因素，构成理论发展中的一个个环节。

　　而为要对过去的哲学体系进行全面而深入的分析批判，最要紧的是要善于抓住其宗旨。黄宗羲曾说：“大凡学有宗旨，是其人之得力处，亦是学者之入门处。”读诸子百家之作，若不能得其人之宗旨，便难以入门，就像张骞初至西域，“不能得月氏要领也”。[①]所以，我特别就“孟子道性善，言必称尧舜”一语作了点说明和讨论，这对于本书读者或能有些帮助，即以此为之序。

---

① 黄宗羲：《明儒学案·发凡》，《黄宗羲全集》第7册，第5页。

《中国古代科学方法研究》*序

在 20 世纪 30 年代,国内外学术界流行着一种观点:中国古代文化在政治、道德、文学、艺术等方面都有突出成就,唯独在科学上缺少贡献。这种情况反映在哲学传统中,就表现为重伦理而轻自然,忽视逻辑和方法论的研究。这种流行观念后来逐渐被打破了,这特别要感谢李约瑟博士。他和其他科学史家经过多年研究,以大量无可辩驳的资料证明:中国古代在科学技术方面有其非常光辉的历史。现在,很少有人再坚持"中国传统文化缺乏科学"之类的说法了。历史的真实情况是:在明代中叶以前,中国人在许多科学领域居于世界领先地位,但后来,欧洲超过了中国,近代科学首先是在欧洲文明中发展出来的。

于是就产生了一个问题,即所谓"李约瑟难题"。这个难题包括两个方面:为什么中国古代能有如此杰出的科学成就? 又为什么近代科学只能由欧洲(而不是中国或印度)的传统中孕育出来? 李约瑟本人提出了问题,并作了长期探索。首先,他强调必须从分析东西方社会结构的不同来找原因。对此他已发表了《东西方的科学

---

* 周瀚光:《中国古代科学方法研究》,华东师范大学出版社 1992 年 6 月版。

与社会》①等一系列论文,提出了许多创造性的见解。同时,他也重
视文化传统中的思想因素对科学技术的影响,在他的巨著《中国科
学技术史》第二卷中,对中国科学思想及其哲学基础作了广泛深入
的探讨。李约瑟提出的问题和所作的探讨是迷人而富于启发性的,
吸引了许多后继的学者从不同角度去作进一步的探索。

　　其中有一个重要的角度,就是对中国古代科学方法的研究。
中国古代有那么多科学技术成就,是用什么样的方法做出来的?
这种方法有些什么特点(包括优点和缺点)? 对现代科学的发展
是否还有其借鉴意义? 这无疑是个重要的研究领域,但它却显得
颇为荒芜,很少人去从事开发。为什么会如此? 重要原因之一,
可能是由于前面提到的中国传统哲学"重伦理而轻自然,忽视逻
辑和方法论"这种陈旧的流行观念仍有其影响,阻碍着人们把哲
学和科学结合起来去作方法论的探索。

　　周瀚光同志不囿于流行观念,认为中国哲学并不"轻自然",
也不"忽视逻辑和方法论"。他多年来锲而不舍地对中国古代哲
学和科学的关系问题作了探索,最近写成了《中国古代科学方法
研究》一书。我读了书稿,觉得他在一个荒芜领域中作了开发工
作,已取得可喜的成绩。他这本小册子颇具特色,首先就在于作
者能够从哲学与科学的结合点来作方法论的研究。他深入到古
代科学典籍进行发掘,提炼出其中固有的科学方法,这正显示出
作者的哲学思辨能力。而对古代哲学家所倡导的方法,他着重揭
示其在科学发展中的作用,因此和一般哲学史家的视角也有所不

---

① 中译本见《自然杂志》1990 年第 12 期。

同。其次，在微观分析的基础上，作者进行了宏观的把握，概括出六个主要特点，以说明中国古代科学方法的特色和风貌，其中关于"勤于观察"、"善于推类"的分析，"求道"和"应用"的关系等，作者都提出了自己的见解。第三，本书第三章提出的"基本模式"，主要是科学发现的逻辑而不是证明的逻辑，它有助于说明：为什么中国古代科技史上会有那么多发现和创造，却缺乏演绎的公理体系。这种发现的逻辑以问题为其核心，而问题是矛盾的反映，其中包含的辩证法精神是富于生命力的。因此古老的科学方法中的合理内核，有其在现代科学中再现风采的可能。已经有某些当代的著名科学家从中国传统中获得启示，这不是一件偶然的事情。要之，本书从科学与哲学相结合、微观分析与宏观把握相结合、历史的解释与现实的评述相结合来探讨中国古代科学方法这一重要课题，提出了新颖的有价值的见解，因而它对于回答李约瑟难题，从一个特定的角度提供了新的参考。

当然，这是一位青年学者对一个重大课题作勇敢探索的阶段性成果，因此，它难免有不够成熟之处，所作的概括有的未必精当，还可以进行琢磨和讨论。整个研究工作要达到成熟的地步，尚有待于作者的继续努力，也需要有其他研究领域的进展相配合（例如，因为方法和理论不可分割，运用科学的自然律作工具去探究自然，理论便转化为方法，所以对中国古代科学方法作探索，要有中国古代各门科学理论的研究的配合）。但我认为，作者从上述几个"结合"来探讨这一重要课题是正确的路子，并且他勇于探索，所以相信他一定会在现有的成绩的基础上继续前进，作出更多的新的贡献。

《近代中国社会的新陈代谢》*序

在老友陈旭麓同志辞世两年多以后,他的遗著《近代中国社会的新陈代谢》一书,经过他的学生的整理,即将由上海人民出版社出版了。这是对我国学术界的一个重要贡献。

我在读这本书稿时,不禁想起了许多往事,也颇增感慨。老友的声音笑貌不时浮现,他和我在校园中丽娃河畔边散步边交谈的情景宛在眼前。那种谈天时"相忘于江湖",而困难时"相濡以沫"的友情,是终生难忘的。我们的交谈虽总是天南地北,没一定范围,但谈得最多的是学术问题。旭麓搞历史,我搞哲学,两人专业不同,研究方向不同,却正因为如此,我们可以互相切磋。我认为哲学演变的根源要到社会史中去找,他认为历史演变的规律要借助哲学的思辨来把握。所以,我们常把自己正在研究、思考的问题提出来向对方请教。往往是通过无拘无束的讨论,得到对方的启发和诘难,便把问题引向了深入。1987年夏天,我写完了《中国近代哲学的革命进程》一书,请旭麓把全部书稿通读一遍,他提出了许多宝贵意见,我基本上都采纳了。他说等他把《近代中国社会的新陈代谢》一书整理出来,也要请我通读一遍,听听我的意

---

* 陈旭麓:《近代中国社会的新陈代谢》,上海人民出版社 1992 年 7 月版。

见。却没料到 1988 年 12 月 1 日,他竟抛下凝聚了数十年心血的手稿,猝然与世长辞。现在我遵守诺言,通读了这部书稿,但已无法和他进行讨论了。这真是终生憾事!

下面我着重就"史识"问题谈一点"读后感"。

刘知几谓史家须具"才、学、识"三长,而世罕兼之。旭麓却是当之无愧的"三长"兼具的史家,《新陈代谢》一书足以证明这一点。此书把史与论有机结合,通过对精炼的史实的分析,以阐明近代社会新陈代谢的规律,并用生动的文笔表达出来,引人入胜,处处显示出作者的"才、学、识"融为一体的风格。"三长"之中,最重要的当然是"史识"。旭麓说:"史识是治史的眼睛。"又说:"不为历史现象所迷惑,不为议论家捉弄,要有一双治史的眼睛。"①正因为他有一双敏锐的治史的眼睛,所以能透过史实的种种现象,揭示出其中的本质联系,写成这部才气横溢、情文并茂的著作。

那么,怎样才能有治史的眼睛? 先决条件是要"解蔽"(荀子、戴震用语)。只有解除种种蒙蔽,思想获得解放,才能有明澈的眼力,以洞察历史的真相。旭麓说:"解放思想就是对自己实行民主。"②这是什么意思呢? 民主意味着人人自作主宰。在学术上,只有解放思想,自作主宰,自尊其心,也尊重别人,这才是民主的态度。有了这种民主态度,思想上的束缚解除了,眼睛不受蒙蔽,于是发挥史学家的良知来写信史,说真话,自由讨论,实事求是,史学才能真正成为科学。

---

① 陈旭麓:《浮想录》,《陈旭麓文集》第四卷,华东师范大学出版社 1997 年版,第 4、147—148 页。
② 陈旭麓:《史学的苦恼》,《陈旭麓文集》第四卷,第 459 页。

　　而在中国近代史这一研究领域，多年来确实存在着一些蒙蔽眼睛、束缚思想的东西，所以急需做"解蔽"的工作。自50年代开始，从事近代史研究的学者形成了一个以阶级斗争为轴心，以太平天国、义和团、辛亥革命三次革命高潮的递进为主线的构架。这种构架标志着一定历史阶段上的中国近代史研究的水平，然而积久不变，便成了束缚人的框框。正如旭麓所指出的，按这种框框编纂的两百多部近代史，"只有肥瘦的差异，很少有不同风格和个性的显现，而且被大家援用的三次革命高潮也未必都称得上具有完全意义的革命高潮。这就促使人们对历史唯物主义的再认识，由原来认同的太平天国、义和团、辛亥革命三次革命高潮的线索之外探讨新的线索。"①

　　《新陈代谢》一书，就是作者解放思想，敢于摒弃旧的僵化的框框而代之以新的生动的线索的产物。这无疑包含有"史识"上的跃进。阶级斗争（政治斗争）简单化、绝对化的倾向被克服了，但不是抛弃阶级观点和阶级分析方法，而是真正按照历史唯物主义理论，把阶级斗争的事实同生产方式的演变联系起来进行考察研究。作者以为，和中国古代那种静态的、有很大凝固性的社会不同，中国近代是一个动态的、新陈代谢迅速的社会；和西方从中世纪到近代是通过自我更新机制来实现社会变革也不一样，中国近代社会的新陈代谢在很大程度上是由于接踵而来的外力冲击，又通过独特的社会机制由外来变为内在，推动民族冲突和阶级对抗，表现为一个又一个变革的浪头，迂回曲折地推陈出新（即推封

① 陈旭麓：《关于中国近代史线索的思考》，《陈旭麓文集》第二卷，第3页。

建主义之陈而出民主主义之新）。所以，中国近代社会的演变有
其很大的独特性，这需要通过对社会结构、社会生活和社会意识
各方面作具体深入的研究来说明。在本书中，作者在社会结构方
面，不仅考察了经济结构和政治结构的革命变革，而且考察了农
村社会组织、城镇中的行会组织在近代的演变，近代社会中特有
的会党组织的作用，不平等条约制度化引起的社会变化等；在社
会生活方面，不仅研究了物质生活中衣食住行的变化，而且研究
了与之密切相关的人口问题，以及政治革命和外来影响如何引起
社会习尚的改变等；在社会意识方面，不仅论述了政治思想、哲
学、文学等方面的变革，而且分析了欧风美雨影响下的种种社会
心态，并表现为语言构造上的变化等。这样作了多方面、多层次
的考察研究，就使得本书主旨（近代中国社会的新陈代谢）展现为
非常丰富多彩的内容，而作者杰出的史识也就凭借其深厚的学力
和长袖善舞的才能而得到具体生动的体现。

　　作者以"新陈代谢"作书名，当然意味着他要探索中国近代历
史的辩证法。他在书中多次提到要"借助辩证思维"，"离开辩证
思维和历史主义是难以解释其本来意义的"等等，正说明他是一
个自觉地运用辩证法作为"治史的眼睛"的史学家。例如，书中关
于"中体西用"说的分析，关于中国近代史中的革命与改良、爱国
与卖国、侵略与进步等关系的研究，关于会党在近代史上的两重
作用的考察等等，都充满着辩证法的光辉，并由于其中某些问题
先已写成单篇论文在报刊发表，所以早就产生了广泛影响。辩证
法的活的灵魂，就在于具体地分析具体情况。本书对所涉及的事
件，不论是重大史事（从鸦片战争、太平天国到新文化运动等），或

是和一般人生活有关的事件（如辛亥革命时期的剪辫子、禁缠足、废跪拜等），都能放在当时的历史条件下进行具体分析；对所涉及的人物，不论其角色如何，也决不是简单地扣个政治帽子了事，而是力求通过具体分析，把他写成有血有肉有个性的人。譬如说，第六章中对那位"不战不守不和，不死不降不走"的叶名琛的刻画，对当时处中西折冲之局者三种类型的分析；第18章中描写二次革命失败后的国民党人和进步党人的痛苦心情如何因人而异；……这些篇章都写得形象生动，人物具有个性特色，使读者很自然地联想起《史记》、《汉书》的列传中所运用的笔法。

作者在第19章论述新文化运动时写了一段带总结性的话："八十年来，中国人从'师夷之长技以制夷'开始，进而'中体西用'，进而自由平等博爱，进而民主和科学。在这个过程中，中国人认识世界同时又认识自身，其中每一步都伴随着古今中西新旧之争。"这里所列举的是从1840年以来的中国先进人物在文化意识上所经历的主要环节，这些环节构成了文化上的古今中西新旧之争的辩证发展线索，反映了中国人在奔向近代化过程中的认识的逐步提高。经过许多志士仁人艰苦探索，终于认识到了应以"民主和科学"为评价文化的标准，"而后才可能有完全意义上的近代中国和近代中国人"。所以说："中国人认识世界同时又认识自身。"而对世界和自身的认识当然都需要"史观"。上述文化意识的每个发展环节实际上都以一定史观为视角，而史观也有其新陈代谢的运动。从魏源提出"师夷之长技以制夷"到洋务运动中的早期改良派，都持"器变道不变"或"中体西用"说，他们为采纳西学找根据，以"穷则变，变则通，通则久"的历史变易观取代顽固派的形而上学不变论。到了戊戌维新时期,康有为把公羊三世说的历史变易观改造为历史进化论;严复批判了"中体西用"说,把西方的进化论系统地介绍到中国。这以后,中国的先进人物,不论是维新派还是革命派,在历史观上都主张进化论,并认为历史进化的方向就是建立一个"自由平等博爱"的理想社会。新文化运动的倡导者高扬民主和科学之旗,他们本来都是进化论者,不过随后发生了分化,陈独秀和李大钊首先转变为马克思主义者。马克思主义用社会存在来说明社会意识,用生产力和生产关系的矛盾运动来说明社会历史进化过程,于是民主和科学的要求就被安放在唯物史观的基础上了。所以,同上述文化意识上的发展线索相联系,"史观"也经历了由历史变易观到进化论、再到唯物史观的辩证发展过程。"五四"以后,中国的先进分子以唯物史观作为观察国家命运的工具,便促使中国革命由旧民主主义革命向新民主主义革命转变。这就是中国人所作的"历史的选择"(本书最后一章即以此为标题)。

旭麓用"近代中国"一词,是指自 1840 年鸦片战争起至 1949 年中华人民共和国成立这个历史时期。这个时期以"五四"(1919)为界可划分为两个段落:前 80 年和后 30 年。本书所写,主要是前 80 年的中国社会的新陈代谢过程,而对后 30 年,只是在最后一章中附带勾画了几笔而已。旭麓原计划要写 110 年,但天不假年,只留下了前 80 年的讲稿。关于后 30 年,虽然他主编过书,发表过许多文章,有很多独到见解,但生前未能写成系统化的讲稿。这是令人十分遗憾的事!

一本真正有价值的学术著作,读者可以从不同角度来吸取营养，而对后继的学者来说，是只有通过它才能超过它的。本书就是这样的一本著作。我相信，它的出版，将会使广大读者得益；同时我也期待着青年史学家将通过它来超过它。

《佛教文化与近代中国》[*]序

　　佛学在中国近代的复兴，是一个令人注目的现象。但是学术界对此却一直缺乏系统的研究。高振农同志有志于填补这方面的空白。他早在《中国佛教》（1986年出版）一书中已设专章论述"近代以来的中国佛教"，现在又经过数年辛勤劳动，写成了《佛教文化与近代中国》的专著，从政治、思想、哲学、史学、文学艺术等各个方面，阐述了佛教文化在近代中国文化中的地位和作用，做了一项具有开拓性的工作。其中若干章节，作者曾以论文形式陆续在各报刊杂志上发表过，已受到学术界的注意和好评。现在作为一本学术性和知识性兼具的著作正式出版，无疑是会受到读者欢迎的。

　　我读了书稿，觉得作者治学态度是谨严的。全书资料翔实，观点鲜明，内容丰满，文笔流畅，可读性强。作者运用马克思主义的立场、观点和方法来研究佛教文化，着重对中国近代许多思想家和学者、法师和居士等人的著作中的佛学思想，放在当时的历史条件下进行具体分析，提出了许多独到见解。例如，书中对佛教文化在近代中国复兴的原因的考察，是相当全面的；对梁启超、

---

　　* 高振农：《佛教文化与近代中国》，上海社会科学院出版社1992年11月版。

谭嗣同、章太炎等人的佛学思想的两重性的分析，表现了作者的实事求是的历史主义态度；而其中对吕澂、熊十力等人的论述，尤见其理论功力之深厚。

在我看来，本书的成功之处，首先在于作者抓住了近代中国佛教文化的时代特征。诚如作者在"前言"中所说："近代佛教文化的发展，并不是中国古代佛教文化简单的继续，而是明显地带上了时代的特点。"中国传统的佛教本来就比较有入世精神（如禅宗教人"勿离世间上，外求出世间"）。到近代，佛教与现世间的关系更加显得密切了，所以时代特征就更鲜明了。近代中国经历了空前的民族灾难和社会大变动，"中国向何处去"的现实问题使无数志士仁人感到苦恼，为之绞尽脑汁，甚至牺牲生命。这个时代的中心问题反映在文化上，就表现为如何立足于当前的现实来处理古和今、中和外（西）的关系。"古今中西"之争制约着文化各领域，佛教文化也不例外。

近代从事复兴佛教文化的主要代表人物中，如欧阳竟无说"佛法非宗教非哲学而为今时所必需"，太虚倡导"建设人间佛教"等，他们都从爱国心出发，强调佛教要为现实社会服务，要自我革新，使之有助于解决中国当前的问题。而晚清以来的许多先进思想家（不论是维新派还是革命派），他们之所以对佛学发生浓厚兴趣，正是想从中寻找思想武器。他们认为中国要进步，便必须在思想上冲决封建名教的网罗和打破儒家正统派的天命论的支配。佛学不讲天命而讲佛性，提倡自尊无畏，不受名教束缚。所以当时的进步思想家如谭嗣同、章太炎等，都以为可以从佛学中吸取思想养料，以发扬"心力"，增进国民的道德，推进社会的改革。总之,不论是佛教徒还是思想家、学者,他们都是为了回答当前的现实问题而提倡佛教、研究佛学的。

经过"五四"时期的新文化运动和新旧思潮之自由争鸣,中国人的文化意识有了很大提高,思想家们力求深入到哲学的层次上来说明文化上的"古今中西"关系问题。胡适在1919年发表《中国哲学史大纲》(卷上),说:"世界上的哲学大概可分东西两支,东支又分印度中国两系,西支也分希腊犹太两系。"在西方,后来犹太系加入希腊系,经欧洲中世纪,发展到近代而大盛。在东方,在六朝隋唐时期,印度系加入中国系,后发展出宋学和清代汉学。胡适说:"到了今日,这两大支的哲学互相接触、互相影响,五十年后、一百年后,或竟能发生一种世界的哲学,也未可知。"胡适这种说法在当时是颇有代表性的,虽然别人不一定完全赞同(如梁漱溟《东西文化及其哲学》从人生态度不同把文化分为西洋、中国和印度三个类型等),但认为应从世界哲学史的高度来比较研究各国的文化,以解决"古今中西"之争,则是许多学者、思想家的共同的看法。

这种看法给佛学思想的研究带来了重大影响,主要表现在两方面:首先,既然中国古代佛教文化是中印两种文化互相接触、影响而达到"印度系加入中国系"的结果,那么它所提供的中国传统与外来文化交流、会通的成功经验,对我们今天解决文化上的"古今中西"之争当然有重大参考价值。所以研究中国佛教史是一个很有吸引力的课题。而且,近代新发现的资料很多(包括地下实物、敦煌经卷等),还有藏文大藏经以及梵文、巴利文等国外文献可供参证。比之古人,近代学者的视野宽广得多了,再加上有新的科学研究方法,这些因素结合在一起,使得中国佛教史的研究结出丰硕的成果，产生了像汤用彤、吕澂这样杰出的学者。其次，新时代需要有新哲学，而世界的新哲学可能在东西两大文化传统的冲撞和相互作用中孕育出来。这样便引出一个问题：佛学作为东方哲学的一部分，它将在新哲学的建立中作何贡献？晚清的思想家从佛教吸取"心力"、"自尊无畏"等观念来冲击名教，从政治的角度考虑较多。"五四"以后的专业哲学家试图建立新哲学体系，他们更多地从理论思辨的角度来考虑如何从佛学中吸取营养。熊十力于1932年发表《新唯识论》，他从批判法相唯识之学入手，会通儒释，发挥了《易》与佛学的辩证法思想，使之与西方生命派哲学相沟通，建构成自己独特的哲学体系。《新唯识论》的体系显然是吸取了传统佛学的丰富养料并加以改造了的。这种尝试是否成功是个问题，但至少能说明一点：佛学中包含的辩证法因素，是后代哲学家在进行理论思辨时所不能忽视的。

无疑，新时代的哲学或胡适所说的"世界的哲学"的建立，将是一个漫长的过程；对佛教史（中国的、印度的以及其他各国的）的研究，也还有许多问题尚待解决。对中国来说，时代的中心问题已经由"中国向何处去"的革命问题演变为"如何使我国现代化"的建设问题，"古今中西"之争有了新的内涵。在当前社会主义现代化建设中，"人间佛教"将如何继续发挥其作用？这个问题尤为大家所关注，需要共同来讨论。但后人总是在前人的基础上前进的，近代中国在佛教文化（特别是佛学思想研究）方面已取得的成就和经验教训，是先辈留给我们的宝贵财富，对当前有重要借鉴作用。所以，高振农同志《佛教文化与近代中国》一书，不仅具有重要理论价值，而且也是很富于现实意义的。

忆在昆明从汤用彤先生受教的日子 *

一

多年来我一直想要写点纪念文字来献给锡予师,因为在昆明西南联大期间,曾受到汤先生的亲切关怀和春风化雨般的教诲,那是我终生铭记在心的。

我原是清华哲学系学生。1937年抗战爆发,离校到山西前线参加工作,后又到延安和晋察冀、冀中等敌后根据地。1939年秋回到昆明西南联大复学。这时哲学系主任是汤先生,我这才和他相识。我先后选读汤先生的课程有:"印度哲学史"、"魏晋玄学"、"欧洲大陆理性主义"等。他一个人能开设世界三大哲学传统(中、印和西方)的课程,并且都是高质量的,学识如此渊博,真令人敬佩!我因为要参加联大地下党领导的"群社"的许多活动,如办壁报、组织同学学习革命理论和时事政策等,所以有些课程常常缺课,但汤先生的课我却总是认真学习的,除非生病,决不缺

---

* 本文是作者为《国故新知——汤用彤先生诞辰百周年纪念论文集》(北京大学出版社1993年8月版)写的专稿,并发表于《学术月刊》1993年第8期。

席，因为他的课确实吸引人。正如高屋建瓴，他讲课时视野宽广，从容不迫，资料翔实而不烦琐，理论上又能融会贯通，不时作中外哲学的比较，毫无痕迹，在层层深入的讲解中，新颖的独到见解自然而然地提出来了，并得到了论证，于是使人欣赏到了理论的美，尝到了思辨的乐趣。所以，听他的课真是一种享受。

　　1941年1月发生皖南事变，国共关系十分紧张，大后方白色恐怖日趋严重，盛传国民党特务已开出黑名单，即将派出武装到西南联大进行大搜捕，一时风声鹤唳，人心惶惶。于是地下党决定停止"群社"的公开活动，并把许多骨干分子疏散到乡下去。我这时便到昆明郊区龙头村（龙泉镇）北大文科研究所暂住，王明（当时他是北大研究生）为我在数百函《道藏》的包围中，安了个书桌，搭了个帆布床。有一天，汤先生忽然来了。他悄悄问我："哲学系有几个学生不见了，你知道他们到哪里去了么?"我说："不知道。""不会是被捕了吧?""没听说。""你不会走吧?"我踌躇了一下，说："暂时不会走。"他叹了口气，深情地盯着我说："希望你能留下来!"这一次简短的谈话给了我深刻印象。我原来以为汤先生是个不问政治的学者，他洁身自好，抱狷者有所不为的生活态度，想不到在这严峻时刻，他对进步同学竟如此爱护，如此关心，而且这种关心完全是真诚的。这就使得我在感情上跟他更接近了些。

二

　　后来我终于在昆明留下来了。1941年夏我大学毕业，进了清华大学研究院,便搬到司家营清华文科研究所去住。在这之前,日本飞机对昆明多次狂轰滥炸,在西南联大周围也丢了好几个炸弹。为了躲避轰炸,许多教授都只好到郊区农村借房子安家。当时冯友兰先生家在龙头村东端;金岳霖先生和钱端升先生家住在一处,在龙头村西端;汤先生家在麦地村,处于司家营和龙头村之间,相距各约一里。我到了司家营后,因为地下党实行"长期埋伏、积蓄力量、以待时机"的方针,反正什么公开活动都不能干了,便决心埋头读书。金先生为我一个学生开课,我每星期六下午到他那儿去读书(先是 Hume,后是 Bradley),边读边讨论,又把他正在写的《知识论》手稿一章一章带回来读,送回去时也要提问题跟他讨论。此外,我自己开了两个书单子:西方从古希腊到维也纳学派,中国从先秦到"五四",按历史顺序选读各家主要著作,有的精读,有的略读。读书有疑问与心得,便想找老师请教、讨论,心情往往是迫切的。通常,有关西方哲学问题,我去问金先生;有关中国哲学问题,我去问冯先生和汤先生。但到冯先生家路稍远些,汤先生家路最近,晚饭后在田间散步,一会儿就走到麦地村了。汤先生也欢迎我去谈天,我提出问题,他总是有问必答,或者给我指点,叫我去查什么书;我提出自己的见解,他总是耐心跟我讨论,使我感到无拘无束。所以每次去,我都觉得有所得。渐渐地,去的次数多了,交谈的范围扩大了,跟他家里的人也都熟悉了。那时一介和他的妹妹都还小,在上中学和小学,家务是由师母一人承担的。有时我去,汤先生去学校还没回来(从城里回麦地村,步行至少一个半小时),师母便跟我拉家常,诉说生活的清苦,关心汤先生的健康状况,等等。那时在昆明,教师和学生吃的都是配给的有霉味的米，米里掺杂无数沙石，吃饭时一不小心就崩断牙齿。鱼、肉当然极难得，每天能有一个鸡蛋已是奢侈品了。但汤先生是那种"箪食瓢饮，不改其乐"的哲人，他"不戚戚于贫贱，不汲汲于富贵"，因为他有自己的超脱世俗的玄远之境足以安身立命。记得有一次，我和他谈得很高兴，不知不觉间天已黑了，师母走进门来说："你们也不点个灯，黑洞洞的，谈得那么起劲。"汤先生说："我们谈玄论道，在黑暗里谈更好。"我说："我们在黑屋子里抓黑猫。"于是两人都哈哈大笑。有时，谈得兴致来了，一直谈到夜阑人静，我踏着月色从田间小路归来，确实觉得体会到了"吟风弄月以归，有'吾与点也'之意"。

　　不过我并不赞同那种以为哲学的宗旨就是"寻孔颜乐处"、达到"吾与点也"的境界的说法。我认为哲学要面对现实，干预人生。和汤先生接触久了，我才知道他其实也并不是那么"超脱"的。他关心国事，对当时的贪官污吏、发国难财者深恶痛绝。在他面前，我可以毫不掩饰地批评国民党反动派。有时闲谈，他也会问我延安和抗战前线的情况。我介绍一点敌后根据地军民如何艰苦奋斗、打击敌人的英勇事迹，他便"唷唷"地称赞不绝。当然，他是主张学术和政治应保持一定距离的。他不止一次对我说："一种哲学被统治者赏识了，可以风行一时，可就没有学术价值了。还是那些自甘寂寞的人作出了贡献，对后人有影响。至少，看中国史，历代都是如此。"他这话是有所指的，他的概括我是同意的。不过我当时以为汤先生未免消极了一点。鲁迅在《出关》中说，同是一双鞋子，老子的是走流沙的，孔子的是上朝廷的。汤先生有点像老子。而我以为，除了上朝廷和走流沙之外，还有另一条路,那就是到民众中间去。

三

　　和汤先生谈得最多的,自然是我读书中碰到的问题。许多哲学名著,过去我浅尝辄止,这时想系统地钻研一下,又觉难度很大:文献浩如烟海,哲学史上的大家都是当时第一流的天才,他们深刻的思想只有通过艰苦的钻研才能把握,但把握了却又易被它的魅力紧紧吸引住,难以钻出来。所以,"能入"难,"能出"更难。我跟汤先生谈我的思想顾虑,他说:"慢慢来,你行的!"在学大乘空宗著作时,他指点我学"三论"、选读《大般若经》,又回过头来读《肇论》。他问我有什么体会,我说:"僧肇把般若经和'三论'的精华都概括出来了。"他说:"中国人天分高。印度人说那么多,也就是《肇论》那么些思想。"我忽然对如何"能入能出"的问题有了领会:僧肇就是一个能入又能出的典型。

　　汤先生治哲学史,既注意全面把握资料,进行严密的考证,又注意融会贯通,揭示其发展的线索。所以他的著作也正是能入又能出的典型。在司家营期间,我特别就魏晋玄学和中国佛学两个领域跟汤先生讨论了许多问题。关于魏晋玄学,汤先生首先提出以"自然名教"之争、"言意"之辩、"有无、本末"之辩来概括魏晋时期的哲学论争,由此出发,历史地考察各派思想的演变,从而揭示出发展的线索。我向汤先生谈过自己的体会,认为他这种从把握主要论争来揭示思想的矛盾发展的方法,实质上就是运用辩证法来治哲学史,这不仅对魏晋玄学,而且对整个中国哲学史的研究,都是适用的。虽然汤先生当时还缺乏唯物史观，他的方法论还有待改进，但他用自己的方法论对魏晋时期作典型解剖，已取得了卓越的成就。他从"有无、本末"之辩说明了从王弼"贵无"到向、郭"崇有"，再到僧肇"非有非无"，是玄学发展的主线；同时在佛学般若学中，由道安（本无）、支遁（即色）到僧肇，也经历了类似过程。这一个理论线索显得干净利落，对学者很有说服力，并能给人以思辨的美感。记得我读了《庄子注》，曾写过一篇读书笔记给汤先生看，笔记中提出郭象学说的主旨在"独化于玄冥之境"，亦即"有而无之"，在王弼"贵无"、裴颜"崇有"之后，郭象试图综合二说；因此我以为汤先生的框架还可以作些改进。汤先生是喜欢学生提不同见解的，他看了我的笔记，连声说"很好，很好"，并鼓励我循着自己的思路作进一步的探索。后来我经过探索，对魏晋时期的哲学演变形成了一点看法，写在《中国古代哲学的逻辑发展》一书中。我的看法和汤先生稍有不同，但以"有无、动静之辩"来考察魏晋南北朝时期哲学发展的主线，基本上是循着由汤先生开拓的路子前进的。

四

我在司家营清华文科研究所读了两年书，后来就考虑如何写研究生毕业论文了。金先生给了我启发，他说写完《知识论》之后，打算对"名言世界与非名言世界"问题作点探索。他在指导我读书和讨论时，几次提到这个问题，这也就是康德提出的"形而上学"（金先生称作"元学"）作为科学如何可能的问题；实际上在中国哲学史上长期争论的"有名"与"无名"、"为学"与"为道"、如何"转识成智"等都是这个问题。我想碰一下这个问题，就跟金先生和汤先生都谈了。汤先生叫我系统地研究一下中国哲学史上的"言意之辩"，我照他的话做了，并着重读了老庄一派的书。我在读《齐物论》时忽然获得了一点思想火花，庄子说：

> 古之人其知有所至矣，恶乎至？有以为未始有物者，至矣尽矣，不可以加矣。（郭注：此忘天地、遗万物，外不察乎宇宙，内不觉其一身，故能旷然无累，与物俱往，而无所不应也。）其次以为有物矣，而未始有封也。（注：虽未都忘，犹能忘其彼此。）其次以为有封焉，而未始有是非也。（注：虽未能忘彼此，犹能忘彼此之是非也。）

《庄子·庚桑楚》也有类似的一段话，郭注说：

> 或有而无之，或有而一之，或分而齐之，或谓之三也。此三者虽有尽与不尽，然俱能无是非于胸中。

我以为，如果把"齐物"视为过程，把庄子和郭象所说的"三者"颠倒过来，我们就有了由名言世界到非名言世界的三个步骤：第一步是"分而齐之"，就是要通过"反复相明"来破是非，做到无是非于胸中，但还存在着彼此的界限；第二步是"有而一之"，就是要忘彼此，去掉彼此间的一切界限，但以宇宙整体为对象，还存在着主客的差别；第三步是"有而无之"，即把内与外、主观与客观、能知与所知的差别都泯除掉了，达到了"天地与我并生，万物与我为一"的境界，"入乎无言无意之域"了。当然，"无言无意之域"也要用名言来表达，那就是庄子所说的"卮言"，或郭象所说的"因彼立言以齐之"。这就是我当时在读《庄子》时获得的一点心得。我去跟汤先生谈了，他连声称赞"好"。后来我把这点心得加以发挥，便写成了一篇论文，题名《智慧》。

最近我的学生从图书馆中找到了 1947 年出版的《哲学评论》杂志，把刊登在上面的《智慧》一文复印了一份给我（我留的底稿在"文革"中被抄走了）。重读自己这篇"少作"，难免觉得惭愧，但回顾一下自己数十年来的哲学探索，却确以此为起点。我现在在整理《智慧说三篇》，仿佛又在向这个出发点复归。《智慧》一文受金先生的影响是明显的，术语都按照金先生的用法，如用"元学"代替"形上学"等。而其中说到和庄子、郭注有着"血缘上的联系"，则正是和汤先生讨论言意之辩的收获。所以回顾这个"起点"，便使我想起在清华文科研究所读书的情况，对当时金先生和汤先生给我的亲切教诲满怀感激之情。两位老师治学各具特色：金先生重视对理论作逻辑分析，通过示范给我严格的思维训练，要求我提出的每个论点都经过严密论证；汤先生注意依据翔实的资料来获得贯通的理论，善于启发、鼓励我自由思考，去探求那玄远的哲理境界。金先生严密而精深，汤先生通达而高明，我在司家营期间能同时得到两位老师的指导，从他们那里学到了一点严密分析和自由思考的习惯，这真是难得的机遇。

1943 年之后，敌机对昆明的狂轰滥炸减少了些。教授们陆续把家搬回昆明城里,我也回到西南联大研究生宿舍。白色恐怖缓和了些,大学生中秘密地学革命理论的读书小组越来越多,前两年疏散出去的革命同志在乡下扎了根,要求给以支援。所以,有一些义不容辞的工作需要我做,自己读原著的时间减少了。不过我不以为这是牺牲,参加一些革命工作,多和革命同志交往,使我能接触实际,比较能把握时代的脉搏,这对于从事哲学探索的人是必要的。但因此,我对自己的研究生论文感到不满,因为它太学院气派了。

五

1946 年我到了上海,此后和汤先生见面的机会便少了,但解放后我每次到北京,总争取时间去看望他。我发现他已完全没有了狷者气息,谈起祖国前途和社会主义事业来是那么意气风发,信心十足,连对学校行政事务都那么态度积极,真使我颇为吃惊!记得有一次他跟我谈起毛主席,说:"毛主席是伟大的思想家,又是最富有常识的人,他能用常识的语言,讲最深刻的哲学,真了不起!"这是他发自内心的赞叹,又像是在跟我继续讨论"言意之辩"。他还是很关心我的哲学研究工作。大约是在 1957 年,我告诉他我正在探索中国传统哲学的发展逻辑,但觉得自己有局限性,已不可能像汤先生那样把握世界三大哲学系统来进行比较研究。他还是用那句老话来鼓励我:"慢慢来,你行的!"我说:"等我写出来,请汤先生提意见。"我没有料到后来的岁月竟如此艰难,等我把我的《中国古代哲学的逻辑发展》写成时,再也无法请汤先生过目了。

　　值此纪念汤先生诞辰百年之际，回忆在昆明从汤先生受教的日子，衷心感激不尽。草此短文，略抒怀念之情而已。

"通古今之变"与回顾 20 世纪中国哲学 *

本届国际中国哲学会议的主题为"中国传统哲学的现代意义与未来展望",这是个范围极广的重大问题。我只想就如何从"通古今之变"的角度来回顾 20 世纪中国哲学的问题谈点粗浅的看法。分三点来说。

一、"通古今之变"

中国文化有悠久历史,中国哲学也源远流长。传统悠久,所以古和今的关系问题就显得特别重要。"古今之辩"贯串于全部中国文化史、哲学史。对待民族传统,或侧重继承,或强调革新,历代争论不休,这就是如何处理古和今的关系,以求更好地积累文化、发展传统的问题。中国人是善于积累文化的,早就发明了造纸、印刷术,以利于文化的保存和传播;历代学者都重视整理典籍的工作,儒家尤其如此。孔子首先树立了榜样,他整理六经,以之作为教材来教育学生。后来的儒者又扩充到十三经,并且为这

---

* 本文为作者在国际中国哲学会第八届年会(1993 年 8 月在北京举行)上的发言稿。发表于《中国哲学史季刊》1993 年第 4 期。

些经典作传、作注，然后又是疏、集解、正义等，用"我注六经、六经注我"的办法来不断地推陈出新，也形成了不同的学派。几千年来，儒家一直用这种传经的办法来积累文化、发展传统。佛教、道教也用了类似的办法。

这种办法好不好？显然有其局限性，因为它助长了复古主义和经学独断论，培养了经学的思维方法。正统派儒家鼓吹，四书五经已具备全部真理，后人只需引经据典，根据"子曰"、"诗云"来论证发挥，如果提出什么新见解，那也一定要用"六经注我"的方式。这种经学独断论的传统引导人复古，不能使学术别开生面，当然是不利于哲学以至文化的创新和发展的。

但与经学独断论和复古主义的传统相对立，在积累文化过程中也形成了一个善于"通古今之变"的优秀传统。《易传》说："易穷则变，变则通，通则久。"后来司马迁说"通古今之变"，《文心雕龙》有《通变》篇，刘知几著《史通》，周濂溪著《通书》（即《易通》），等等，他们都把历史、文化看作是不断推陈出新、不断变通而持续发展的运动。正是这个"通变"的传统，对中国文化、中国哲学的发展起了持久的积极影响。大体说来，所谓通变，包括"批判、会通、创新"等环节。

首先是批判。真正要继承传统，必须经过分析批判，因为传统本来是个精华与糟粕混杂的库藏。如何批判？荀子说："善言古者必有节于今。"要立足于"今"来检验古代传下来的道理，经过剖析以判断其得失，以便批判地继承。许多杰出的思想家都富于批判精神。如王充"疾虚妄"，写《问孔》、《刺孟》；嵇康"非汤武而薄周孔"，说"六经未必为太阳"，说得比较激烈；而王弼从"言意之辩"来批判汉人象数之学的烦琐学风,则说得比较温和些,但矛头针对经学独断论的教条,是一样的。

其次是会通。批判精神使思想从经学教条的束缚中解放出来,在此基础上,进而立足现实进行会通:对前人遗留下来的传统,后人从新的视角来审查,经过分析批判和综合解释,于是便使已经获得的理论成果融会贯通起来,达到一个更高水平。如王弼以《易》《老》互释,向秀"以儒道为一",魏晋玄学会通儒道,便使中国哲学达到一个新阶段。经过南北朝至隋唐的三教鼎立和相互作用的长期发展,至宋代会通儒道释而产生理学,中国哲学便又发展到了一个更高阶段。

又次是创新。批判、会通,在于推陈出新。从前人的遗产中汲取智慧,借鉴其经验教训是必要的,但不能泥古,而必须勇于创新,提出自己的新鲜见解,把新的实践经验和新的理论成就增添到传统的宝库中去。中国哲学自先秦诸子提出许多开创性的学说以来,历代又先后相继地产生了无数富于创造精神的杰出思想家,他们善于通古今之变,通过"批判、会通、创新"来发展理论,推进传统。这就使得中国哲学、中国文化形成独特的民族传统,数千年来绵延不绝、持续发展,表现其具有非常强大的生命力。

二、中国哲学在 20 世纪的变革

以上说明,从古今之辩来看,中国文化、中国哲学传统悠久,有其两重性:易于复古,流于独断,便成包袱;善于通变,推陈出新,便是财富。虽说许多进步思想家能通古今之变,但传统有其惰性，复古主义和经学独断论受到封建统治者的大力提倡，长期以来已形成为极顽固的、阻碍社会进步的势力。

进入近代，中国人与西方文化接触了，发生冲撞，吃了败仗，这才开始意识到自己落后了。有了西学作比较，中国传统文化的缺点被揭发出来了。古今之辩与中西之辩密切相联系、相交织，问题就显得更加尖锐了。民族遭受了空前的灾难，社会经历着巨大的变动，先进的思想家向西方寻求救国救民的真理，力求通变，反对复古。严复说："尝谓中西事理，其最不同而断乎不可合者，莫大于中之人好古而忽今，西之人力今以胜古。"①并痛斥那种从"子曰"、"诗云"出发，引经据典进行推演的"论辩常法"，以为这样的思辨，只是"将古人所已得之理，如一桶水倾向这桶，倾来倾去，总是这水，何处有新智识来？"②何况作为思辨出发点的前提（"子曰"、"诗云"），还可能是出于主观臆造呢！严复的批判矛头直指复古主义和经学独断论。从戊戌变法、辛亥革命以来，这种批判运动逐步深入，至"五四"达到了高潮。这是必要的，有成绩的。

对传统的批判有成绩，也就意味着通变有成绩。近代进步思想家经常引用"易穷则变，变则通，通则久"的话来为自己的改革主张作辩护。真正要改革，决不能割断历史，而只能尊重历史的辩证发展，顺应潮流推陈出新，以推动历史前进。正因为如此，所以民族文化传统、包括哲学传统，在近代、在 20 世纪，已发生了很大变化。

现在人们一谈到传统，往往专指古代传统。我们有五千年民

---

① 严复：《论世变之亟》，《严复集》第 1 册，第 1 页。
② 耶方斯著，严复译：《名学浅说》，商务印书馆 1981 年版，第 65 页。

族文化传统,这是足以自豪和需要批判地加以继承的,但是,构成当代人直接精神背景的,却不是原封不动的古代传统。古代文化中那些在当代仍然有生命力的东西,大多是经过近代历史的筛选,并发生了不同程度变形的东西。所以,批判继承民族文化传统的问题,首先应该注意的是自 1840 年以来一百余年间(主要是20 世纪)形成的近代传统。在这期间,与中国经历了巨大的社会变革相联系,也发生了一场重大的哲学变革。"变革",那就是说,哲学思想、哲学范畴在这期间发生了质的变化。这种质的变化表现在哪里呢? 主要有三个方面:

一是传统的哲学范畴取得了新的内涵。中国近代思想家虽仍大量沿用古代的哲学词汇,但其内涵往往经过改造,推陈出新而转变为新的范畴了。如"大同"一词,源出《礼记·礼运》,本来是对原始社会的美化,包含有复古主义的思想内容。而近代思想家讲"大同之世",从康有为、孙中山到李大钊等,是指未来的理想社会,是社会演进和革命斗争的目标,按其哲学根据来说,则经历了由历史变易观到历史进化论的发展。实际上,如天、道、理、气、性、命、仁、义等重要范畴,经过近代哲学家和哲学史家的分析、诠释,其传统的含义变得清晰起来,而在引入新的哲学体系时,都要求有明确的界说,这正是哲学近代化的重要标志。

二是西方传来的新思想与中国传统的融合。在中国近代,许多思想家为了回答"中国向何处去"的问题而向西方学习理论,并努力使之与中国的现实和传统结合起来。这种努力有的失败,有的成功。如法西斯理论的介绍,若昙花一现,显然是失败了。而如进化论哲学、马克思主义哲学和逻辑分析方法等,它们都有其西方的来源,而在中国土地上广泛传播后,经历了一个中国化的过程,便成为中国哲学传统的有机组成部分了。

三是近代哲学的独特创造。中华民族历来是富于创造精神的民族,近代严峻的现实条件的挑战,更激发了她的创造性。上述两方面,即哲学思想的推陈出新和会通中西,其实质正在于创造。在近代哲学史的各个阶段,哲学家不断提出新观念来反对旧观念,推进了哲学的革命进程。而如熊十力提出"翕辟成变"和"性修不二"的学说,金岳霖提出"以得自经验之道还治经验之身"的知识论原理,毛泽东根据"能动的革命的反映论"来阐明认识运动的秩序等,我以为,都是在哲学上的创造性贡献。

总之,20 世纪中国哲学既是中国古代哲学的延续,又发生了革命性的变革,形成了新的近代传统。

三、世纪之交可能进入自我批判与反思阶段

不过,应该承认,虽然进步思想家做了若干通变的工作,有创造性贡献,但对 20 世纪中国哲学的演变、发展,却始终没有作出比较全面系统的批判总结。马克思曾说过,历史只有在特定条件下才能够进行自我批判,而且也只有在自我批判的条件已准备好时,才能对过去向着自己发展的各个阶段作客观的理解。① 所以,真正要对一个历史演变过程(如 20 世纪中国哲学的演变)作全面系统的批判总结,只有发展到特定阶段(即自我批判阶段)才能办到。

---

① 参见马克思:《〈政治经济学批判〉导言》,《马克思恩格斯选集》第 2 卷,第 23—24 页。

20 世纪的中国是如何开始的？1900 年(庚子年)发生义和团运动,八国联军进攻北京,1901 年清政府被迫签订辛丑条约。中国当时面临着被瓜分、亡国的危险。这以后,在前半个世纪,中国经历了多次战争,包括军阀内战、革命战争、反侵略战争;而到后半个世纪,中国大陆又连续不断地搞运动,还发生了像"文革"那样的浩劫。粗略回顾一下,在本世纪中,中国进步确实很大,自作孽的事也干了不少。社会经历了巨大动荡,一次又一次的狂热浪潮席卷全国,使得人们难以定下心来对历史进程作反思和自我批判。

缺乏自我批判和系统的反思,就难免要陷入盲目性。这种盲目性首先表现在瞿秋白在 30 年代说过的"死鬼会抓住活人"。自严复以来,经学独断论虽屡遭批判而似乎已成死鬼,然而它一次又一次地还魂,甚至披着革命外衣出来作祟。在"十年动乱"期间,个人迷信代替了民主讨论,引证语录代替了科学论证,变相的经学独断论泛滥成灾。民族在实践上遭受如此巨大的劫难,正说明在理论上的盲目性是多么严重！此外,拿哲学和政治的关系来说,由于 20 世纪中国首先要解决"中国向何处去"这个非常迫切的问题,先进的思想家满怀革命热情,强调哲学要为政治斗争服务,这本来无可厚非。但是强调过分,便带来了片面性:过分注意了哲学作为意识形态的政治功能,对于哲学作为理论思维的科学性质便未免有所忽视;由于把哲学和政治捆绑在一起,便使哲学丧失了独立性及其内在价值。诸如此类缺点,也都是盲目性的表现。

要克服盲目性,便必须进行自我批判和系统的反思。20 世纪快要结束，在世纪之交，人们很自然地想回顾一下这个世纪的历程，作系统的批判的反思。这种反思包括两方面：一是对客观的历史过程的反思，即对20世纪中国社会的演变，包括经济、政治、文化等各方面作批判的总结；二是对反映现实生活的社会意识、理论认识等各个领域，包括对20世纪中国哲学的演变作批判的总结。这两者互相联系着，不可分割。要有许多学者从不同方面努力协作，才能全面地进行这种批判的反思工作。我预期，随着中国现代化经济的发展，政治民主会有所进步，民族精神将会高昂，与世界各国文化上的联系将不断扩大，要求对20世纪作系统的批判和反思的社会力量与学术力量将会增强，到世纪之交，中国可能进入一个自我批判阶段。

　　一个民族、一种文化、一种学说，都只有当它能进行自我批判和通过反思对自己的历史有客观的理解时，才能真正克服盲目性，才能自我完善，稳步地向前发展。我们关心的是哲学。如果到世纪之交，中国哲学能达到自我批判阶段，进行系统的反思，克服种种盲目性，那便可能在总体上经过"批判、会通、创新"的环节而取得崭新面貌，成为当代世界哲学的重要组成部分。这是海内外从事中国哲学研究的学者的共同目标。为了实现这一目标，需要大家从不同方面来努力。但在思想认识的准备上，我以为有两点值得注意：

　　其一，从世界范围来看，今天我们正处于一个东西文化互相影响、趋于合流的时代。为此，需要全面系统地了解西方文化和哲学，也需要全面系统地了解东方文化和哲学，并深入地作比较研究，以求融会贯通。这种研究和会通当然会见仁见智，产生不同学说,形成不同学派。所以,应该说,我们正面临着世界性的百家争鸣。海内外的中国哲学各学派,都将在国际范围的百家争鸣中接受考验。而为了参与争鸣和自由讨论,那就需要有民主作风和宽容精神。蔡元培在"五四"时期提倡的"循思想自由原则,取兼容并包主义",今天仍然是正确的。

其二,要作自我批判和反思,须有超越自我的要求。真正的哲学、哲学家和哲学学派,都具有肯定自己而又超越自己的品格。一种有价值的学说,一本有价值的学术著作,都期待着后继者将通过它来超过它。一个好老师,总希望学生能超过自己。孔子说:"后生可畏",荀子说"青出于蓝而胜于蓝",禅宗的大师以为有"超师之见"的弟子才堪传授。毛泽东也曾说过,不超过马克思,就不是真正的马克思主义者。海内外的中国哲学各学派,首先是马克思主义哲学,都要有能通过"批判、会通、创新"来超过自己的要求。如果不求超过自己,自以为绝对圆满,成了封闭的体系,那便要失去活力。

如果在世纪之交,中国哲学能作自我批判和系统的反思,进而会通古今中西、推陈出新,达到一个新的理论高度,那么有了新的理论视野,传统也会给人以新的魅力,促使人们对传统哲学中蕴藏的智慧作更深层的挖掘。现代人要凭借传统来创造,而传统也因为现代人的创新而焕发青春。当中国现代哲学发扬其民族特色而成为世界哲学重要组成部分时,中国传统哲学在世界上的影响也将进一步扩大。

忆金岳霖先生以及他对超名言之域问题的探讨 *

刘培育同志来信通知我，"金岳霖学术基金会"将于 1995 年为龙荪师诞辰 100 周年举行纪念活动，包括出《文集》、《纪念集》等，这促使我回忆起过去从金先生受教的种种情景，特别是 1941 年之后在清华文科研究所那一段时间，得到金先生给我的严格的思维训练和特别亲切的教诲，并讨论了"超名言之域"等问题，那真是对我一生影响至深的。

一、在昆明从金先生受教的情况

我 1935 年考进清华哲学系，大一时听了金先生的逻辑课，便对他严密的逻辑分析方法十分钦佩。1937 年抗日战争爆发，清华、北大、南开三校南迁成立长沙临时大学，文学院在南岳。当时有些进步学生在地下党领导下组织战地服务团，决定到北方前线去参加抗战工作，我也报名参加了。临走之前，去向金先生告别，他非常赞赏我的行动，连声说："好，好！我要是年轻 20 岁，也要到

* 本文系为纪念金岳霖先生诞辰 100 周年而写的专稿，原发表于《学术月刊》1994 年第 2 期。

前线去扛枪。"我后来一直记着他讲"扛枪"二字时的那种满腔热情,这对我确是最好的鼓励。我在北方两年,1939 年又回昆明西南联大复学。金先生一见到我,就约我到他住处去谈谈。他特别为我准备了咖啡和点心(这在当时大后方是很难得的),详详细细地问我在前线的情况和所见所闻。我如实地讲了自己到山西前线、又到延安、并随八路军到了晋察冀和冀中等地的主要经历,介绍了敌后根据地军民英勇抗敌的许多事迹。他显然听得很高兴,不时地插话:"八路军真能打仗!""噢,游击队神出鬼没!""照这样说,中国人一定能打败日本鬼子!"……他还说,他们这一代人,一直担心中国要被瓜分,要亡国;能把日本鬼子打败,中国就有希望了。

　　我早就认为金先生是个热爱祖国、热爱真理的学者,在感情上和他比较接近。不过在大学生期间,我热衷于进步学生的种种活动,和老师接触的时间较少。只有到 1941 年成为研究生之后,才真正和金先生建立起特别亲密的关系。这时正是皖南事变之后,大后方为白色恐怖所笼罩,地下党实行"长期埋伏,积蓄力量,以待时机"的方针,学生运动暂时沉寂了。于是我便搬到昆明郊区司家营清华文科研究所居住,下决心埋头读书。这期间,为了躲避日本飞机对昆明的轰炸,许多教授到郊区农村借房子安家。金先生从四川李庄休假回来后,住在龙头村钱端升先生家中,离司家营约二里路。他决定为我这个学生单独开课,叫我每星期六下午到他住处去读书(先是 Hume,后是 Bradley)。开始读休谟(Hume)的 *Treatise* 时,只有一本书,由我捧着朗读,金先生半闭着眼睛听我读,读到其间,他说:"打住!"便向我提问,要我回答。

往往是这样一个问题，那样一个诘难，使我感到仿佛突然落到荆棘丛中，不知如何才能摆脱困境。于是，他就给我详详细细地分析和批判休谟的思想，从这方面解析，从那方面探讨，又从第三方面考虑，等等，不一定得结论，但把问题引向深入了。金先生对休谟的书真是熟透了，哪一页上有句什么话，有个什么重要概念，他都记得，并且不止一次地提醒我："要认真读几本书。不要浮光掠影把书糟蹋了！"他这种严谨的治学态度和严密分析的思维方法，给了我极深刻的教育。

当时，金先生正在把他的"知识论"讲稿整理成书，他把写成的手稿一章一章地交给我带回来读，送回去时也要我提出问题和意见进行讨论。同时，除金先生指定读的书之外，我自己开了两个有关西方哲学和中国哲学的书单子，按历史顺序选读各大家的原著，也常有一些疑问和看法要向老师请教。在那一时期，我和金先生讨论的问题是很多的，而且这种讨论不限于为我"解惑"。我好标新立异，敢于提出自己的见解；金先生也喜欢学生有独立见解，但要求我每提出一个论点都经过严密论证。因此，讨论往往是热烈的、富于启发和引人入胜的，不知不觉间，一个下午便在边读边议中过去了。

接触次数多了，互相了解加深了，师生间便建立起真诚坦率、充分信任的关系，交谈的范围也扩大了。金先生虽不愿多谈政治，但他反对法西斯统治和种种腐败现象，态度是鲜明的。在他面前，我可以毫无顾忌地批评国民党反动派。我有时还喜欢讲一点唯物辩证法的观点，金先生也读过一些马克思主义著作。记得有一次他对我说："马克思的著作有种理论的美。"这也就是说，马克思的哲学是一种创作。但他瞧不起苏联的教科书,特别对它们批评形式逻辑很反感。他说:"形式逻辑怎么好反对? 你反对形式逻辑的那些话,也要遵守形式逻辑。"金先生这些观点,我也是赞同的。

当时在边读边议中讨论得最多的是认识论问题。我在这期间曾经写下不少读书笔记,其中包括读金先生的《知识论》手稿的笔记。这些笔记,我从昆明带到了上海,一直珍藏着,但很不幸,在"十年动乱"中都丢失了。现在当然已不可能把半个世纪前的事情原原本本地回忆起来,不过其中有些问题、特别是涉及"名言世界与非名言世界"问题的讨论,至今仍留下深刻的印象。

记得有一次,金先生忽然颇为感慨地说:"《论道》这本书出版后,如石沉大海,一点反应都没有。没有评论,……也没有人骂!"他的语气中包含有一种深沉的寂寞之感。我便说:"曲高和寡,人家读不懂。但经过时间的考验,这本书的价值是会显示出来的。"他说:"哲学理论和自然科学不一样,不能用实验来验证。所谓考验,通常要通过讨论、批评,有人从东边来攻一下,又有人从西边来攻一下,攻来攻去,有点攻不倒的东西,那就站住脚了。"我说:"我们这些学生都是认真读了的。在讨论、论辩时也常常会提到《论道》。"金先生便问:"那你有什么意见?"我说:"《论道·绪论》中区分'知识论的态度'和'元学的态度',以为知识论的裁判者是理智,而元学的裁判者是整个的人。这个提法可以商榷。"我认为,理智并非"干燥的光",认识论也不能离开"整个的人"。我主张用 epistemology 来代替 theory of knowledge,以为认识论不应限于关于知识的理论,它也应研究关于智慧的学说,讨论"元学如何可能"和"理想人格如何培养"等问题。金先生听了我的意见，说："我的《知识论》确实只讲知识经验领域，即名言世界；你说的智慧，涉及那超形脱相、非名言所能达的领域，理智无法过问，只好交给元学去探讨……不过，你的话也有道理，可能还更接近中国传统哲学。"他鼓励我循着自己的思路去探索。讨论到后来，他说："大概有两类哲学头脑：一类是 abstract mind，一类是 concrete mind。不晓得这看法能不能成立？"他觉得自己有点偏于 abstract，而认为我可能喜欢 concrete。

　　虽然金先生说自己偏于"抽象"，但他在《势至原则》一文中提出"何以有现在这个世界"的问题，却正是在探求"具体"。该文作于 1940 年，发表在 1943 年的《哲学评论》。当时我已在协助冯友兰先生处理一些有关"中国哲学会"的具体事务，主要是《哲学评论》杂志和《中国哲学丛书甲集》的编辑工作。因为《哲学评论》每期都要求有英文目录，我在发稿前就去问金先生："《势至原则》应该怎样翻译？"他说："译作 Principle of Actualization。"我记得寄给开明书店的杂志目录上就是这样写的。我认认真真地读了这篇文章，对金先生提出的"何以有现在这个世界"的问题甚感新鲜，认为该文对"这样的世界与这个世界"、"名言世界与说不得"、"命题与本然陈述"的分析都十分精辟。但我也提了两点意见：一是所谓现在这个世界，金先生说，"我们可以假定其为宇宙洪流在这一分钟中或一年中的平削的现实"，又说："Why is there such actualization"的问题，从小范围着想，"就是问我何以坐在这间房子里，这张纸何以摆在桌子上，……"等等。我觉得这些提法有点把原来探求"具体"的问题抽象化了。但究竟应如何更具体化，我也说不清楚。二是金先生《论道》中的"能"是"说不得的",他以为只有"作一种理智上的跳跃,跳出名言世界范围之外"才能抓住它。这"跳跃"是如何实现的? 其机制如何? 我觉得还需深入研究。

在我对金先生的思想以及他的为人了解得更多之后,便越来越感到他内心里有个矛盾,很有点像王国维的"可爱"与"可信"的矛盾。他不止一次地对我说:"本世纪以来哲学有进步,主要是表达方式技术化了,这是不能忽视的;但因此,哲学理论和哲学家的人格分裂了,哲学家再不是苏格拉底式的人物了。"他这些意见后来也写在《中国哲学》一文中。(这篇用优美的英文写的论文,原是供二次大战中来华参战的美军士兵阅读的。)他为苏格拉底式的人物一去不复返而深感惋惜,正说明他对重视身体力行、追求天人合一境界的中国传统哲学是多么留恋。他内心中的矛盾,客观上是科学主义和人文主义两种思潮的对立以及东西方不同文化传统互相冲撞的反映,而在主观上,他感到这矛盾难以解决。

大约在 1942、1943 年间,金先生的《知识论》第一稿已接近完成。我问他:"《知识论》写完之后,还打算写什么?"他说:"还打算对'名言世界和非名言世界'问题作些探索。"我说:"金先生是想把《论道》和《知识论》沟通起来?"他说,"有这意思。但不止是这一点,非名言所能达的领域很宽广,譬如说诗的意境、宗教经验等等。这个问题很复杂。"我意识到,金先生可能是想解决自己内心中的矛盾。当时我就表示也想碰一碰这个问题,写篇论文;并以为中国哲学讨论"有名"和"无名"、"为学"和"为道"、"转识成智"等都与此有关。金先生鼓励我循自己的思路去搞,还说涉及中国哲学的问题可以向冯友兰先生、汤用彤先生请教。这就是我选《智慧》为题作研究生论文的缘起。

大约也是在这期间，金先生在西南联大作了一次公开演讲，听的人还不少。讲的题目我已经忘了，但记得主题就是讲治哲学和文学都要碰到一个"说不得"的问题，说不得当然难以言传，但还要用语言来传达，那么这种传达是借助于人的什么能力和工具来做到的？在这一次演讲之后不久，金先生曾整理出一篇文稿，记得它的题目为《名言世界与非名言世界》，内容比公开演讲要更丰富、更深奥一些。我看过这篇文稿，其中讲文学部分给了我特别深刻的印象。金先生很爱读文学书，他知道我也喜欢文学，所以平日交谈和讨论时也常常涉及。他读过的中外小说比我多，唐诗、宋词及古文的许多名篇他都记得很熟，而且还特别欣赏庄子的文采，因此，他在这篇文稿以及公开演讲中把哲学和文学联系起来进行考察，决不是泛泛之谈，而是很有深度的。（记得我听完讲演后回司家营，第二天见到汤用彤先生，向他介绍了金先生演讲内容的大意，汤先生也说："金先生的思想真深刻！"）

我在 1985 年的"金岳霖学术思想讨论会"上曾提到金先生有一篇题为"名言世界与非名言世界"的文章，这是根据记忆说的话。这篇文章至今没有找到，很可能金先生当时没有拿出去发表，也有可能他把它和《知识论》手稿夹在一起，在一次空袭警报中一起丢失了。金先生后来又重写《知识论》一书，因学校搬迁、时局动乱、生活艰苦等客观原因，直到 1948 年底才写完，那已经是北京解放前夕了。这时，他大概已没有心情再来探讨超越名言世界的元学问题了。

二、关于"超名言之域"或"说不得的东西如何能说"问题

下面我根据记忆和参考金先生已发表的著作,对他当时关于"名言世界与超名言之域"①的理论,特别是对"说不得的东西如何能说"问题所作的探讨,作一简单介绍。分三点来说:

第一点,什么是名言世界与超名言之域。

关于名言世界,金先生有明确的定义:"名言世界是分开来说的世界。""命题总是分开来说的思想。普遍命题如此,特殊命题也是如此。分开来说的思想所说的对象总是名言世界,而不是那超形脱相无此无彼的世界。"②他又说:"平平常常的知识所发生兴趣的总是名言世界,而名言世界是能以名言去区别的世界。它所注重的不是宇宙底整体或大全,而是彼此有分别的这这那那、种种等等。"③按照金先生的知识论,知识经验领域就是名言之所能达的世界,而所谓名言之所能达,就是用命题(特殊命题和普遍命题)分别地断定和用语言分别地陈述;就所表示的说,就是把对象区分为一件件的事实、一条条的条理,而这对象即相对于知识类的自然界,所以也可以说"自然界为名言之所能达的世界"。④

但关于超出名言范围的领域,问题就比较复杂。称之为非名

---

① 金先生那时常说"名言世界和非名言世界",这里的"世界"指 Realm(领域)。但"非名言世界"一词易引起误会,金先生后来重写《知识论》时,似乎也不用它了。所以我用"超名言之域"代替它。
② 金岳霖:《势至原则》,《金岳霖全集》第 2 卷,第 373、360 页。
③ 金岳霖:《知识论》,《金岳霖全集》第 3 卷,第 986 页。
④ 同上书,第 554 页。

言世界、说不得的东西、名言所不能达的领域等，都像逻辑上讲甲与非甲，这"非甲"只是个消极的说法。积极地说指什么？金先生以为涉及元学、宗教、文学等众多领域。上面的引文中提到"超形脱相无彼无此的世界"和"宇宙底整体或大全，"指的是形上的本体。金先生以为："形上重合，形下重分"；[①]"哲学可以分为两大部分，一部分差不多完全是理性的，另一部分不完全是理性的。前者靠分析靠批评，后者靠综合靠创作。前者近乎科学，后者近乎宗教。"[②]他认为知识论差不多完全是理性的，而元学则不完全是理性的，包含有名言所不能达的领域，有"近乎宗教"的东西。金先生是个无神论者，他的哲学体系中并无上帝的地位，但他认为哲学要求把握综合一切、会通万有的元理，达到"天地与我并生，万物与我为一"的境界，这便不能只靠理性，还必须有情意、信仰的作用，因此有其近乎宗教体验的东西，那是非名言所通达的。

特别值得注意的是上述引文中"后者靠综合靠创作"的话。按金先生的意思，哲学求"通"，要求揭示那无所不包、精确达于极点的大写的真理(Truth)，这是个老达不到的极限；老达不到，"所以哲学既不会终止，也不会至当不移。哲学总是继续地尝试，继续地探讨"[③]。而每一次新的尝试，每一次经过认真的探讨而建立新的体系，都可说是一次创作。就其为创作而言，哲学体系也可视为艺术品，哲学和艺术(特别是语言艺术)颇有相似之处。而一

---

① 金岳霖：《知识论》，《金岳霖全集》第3卷，第984页。
② 同上书，第895页。
③ 同上书，第1045页。

切真正的创作都是人性（人的本质力量和个性）的表现，总是既有理性作用，又有非理性（情意）作用。创作如果是自由的，那就像庄子所说的轮扁斫轮："得之于手，而应于心，口不能言，有数存焉于其间"，这"数"（术数）是无法用语言来传授的。但哲学和文学却都是以语言文字为媒介来进行创作的，因此两者都碰到一个麻烦问题，即：超名言之域如何能用语言文字来传达？——换言之，说不得的东西如何能说？

第二点，关于文学方面的问题。

文学的范围很广，许多文学作品中包含有"记事"的特殊命题和"说理"的普遍命题，那当然属于名言世界。但作为语言艺术的纯文学，不论是诗还是小说、戏剧，都旨在给人以超乎名言范围的东西，因此，文学语言是不能当作表示命题的陈述句看待的。诗所要传达的是意境，把诗句视为命题，运用思议去把握其内容那是无法体验到诗的意境的。金先生举柳宗元《江雪》为例说："即以'千山鸟飞绝'那首诗而论，每一字都有普遍的意义，如果我们根据普遍的意义去'思议'，对于这首诗所能有的意味就会跟着鸟而飞绝了。"①就是说，如果把诗放在名言世界中去理解，那便会味同嚼蜡。至于小说，金先生在其《真小说中的真概念》一文中早就说过："小说中绝大多数语句不是命题；而是即使断定了某些真命题，这些语句的真也与这篇小说的真不相干。""小说并不等同于任何一般的陈述句，也不等同于这些陈述句的全部组合。当这些命题是假时，小说可以是真的；当这些命题是真的时，小说却可以

① 金岳霖：《知识论》，《金岳霖全集》第 3 卷，第 895 页。

是假的。"①小说家的才华主要在于他具备使他笔下的人物栩栩如生的能力，他能用笔塑造出一个个活生生的具体的人物性格，在读者中引起主动积极的共鸣，而这种具体生动、有血有肉的人物性格，却决不是靠一些陈述句或一些具有逻辑和历史科学意义的命题所能描写的。

文学作品如果成功地塑造了典型性格或创作出诗的意境，那一定是具体的、单一的，并反映了生活跳动的脉搏。这种具体生动的单一的东西，非知识经验领域的名言之所能达。文学作为语言艺术，它需要有一种不同于陈述命题的名言的"活的语言"。作家一定要学会如何运用"活的语言"即文学的语言，来进行写作的技巧，正如画家要学会如何运用色彩、线条的技法来作画一样。中国古代诗论讲"赋、比、兴"等，大体都是讲运用语言文字的技巧、手法，运用这些技巧，语言就成了"活的"，能够表现和传达具体生动的艺术内容（意境、人物性格等）了。

所以，在文学领域，"说不得的东西如何能说"的问题，就是要求说明：当文学运用赋、比、兴等语言技巧来表现和传达艺术内容时，是借助于人的什么能力和工具来实现的？我记得在那次公开演讲中，金先生以为文学语言之所以能是"活的"，主要在于语词不仅代表意念，而且还要寄托意象，所以语言文字有形象性（汉字由于其为象形文字，尤为显明）。正是利用所寄托的意像，作家可以发挥想像力做到下述三点：一是借助形象间特殊化的时空关系来表示生动具体的生活节奏。小说中通过一系列情节来描写人

---

① 金岳霖：《真小说中的真概念》，《金岳霖全集》第 6 卷，第 543、565 页。

物性格,每一情节都是在特定的时空背景中展开的(如武松打虎的情节发生在某一夜间的景阳冈上)。二是凭借想象力来把若干意象结合(综合)成有机整体,成为具体生动的单一的东西(意境或人物等)。如陶渊明《结庐在人境》诗,把诗人采菊东篱、悠然见南山的夕岚与飞鸟等形象有机地结合起来,自然表现为一超名言的玄远的境界。三是借助于灌注在意象中的情感来传达韵味。语词或文字的蕴藏不仅有意念的意义,而且还有所谓意味。意味就是与其所寄托的意象相结合着的情调,这种情调、意味和文化传统有密切联系。对中国人来说,大江、长河、春风、秋雨、杨柳、黄花……等,都蕴藏有特定的意味。文学语言往往利用这种蕴藏的意味,以表现气韵生动的艺术形象。

第三点,关于哲学方面的问题。

金先生说:"治哲学总会到一说不得的阶段。"[1]有些哲学家以为,既然说不得,便只好沉默;或者像禅宗和尚那样,你问他佛法,他只竖起个拂子或用棒喝来回答。但这样,也就没有哲学了。治哲学者若承认有说不得的东西,他对那说不得者仍有所说。

在金先生的哲学体系中,"能"是说不得的。然而在《论道》和《势至原则》中,他说了许多关于"能"的话,如:"能有出入","能是潜能(Potentiality),能是实质(Substantiality),能是活动(Activity)",等等。这些以"能"为主词的话并不是命题——既不是经验命题、科学命题,也不是逻辑命题,而且也不同于本然命题(金先生把《论道》中的"现实并行不悖"、"时间是一现实的可能"

---

[1]　金岳霖:《势至原则》,《金岳霖全集》第 2 卷,第 360 页。

等称为本然命题，其所表示的为本然的非元理）。因为"能"非所指，亦无所谓，它根本不在名言世界范围之内。金先生称"能有出入"等为本然陈述。以"能"为主词的本然陈述，无论宾词如何，都只陈述"能"本身，但并非"甲是甲"那样的逻辑命题，因为其主宾词都不是概念。本然陈述之所表示为本然元理，"它非常之基本，它是治哲学者最后所要得到的话，也是哲学思想结构中最初所要承认的话"①。《论道》一书开始于"道是式──能"，而终结于"无极而太极是为道"。这里的道就是"哲学中最上的概念或最高的境界"，它是合起来说的道、即道一之道，或称"大全"，"大全"也是说不得的。庄子早已揭露：以"一"之言来表示"一"（作为对象的大全），在逻辑上要陷入无穷尽递进的困难。虽然如此，金先生以为："我们仍可以就其说不得而说之"，不过如"无极而太极是为道"这些话，都不能视为命题，而是对本然元理的陈述。

　　那么，"说不得的东西如何能说？"上面已说在文学领域，主要在于语言文字有意象作寄托，人们能发挥想象力来表现具体生动的艺术形象。但哲学却没有这种便利，"能"、"大全"有什么意象可作寄托呢？庄子用寓言故事（如"庖丁解牛"）讲艺中之道，陶渊明《结庐在人境》一诗表现了玄运的境界，确实令人神往，但那毕竟不是哲学理论。理论思维的内容是意念图案或概念结构，一般地说都属于名言世界。不过，人类的思维不仅要求区分真假、是非，而且还有"求穷通"的问题。"穷"即穷究，"通"即会通，求穷通，就是要探求第一因和最高境界，要求思维结构绝对精确、四通

---

① 金岳霖：《势至原则》，《金岳霖全集》第 2 卷，第 368 页。

八达、无所不包,而这是名言所不能达的领域。但求穷通却是出于人类思维本性的要求,对于有哲学兴趣的人来说是不可避免的。那么,人的理论思维(思议)是不是有能力和工具来"求穷通"呢? 在哲学领域,"说不得的东西如何能说"的问题,关键就在此。

哲学和文学相比,显得难度大得多。田夫农女能创作诗歌,小学生能欣赏文学作品,运用文学语言的才能是很普遍的。而一涉及元学领域,人们却普遍视为畏途。那么,哲学究竟能凭借什么能力和工具,对那说不得的元理有所陈述呢? 我记得当时金先生拿哲学同文学相比较,也讲了三点:

其一,同文学语言利用时空关系的特殊化正相反,哲学利用"无量"意念作工具,来超越特殊时空限制,以表示元理是超名言世界的。金先生说:"无量这意念就是求通的意念,它帮助我们说甲之前有乙,乙之前有丙,丙之前有丁……,至于无量。'至于无量'就是说不能至,或者所至总是有量,而有所至的总是不能通。无量这一意念使我们用消极的方式说积极的话,或积极的方式说消极的话。……这样的意念底职责在求理之穷通,而不在求事之实在。"①对当前的任何个体(如一张桌子),就其为名言世界的项目来说,我们可以从共相方面着想,抽去其"颜色"、抽去其"四方"、"桌子"、"木料"、"原子"等等,可以无量地抽象下去。可是无论如何抽象,我们会感觉到有抽不尽者在,所以个体不只是一大堆的共相,而个体也不是一大堆的殊相。从个体的历史的延续着想,它的殊相无时不更改,我们也可以分别地把一个一个的殊相

---

① 金岳霖:《知识论》,《金岳霖全集》第 3 卷,第 599 页。

撇开（如《论道》中举抽烟的例子）。但殊相无论如何撇开、变更，总有非殊相者在。把"这两方法（共相方面无量的抽象法和殊相方面无量的变更法）引用于任何一个体，使我们感觉到个体中有非共非殊的底子。此底子我能叫它做'能'。"①金先生并用"能有出入"、"能是实质、能是潜能、能是活动"等加以陈述。这种本然陈述一方面是消极的，什么话都没有说；另一方面是积极的，它与逻辑命题不一样，什么话都说了。

其二，同文学凭借想象力来综合形象不一样，哲学凭借思辨的综合来陈述元理。"形上重合，形下重分"。从"分"的角度看，真假、善恶与美丑各有其价值领域，不可混为一谈。而从"合"的角度看，《论道》说"太极为至，就其为至而言之，太极至真，至善，至美，至如。"这不是分别地说真、善、美，而是综合地说太极："果然综合地说太极，太极底真是太极本身，太极底善与美也就是太极本身，太极本身总是太极本身，所以它们没有分别。"②这就是凭借思辨的综合来说那说不得的元理之一例。

其三，同文学要借助语言文字所蕴藏的意味相似，哲学也要利用传统的哲学术语所蕴藏的意味。不过，文学语言注重诗意的情感，而哲学上有一些重要字汇和术语，则由于其代表一定文化传统的中坚思想，蕴藏有哲意的情感。例如中国哲学中的"道"、"德"、"仁"、"义"等字，因为历史传统，因为先圣遗说深中于人心，人们对它们总有景仰之心，这些字汇或术语所蕴藏的意味或情感，对中国人来说便具有原动力性质，成为人们立德立功立言的

---

① 金岳霖：《势至原则》，《金岳霖全集》第 2 卷，第 361—362 页。
② 金岳霖：《论道》，《金岳霖全集》第 2 卷，第 252—253 页。

推动力量。哲学家建立体系以求穷通，也有意无意诉诸这种动力，凭借这些重要字汇所蕴藏的意味以探求最高境界，以影响世道人心。

以上所说，难免掺杂有我主观的理解，记忆也可能有误。金先生的见解未必全都精当，重要的是他以独特的方式提出这个重大问题，并作了深刻的富于启发性的探讨。而他当时之所以和我比较多地讨论了"名言世界与超名言之域"的问题，则同我要写研究生毕业论文有关。在我看来，这个问题实质上就是意见、知识和智慧的关系问题。"元学（智慧）如何可能？"首先是问如何能"得"，即如何能"转识成智"、获得智慧；其次是问如何能"达"、即如何能把那超名言之域的智慧用语言文字表达出来。金先生偏重对后者的考察，而我则想着重考察前者，把由意见、知识到智慧的发展视为辩证过程，试图说明"转识成智"即由名言之域到超名言之域的飞跃的机制。经过和金先生的多次讨论，并和汤先生讨论了"言意之辩"，我从读《庄子·齐物论》获得了一点灵感，在1944年写成了一篇论文，题名《智慧》，后发表于1947年出版的《哲学评论》。现在重读自己这篇旧作，难免感到汗颜，但也使我回想起在昆明时和金先生、汤先生讨论问题的生动情景。《智慧》一文运用了比较多的中国哲学资料，但它受金先生的影响是明显的，术语基本上都按金先生的用法，文中如利用"无量"这一概念来解释元学上的飞跃等，也是对金先生思想的发挥。

1946年我到上海之后，和金先生见面的机会少了。但解放后我每次到北京时去看望他，他总是很关心地问我的哲学研究工作。在1957年春，我趁到北京开会之便，请金先生对我的通俗小册子《怎样认识世界》的清样提意见。他邀我去他家（在北大燕东园）饮酒，就认识论问题作了一次长时间的讨论，对我影响很深。这我在《论"以得自现实之道还治现实"》一文①中已说过了。"十年浩劫"之后，我到干面胡同社科院宿舍去看望他。他虽经受了折磨，已进入衰弱多病的耄耋之年，但见到我还是兴致勃勃地跟我讨论问题，并问我在研究些什么。我告诉他，虽然在"文革"中全部手稿、笔记、资料被抄走了，我还是决心使原来计划要写的几种著作复活过来，我把我的写作计划大体向他介绍了一下，说明主要还是想围绕知识和智慧、名言之域和超名言之域的关系问题作深入的探索。他听了很高兴，连声说："好，好！你写出来！现在像你这样多年来一直专心搞哲学问题研究的人不多。"我说："等书印出来就寄给金先生，那时我再到北京来跟你讨论。"我当时期望有一天还能像 40 年代在昆明或 1957 年在北大燕东园那样，和金先生再作一次长时间的讨论。这个期望是不可能实现了！

可喜的是现在研究金岳霖哲学的人多起来了，而且《金岳霖文集》即将出版，将给研究者以极大便利。金先生无疑是中国近代最有成就的专业哲学家之一，他会通中西、建立了自己独特的博大精深的哲学体系，在认识论、本体论、逻辑哲学等领域都作出了创造性贡献。诚如金先生所说："哲学既不会终止，也不会至当不移。哲学总是继续地尝试，继续地探讨。"但后继者只有通过对先行者的认真研究，才可能作出真正的新的尝试。金岳霖哲学不

---

① 该文已收入本书。

自封为"至当不移"，它期待着后继者将通过它来超过它，所以是富有生命力的。金先生在哲学上作出的贡献和对若干重大问题的探讨（如本文所说的超名言之域问题），将如薪传火，随着后继者的不断增多而产生深远的影响。

《嵇康美学》*序

宗白华曾在《中国美学史中重要问题的初步探索》一文中指出,有"镂金错采、雕缋满眼"的美,有"初日芙蓉、自然可爱"的美,代表了中国美学史上两种不同的美感或美的理想。他又说:"魏晋六朝是一个转变的关键,划分了两个阶段,从这个时候起,中国人的美感走到了一个新的方面,表现出一种新的美的理想。那就是认为'初日芙蓉'比之于'镂金错采'是一种更高的美的境界。在艺术中,要着重表现自己的思想,自己的人格,而不是追求文字的雕琢。……诗、书、画开始成为活泼泼的生活的表现,独立的自我表现。"宗白华的上述论点是富于启发意义的。

艺术起源于劳动,最初从属于技艺,具有装饰性质;后来在社会交往中与礼教相联系,成了政治伦理的工具。作为装饰和工具,要注重"镂金错采"之美。但艺术在本质上又是人性对象化的表现,人能在艺术品中直观自身。随着社会进步,各门艺术陆续分化、独立出来,艺术家便着重在其作品中表现自己的个性、人格,使艺术成为人性的自然流露而显示其内在价值,不只是工具和装饰品而已。于是"清水出芙蓉,天然去雕饰"的美便被认为是

* 张节末:《嵇康美学》,浙江人民出版社1994年12月版。

更高的美的境界了(当然,镂金错采的美也还是需要的)。这个转变(也是个发展),如宗白华所说,是在魏晋六朝时期实现的。

把魏晋六朝视为中国美学史上的转变时期,当然就会由此引出一个问题:这个"转变"是如何开始的? 张节末同志在作博士生期间,对这个问题作了深入探索,写成了博士论文《嵇康美学》,着重指出:嵇康是"魏晋美学开风气的人物",他提出"越名教而任自然"的著名命题,写了《声无哀乐论》等名篇,建立了以自然原则为核心的独特的美学体系,这正标志着中国美学史上的一个重要转折点。

我作为导师,对论文的基本论点是同意的,对它所达到的水平也感到满意。在进行博士论文的评审和答辩时,好多位前辈专家也都给以肯定的评价,认为论文对嵇康美学的探讨在目前居于前沿水平,有以下一些显著的特色:首先,作者深入地探讨了嵇康如何以其哲学本体论基础"自然之和"为轴心,把自然美、人格美和艺术美统一起来,并多层面地考察了嵇康美学(特别是音乐美学)的若干重要范畴及其方法论特点,从而相当全面地勾画出嵇康美学的体系。其次,作者视野开阔,把嵇康美学思想放到中国美学的历史长河中,就其思想渊源、理论贡献及其对后者的深远影响等,系统地作了深入考察,有说服力地阐明了嵇康在中国美学史上的重要历史地位。第三,作者还在外篇中将嵇康美学与西方康德、汉斯立克的美学思想作了富有启发性的而不是牵强的比较研究,指出异同、辨明优劣,从中也可看出作者对美学基本理论具有较深厚的素养。第四,作者有比较谨严的学风,掌握的资料是相当充分的,在理论论证方面做得比较扎实、详赡,言而有征,无凌空蹈虚之弊。全书条理清晰、文笔流畅，其中某些观点，发前人之所未发，显示了作者的思想光芒与独创性。参与评审的专家们同时也指出了论文有若干有待改进之处，如结构稍嫌松散，某些段落文字可更精炼些；特别是魏晋六朝时期不同学派多称"自然"，而其含义同中有异，还可以作进一步分析等。但瑕不掩瑜，从总体上说，都认为这是一篇颇有创见的优秀的博士论文。

最近，张节末同志已将论文作了若干修改、补充，将由浙江人民出版社出版，我感到很高兴。他要我为之作序，我便把他的书稿重读了一遍，同时也重温了嵇康的某些著作。嵇康是我心中最钦佩的哲学家之一。诵其诗而思其人，联想起嵇康的遭遇及其高风亮节，颇增感慨，觉得嵇康的悲剧性的人格美、丰富的艺术实践与其美学理论是互相联系的，都体现了崇尚自然的精神。正因为如此，所以他成为魏晋美学开风气的人物。

鲁迅是真正深刻理解嵇康的近代作家。他在《魏晋风度及文章与药及酒之关系》一文中早已说过，嵇康、阮籍等人之所以反对礼教，是因为当时的统治者打着"以孝治天下"的幌子进行篡弑掠夺，并利用"名教"的名义，加罪于反对自己的人；而对这些亵渎礼教的行为，嵇、阮等又无计可施，于是"激而变成不谈礼教，不信礼教，甚至反对礼教——但其实不过是态度，至于他们的本心，恐怕倒是相信礼教，当作宝贝。"鲁迅说得很对，嵇康虽然主张"越名教而任自然"，其实是真正固执礼教的迂夫子。他说："忠、信、笃、敬，直道而行之，可以居九夷，游八蛮，浮沧海，践河源。"[1]所谓"直

---

[1]　嵇康：《卜疑》，《嵇康集校注》，第235页。

道而行"，就是德行出于自然。他以为，如果忠信笃敬的行为是顺人性之自然，出于真诚而不掺杂一点虚伪，那么这些道德原则是普遍适用的。但当时那些标榜尊孔读经、"以孝治天下"的权势者，却挂羊头卖狗肉，于是名教不仅不是出于自然，而是成了束缚人们思想行为和神化统治者自己的工具。嵇康是个"刚肠嫉恶、轻肆直言"的人，他以愤激之辞揭露名教的虚伪，说"仁义务于理伪，非养真之要术；廉让生于争夺，非自然之所出也。"①他甚至还"非汤武而薄周孔"，说"六经未必为太阳"等等，这样，就触犯了当时的统治集团，招致"谤议沸腾"了。而嵇康又是个硬骨头，他强调意志的专一与操守的坚定，说"若志之所之，则口与心誓，守死无贰。……若夫申胥之长吟，夷叔之全洁，展季之执信，苏武之守节，可谓固矣。故以无心守之，安而体之，若自然也。乃是守志之盛者耳。"②他认为一个人不论处境如何困难，都要牢固地守住自己的志向，坚持不懈，保持节操，始终行心之所安，一切出之自然而非勉强，那便是"得志"、"遂志"了。嵇康这种"性烈而才儁"、并特别重视操守的人格，当然非当时的权势者所能容忍，所以他最终只能以身殉道了。

　　嵇康的艺术实践是他的悲剧性人格的自然流露，正体现了他的人格美。虽然我们已无法听他演奏《广陵散》，但他还留下若干文学作品。《文心雕龙》称"嵇康师心以遣论"，又以"嵇志清峻"来评其诗。就是说，嵇康的诗文写的是心里话，托喻清远而言辞峻烈，以表现自己的情志。我们举《赠兄秀才入军》为例来看嵇康如

① 嵇康：《难自然好学论》，《嵇康集校注》，第 447 页。
② 嵇康：《家诫》，《嵇康集校注》，第 544 页。

何抒写自己的心情：

> 目送归鸿，手挥五弦。俯仰自得，游心太玄。嘉彼钓叟，得鱼忘筌。郢人逝矣，谁可尽言。[①]

这确是托喻清远，使人想到《逍遥游》中的藐姑射之山的仙子，超脱尘世，神游于玄远之境。但是就在这同一组诗篇中，嵇康又写道：

> 心之忧矣，永啸长吟。[②]
> 弹琴咏诗，聊以忘忧。[③]
> 贵得肆志，纵心无悔。[④]

这都是峻烈悲愤之辞。可见诗人内心中有种非常深忱的忧思，性格中有种非常执着的东西。他的忧思是对时代的忧患意识，那是难以排遣的。何况他又坚持"直道而行"，纵心无悔！于是他寄诸瑶琴，发为歌吟，以求情感的解脱和升华，到玄远之境中求安慰。当然，执着与超脱，"心之忧矣"和"俯仰自得"都是真实的，这种矛盾正构成了"嵇志清峻"的艺术风格。

　　所以，写《声无哀乐论》的作者，其实是哀乐过于常人的。章

---

① 嵇康：《赠秀才入军》，《嵇康集校注》，第 24 页。
② 同上书，第 20 页。
③ 同上书，第 29 页。
④ 同上书，第 32 页。

学诚在论"庄、屈之书、哀乐过人"时说："大约乐至沈酣而惜光景，必转生悲；而忧患既深，知其无可如何，则反为旷达。屈原忧极，故有轻举远游，餐霞饮瀣之赋；庄周乐至，故有后人不见天地之纯，古人大体之悲，此亦倚伏之至理也。"[①]嵇康称"老子庄周，吾之师也"，而实际在性格上可能更接近屈原。正因为他有甚深之忧患，所以他写《游仙诗》、《养生论》，追求大和之至乐。后来的陶渊明可能更接近庄子，他写《读山海经》说："俯仰终宇宙，不乐复何如！"但在同一组诗中又写了"精卫衔微木，将以填沧海；刑天舞干戚，猛志固常在"这样深刻的悲剧性诗句。而无论庄子、屈原、嵇康、陶渊明等，他们的作品虽各具个性特色、独特风格，但都是其人格的真诚表现，质性的自然流露，所以就贯彻艺术的自然原则来说，是一样的。

美学把艺术理论提升到哲学的高度，使贯彻于艺术实践的原则成为自觉的。嵇康的杰出贡献，不仅在于他以诗、文与演奏的实践表现自己的思想感情，体现了自然原则，而且他写了《声无哀乐论》等论著，建立了以"自然之和"为本体的美学体系，从而使崇尚自然的美学理想成为自觉指导艺术实践的原则。嵇康说"音声有自然之和，而无系于人情"，他强调音乐本身有它的"自然之和"，所以应该科学地研究和声、节奏、音律，把声音的美同主观的哀乐区分开来，把艺术的美同道德的善区分开来。这样作分析的研究，在美学理论上是一个进步。当然，创造性见解往往表现为偏至之论。嵇康不可能有社会实践的观点，他不懂得音乐（以及

----

① 章学诚：《文史通义·质性》，《文史通义校注》，第 419 页。

其他艺术）并不是光溜溜的自然物，而是自然物的人化，有人性（人的本质力量和个性）对象化、形象化在上面。艺术是人与自然、性与天道交互作用的产物，既反映了"自然之和"（活泼泼的有节奏的现实生活），又渗透了社会的人的真诚情志，表现了人性的自然流露。所以，"声无哀乐"的论题，应由"艺术表现真诚的哀乐"来补充。嵇康自己的艺术实践正可说明这一点：他怀有真诚的忧思，通过弹琴咏诗来表现，以求感情的升华，达到"得鱼忘筌"，超乎哀乐的境界。

但嵇康的美学确实标志着中国美学史上的一个重要转折点。他建立了以自然原则为核心的美学体系，并用他的诗和文，用他一生的行动（直到最后的临刑自若，援琴而鼓，叹曰"《广陵散》于今绝矣！"）贯彻了崇尚自然的原则，因而成了这一转变期的"开风气的人物"。嵇康的崇尚自然的美学思想，在六朝的诗论、文论、画论、书论等众多领域中都产生了影响和得到了发挥，对此，张节末同志在本书中已作了阐述。

以上拉杂谈了一点感想，无非是对本书中提出的"嵇康是魏晋美学开风气的人物"一语的发挥。在学术受冷遇的今天，《嵇康美学》能出版，是令人欣慰的。我把上述感想写下来，既表示我的欣慰之情，也包含着我对嵇康这位杰出思想家的崇敬。

《马克思恩格斯同时代的西方哲学——以问题为中心的断代哲学史》*序

19 世纪中下期西方哲学,无论是作为从德国古典哲学向 20 世纪西方哲学的过渡,还是作为马克思主义哲学的同时代的理论背景,都理应受到哲学史家的重视。但迄今为止,在国内、国外都还没有运用马克思主义观点对这一特定时期西方哲学作系统而深入研究的专门著作。赵修义、童世骏两同志有鉴于此,经过五年多的艰苦劳动,合作写成《马克思恩格斯同时代的西方哲学——以问题为中心的断代哲学史》一书。这确是一项难能可贵的贡献。

这部 50 余万字的著作有其显著特色:首先,本书采用了"问题史"的方法,先梳理出这一时期主要的哲学问题,以及围绕这些问题产生的各种观点,然后按历史和逻辑相统一的原则,以问题为中心来展开各个领域的思想发展线索,对各家理论观点逐一加以阐述和评析。这样便避免了不少哲学史读物满足于对学派、人物平铺直叙、简单分类的通病,而能比较全面而又有重点地展示该

---

* 赵修义、童世骏:《马克思恩格斯同时代的西方哲学——以问题为中心的断代哲学史》,华东师范大学出版社 1994 年 5 月第 1 版。

时期欧洲哲学的理论特征，及其在整个西方哲学发展史上的特殊地位。所以这是一部颇有理论深度的哲学史著作。其次，作者详细占有了资料（多数是第一手的外文资料，其中有些文献十分难得），并经过认真分析和消化，形成自己的见解以驾驭资料。这样，由于做到了材料与观点的较好结合，全书便显得是一个丰富而紧凑的整体。第三，本书把19世纪中后期西方哲学作为与马克思恩格斯同时代的哲学来加以论述，较好地贯彻了马克思主义的指导原则。这不仅表现在每篇小结中对当时各派观点同马克思恩格斯的观点作了集中的比较考察，显示了马克思主义的优越性，而且表现在全书对各派学说进行了实事求是的分析，力求在具体考察其历史渊源和时代内容的基础上给予恰当的评价，既不是纯客观地介绍，也不是简单地否定、扣帽子。这种实事求是的学风是可贵的。此外，全书思路层次分明，结构严谨，文字表达流畅，可读性强，也是优点。

以上几点，大体是参加本书鉴定的几位专家的共同意见。这些意见可以说明：本书是一部学术质量相当高、理论价值比较大，并能引起不同领域读者兴趣的著作。当然，不是说它已经完美无缺了。对有的哲学家的研究，还难免受资料的限制（如阿芬那留斯等）；对有些问题的探讨，若能有更宽广的理论视野，可能会有所补充。但从总体上说，它确实堪称为力作，所以我乐于把它推荐给读者。

下面我想再就"马克思主义与现代西方哲学的同时代性"这一统率全书的论点谈点感想。这个论点只是朴素地陈述了一个客观事实，似乎非常平凡，然而在我国哲学界，却具有解放思想的作用。曾经有一种流行的教条，以为与马克思主义根本相对立，现代西方资产阶级哲学都是走向没落、腐朽的意识形态，不值得一顾。"同时代性"观点的提出，意味着挣脱了这种教条的束缚，克服了简单化、扣帽子的粗暴态度，要求如实地把现代西方哲学各流派和马克思主义看作是同一时代的产物，加以具体分析。一般地说，在同一时代背景下产生的各种哲学学派，面临着共同或相似的问题，虽从不同角度提出不同答案而互相对立，但同时又是互相联系、互相影响着的，决不能把它们截然割裂开来。本书五篇讨论五个方面的问题，是后黑格尔时代各派哲学（包括马克思主义哲学在内）所共同关心的主要问题。例如，在哲学观上反对传统的思辨的形而上学，是这时期多数哲学家的共同倾向，但实证论（科学主义）和非理性主义（人本主义）的立场各异，而马克思则强调在克服思辨的形而上学体系的同时，把辩证法挽救出来。可见各学派同中有异，若能把它们联系起来加以考察（如本书第一篇所作），便可把问题引向深入。又如价值哲学和作为人文研究的方法论的解释学等，马克思恩格斯并没有直接加以论述，但经过与同时代哲学家的比较研究之后，本书作者有说服力地指出：马恩关于理想和自由的学说，已为价值论问题提供一把钥匙（见本书第 624—626 页）；而马克思主义的辩证法作为历史科学的方法论，也可说包含有"解释学循环"（见本书第 421 页）。这些都是新鲜的见解。所以，我以为，正是由于作者解放思想，能以"同时代性"为视角来把握十九世纪中下期西方哲学各学派之间的辩证的联系，才使得这部断代哲学史具有显明的理论特色。

　　我们还不妨把"马克思主义与现代西方哲学的同时代性"的

论点作点引申，把它引用于中国近现代哲学史。近代中国面临着如何争取民族独立和走向现代化的重大问题，为此，先进思想家不倦地向西方学习哲学理论。严复首先介绍了赫胥黎的《天演论》和斯宾塞、穆勒等实证论者的著作，王国维随后介绍了叔本华哲学，而青年鲁迅则更倾心于尼采的"意力主义"。到"五四"时期，李大钊、陈独秀首先成为马克思主义者，马克思主义哲学开始得到迅速传播。这时，西方各种哲学思潮蜂拥而入，如鱼龙混杂、泥沙俱下，显得非常复杂。但从东西文化论战、科学与玄学论战来看，最主要的是三派：科学主义（实证论），以胡适、丁文江等为代表；人本主义（非理性主义），以梁漱溟、张君劢等为代表；马克思主义哲学，以陈独秀、李大钊、瞿秋白等为代表。所以，粗略地一看，当时中国哲学学派之间的论争，就像是西方后黑格尔时代的再版。马克思主义与其他西方哲学思潮在中国的传播，明显地体现了"同时代性"。当然，也不能把"同时代性"理解为简单地照搬同时代的西方哲学。中国哲学有其深厚的民族传统，外来的学说只有和民族传统相结合，才能在中国土地上扎根生长。胡适把实证论的科学方法与清代朴学的考证方法结合为一，因而在学术界产生积极影响；梁漱溟把柏格森的直觉主义与陆王心学统一起来，成了现代新儒家的先驱；马克思主义在广泛传播后，也经历了一个中国化过程，终于形成了毛泽东思想，取得了巨大胜利。

以上讲的是历史。我们当然还可以把上述"同时代性"的论点引用于当代哲学。而谈到当代，便必须面向世界。从经济上说，世界市场早已形成，中国正在努力与世界市场接轨。正是由于形成了世界市场，如《共产党宣言》所说，"过去那种地方的和民族的自给自足和闭关自守状态,被各民族的各方面的互相往来和各方面的互相依赖所代替了。物质的生产是如此,精神的生产也是如此。各民族的精神产品成了公共的财产。"①科学、艺术、文学、哲学等都逐渐由民族分享的发展成为世界共有的财富。当然,这要经历相当长的演变过程,而且不同领域各有其特点。一般说来,自然科学已经超越民族界限;而涉及人文领域,则要求各民族既能保持和发扬其民族特色,又能克服其民族的局限性,所以问题比较复杂。中国哲学正在走向世界,当然也遇到这个复杂问题。所谓世界哲学,是在东西方各民族的哲学互相学习、互相影响、经过比较而彼此会通的过程中形成的。如何使中国哲学能发扬其传统的民族特色,并会通中外而使之成为世界哲学的重要组成部分,作出无愧于先哲的贡献,这是当代海内外许多中国学者在共同考虑的重大问题。同时,当代西方哲学学派纷陈,令人目不暇接,但追本溯源,大多和本书所论述的 19 世纪中下期的哲学思潮有血统上的联系。马克思主义与非马克思主义、科学主义与人文主义,仍然是当代互相对立而又互相联系的主要哲学思潮。东西方哲学的交流和会通,是否能提供一种新的视角,来处理这些哲学思潮之间的关系,从而开辟出新的哲理境界? 这也是值得当代哲学家来考虑的重大问题。对这类重大问题,当然可以见仁见智,产生不同学说,形成不同学派。所以,应该说,我们正面临着世界性的百家争鸣。通过百家争鸣、自由讨论来处理同时代的各种哲学思潮、哲学流派之间的关系,是本书作者提出"同时

---

① 马克思、恩格斯:《共产党宣言》,《马克思恩格斯选集》第 1 卷,第 276 页。

代性"论点应有的推论。

　　我对 19 世纪中下期西方哲学没有作过系统研究，读了赵修义、童世骏两同志的这部著作，感到受益匪浅。这里仅就"马克思主义与现代西方哲学的同时代性"问题谈了点读后感，即以此为之序。

分类目录

对庄子的相对主义作一点分析

中国古代辩证逻辑的诞生

《易传》的辩证逻辑思想

论王夫之的辩证逻辑思想

论中国古代的科学方法和逻辑范畴

《中国古代科学方法研究》序

黄宗羲与近代历史主义方法

中国近代对方法论的探索

《中国近代逻辑思想史论》序

三、关于价值论和自由学说（并涉及伦理学、美学问题）

论真、善、美

论真、善、美的理想

《价值与评价》中译本序

儒家的理想和近代中国的自由学说

儒家与教育

　　——《儒家理想人格与中国文化》序

性善说与理想主义

　　——《孟子思想评析与探源》序

青年梁启超的自由学说

《中国传统伦理思想史》序

关于中国近代伦理思想研究的几个问题

《天命的没落——中国近代唯意志论思潮研究》序

《美学基本原理》序

先秦儒家和道家关于人的自由和美的理论

《嵇康美学》序

中国近代美学关于意境理论的探讨

马克思主义美学有待于发展

　　——《普列汉诺夫美学思想研究》序

四、会通"古今"与比较"中西"

批判继承中国古代哲学遗产与建设社会主义精神文明

对历史上的哲学思想要具体分析

"究天人之际"与"通古今之变"

秦汉哲学的特点与民族传统

"千古不可无之同异"

　　——《朱熹王守仁哲学研究》序

王阳明在中国哲学史上的地位

《王学通论——从王阳明到熊十力》序

对数百年中西文化比较的思考

　　——《第一页与胚胎——明清之际的中西文化比较》序

《近代中国社会的新陈代谢》序

《佛教文化与近代中国》序

《古代基督教史》序

《马克思恩格斯同时代的西方哲学——以问题为中心的断代哲学史》序

本卷征引文献要目

（先秦诸子典籍的点校通行本较为普及，这里不再列出）

《马克思恩格斯全集》第 2 卷，北京：人民出版社，1979 年。

《马克思恩格斯全集》第 20、22 卷，北京：人民出版社，1971 年。

《马克思恩格斯全集》第 23 卷，北京：人民出版社，1972 年。

《马克思恩格斯全集》第 42 卷、第 46 卷（上），北京：人民出版社，1979 年。

《马克思恩格斯选集》，北京：人民出版社，1995 年。

《列宁全集》第 14 卷，北京：人民出版社，1990 年。

《列宁全集》第 18 卷，北京：人民出版社，1990 年。

《列宁全集》第 36、38 卷，北京：人民出版社，1959 年。

《列宁全集》第 55 卷，北京：人民出版社，1990 年。

《毛泽东选集》，北京：人民出版社，1991 年。

《毛泽东书信选集》，北京：人民出版社，1983 年。

吕不韦等编，许维遹校释：《吕氏春秋集释》，北京：中华书局，2009 年。

刘安等著，何宁校释：《淮南子集释》，北京：中华书局，1998 年。

董仲舒著，钟肇鹏等校释：《春秋繁露校释》，石家庄：河北人民出版社，2005 年。

司马迁：《史记》，北京：中华书局，1982年。

刘向撰，向宗鲁校证：《说苑校证》，北京：中华书局，1987年。

扬雄著，汪荣宝疏证，陈仲夫点校：《法言义疏》，北京：中华书局，1987年。

《黄帝内经》，北京：中医古籍出版社，2003年。

王充著，黄晖校释：《论衡校释》，北京：中华书局，1990年。

班固：《汉书》，北京：中华书局，1975年。

嵇康著，戴明扬校注：《嵇康集校注》，北京：人民文学出版社，2014年。

王弼著，楼宇烈校释：《王弼集校释》，北京：中华书局，1980年。

郭象：《庄子注》，郭庆藩著，王孝鱼点校：《庄子集释》，北京：中华书局，2004年。

贾思勰著，石汉生校释：《齐民要术今释》，北京：中华书局，2009年。

刘勰著，黄叔琳注，李详补注，杨明照校注拾遗：《增订文心雕龙校注》，北京：中华书局，2000年。

慧能著，李申、方广锠校注：《敦煌坛经合校简注》，太原：山西古籍出版社，1999年。

陈子昂著，徐鹏点校：《陈子昂集》，上海：上海古籍出版社，2013年。

韩愈著，马其昶校注：《韩昌黎文集校注》，上海：上海古籍出版社，2014年。

白居易著，谢恩炜校注：《白居易文集校注》，北京：中华书局，2011年。

柳宗元著,尹占华、韩文奇校注:《柳宗元集校注》,北京:中华书局,2013年。

张彦远:《历代名画记》,杭州:浙江人民美术出版社,2015年。

周敦颐著,陈克明点校:《周敦颐集》,北京:中华书局,2009年。

张载著,章锡琛点校:《张载集》,北京:中华书局,1978年。

王安石著,秦克等标点:《王安石全集》,上海:上海古籍出版社,1999年。

程颢、程颐著,王孝鱼点校:《二程集》,北京:中华书局,2004年。

朱熹著,朱杰人等主编:《朱子全书》,上海古籍出版社、安徽教育出版社,2010年。

严羽著,张健校笺:《沧浪诗话校笺》,上海:上海古籍出版社,2012年。

王守仁著,吴光等编校:《王阳明全集》,上海:上海古籍出版社,2011年。

李时珍著,刘衡如、刘山永校注:《本草纲目》,北京:华夏出版社,2013年。

李贽著,陈仁仁校释:《焚书·续焚书校释》,长沙:岳麓书社,2011年。

汤显祖著,徐朔方笺校:《汤显祖全集》,北京:北京古籍出版社,1999年。

金圣叹著,周锡山编校:《金圣叹全集》,沈阳:万卷出版公司,2009年。

李渔著,王翼奇点校:《李渔全集》,杭州:浙江古籍出版社,1991年。

黄宗羲著，吴光执行主编：《黄宗羲全集》，杭州：浙江古籍出版社，2012年。

顾炎武著，黄珅等主编：《顾炎武全集》，上海：上海古籍出版社，2011年。

王夫之著，《船山全书》编辑委员会编：《船山全书》，长沙：岳麓书社，2011年。

章学诚著，叶瑛校注：《文史通义校注》，北京：中华书局，1985年。

贺长龄、盛康编：《皇朝经世文正续编》，南京：广陵书社，2011年。

龚自珍著，王佩诤校：《龚自珍全集》，上海：上海古籍出版社，1999年。

严复著，王栻主编：《严复集》，北京：中华书局，1986年。

孙中山著，中国社会科学院近代史研究所等编：《孙中山全集》，北京：中华书局，2011年。

章太炎著，沈延国等点校：《章太炎全集》，上海：上海人民出版社，1982年。

章太炎著，张渭毅点校：《国故论衡》，北京：商务印书馆，2010年。

梁启超著，汤志钧编：《饮冰室合集》，北京：中华书局，1989年。

王国维著，谢维扬等主编：《王国维全集》，浙江教育出版社，2009年。

鲁迅著，《鲁迅全集》修订编辑委员会编：《鲁迅全集》，北京：人民文学出版社，2005年。

丁文江、赵丰田编：《梁启超年谱长编》，上海：上海人民出版社，2009年。

李大钊著，中国李大钊研究会编：《李大钊全集》，北京：人民出版社,2006年。

郭沫若著,郭沫若著作编辑委员会编:《郭沫若全集・历史编》,北京:人民出版社,1982年。

梁漱溟著,中国文化书院学术委员会编:《梁漱溟全集》,济南:山东人民出版社,2005年。

金岳霖著,金岳霖学术基金会编:《金岳霖全集》,北京:人民出版社,2013年。

朱光潜著,《朱光潜全集》编辑委员会编:《朱光潜全集》,合肥:安徽教育出版社,1989年。

朱光潜:《欣慨室中国文学论集》,北京:中华书局,2012年。

宗白华著,林同华主编:《宗白华全集》,合肥:安徽教育出版社,1994年。

瞿秋白著,《瞿秋白文集》编辑组编:《瞿秋白文集・政治理论编》,北京:人民出版社,1998年。

闻一多:《神话与诗》,北京:古籍出版社,1956年。

陈旭麓:《陈旭麓文集》,上海:华东师范大学出版社,1997年。

北京大学哲学系外国哲学教研室编:《古希腊罗马哲学》,北京:三联书店,1957年。

北京大学哲学系外国哲学教研室编:《西方哲学原著选读》上卷,北京:商务印书馆,1981年。

周辅成编:《从文艺复兴到十九世纪资产阶级哲学家政治思想家有关人道主义人性论言论选辑》,北京:商务印书馆,1966年。

周辅成编:《西方伦理学名著选辑》,北京:商务印书馆,1996年。

亚里士多德著,罗念生译:《诗学》,北京:人民文学出版社,

2002 年。

奥古斯丁著，周士良译：《忏悔录》，北京：商务印书馆，1963 年。

波伊丢斯等著，徐庆誉等译：《中世纪基督教思想家文选》，香港：基督教辅侨出版社，1962 年。

利玛窦著，朱维铮主编：《利玛窦中文著译集》，上海：复旦大学出版社，2001 年。

黑格尔著，朱光潜译：《美学》，北京：商务印书馆，1979 年。

黑格尔著，贺麟译：《小逻辑》，北京：商务印书馆，1980 年第 2 版。

黑格尔著，杨一之译：《逻辑学》，北京：商务印书馆，1982 年。

穆勒著，严复译：《穆勒名学》，北京：商务印书馆，1981 年。

耶方斯著，严复译：《名学浅说》，北京：商务印书馆，1981 年。

车尔尼雪夫斯基著，周扬译：《生活与美学》，北京：人民文学出版社，1957 年。

爱因斯坦著，许良英等编译：《爱因斯坦文集（增补本）》第 1 卷，北京：商务印书馆，2009 年。

李约瑟著，《中国科学技术史》翻译小组译：《中国科学技术史》第 3 卷，北京：科学出版社，1978 年。

索　引

（按汉语拼音顺序排列，外国人名按中译名）

X

初版整理后记

　　本书初版于 1994 年 10 月（华东师范大学出版社）。收入《冯契文集》时，把其中最后一篇《智慧的探索——〈智慧说三篇〉导论》抽去，放到《智慧说三篇》的卷首（见《冯契文集》第一卷）。对原书的内容未作任何改动，只校正了书中引文的差错和错别字，书前"提要"由杨国荣撰写。

冯契先生遗著编辑整理工作小组

1996 年 4 月

增订版整理后记

《冯契文集》(10 卷)出版于 1996—1998 年。近 20 年来,冯契的哲学思想越来越受到国内外学术界的关注。为了给学术界研究冯契哲学思想提供更好、更完备的文本,华东师范大学哲学系发起并承担了《冯契文集》增订版的编辑整理工作。这项工作得到了华东师范大学出版社的大力支持。

此次增订工作主要有以下几项:1. 搜集、整理了原先没有编入文集的有关作品,编为《冯契文集》第十一卷;2. 订正了原书字句上的一些错漏;3. 对于先秦以后的典籍引文,尽可能参照近些年出版的整理点校本,加注了页码、出版社、出版年份(详见"本卷征引文献要目");4. 重新编制了人名、名词索引。

负责、参与各卷增订的教师,分别是:第一卷,郁振华;第二卷,晋荣东;第三卷,杨国荣;第四、五、六、七卷,陈卫平;第八卷,刘梁剑;第九卷,贡华南;第十卷,方旭东;第十一卷,刘晓虹。协助上列教师的研究生有:安谧、韩菲、胡建萍、胡若飞、黄家光、黄兆慧、蒋军志、刘翔、王海、王泽春、张靖杰、张瑞元、张腾宇、张盈盈、周量航。

刘晓虹负责第十一卷的文献搜集以及整理,相对其他各卷,工作更为繁重。这卷同时是他承担的上海市哲社项目"冯契文献整理"的部分成果。同时,本增订版是国家社科基金重大项目"冯契哲学文献整理及思想研究"的阶段性成果。本文集的项目编辑朱华华尽心尽责,对于确保增订版的质量起到了重要作用。

出版《冯契文集》增订版,是纪念冯契百年诞辰系列学术活动的重要内容。整个纪念冯契百年诞辰的学术活动,得到上海社会科学界联合会和上海社会科学院的资助,我们在此致以衷心的感谢!

冯契先生遗著编辑整理工作小组
2015 年 12 月

图书在版编目(CIP)数据

智慧的探索/冯契著.—增订本.—上海:华东师范大学出
版社,2015.5
(冯契文集;8)
ISBN 978-7-5675-3535-0

Ⅰ.①智…　Ⅱ.①冯…　Ⅲ.①社会科学-文集
Ⅳ.①C53

中国版本图书馆 CIP 数据核字(2015)第 099969 号

本书由上海文化发展基金会图书出版专项基金资助出版

冯契文集(增订版)·第八卷
智慧的探索

著　　者　冯　契
策划编辑　王　焰
项目编辑　朱华华
特约审读　秦　凤
责任校对　赖芳斌
装帧设计　卢晓红　高　山

出版发行　华东师范大学出版社
社　　址　上海市中山北路 3663 号　邮编 200062
网　　址　www.ecnupress.com.cn
电　　话　021-60821666　行政传真 021-62572105
客服电话　021-62865537　门市(邮购)电话 021-62869887
地　　址　上海市中山北路 3663 号华东师范大学校内先锋路口
网　　店　http://hdsdcbs.tmall.com

印　刷　者　上海中华商务联合印刷有限公司
开　　本　890毫米×1240毫米　1/32 开
印　　张　18.125
插　　页　6
字　　数　375 千字
版　　次　2016 年 1 月第 1 版
印　　次　2024 年 3 月第 3 次
书　　号　ISBN 978-7-5675-3535-0
定　　价　78.00 元

出　版　人　王　焰

(如发现本版图书有印订质量问题,请寄回本社客服中心调换或电话 021-62865537 联系)